# 经史之学与两宋文学

张兴武 著

上海古籍出版社

图书在版编目(CIP)数据

经史之学与两宋文学 / 张兴武著. —上海：上海古籍出版社，2018.4
ISBN 978-7-5325-8743-8

Ⅰ.①经… Ⅱ.①张… Ⅲ.①经学-研究-中国-宋代 ②史学-研究-中国-宋代 ③中国文学-古典文学研究-宋代 Ⅳ.①Z126.274.4 ②K092.44 ③I206.44

中国版本图书馆 CIP 数据核字(2018)第 035644 号

## 经史之学与两宋文学

张兴武　著

上海古籍出版社出版发行

(上海瑞金二路 272 号　邮政编码 200020)

(1) 网址：www.guji.com.cn
(2) E-mail: gujil@guji.com.cn
(3) 易文网网址：www.ewen.co

苏州市越洋印刷有限公司印刷

开本 635×965　1/16　印张 20　插页 5　字数 292,000
2018 年 4 月第 1 版　2018 年 4 月第 1 次印刷
ISBN 978-7-5325-8743-8
I·3246　定价：88.00 元
如有质量问题，请与承印公司联系

# 目　录

引言　行走在困惑中 ………………………………………………… 1
　一、交互发明，充分尊重完整智慧 ………………………………… 4
　二、超越误解，准确还原历史真实 ………………………………… 9
　三、深化理解，重新反思文学演变规律 ………………………… 16

第一章　宋初儒学的复兴与"统系"之变 ………………………… 23
　一、儒学"统系"的拓展与重建 ………………………………… 24
　二、"复古明道"与救治"时弊" ………………………………… 28
　三、"宋学"启蒙与"统系"之变 ………………………………… 33

第二章　庆历新义关涉古文盛衰的内在逻辑 …………………… 38
　一、庆历儒学"新义"的时代内涵及价值取向 ………………… 39
　二、嘉祐以后"庆历新义"的延展与深化 ……………………… 49
　三、北宋"古文"创作的盛衰演变及学术动因 ………………… 59

第三章　"圣贤"心态与两宋文化自戕因子的生成 ……………… 71
　一、唯我独尊的"圣贤"心态 …………………………………… 72
　二、从学术分歧到门派恩怨 ……………………………………… 80
　三、学术宗派与朋党政治的深度结合 …………………………… 87

第四章　经史之学与北宋"古文"创作的关联和互动 …………… 95
　一、经学探索与古文创作相得益彰 ……………………………… 96

二、文史互动的复杂情形 ………………………………… 102
　　三、援经史以撰古文的艺术得失 ………………………… 109

**第五章　北宋"四六"研究中的道学影响** ………………… 117
　　一、宋初"四六"脱胎于唐末五代 ……………………… 118
　　二、以古文为参照的道学"四六"观 …………………… 124
　　三、宋元"四六话"的偏失及误导 ……………………… 131

**第六章　论胡瑗等宋初教育家的学术及文章** …………… 139
　　一、"知古明道"的学术自觉 …………………………… 140
　　二、"庆历之学"的内涵及成就 ………………………… 148
　　三、"根柢经术"的古文创作 …………………………… 155

**第七章　范欧"以同而异"的学术内涵及人格表达** ……… 166
　　一、相得益彰的学术传承 ………………………………… 167
　　二、和而不同的处世理念 ………………………………… 174
　　三、文风变革的两种取向 ………………………………… 179

**第八章　欧阳修《尹师鲁墓志》引发质疑的逻辑与史实** … 187
　　一、尹、欧之间不可忽视的"史法"分歧 ……………… 188
　　二、有关"倡道"功绩的不同理解和评价 ……………… 196
　　三、难以定谳的文学史公案 ……………………………… 202

**第九章　再论东坡散文的哲学底蕴** ………………………… 209
　　一、从"天一为水"到"无心而一" …………………… 210
　　二、"胸中廓然无一物"方可得情性之乐 ……………… 219
　　三、"随物赋形"的"辞达"境界 ……………………… 227

## 第十章　论《濂洛风雅》的道统观及诗学理念 ……… 235
一、濂洛诗派与道统纷争 ……… 236
二、体式分类及选诗标准 ……… 245
三、张伯行重编的目的与得失 ……… 252

## 第十一章　宋代理学诗的审美逻辑 ……… 258
一、以诗言道的审美逻辑 ……… 259
二、谈理之诗的艺术流变 ……… 266
三、天道自然中的理趣和美感 ……… 272

## 第十二章　南宋心学家的雄奇境界 ……… 281
一、理、心之间的诗语对话 ……… 282
二、心学探索关涉诗歌创作的内在思致 ……… 288
三、心学诗妍丽雄奇的艺术特点 ……… 299

## 参考书目 ……… 307

## 后记 ……… 315

# 引言　行走在困惑中

近些年来,不涉经学,不为思想史打工,似乎正在成为古代文学研究者普遍认可的专业共识;那种以精通经史典籍为前提,深谙古人诗文创作之"道",厚积薄发、空灵生动的诗文研究传统,正在面临前所未有的挑战。而另一方面,随着国际人文交流的不断深化,不少学者自觉运用西方哲学、美学乃至心理学的种种理论,多角度阐释中国古代文学的深层内涵,揭示其兴衰演变的内在规律。部分深具"汉学"味道的论说文字,以"学贯中西"相标榜,虽时显空疏,但气势夺人,颇具时尚感。在此背景下,从事"宋代士人经史研究和诗文创作的关联与互动"的专题研究,其困惑与艰辛不言而喻。不过既然有所选择,就必然会有所思考。首先,我们认同这样的观点:"文学史,就其最深刻的意义来说,是一种心理学,研究人的灵魂,是灵魂的历史。"①既然是研究"灵魂的历史",就不能不考虑"灵魂"存在的本来样态和应然样态。只有充分尊重经史之学与文学创作同步演进、彼此关联的内在轨迹,才有可能实现"历史"叙事的完整性。其次,就重塑群体人格、匡正世道人心的文化贡献而论,两宋经学家、史学家和文学家合力作用,均有建树。也正因为如此,宋代文学,尤其是诗歌与骈、散文创作,与相关作家的经史研究密切相关。除此而外,本专题研究的学理逻辑与价值,还可以从单个或群体作家的创作理念、审美取向、艺术风格乃至语言表达等多方面得到确认。而这种以"诗文"为主、贯通"经""史"的艰难探索,或许正是两宋文学研究者寻幽探胜的必由之路。

---

① [丹麦]勃兰兑斯《十九世纪的文学主流·引言》,人民文学出版社,1997年,1页。

其实，文学探索与经史研究意度各殊、畦径有别的学术困惑并非今时学者所独有，若追根溯源，其基本情形在两宋道学家"舍我其谁"的偏执话语中就已经初见端倪。程颐尝曰："古之学者一，今之学者三，异端不与焉。一曰文章之学，二曰训诂之学，三曰儒者之学。欲趋道，舍儒者之学不可。"①类似的说法，在两宋道学家的文章中俯拾即是。更值得注意的是，它往往和求"道"方法及目标相联系，体现出无可争辩的正义感和排他性。虽然说，除张载、二程、张栻、胡安国、朱熹及陆九渊等几位纯粹的道学家，绝大多数两宋学人都能博通经史，兼擅文章，像欧阳修、苏轼、司马光、王安石、曾巩及陆游那样的硕学鸿儒，不仅以诗文创作的丰功伟绩引领风骚，其经学探索与史学研究的卓越贡献同样为后人所瞩目。但随着道学思维的逐步固化，所有研究对象都难免要陷入被选择、被定义、被解读的困惑状态。

相对于那种将"儒者之学"凌驾于"文章之学"和"训诂之学"上的偏执理念，日渐细化的现代学科分类，以及与之相关联的任务及对象选择，还有各学科不断强化的专业思维方式等，对文史研究的影响更加显著。本来完整而丰满的考察对象，经过不同学科研究者盲人摸象式的选择与阐释，体格与经络便渐告零散。譬如司马光，史学家景仰其《资治通鉴》与《稽古录》等历史巨著，奉为"史法"；训诂学家普遍推重《集韵》、《切韵指掌图》及其监写奏进之《类篇》，视其为中古语言研究之珍宝；思想史研究者则围绕《温公易说》、《潜虚》、《书仪》和《法言集注》等展开讨论，异见纷呈；而文学史研究者则重点阅读《传家集》、《温公续诗话》以及与文学生态密切相关的《涑水记闻》等。从属于不同学科的学者各取所需，讨论发明，乃是现代学术之常态，然司马温公的诗文创作和他的经、史研究互为表里，三者之间深相关联，密不可分。若仅仅着眼于某一方面，其研究过程则难免会呈现出以偏概全的失误或不足。面对此种困惑，前人虽欲探求破解之道，但收效甚微。窃以为正确把握经史之学关涉诗文研究的基本脉络，强化文、史、哲贯通的学术研究理念，是突破专业壁垒、走向学术融通的关

---

① 《二程集·遗书》卷一八，中华书局，1981年，187页。

键所在。

　　就宋代文学研究而言,不涉经学的困惑尤为严重。迄今为止,两宋文学史家对史学的重视远过于经学,就连文学思想史的考察都不能充分尊重"性理之学"深刻影响士人心灵蜕变的基本史实,这无疑是一种学理性的缺失。客观说来,宋代诗文不同于唐代诗文的特点和风貌,首先与道学的兴盛密切相关。道学家不仅以其深邃而执着的理性探索主导着时代文化发展的主流,同时更以潜移默化的方式深层制约着诗文作者的价值取向、审美判断以及言语表达方式等等。以曾巩为例,宋人颇谓其善作文而"不能诗",①元人刘埙则为之辩解说:"自曾子固不能作诗之论出,而无识者遂以为口实,乃不知此先生非不能诗者也。盖其平生深于经术,得其理趣,而流连光景,吟风弄月,非其好也。往往宋人诗体多尚赋,而比与兴寡,先生之诗亦然。故惟当以赋体观之,即无憾矣。唐诗之清丽空圆者,比与兴为之也;宋诗之典实闳重者,赋为之也。"②其实,两宋诗家根柢经术、偏好"理趣"者绝不限曾巩一人,所谓诗歌如赋、典实闳重的艺术风貌,乃是道学浸染的普遍结果。虽然内在情形极为复杂,但经学与文学之间关联互动的大致情形,或许可从以下三个层面稍事把握:一是与道学相表里的各种价值判断和审美追求,实际蕴涵着属于那个时代的精神自由和人格自觉,其崇高理想和实践智慧理应被纳入文学思想史考察的有效范畴。可以肯定地说,完全撇开经学熏染因素的两宋文学思想研究,必然会流于浅陋,不免贫瘠。二是道学兴盛对诗文创作产生的影响有积极的和消极的两个方面,即当代文人在重学问、重议论的同时,却减了几分少年梦幻式的激情,少了些许羚羊挂角的形象构思。利弊得失,必须辩证看待,深入分析。三是和文史互动一样,经学研究制约或影响诗文创作的内在途径也因人而异,其中既有像范仲淹、欧阳修、尹洙、司马光那样"君子以同而异"的微妙分合,也有类似于"程、朱"与"苏、黄"之间尖锐而持久的价值观对立。可以肯定的是,如此复杂而深刻的智慧交锋,的确为文学史研究的不断深化提供了无限契机。

---

① 《陆九渊集》卷一七《与沈宰》,中华书局,1980年,220页。
② 《隐居通议》卷七,文渊阁四库全书本,866册,78页上。

当然，相对于文、史之间显而易见的交叉和互补，经学与文学之间的关联与互动则要复杂得多。前者颇为直接，其研究过程也比较容易复核验证；后者则须以人格、情感为中介，故许多互动线索是"隐性"的。正因为如此，不少学者在讨论两宋经学与文学变革和诗文创作的关联互动时，才会情不自禁地侧重经学，而丧失文学本位。更有甚者，或曲意阐释道学家有关诗文的"口义"、"语录"，为其重道轻文的价值取向再三辩解；或多方辨析揣度，将原本纯粹的道学心态解释为文、道兼善的二元追求。事实上，濂洛诸公始终不与欧、王、苏、黄并辔同驰，也是毋庸置疑的。

怎样利用经学和史学研究的既有成果，不断丰富和深化两宋诗文研究的精神内涵，这不仅是经验范围内的事，更是学理层面上的事。静而思之，其最紧要者或有以下数端。

## 一、交互发明，充分尊重完整智慧

尊重"复合型主体"的完整智慧，深入了解其在经史研究和诗文创作中始终秉持的个性特点与审美取向，是经、史之学与诗文研究得以交互发明的基本前提。从"个体自觉"的角度看，内涵清晰的学术理念，势必会影响到相关作家的审美趣味，并由此形成鲜明的艺术个性。譬如，邵雍能"穷日月星辰、飞走动植之数，以穷天地万物之理；述皇王帝霸之事，以明大中至正之道"的《易》学造诣，[①]和他"以论理为本"，"意所欲言，自抒胸臆，脱然于诗法之外"的"康节体"诗歌，[②]两者之间即互为表里，而其内在中介即为"用舍随时"、"行藏在我"的超逸人格。[③] 假使没有对邵氏《易》学的基本内涵与特点作必要了解，欲深入解读"康节体"诗的艺术得失，便只会缘木求鱼而已。

相对于那种选择性的资料征引和具体论证，从整体上把握研究对象的个性内涵无疑要困难许多。譬如欧阳修，苏轼既谓其"论大道似韩愈，

---

[①] 《直斋书录解题》卷一《皇极经世》、《叙篇系述》解题，上海古籍出版社，1987年，17页。
[②] 《四库全书总目》卷一五三《击壤集》提要，中华书局，1965年，1322页上。
[③] 邵雍《读张子房传引》，《全宋诗》(7)，北京大学出版社，1998年，4623页。

论事似陆贽,记事似司马迁,诗赋似李白",①后人遂沿袭其说,不更作深究。但客观说来,像这样分述"论道"、"论事"、"记事"及"诗赋"成就的做法,无意间割裂了欧阳修经学、史学与诗文创作之间的内在联系,从而淡化了整体研究的意义和价值。事实上,欧阳修在经学研究上力主"弃传从经",以为"后之学者因迹前世之所传,而较其得失,或有之矣。若使徒抱焚余残脱之经,伥伥于去圣千百年后,不见先儒中间之说,而欲特立一家之学者,果有能哉?吾未之信也"。② 本着质疑与创新并重的学术理念,其《诗本义》和《易童子问》不循旧说,以意逆志,务求经之"本义",终为"宋学"启蒙道夫先路。而其史学研究,也是将自我判断与正乱褒贬放在首位,曰:"吾用《春秋》之法,师其意不袭其文。"复云:"昔孔子作《春秋》,因乱世而立治法;余述《本纪》,以治法而正乱君,此其志也。"③大抵和《易童子问》质疑《文言》、《大系》皆非孔子所作而未加详考一样,其《新唐书》"意主文章而疏于考证",④《新五代史》"刊削旧史之文,意主断制,不肯以纪载丛碎,自贬其体",⑤在个性特点上始终呈现着无可辩驳的一致性。由经、史研究的上述特点,很容易联想到欧阳修在诗文创作方面所持的立场。他反对"述三皇太古之道,舍近取远,务高言而鲜事实"的玄虚做派,主张"为道必求知古,知古明道,而后履之以身,施之于事,而又见于文章而发之,以信后世"。⑥ 这种不泥于古人,直面时代需求的文学价值观,和他的经史之学表里相关,绝无二致。欧阳修尝云:"其所以为圣贤者,修之于身,施之于事,见之于言,是三者所以能不朽而存也。"⑦很显然,在这个"三不朽"的完整架构中,经学、史学及文学都属于"言"的部分。后人欲将其"言"分割讨论,显然有违作者本意。欧阳修如此,司马光、王安石、苏轼、陆游等硕学鸿儒亦概莫能外。

---

① 《苏轼文集》卷一〇《六一居士集叙》,中华书局,1986年,315页。
② 《欧阳修全集》卷四二《诗谱补亡后序》,中华书局,2001年,602页。
③ 朱熹《宋名臣言行录·后集》卷二,文渊阁四库全书本,449册,164页上。
④ 《四库全书总目》卷四六《新唐书纠谬》提要,411页上。
⑤ 《四库全书总目》卷四六《旧五代史》提要,411页中。
⑥ 《欧阳修全集》卷六七《与张秀才棐第二书》,978页。
⑦ 《欧阳修全集》卷四四《送徐无党南归序》,631页。

从另一角度讲,强调以经、史研究与诗文创作交互发明的方式,全面分析欧阳修、司马光、苏轼及陆游等宋代名家的个性特点,虽然是尊重其"完整智慧"的必然要求,但在更多情况下,有关个性特点的全面考察,其目的还在于进一步分析研究对象的人格品质,并就相关的是非褒贬作出合乎实际的判断。兹以石介为例略事说明。

宋人对石介向来持有两种截然相反的看法。在道学家眼里,石介与孙复、胡瑗皆有功于"圣学",被尊为"宋初三先生"。朱熹曰:"本朝孙、石辈忽然出来,发明一个平正底道理,自好,前代亦无此等人。"复云:"石守道却可谓刚介。"①然而,范仲淹、欧阳修及苏轼等治世能臣却对他颇多微词。欧公既斥责石介"自许太高,诋时太过",②又于《议学状》中不点名地批评说:"夫人之材行,若不因临事而见,则守常循理,无异众人;苟欲异众,则必为迂僻奇怪以取德行之名,而高谈虚论以求材识之誉。前日庆历之学,其弊是也。"③苏轼的说法似乎更进一步,谓:"通经学古者,莫如孙复、石介,使孙复、石介尚在,则迂阔矫诞之士也,又可施之于政事之间乎?"④两种评价褒贬各异,谁是谁非,颇难定谳。若想从诸多困惑中解脱出来,全面考察石介在经学、史学研究以及诗文创作中体现的个性特点,仔细分析其有异于常人的思想表达方式,实属必然选择。

石介的经学研究以《周易》为主,其《周易口义》或为执教太学时的讲义,⑤与胡瑗《周易口义》同时产生。此外,晁公武《郡斋读书志》载《徂徕先生周易》五卷,提要云:"景迂云:'《易》古文十二篇,先儒谓费直专以《彖》、《象》、《文言》参解《易》爻,以《彖》、《象》、《文言》杂入卦中者,自费直始。孔颖达云:"王辅嗣又分爻之《象辞》,各附当爻。"则费氏初变古制时,犹若今《乾》卦《彖》、《象》系卦之末欤?古经始变于费氏,卒大乱于王弼,惜哉!今学者曾不之知也。石守道亦曰:"孔子作《彖》、《象》于六爻之前,《小象》系逐爻之下,惟《乾》悉属之于后者,让也。"呜呼!他人尚何责哉!'家本不

---

① 《朱子语类》卷一二九,中华书局,1986年,3091页。
② 《欧阳修全集》卷六八《与石推官第一书》,991页。
③ 《欧阳修全集》卷一一〇,1673页。
④ 《苏轼文集》卷二五《议学校贡举状》,724页。
⑤ 《宋史》卷二〇二《艺文志一·易类》,中华书局,1985年,5035页。

见此文,岂介后觉其误而改之欤?"①从晁公武的记述中不难看出,石介并未怀疑《彖》、《象》系孔子所作的真实性,只是学有未精,不能辨费氏之乱。治学水平虽有不足,但在"弃传从经"理念颇为盛行的庆历时代,石介追逐新潮的热情却异乎寻常。譬如,东汉经学大师郑玄"遍注诸经,立言百万,集汉学之大成",②其注疏文字向来和儒学典籍一样受到重视,北宋时甚至还流传着"宁道孔圣误,讳言郑、服非"的古训。③而石介《忧勤非损寿论》一文,不仅用"康成之妄也如此"一语彻底否定了郑玄为《礼记·文王世子》所作的注释,断然指出:"如康成之言,其害深矣!"④此其显例。

石介的史学著作主要有《唐鉴》三卷。该书"采撷唐史中女后、宦官、奸臣事迹"撰写而成,自序云:"唐十八帝,惟武德、贞观、开元、元和百数十年,礼乐征伐自天子出。女后乱之于前,奸臣坏之于中,宦官覆之于后。颠倒崎危,绵绵延延,乍倾乍安,若续若绝,仅能至于三百年,何足言之!后之为国者,鉴李氏之覆车,勿专政于女后,勿假权于中官,勿任委于奸臣,则国祚延祐,历世长远。"⑤绎其文意,其书或与柳开《野史》相仿佛,矫激有余而精深不足。以上两书均未能传世,其优劣得失已无从判断。但可以肯定的是,欧、苏诸公在经、史之学上与石介持有相同或近似的理念,他们绝不会因为学术上的分歧,便将石介指斥为迂阔矫诞之士。

客观而言,在欧、苏等"和而不同"的朋友间,在庆历之后的道学人群中,石介受到截然不同的褒贬和评价,首先应根究于其迂阔矫激的个性品质及轻狂言行。有两件事足以说明其招致怨怼的必然性。其一,石介"尝患文章之弊,佛、老为蠹,著《怪说》、《中国论》,言去此三者,乃可以有为",⑥宣称杨、刘文章"刜镂圣人之经,破碎圣人之言,离析圣人之意,蠹伤

---

① 《郡斋读书志校证》卷一,孙猛校证,上海古籍出版社,1990年,35—36页。
② 皮锡瑞《经学历史》,中华书局,1959年,127页。
③ 晁说之《元符三年应诏封事(下)》,《全宋文》(129),上海辞书出版社、安徽教育出版社,2006年,408页。
④ 《徂徕石先生文集》卷一一,中华书局,1984年,122页。
⑤ 《徂徕石先生文集》卷一八《唐鉴序》,212页。
⑥ 《宋史》卷四三二《石介传》,12836页。

圣人之道",①积极倡导"能通明经术,不由注疏之说,其心与圣人之心自会;能自诚而明,不由钻学之至,其性与圣人之道自合"的"心性"学说,②凡此,皆与欧、苏相悖,却为道学家所赞赏。其二,庆历三年(1043)四月,石介以"庆历新政"为背景撰写《庆历圣德颂》,称颂范、欧等人为"不世出之贤",公开指斥夏竦等人为"妖魃"、"大奸"。此举将道学意气与朋党纷争扭结为一,对北宋政治文化的变易影响至巨,"厥后欧阳修、司马光朋党之祸屡兴,苏轼、黄庭坚文字之狱迭起,实介有以先导其波"。③ 面对石介的矫激与狂悖,道学之儒与范仲淹等经国之士在褒贬判断上出现了分歧。在道学家看来,石介此举正体现着"时无不可为,不在其位则行其言。言见用,利天下,不必出诸己;言不用,获祸至死而不悔"的履"道"自觉,④所谓"指言忠邪之辨,当此之时,可谓夬之世矣"。⑤ 而范仲淹等人则以为石介此举不仅于事无补,且有扰乱朝政之虞。事发当时,范仲淹即怒称:"为此鬼怪辈坏事也。"⑥正是出于相同的是非判断,欧、苏等人才深责石介,称其迂阔矫诞之论绝不可施于政事。

其实,在对两宋作家研究中,像石介这样复杂纠结的情形屡见不鲜,有些以积极面为主,有些则以消极面为主,关键是都无法通过单一的史学或经学方法加以透视。面对类似的研究对象,只有通过学术、文学与吏干品行相结合的多元视角,深度分析,综合判断,方能获得令人信服的结论。

宋代理学的兴盛,以及理学思想在史学与文学等多领域的高效渗透,再加上朋党意识的介入,客观上已经给"宋研究"制造了太多陷阱。不仅宋代野史、笔记、诗话、文话等书籍中暗含着种种被扭曲的"史实",就连《宋史》等官方典籍也充斥着道学偏见。即使在道学内部,也存在为"统系"之争而进行"史实"造假的情形,如程氏后学所谓张载以所讲《易》学不

---

① 《徂徕石先生文集》卷五《怪说中》,62页。
② 《徂徕石先生文集》卷一三《上范思远书》,151页。
③ 《四库全书总目》卷一五二《徂徕集》提要,1312页中。
④ 曾巩《隆平集》卷一五《儒学行义·石介》,文渊阁四库全书本,371册,150页下。
⑤ 林栗《周易经传集解》卷二二《乾卦·初九》条,文渊阁四库全书本,12册,295页上。
⑥ 《宋史纪事本末》卷二九《庆历党议》,中华书局,1977年,241页。

及二程深邃,遂自撤所坐虎皮,径归陕,①以及朱熹所谓"周程授受"等,②均为臆造,殊不可信。在此背景下,有关两宋经、史、子、集以及丰富多彩的个案研究,就更需保持对"完整智慧"的充分尊重。

## 二、超越误解,准确还原历史真实

超越宋元以来人云亦云的学术误解,澄清某些学人身上背负已久的人格偏见,使之回归历史真实,并以此丰富和完善两宋文学史研究的学术内涵,这无疑是经史之学与文学研究融会贯通的基本祈望所在。如韩琦为欧阳修所撰《墓志铭》称:"嘉祐初,权知贡举,时举者务为险怪之语,号太学体,公一切黜去,取其平澹造理者,即预奏名。初虽怨仇纷纭,而文格终以复故者,公之力也。"③后人未详"太学体"之真实面目,遂目之为"古文"。其实,据笔者考察,所谓"太学体"乃是指当时流行于学校及科场之间的一种应试文风,其"僻涩"、"怪诞"的语言艺术特征,综合体现在"赋"、"论"、"策"三种文体当中。无论从哪个角度看,它都不可与"古文"相提并论。④ 类似的问题,若只从文学本身着眼,便很难突破既有成说,取得学术进展。

事实上,文学史叙事的许多误解并非偶然形成,而是渊源有自。如当代学人重散轻骈,对宋代骈辞作家多有疏忽,若究其根源,则多半与两宋道学密切相关。有宋"四六"之精品,主要集中在《宋大诏令集》中,其当行圣手如杨亿、刘筠、晏殊、夏竦、王琪、王珪、胡宿、宋庠、宋祁、文彦博者不可胜数。然而,许多骈文史研究者却对此视而不见,反将关注重点放在了欧阳修、苏轼、王安石等"古文"家的身上,以为北宋"中叶以还,欧苏高唱古文,以古文气格行之于四六之中,风起云涌,蔚为一代作风"。⑤ 其实,此种见解不过是延续了宋代道学家的审美趣味,与"四六"发展的历史真实

---

① 《二程集·外书》卷一二,436—437页。
② 《朱子全书》卷八六《沧洲精舍告先圣文》,上海古籍出版社、安徽教育出版社,2010年,4050页。
③ 《欧阳修全集·附录》,2704页。
④ 详参拙作《北宋"太学体"文风新论》,《文学评论》2008年6期。
⑤ 刘麟生《中国骈文史》,东方出版社,1996年,第81页。

相去甚远。如宋儒吴子良《荆溪林下偶谈》卷二云:"本朝四六以欧公为第一,苏、王次之。然欧公本工时文,早年所为四六见别集,皆排比而绮靡。自为古文后方一洗去,遂与初作迥然不同。他日见二苏四六,亦谓其不减古文。盖四六与古文同一关键也。然二苏四六尚议论,有气焰,而荆公则以辞趣典雅为主,能兼之者,欧公耳。水心于欧公四六暗诵如流,而所作亦甚似之。顾其简淡朴素,无一毫妩媚之态;行于自然,无用事用句之癖,尤世俗所难识也。……真西山尝谓余四六颇淡净而有味,余谢不敢当。"①吴子良尝为张栻、吕祖谦、陆九渊三人建生祠,且亲撰《三先生祠记》。他不仅服膺诸家道学,且与叶适、真德秀、欧阳守道等当代名儒神交颇深,因此其说能体现道学家的"四六"创作理念,实属必然。事实上,欧公曾明确宣称:"今世人所谓四六者,非修所好,少为进士时不免作之,自及第,遂弃不复作。"②他"以文体为四六",当系不得已而为之,绝非有意创新。后世学人从推重"古文"的立场出发,盛赞欧阳修、苏轼及王安石等人的"四六"骈辞,乃是替道学家张扬所好,而非真正梳理两宋"四六"发展之内在轨迹。严格说来,"古文"家的"四六"创作,仅仅是两宋"四六"之一种,它既不能代表"四六"艺术的发展方向,更难以取代夏竦、王珪等持国重臣所撰之瑰丽典策。

除了源自道学家的观念误导,宋人的诗文创作往往还潜藏着许多不易觉察的心理动机,若欲对此深加解读,便只能借助于史学与经学相结合的有效方法。《文心雕龙·体性》尝曰:"夫情动而言形,理发而文见,盖沿隐以至显,因内而符外者也。然才有庸俊,气有刚柔,学有浅深,习有雅郑,并情性所铄,陶染所凝,是以笔区云谲,文苑波诡者矣。故辞理庸俊,莫能翻其才;风趣刚柔,宁或改其气;事义浅深,未闻乖其学;体式雅郑,鲜有反其习:各师成心,其异如面。"③是知文学研究最深刻、最丰富的意义,在于通过对具体作家"才"、"气"、"学"、"习"及"情性"、"陶染"诸要素的深入分析,准确把握其创作心理,充分展示"情动而言形,理发而文见"的内

---

① 《荆溪林下偶谈》卷二,文渊阁四库全书本,1481 册,498 页下。
② 《欧阳修全集》卷四七《答陕西安抚使范龙图辞辟命书》,662 页。
③ 《增订文心雕龙校注》卷六,中华书局,2012 年,375—376 页。

在过程。只可惜,后世学者多瞩目于辞藻,浅涉其故事,很少有人究及学养、情性及"陶染"诸端。两宋作家涵养深厚,而文笔诡谲者比比皆是。若不细绎深究,其为现象所惑者实所难免。

例如,欧阳修于宋仁宗皇祐二年(1050)作《庐山高赠同年刘中允归南康》,为致仕而归的刘涣送行,盛赞其不为"宠荣声利"所屈,胸怀气节可与庐山比高。苏轼也曾于宋神宗元丰元年(1078)十一月为龙山人张天骥撰《放鹤亭记》,称隐居之乐"虽南面之君,未可与易也"。① 类似的崇隐之作在宋人集中俯拾皆是,后人若不加详察,便以为彼时宦途文人为党祸所累,厌倦功名,常思归隐以避凡俗。其实,宋代士人面对隐逸与仕宦的选择,心态绝不会如此简单。邵博《邵氏闻见后录》卷一五载:"或问东坡:云龙山人张天骥者,一无知村夫耳。公为作《放鹤亭记》,以比古隐者,又遗以诗,有'脱身声利中,道德自濯澡',过矣。东坡笑曰:'装铺席耳。'东坡之门,稍上者不敢言,如琴聪、蜜殊之流,皆铺席中物也。"② 东坡既谓《放鹤亭记》系装点铺席之作,那么欧公撰《庐山高》是否出自真情实意?

刘涣与欧公同为天圣八年(1030)进士,皇祐二年以太子中允致仕。退归之际,欧阳修作《庐山高》诗为其饯行,曰:"君怀磊砢有至宝,世俗不辨珉与玒。策名为吏二十载,青衫白首困一邦。宠荣声利不可以苟屈兮,自非青云白石有深趣。其气兀硉何由降?丈夫壮节似君少。嗟我欲说安得巨笔如长杠。"③时人以此为据,便称《庐山高》系为刘涣"高节"而作。如司马光为刘恕《十国纪年》撰序,即谓其父"不能屈节事上官,年五十弃官,家庐山之阳,且三十年矣,人服其高,欧阳永叔作《庐山高》以美之"。④ 王称《东都事略》卷八七下《刘恕传》亦云:"父涣,字凝之。举进士,为颍上令。以刚直不屈于上位,即弃官而归,家于庐山之阳,时年且五十。欧阳修与涣同年进士也,高其节,作《庐山高》诗以美之。"⑤然而,刘涣是否有"节"可"高",欧阳修撰写此诗的真实心态究竟如何,似乎还需要另做详察。

---

① 《苏轼文集》卷一一,360 页。
② 《邵氏闻见后录》卷一五,中华书局,1983 年,115 页。
③ 《欧阳修全集》卷五,84 页。
④ 《刘道原十国纪年序》,《全宋文》(56),111—112 页。
⑤ 《东都事略》卷八七下,文渊阁四库全书本,382 册,567 下—568 页上。

首先，刘涣长达二十年的仕宦生涯，恰好处在"宋兴七十余年，民不知兵，富而教之，至天圣、景祐极矣"的仁宗时代，当此之时，"天下争自濯磨，以通经学古为高，以救时行道为贤，以犯颜纳谏为忠"，①很少有人像刘涣那样二十年苦居下位，不得迁转。且皇祐元年正月，欧公自扬州移知颍州，一直到次年七月才改知应天府兼南京留守司事，前后长达一年半的时间。就行政关系而言，颍上乃颍州属县，时为颍上令的刘涣实际上是欧公的下属。就一般情理而论，在这样一位同年贤哲的关怀与影响下，在那样一种生机勃勃的政治文化氛围中，刘涣理应有所作为。但令人遗憾的是，年过半百的他既没有"文章润身"，也不能"政事及物"，②最后只能以太子中允的名义退归乡野。像这样一位蹉跎半生的底层小吏，实难与"不事王侯，高尚其事"的古代隐君相提并论。且欧阳修一向以"三不朽"精神倡导天下，面对如此庸碌无为的同年，怎会产生真诚的敬重。

其次，从刘涣传世的四首诗作来看，其告归隐居的思想动机非但无"节"可壮，且与那个奋发有为的时代格格不入。其诗曰：

彤扉新授紫皇宣，品作蓬壶二等仙。今日访师无限意，应怜憔悴胜当年。

梵刹仙都显焕存，心心惟绍法王孙。俗流不信空空理，将谓长生别有门。

颠倒儒冠二十春，归来重喜访僧邻。千奔万竞无穷竭，老竹枯松特地新。

被布羹藜三十春，苦空存性已通真。我来试问孤高士，翻愧区区名利身。③

---

① 《苏轼文集》卷一〇《六一居士集叙》，315—316页。
② 吴曾《能改斋漫录》卷一三《欧阳公多谈吏事》条，丛书集成初编本，291册，342—343页。
③ 《三刘家集》，文渊阁四库全书本，1345册，544页下。

前两首为进士及第时所撰,后两首则作于自颍上令辞归以后。诗中弥漫的空空之想,以及对梵刹仙都的眷恋之情,均与时代主流精神背道而驰。面对如此消极颓靡的人生,欧公若"高"其"节",岂非自欺欺人。

简而言之,欧阳修创作《庐山高》诗的缘起和动机主要有几点。其一,刘涣只是借题起兴的引子,而不是真正的歌颂对象。李常所谓"学士大夫争为咏叹以饯之,非所以宠其行,以预送凝之为荣"者,①即谓此也。从这个角度看,欧公借饯赠之作以装点"铺席"的微妙心态,与苏轼撰《放鹤亭记》并无二致。其二,"庆历新政"失败之后,欧阳修"放逐流离,至于再三"。②皇祐二年虽移居南京,但仍须面对各种诋毁与中伤,其如欧阳发所云:"南京素号要会,宾客往来无虚日,一失迎候,则议论蜂起。先公在南京,虽贵臣权要过者,待之如一。由是造为语言,达于朝廷。"③在此情形下,他借题发挥以抒抗争情怀,亦情理所必然,所谓"纵横诗笔见高情,何物能浇魂磊平"者,④良有以也。李纲尝谓欧公"每诗必言归,耕钓箕颍上。但欲风波息,岂是事高尚",⑤以此解读《庐山高》诗的创作动机,虽不可尽得,庶几近矣。

相对于消除误解的努力,要澄清某些作家身上背负已久的人格偏见就更加困难。因为许多偏见的形成,绝非一日之功,而使之逐步强化,日益深入人心者,又绝非一人之力。越是描写细致入微,就越难辨析澄清。"庆历新政"时因与范、欧政见相左而被石介斥为"妖魃"、"大奸"的名相夏竦,即其显例。

夏竦"以文学起家,有名一时"。⑥仁宗朝,累擢知制诰,拜同中书门下平章事,封英国公,后改封郑国。嘉祐二年(1057),即欧阳修知贡举以黜"太学体"之年,以操劳病卒,谥文庄。他学识渊博,"自经史、百氏、阴阳、

---

① 李常《尚书屯田员外郎致仕刘凝之府君墓志铭并序》,《全宋文》(36),625页。
② 《宋史》卷三一九,10380页。
③ 《欧阳修全集·附录》卷二欧阳发等述《先公事迹》,2634—2635页。
④ 《元好问集》(上)卷一一《论诗三十首》之五,山西古籍出版社,2004年,338页。
⑤ 李纲《读四家诗选四首·永叔》,《全宋诗》(27),17574页。
⑥ 《宋史》卷二八三《夏竦传》,9576页。

律历之书,无所不学。其学必究古今治乱、天人灾变之原"。① 叶清臣尝曰:"谙古今故事者,莫如夏竦。"② 此外,夏竦精通佛典,仁宗时曾兼任译经润文官,这在当日朝臣中并不多见。史载夏竦"善为文章,朝廷大典策,屡以属之",③ 其所撰制诰笺启"闳衍瑰丽,殆非学者之所能至",④ 故而获得了北宋"四六集大成者"的美誉。⑤ 四库馆臣亦云:"竦学赅洽,百家及二氏之书皆能通贯,故其文征引奥博。"⑥ 此外,夏竦还通晓古文字及声律,有《古文四声韵》五卷传世,自序云:"师资先达,博访遗逸。断碑蠹简,搜求殆遍;积年踰纪,篆籀方该。自嗟其劳,虑有散坠,遂集前后所获古体文字,准唐《切韵》,分为四声,庶令后学,易于讨阅。仍条其所出,传信于世。"⑦ 如此高超的学识修养,似石介等浅学之士恐难望其项背。

然而,随着《庆历圣德颂》的面世,夏竦的噩梦也随之开启。石介以道学自任,行为亦复矫激。据《默记》载:"石介作《庆历圣德诗》以斥夏英公、高文庄公曰:'惟竦、若讷,一妖一孽。'后闻夏英公作相,夜走台谏官之家,一夕所乘马为之毙。所以弹章交上,英公竟贴麻,改除枢密使,缘此与介为深仇。"⑧ 自此而后,虽然有不少人以为夏竦有与"汉唐诸儒方辔并驱"之志,⑨ "佩相印,冠枢廷,荒大国之封,峻常伯之秩,虽宠灵绸缪,而益怀惊畏。学士杨公察草麻制,谓'仲尼不容,周公胥怨',岂得其时而未尽其志耶?然烜赫隆盛弥四十年,以文致身,稽古之力,其极矣哉!"⑩ 但道学家们却对其"奸邪"品质确信不疑,《宋史》本传至谓其"材术过人,急于进取,喜交结,任数术,倾侧反覆,世以为奸邪"。⑪ 由此可知,洪迈《容斋随笔》谓竦

---

① 《夏文庄公竦神道碑铭》,《全宋文》(53),199页。
② 《续资治通鉴长编》(下称《长编》)卷一六六,中华书局,2004年,3989页。
③ 《东都事略》卷五四《夏竦传》,338页下。
④ 《夏文庄公竦神道碑铭》,《全宋文》(53),199页。
⑤ 王铚《四六话》卷上,丛书集成初编本,2615册,2页。
⑥ 《四库全书总目》卷一五二《文庄集》提要,1309页上。
⑦ 夏竦《古文四声韵序》,《全宋文》(17),151页。
⑧ 王铚《默记》卷中,中华书局,1981年,26页。
⑨ 夏竦《上章圣皇帝乞应制举书》,《全宋文》(17),78页。
⑩ 宋敏求《文庄集序》,《全宋文》(51),287页。
⑪ 《宋史》卷二八三《夏竦传》,9576页。

"既失时誉,且以《庆历圣德颂》之故,不正之名愈彰",①乃属实言。

为了充分展示夏竦的"奸邪"面目,道学家还与史学家合力共谋,编造了许多生动的故事,如称夏竦于服丧期间潜至京师,在王钦若的帮助下得以起复之事,即属显例。《东都事略》卷五四本传在"起复知制诰"之后记云:"奉使契丹,竦辞不行,其表有'父没王事,身丁母忧。义不戴天,难下穹庐之拜;礼当枕块,忍闻夷乐之声'等语。"②今按:夏竦违犯丁忧之制,绝无可能。据《宋史》卷一二五《礼制》"丁父母忧"条载:"淳化五年八月,诏曰:'孝为百行之本,丧有三年之制,著于典礼,以厚人伦。中外文武官子弟,或父兄之沦亡,蒙朝廷之齿叙,未及卒哭,已闻莅官,遽亡哀戚,颇玷风教。自今文武官子弟,有因父亡兄殁特被叙用,未经百日,不得趣赴公参。御史台专加纠察;并有冒哀求仕、释服从吉者,并以名闻。'咸平元年,诏任三司、馆阁职事者丁忧,并令持服。"③可以肯定,在如此严厉的"祖宗家法"制约下,夏竦越制将会招致极为严重的后果。王称谓夏竦起复后,旋辞奉使契丹,且引表文为证,这在逻辑上很难成立。明人王志坚编《四六法海》卷六载夏竦《免奉使启》,评曰:"此启孝思蔼然。然史称竦丁母忧,潜至京师,依中人张怀德、宰相王钦若为助,起复知制诰、翰林学士,又何其先后矛盾也?"④其实,据《启》文显示,夏竦是在居丧期间偶得奉使之命,故辞而不行。撰史者不考制度,先后颠倒,显然属于有意为之。

当然,有关夏竦"奸邪"事迹的虚构和杜撰绝不止此,而与之相关的质疑声也时有可闻。如陆游《老学庵笔记》卷七云:"夏文庄初谥文正,刘原父持以为不可,至曰:'天下谓竦邪,而陛下谥之正。'遂改今谥。宋子京作祭文,乃曰:'惟公温厚粹深,天与其正。'盖谓夏公之正,天与之,而人不与。当时自有此一种议论。故张文定甚恶石徂徕,诋之甚力,目为'狂生'。东坡《议学校贡举状》云:'使孙复、石介尚在,则迂阔矫诞之士也,可

---

① 洪迈《容斋随笔·四笔》卷一二,中华书局,2005 年,778 页。
② 《东都事略》卷五四,337 页下。
③ 《宋史》卷一二五,2922 页。
④ 《四六法海》卷六,文渊阁四库全书本,1394 册,502 页下。

施之于政事之间乎?'其言亦有自来。"①其实,有关石夏交恶、夏竦"奸邪"的种种描述,虽然彰显着宋代学人饱含"意气"、严辨"君子小人"的著史理念,但不少细节既有朋党斗争的影子,更折射出道学家对夏竦专擅"四六"、雅好佛老的厌恶。若能融通经史,兼顾文学,对相关描述的细节真伪予以详察,其感悟必多。

客观说来,两宋时代道学与史学的相互作用,学人之间的朋党立场与学术纷争对诗文评论的制约和影响,乃是造就历史误解和人格偏见,形成学术误区的主要原因。这种情况在"汉唐之学"引领世风的庆历以前还很少出现,其如胡应麟《少室山房笔丛》卷五所云:"唐以前作史者,专精于史,以文为史之余波;唐以后能文者,泛滥于文,以史为文之一体。"②但在庆历以后,随着儒学"新义"的不断丰富,以及各种文道观念之间的对话与纷争,文学与史学、经学相互融通的内在情形及与之相适应的各种表现形态,都已经远远超越了北宋初年。可以设想,假使有人能够像吴缜撰《新唐书纠谬》和《五代史记纂误》那样,全面梳理和考订《东都事略》及《宋史》等相关史籍的抵牾踳驳,或全面梳理两宋经学关涉文学创作的复杂轨迹,那么其研究成果必将有助于两宋诗文研究的拓展与深化。

## 三、深化理解,重新反思文学演变规律

深入探讨文学创作兴衰演变的内在规律,不断深化相关作品的思想和艺术解读,也是经史之学关涉诗文研究的应有之义。范仲淹谓尹洙"深于《春秋》,故其文谨严,辞约而理精";③司马公于史实考订"抉摘幽隐,校计毫厘",④尝自述云:"光自幼读经书,虽不能钩探微蕴,比之他人,差为勤苦,尽心而已。又好史学,多编缉旧事,此其所长也。至于属文,则性分素薄,尤懒为之。当应举时,强作科场文字,虽仅能牵合,终不甚工。颇慕作

---

① 《老学庵笔记》卷七,中华书局,1983年,93—94页。
② 《少室山房笔丛》卷一三,中华书局,1958年,173页。
③ 《范仲淹全集》卷八《尹师鲁河南集序》,凤凰出版社,2004年,158页。
④ 《进资治通鉴表》,《资治通鉴》卷末,中华书局,1956年,9607页。

古文,又不能刻意致力,窥前修之藩篱,徒使其言迂僻鄙俚,不益世用。此真所谓学步邯郸,匍匐而归者。"①这种既"好史学"又"慕作古文"的简质姿态,最终成就了他的"史家之文"。② 苏轼撰《司马温公行状》,谓其"文辞醇深,有西汉风",③王安石亦称:"君实之文,西汉之文也。"④他们虽与司马光持有不同政见,但对其史学与文章纯然一致的特点均给予了公允评价。凡此,皆为宋人经、史研究深刻影响诗文创作之显证,而其中隐含的幽约思致,还需后世学人探求梳理,反思总结。

经史之学深度影响两宋诗文创作的格局变化与发展走向,这在传统文学史研究者看来或许有些不可思议,但事实的确如此。例如《苏氏易传》关涉"三苏"诗文创作的哲理思致及艺术风格,邵雍易学与"康节体诗"之间也存在着"颓然其顺,浩然其归"的人格自觉。⑤ 而宋代"古文"创作的盛衰轨迹,更与"宋学"诸流派此消彼长的发展格局密切相关。两者之间的关联情状、互动规律以及独特研究价值,均须深加分析,准确把握。

大抵从宋仁宗嘉祐年间开始,随着"宋学"诸流派的发展成熟,与之相关的文学观念也随之发生了深刻变化。其时关中张载、河南二程及闽中陈襄等均深发儒经"义理",以"儒者之学"自居。程颢、程颐从师周敦颐和胡瑗,最终得以超越。他们将儒家的伦理道德视为"理"、"道",用"理一分殊"来解释天地万物之变化,曰:"天下之理一也。途虽殊而其归则同,虑虽百而其致则一。虽物有万殊,事有万变,统之以一,则无能违也。故贞其意,则穷天下,无不感通焉。"⑥与此同时,他们以为诗文"不当轻作",古代圣贤的文章乃是"不得已"而为之,"盖有是言,则是理明;无是言,则天下之理有阙焉","然其包涵尽天下之理,亦甚约也",而"后之人,始执卷,则以文章为先,平生所为,动多于圣人。然有之无所补,无之靡所阙,乃无用之赘言也。不止赘而已,既不得其要,则离真失正,反害于道必矣"。在

---

① 《上始平公述不受知制诰启》,《全宋文》(56),10 页。
② 《日知录集释》卷二〇,顾炎武撰,黄汝成集释,上海古籍出版社,1985 年,1506 页。
③ 《苏轼文集》卷一六《司马温公行状》,475 页。
④ 《邵氏闻见录》卷一〇,中华书局,1983 年,108 页。
⑤ 《邵尧夫先生墓志铭》,《全宋文》(79),360 页。
⑥ 《伊川易传》卷三"咸卦·九四"爻辞注,文渊阁四库全书,9 册,276 页下。

他们眼里,那些欲借文章之华彩以彰显存在价值的渴望属于"世人之私心",①必须加以戒除。在此种观念的制约下,其文章水平自然得不到有效提高。大抵从胡瑗、二程到陈襄,均以口语化的方式传道解经,即便是一些本该有辞采的应用、游览之作,也是平铺直叙,干瘪乏味。数人之中,唯有张载略具古风,时有可观。

张载侧重"礼"学。清人朱轼云:"薛思菴曰:'张子以礼为教。'不言理而言礼,理虚而礼实也。儒道宗旨,就世间纲纪伦物上着脚,故由礼入最为切要,即约礼复礼的传也。"②而其有关"天地之气,虽聚散、攻取百途,然其为理也顺而不妄。气之为物,散入无形,适得吾体;聚为有象,不失吾常。太虚不能无气,气不能不聚而为万物,万物不能不散而为太虚。循是出入,是皆不得已而然也"的论述,③客观呈现出唯物论者的审慎与宏阔。其学"主于深思自得",④文章也颇显醇粹雅正,丝毫没有胡瑗《周易口义》、二程《遗书》那样流俗拖沓的迹象。或许正因为如此,程颐于张载仅肯定《西铭》一篇,而对《正蒙》等大多数文章持否定态度,以为其"有苦心极力之象,无宽裕温厚之气"。⑤此说延及后世,至有谓"横渠文章只《西铭》一篇,理醇而辞亦醇;《正蒙》十七章,论理固当,而辞却太厉"者。⑥褒贬之间,不仅透露出不便明言的门派偏见,更体现着"说理文章"本就难免的风格差异。

与张、程等人同时而能承担文章振兴使命的博学雅士,当数"三苏"、王安石及曾巩等。他们的经学研究虽各有专擅与偏好,但在尊重"自然之理",坚持"性无善恶",以及推重"人情"等各方面,与范仲淹、欧阳修等庆历学人一脉相承。譬如,王安石谓"先王之法,乃天地自然之理",⑦复云"性生乎情,有情然后善恶形焉,而性不可以善恶言也"。⑧这些观点上承

---

① 程颐《答朱长文书》,《二程集》卷九,600—601页。
② 朱轼《张子全书序》,《张载集·附录》,中华书局,1978年,396页。
③ 《张载集·正蒙·太和篇》,7页。
④ 《四库全书总目》卷九二《张子全书》提要,776页下。
⑤ 《二程集·文集》卷九《答横渠先生书》,596页。
⑥ 周琦《东溪日谈录》卷一五,文渊阁四库全书本,714册,258页上。
⑦ 《长编》卷二四〇,5827页。
⑧ 《王荆公文集笺注》卷三一《原性》,李之亮笺注,巴蜀书社,2005年,1089页。

欧阳修"性之善恶不必究"的立场,①并与"三苏"契然相合。苏氏之学杂糅释老,将"自然之理"与"圣人之道"等同看待。苏辙云:"天地无私,而听万物之自然,故万物自生自死,死非吾虐之,生非吾仁之也。"②"自然"之外,能使诗文创作大放异彩的最数"人情",而正是在这一点上,苏氏父子与王安石有着相同的自信。"三苏"之中,苏轼对人情的体贴更加深细入微,如曰:"夫有求于人者,必致怨于其所忌以求说,此人之情也。"③"凡人之情,夫老而妻少,则妻倨而夫恭。妻倨而夫恭,则臣难进而君下之之谓也。"④他甚至将人之常情与事业成败联系起来,说:"凡人之情,一举而无功则疑,再则倦,三则去之矣。今世之士所以相顾而莫肯为者,非其无有忠义慷慨之志也,又非其才术谋虑不若人也,患在苦其难成而不复立,不知其所以不成者,罪在于不立也。"⑤要之,从人情诉求出发,阐释法制、礼乐、治乱等事,正是苏氏之学特立当世的要义所在。

诗文作品绝不可能是学术思想的直接再现,但不同的思想理念的确会影响到诗文创作的价值判断和艺术取向。就整体而言,苏、王及曾巩等人的诗文佳篇多系有为而作,字里行间透露着"天行健,君子以自强不息"的儒道实践精神,充分彰显着匡救时弊的人格自觉。部分作品还能够通过鲜活生动的艺术形象,充分展示"物我一体"的学人风采,使诗文创作达到"道与艺俱化"的高妙境界。⑥他们的作品在语言上追求"辞达",内容上则凸显"自然"与"人情",艺术上呈现出不刻意雕饰,能随物赋形,行云流水般自在自然的超逸境界。譬如,读苏轼《滟滪堆赋并叙》、《赤壁赋》、《众妙堂记》、《有美堂记》及其他著名诗篇,便知其所谓"余性不慎语言,与人无亲疏,辄输写腑脏,有所不尽,如茹物不下,必吐出乃已",⑦并非虚妄。苏辙撰《御风辞》,谓列子行御风"超然而上,薄乎云霄,而不以为喜也。拉

---

① 《欧阳修全集》卷四七《答李诩第二书》,670页。
② 苏辙《老子解》卷上,丛书集成初编本,537册,4页。
③ 《苏氏易传》卷三"颐·六二"爻辞注,丛书集成初编本,392册,65页。
④ 《苏氏易传》卷三"大过·九二"爻辞注,392册,67页。
⑤ 《苏轼文集》卷四《思治论》,115页。
⑥ 王应麟《困学纪闻》(全校本)卷四,上海古籍出版社,2008年,552页。
⑦ 《苏轼文集》卷一一《密州通判厅题名记》,376页。

然而下,陨乎坎井,而不以为凶也";"苟为无心,物莫吾攻也,而独疑于风乎?"①文章以得自天外的奇思妙想,渲染着超越万物、与天地同生的旷达情怀,更抒写着苏氏父子"平生寓物不留物,在家学得忘家禅"的真实情怀。② 王安石的诗文作品虽没有苏氏父子那样爽朗清新,但像《游褒禅山记》、《读孟尝君传》、《读江南录》、《芝阁记》那样的文章,也都体现着神游"自然"、缱绻"人情"的独特魅力,呈现出与道学议论大异其趣的艺术风采。

要之,从张载、二程、陈襄、三苏、司马光及王安石等硕学鸿儒的诗文创作中,的确能够体会到经、史研究对诗文创作的深度影响。这种影响或以潜移默化的方式悄然呈现,或在往来酬答中略有表露。但无论如何,隐含其中的学理逻辑,总是两宋诗文研究者无法回避的重要话题。

如果说经史之学与文学研究的深度互动,能够帮助我们全面准确地分析文学演变的内在规律,那么借助于经学和史学研究的丰富智慧,不断深化对诗文作品的内涵理解,则更是超越"诗话"、"文话"等文学批评模式的有效选择。

两宋诗文作品的深层内涵往往与某种特定的经学思想关联扭结,若就字面所述直为解读,则难免有浅陋之虞。譬如,作为易学名家,苏轼诗文作品中关于"水"的描写,即与《苏氏易传》中"水几于道"的经学理念密切相关。其文如《滟滪堆赋并序》、《赤壁赋》、《后赤壁赋》、《洞庭春色赋》、《天庆观乳泉赋》、《喜雨亭记》、《雩泉记》等,其诗如《江上值雪,效欧阳体,限不以盐玉鹤鹭絮蝶飞舞之类为比,仍不使皓白洁素等字,次子由韵》、《入峡》、《出峡》、《许州西湖》、《游金山寺》、《和蔡准郎中见邀游西湖三首》、《夜泛西湖五绝》、《有美堂暴雨》、《八月十五日看潮五绝》等等,莫不如此。其自述为文特点时亦称:"吾文如万斛泉源,不择地皆可出,在平地滔滔汩汩,虽一日千里无难。及其与石山曲折,随物赋形,而不可知也。所可知者,常行于所当行,常止于不可不止,如是而已矣。"③所有这些,都

---

① 《苏辙集》卷一八《御风辞》,中华书局,2004年,338页。
② 《苏轼诗集》卷二五《寄吴德仁兼简陈季常》,中华书局,1982年,1340页。
③ 《苏轼文集》卷六六《自评文》,2069页。

表明苏轼对"水"情有独钟。若依顺文学批评的惯常思路,视此为诗家浪漫秉性,虽勉强可通,但终究还是隔了许多层。事实上,苏轼笔下的"水"与其有关宇宙万物生成涵育的哲学阐释密切相关,《苏氏易传》卷七《系辞传上》释文曰:

> 阴阳交,然后生物,物生然后有象,象立而阴阳隐矣。凡可见者皆物也,非阴阳也。然谓阴阳为无有,可乎?虽至愚知其不然也。物何自生哉?是故指生物而谓之阴阳,与不见阴阳之仿佛而谓之无有者,皆惑也。圣人知道之难言也,故借阴阳以言之,曰:"一阴一阳之谓道。"一阴一阳者,阴阳未交而物未生之谓也。喻道之似,莫密于此者矣。阴阳一交而生物,其始为水。水者,有无之际也,始离于无而入于有矣。老子识之,故其言曰:"上善若水。"又曰:"水几于道。"圣人之德,虽可以名言,而不囿于一物,若水之无常形。此善之上者,几于道矣,而非道也。若夫水之未生,阴阳之未交,廓然无一物,而不可谓之无有,此真道之似也。①

苏轼认为"阴阳"乃不可见,所谓"一阴一阳之谓道",乃是指"阴阳未交而物未生"时的状态;而"阴阳一交而生物,其始为水",则呈现着从"无"到"有"的转化过程。"水"作为具象之物,其"无常形"的特点最近乎"道"。在这个意义上,他认可《老子》有关"上善若水"和"水几于道"的说法。从这一基本理念出发,他更进一步解释说:"阴阳之始交,天一为水。凡人之始造形,皆水也。"②复云:"阴阳之相化,天一为水。六者其壮,而一者其稚也。夫物老死于坤,而萌芽于复。故水者,物之终始也。意水之在人寰也,如山川之蓄云,草木之含滋,漠然无形而为往来之气也。为气者水之生,而有形者其死也。……今夫水之在天地之间者,下则为江湖井泉,上则为雨露霜雪,皆同一味之甘。"③所谓"凡人之始造形,皆水","水者,物之

---

① 《苏氏易传》卷七,393册,159页。
② 《苏轼文集》卷六四《续养生论》,1984页。
③ 《苏轼文集》卷一《天庆观乳泉赋》,15页。

终始",不过是"阴阳一交而生物,其始为水。水者,有无之际"的不同表达。

　　了解《苏氏易传》及相关文章对"水"所作的形而上的阐释,对深化相关诗文的内涵解读颇有益处。譬如,《滟滪堆赋并叙》谓"天下之至信者,唯水而已。江河之大与海之深,而可以意揣。唯其不自为形,而因物以赋形,是故千变万化而有必然之理";①《赤壁赋》称"盖将自其变者而观之,则天地曾不能以一瞬。自其不变者而观之,则物与我皆无尽也","吾与子渔樵于江渚之上,侣鱼虾而友麋鹿。驾一叶之扁舟,举匏尊以相属。寄蜉蝣于天地,渺沧海之一粟"云云,②即充分表达着《苏氏易传》揭示的哲学意涵。篇幅所限,谨此说明而已。

　　虽然说文学史与学术史的研究各有侧重,但充分利用经史研究的既有成果,丰富和拓展对文学发展规律的考察,应该是顺理成章的事。而在同一作家的研究中,准确把握其经、史探索的特定观点和理念,并以之与相关的诗文作品结合起来,不断深化内涵理解,则更能增强审美阐释的深度和广度。

　　需要说明的是,经史之学虽然深刻影响着诗文创作的方方面面,但两者在盛衰成败上并不存在必然的因果关系。譬如,两宋经学研究与诗文创作的关系而言,庆历以后"宋学"探索的多元化,在很大程度上造就了欧、苏、王、曾"古文"创作的辉煌。宋室南渡以后,虽然"性理之学"依旧繁荣,"古文"创作却衰弱不济,所谓"南渡文气不及东都",③"宋南渡后,文体破碎,诗体卑弱",④乃是无可争辩的事实。而且,随着"程朱理学"正统地位的确立以及口语化文体的持续漫延,那种轻忽"自然"、蔑视"人情"的文坛贫血症还在不断恶化。此外,经史之学对各种文学体裁的影响也不尽相同,相对而言,文章最重,诗歌次之,词曲创作则几无关涉。要之,文学研究若能突破现有学科框架的制约,努力汲取经学和史学研究的既有成果,在相互融通和交互补充中拓展前行,创获必多。

---

① 《苏轼文集》卷一《滟滪堆赋并叙》,1页。
② 《苏轼文集》卷一《赤壁赋》,5—6页。
③ 《宋史》卷四三九《文苑传序》,12997页。
④ 《四库全书总目》卷一六四《文山集》提要,1407页下。

# 第一章　宋初儒学的复兴与"统系"之变

**本章提要**：经历了唐末五代一百多年的世乱道丧之后，宋初学人以重修道统谱系为契机，掀开了儒学复兴的序幕。将荀卿、扬雄、王通及韩愈四人尊为"圣贤"而补入"统系"的做法，既出于儒学自身创新求变的学术探索，也意味着部分学者以儒道精神关照现实、救治"时弊"的文化自觉。此举不仅拉近了儒学与现实社会的距离，更拓展了宋初儒学的发展空间。如果说佛老猖獗和"师教"缺失等客观因素，为重修"统系"提供了必要的基础和前提，那么"庆历新政"以后，随着这些问题的基本解决，新"统系"赖以存在的现实基础已不复存在。随着传统儒学向"宋学"的推移和发展，荀、扬、王、韩等人的"圣贤"地位也受到普遍质疑，而宋初新建"统系"的影响遂宣告结束。新"统系"学术生命的获得与消失，既有政治文化传承与变革的复杂背景，又体现着传统儒学向"宋学"演进的内在轨迹。

宋初百年儒学复兴的历程是从重建道统谱系开始的，柳开、王禹偁、孙复、石介等人能于儒道久丧之后力挽狂澜，将北宋儒学的承袭脉络直接追系到王通和韩愈，其开拓创新的胆识与功绩值得肯定。不过，宋初新建之"统系"是否能够准确体现儒道精神的本质，其学术内涵和时代文化价值究竟应如何评价？这些问题牵涉既广，而研究亦未能取得确定公允的结论。客观说来，重建"统系"不仅意味着儒学自身对汉唐训释、辞章之学的超越和扬弃，更意味着对儒道主体精神的扩充与张扬；同时，重视"统系"与否，也是"道学"与"宋学"判然有别的明显标志。本文所瞩目者即在于此。

## 一、儒学"统系"的拓展与重建

经历了唐末五代"置君犹易吏,变国若传舍",①"君君臣臣父父子子之道乖,而宗庙、朝廷、人鬼皆失其序"的长期变乱之后,②儒道对社会意识形态的普遍约束力已受到很大冲击。随着北宋统一政权的建立,以"皇王之道"纠正乱世余风便成为政治文化建设的当务之急,而重振儒道权威的紧迫性也再次凸显出来。然而,当日一般的儒学家如聂崇义、王昭素、孙奭、邢昺等,仍然坚持着经典训释的汉唐学术传统,正如陆游所说:"唐及国初,学者不敢议孔安国、郑康成,况圣人乎!"③此种学风虽然有助于儒学经典的推广与普及,却不利于儒道内涵的丰富和发展。及柳开、王禹偁以慷慨之志献身儒学,遂取重建道统谱系之捷径,远尊周孔,近学韩愈,从而给衰丧已久的儒道精神赋予了新的时代内涵。

"道统"概念始创于孟子,《孟子·滕文公章句下》于"天下之生久矣"一段备述尧、舜、禹、汤、文、武、周公及孔子等历代前贤创建"圣人之道"的艰难历程,并以"禹抑洪水,而天下平;周公兼夷狄,驱猛兽,而百姓宁;孔子成《春秋》,而乱臣贼子惧"作结,④从而揭示出"道"的本质内涵。越千年之后,韩愈在其《原道》一文中再次强调了"先王之道"的传承统系,称"尧以是传之舜,舜以是传之禹,禹以是传之汤,汤以是传之文武周公,文武周公传之孔子,孔子传之孟轲。轲之死,不得其传焉"。⑤汉、唐以来,孟轲一直被尊为"亚圣",是故韩愈将其纳入道统谱系是顺理成章的事;而"轲之死,不得其传"的论断,也明确了该谱系的下限。按照一般的理解,由孟子和韩愈反复确认的这一"统系"范畴应该具有相当的权威性,后世之儒即

---

① 陈师锡《五代史记序》,《全宋文》(93),上海辞书出版社、安徽教育出版社,2006年,260页。
② 《新五代史》卷一六《唐废帝家人传论》,中华书局,1974年,173页。
③ 王应麟《困学纪闻》(全校本)卷八《经说》引陆游语,上海古籍出版社,2008年,1095页。
④ 《孟子注疏》卷六下《滕文公章句下》,阮元校刻《十三经注疏》本,中华书局,1980年,2715页上。
⑤ 《韩昌黎文集校注》,马通伯校注,古典文学出版社,1957年,10页。

便为弘扬"道"义作出过多大贡献,都很难跻身"统"的序列。然而,作为韩愈追随者的宋初儒学家柳开,却突破了传承千年的"统系"原则,而将扬雄、王通及韩愈等三位后世硕儒增补其中。他自谓"既著《野史》,后探大《六经》之旨,已而有包括扬、孟之心,乐与文中子王仲淹齐其述作,遂易名曰开,字曰仲涂。其意将谓开古圣贤之道于时也,将开今人之耳目,使聪且明也"。① 在他看来,要想重新唤起天下人崇儒尊圣的信念,其最直接、最有效的办法并非远师尧、舜、禹、汤,而是近学王通和韩愈。于是,其《应责》一文便明确宣称:"吾之道,孔子、孟轲、扬雄、韩愈之道;吾之文,孔子、孟轲、扬雄、韩愈之文也。"② 不过,对"统系"序列如此大幅度的改动,必定会影响到儒学以孔、孟为核心的传统理念,如果没有相当充足的理由,便很难得到士人的许可和认同。对此,柳开有着清醒的认识,故借《答臧丙第一书》解释说:

> 圣人之道,传之以有时矣。三代已前,我得而知之;三代已后,我得而言之。在乎尧、舜、禹、汤、文、武、周公也……生吾先师出于下也,付其德而不付其位,亦天之意……厥后浸微,杨、墨交乱,圣人之道复将坠矣。天之至仁也,婉而必顺。不可再生其人若先师夫子耳,将使后人知其德有尊卑,道有次序,故孟轲氏出而佐之,辞而辟之,圣人之道复存焉。孟轲氏之书,吾子又常得而观之耳。孟轲氏没,圣人之道火于秦,黄老于汉。天知其是也,再生扬雄氏以正之,圣人之道复明焉……扬雄氏没,佛于魏隋之间讹乱纷纷,用相为教。上扇其风,以流于下;下承其化,以毒于上。上下相蔽,民若夷狄,圣人之道陨然若逝,无能持之者。天愤其烈,正不胜邪,重生王通氏以明之,而不耀于天下也。出百余年,俾韩愈氏骤登其区,广开以辞,圣人之道复大于唐焉……夫数子之书,皆明先师夫子之道者也,岂徒虚言哉!自韩愈氏没,无人焉。③

---

① 《补亡先生传》,《全宋文》(6),393 页。
② 《应责》,《全宋文》(6),367 页。
③ 《答臧丙第一书》,《全宋文》(6),295 页。

由此可知,其所以将扬雄、王通及韩愈三人列为"圣人",是因为他们都能以著述"明先师夫子之道",使"道"的传承代不乏人。

与柳开同时,作为宋初文坛第一代盟主的王禹偁,在重叙道统的问题上也有过相同的说法。其《投宋拾遗书》云:"某尝谓书契以来,以文垂教者,首曰孔孟之道……孟轲氏没,扬雄氏作……扬雄氏丧,文中子生……文中子灭,昌黎文公出,师戴圣人之道,述作圣人之言……下韩氏二百年,世非无其文章,罕能聚徒众于门,张圣贤之道矣。"① 此文所论虽重在"文统",但在宋初儒者看来,"文统"和"道统"是不可分割的有机整体,是故确认了新的"文统",也就等于确认了新的"道统"。

继柳开和王禹偁之后,孙复、石介师徒在柳氏"统系"的基础上,又将荀子增列为儒道圣人,从而使"统系"链条得到了进一步的扩充。孙复《上孔给事书》云:"自夫子没,诸儒学其道、得其门而入者鲜矣,惟孟轲氏、荀卿氏、扬雄氏、王通氏、韩愈氏而已。彼五贤者,天俾夹辅于夫子者也。……一贤殁,一贤出,羽之翼之,垂诸无穷,此天之意也,亦甚明矣。"② 石介《救说》则云:"道大坏,由一人存之。天下国家大乱,由一人扶之。周室衰,诸侯乱,道大坏也,孔子存之;孔子没,杨墨作,道大坏也,孟子存之;战国盛,仪秦起,道大坏也,荀况存之;汉祚微,王莽篡,道大坏也,扬雄存之;七国弊,王纲坠,道大坏也,文中子存之;齐梁以来,佛老炽,道大坏也,吏部存之。"③ 从表面上看,孙、石只不过增列了荀卿一人,但由于孟子与荀子去时不远,而在传统儒学中还从未有过将荀卿与孔、孟相提并论的先例,因此,视荀子为儒道圣人的观点无疑要承担更大的风险。不过,"道统"谱系一旦失去了原有的稳定性,就必然会面临拓展和补充的种种可能,而探索的得失也只有在争论和批判之后才能得到最终的确认。

客观而论,荀卿、扬雄、王通及韩愈四人能否被视为"圣人",并不仅仅是"统系"能否扩大的问题,其中更包含着对儒学价值观及世界观的重新认识和把握。以扬雄为例,其人格学问是否堪当"圣贤"之尊就很值得商

---

① 《投宋拾遗书》,《全宋文》(7),414—415页。
② 《上孔给事书》,《全宋文》(19),292页。
③ 《徂徕石先生文集》卷八,中华书局,1984年,84页。

权。据《汉书》卷八七下《扬雄传》载,王莽伪造符命,自立为帝,当时就有人怀疑扬雄参与谋划。针对其在《解嘲》中"爰清爰净"、"惟寂惟寞"的自我标榜,当时京师还盛行"惟寂寞,自投阁;爰清静,作符命"的讥讽传言。① 不仅如此,王莽即位之初,扬雄为作《剧秦美新》,自序云"臣伏惟陛下以至圣之德,龙兴登庸,钦明尚古,作民父母,为天下主。执粹清之道,镜照四海,听聆风俗,博览广包,参天贰地,兼并神明,配五帝,冠三王,开辟以来,未之闻也",②极尽赞颂溢美之能事。唐人李善注《文选》,于"扬子云"名下斥之曰:"王莽潜移龟鼎,子云进不能辟戟丹墀,亢辞鲠议,退不能草玄虚室,颐性全真;而反露才以耽宠,诡情以怀禄,素餐所刺,何以加焉!抱朴方之仲尼,斯为过矣。"③韩愈《原道》亦云"荀与扬也,择焉而不精,语焉而不详",④很难与孔、孟相比肩;其《进学解》中"子云、相如,同工异曲"的评论,也只是着眼于汉大赋"劝百讽一"的艺术传统,与"圣人之道"略不相涉。柳开既目扬雄为"圣人",援入道统谱系,就不能不对上述质疑作出解释。其《扬子剧秦美新解》一文从"大凡褒贬于人,取其善恶类而较其优劣也"的角度,反复论述"扬子之志,讥莽而非媚"的文章深意,以为"剧其秦,谓恶甚也","美其新,谓其恶少异于秦也"。⑤ 而在《汉史扬雄传论》中复以《太玄》、《法言》为"圣人之辞",称:"子云之著书也,非圣人耶? 非圣人也,则不能言圣人之辞,明圣人之道。能言圣人之辞,能明圣人之道,则是圣人也。"⑥此论既出,必然招致非议,而柳开直以不怕"穷饿而死"的精神竭力自辩,于是便有了《应责》之作。不过,在多数学者"不敢议孔安国、郑康成"的宋初时代,要从根本上改变学人对扬雄的看法绝非易事。是故,继柳开之后,孙复、石介等人皆以扬雄为"圣人",持论益坚。孙氏甚至不惜违背文本实际,称《太玄》"非准《易》而作也,盖疾莽而作也";并进一步解释说,当王莽篡汉之时,"独子云耻从莽命,以圣王之道自守,故其位不过

---

① 《汉书》卷八七下《扬雄传》,中华书局,1962年,3584页。
② 《文选》卷四八《符命·剧秦美新》,上海古籍出版社,1986年,2148—2149页。
③ 《文选》卷四八《符命·剧秦美新》题解,2148页。
④ 《原道》,《韩昌黎文集校注》,10页。
⑤ 《扬子剧秦美新解》,《全宋文》(6),378—379页。
⑥ 《汉史扬雄传论》,《全宋文》(6),356页。

一大夫而已。子云既能疾莽之篡逆,又惧来者蹈莽之迹,复肆恶于人上,乃上酌天时行运盈缩消长之数,下推人事进退存亡成败之端,以作《太玄》"。① 如果不是为了维护新"统系"的权威,如此牵强的解说是很难理解的。

不过,传统儒学在经历了世乱道丧的长期残毁之后,原有的价值观和"圣贤"理念已经发生了深刻的改变;而宋初社会因循与变革并存的文化潮流,又为儒道复兴提出了许多新的课题。在历史与现实的交汇与互动之中,柳开等人重修"统系"的努力无疑是一种积极的尝试。从表面上看,他们只是拉长了"道统"谱系的链条,但扩充谱系本身也就意味着拉近了儒教与现实社会的距离,同时也拓展了宋初儒学的发展空间。离开了柳开、孙复所处的时代,就无法判断其"统系"重建的意义和价值。

## 二、"复古明道"与救治"时弊"

北宋儒学的复兴,经历了从"汉唐之学"到"宋学"的演进过程。柳开、孙复及石介等人虽身处儒者专事训释的宋初时代,却能以创通之眼光,自觉探询儒学"经义"的本质内涵,并将注意力集中于"复古明道"和救治"时弊"的思考当中,这无疑为"宋学"精神的启蒙导夫先路。重修"统系"的努力,既出于重振儒道权威的学术需求,也是为救治"时弊"寻找合理、合时、合用的理论依据,其意义绝不仅仅局限于"道统"本身。因此,要充分理解新"统系"所包含的时代内涵,就必须深入考察与之相关的学术背景及其政治文化环境。

首先,"统系"重建是儒学自身创新求变的结果。面对五代乱世"礼乐崩毁,三纲五常之道绝,而先王之制度文章,扫地而尽于是矣"的衰残局面,②宋初学者以两种不同的方式开始了复兴儒道的艰难探索。大抵当日所谓鸿儒者,皆取汉、唐之法,以经典训释为能事,如聂崇义著《三礼图》二十卷;王昭素"博通《九经》,兼究《庄》、《老》,尤精《诗》、《易》,以为王、韩注

---

① 《辨扬子》,《全宋文》(19),304页。
② 《新五代史》卷一七《晋家人传论》,188页。

《易》及孔、马疏义或未尽是,乃著《易论》二十三篇";①邢昺撰《历选》二十卷,大为太宗所重;孙奭"常掇《五经》切于治道者,为《经典徽言》五十卷,又撰《崇祀录》、《乐记图》、《五经节解》、《五服制度》",②复与邢昺等奉诏校定诸经正义。他们学问虽高,但创新精神稍显不足,难脱前人传、笺的制约。另一部分学者则采取截然相反的态度,重"义理"而轻训释,善于发掘"道"的本体内涵,以创新求变为己任。柳开"凡诵经籍,不从讲学,不由疏义,悉晓其大旨。注解之流,多为其指摘,是从百家之说",③"又以诸家传解笺注于经者多未达穷其义理,常曰:'吾他日终悉别为注解矣。'大以郑氏笺《诗》为不可,曰:'吾见玄之为心,务以异其毛公也,徒欲强己一时之名,非能通先师之旨。且《诗》之立言,不执其体,几与《易》象同奥,若玄之是笺,皆可削去之耳'。"④柳开轻视训释并不意味着轻视经典,而是为了更准确地把握"道"的本质内涵。其后穆修"不事章句,必求道之本原",⑤孙复"治《春秋》,不惑传注,不为曲说以乱经。其言简易,明于诸侯大夫功罪,以考时之盛衰,而推见王道之治乱,得于经之本义为多",⑥其治学之道也与柳开大抵相近。

学术方法上的差异,直接关系着求"道"的效果。拘泥于传解笺注者"述三皇太古之道,舍近取远,务高言而鲜事实",⑦关照现实的主动意识明显不足。而注重"义理"者多能于本经之中寻绎出"道"的本质,即所谓"本原"或"本义"。倘能综合诸经之"本义",融会贯通,即可得儒学整体之大"道"。其睿智通达之士,又能从发展演进的角度,去探讨儒学精神历经千年而生生不息的传承轨迹,并由此勾勒出"道"的发展统系。孟子、韩愈既示范于前,柳开、孙复及石介诸公复模仿于后。宋初道统谱系的扩大与重

---

① 《宋史》卷四三一《王昭素传》,12808 页。
② 《宋史》卷四三一《孙奭传》,12807 页。
③ 张景《故如京使金紫光禄大夫检校使司空知沧州军州事兵马钤辖兼御史大夫上柱国河东县开国伯食邑九百户柳公行状》,《全宋文》(13),354 页。
④ 柳开《补亡先生传》,《全宋文》(6),395 页。
⑤ 苏舜钦《哀穆先生文》,《全宋文》(41),136 页。
⑥ 《欧阳修全集》卷三〇《孙明复先生墓志铭》,中华书局,2001 年,458 页。
⑦ 《欧阳修全集》卷一七《与张秀才棐第二书》,977 页。

修,盖由此也。

其次,重修"统系"是为了有效增强儒学与世俗社会思潮对抗的潜能,其现实针对性毋庸置疑。宋初百年,佛、老思想的长期蔓延在很大程度上削弱了儒道对现实政治的影响力。柳开、穆修所处的太宗和真宗时期,佛、老思想甚嚣尘上。太宗皇帝"素崇尚释教",①尝曰:"浮屠氏之教有裨政治,达者自悟渊微,愚者妄生诬谤,朕于此道,微究宗旨。"②与此同时,他还对黄老之学有益于治国理政的重要性给予了充分的肯定,谓"清净致治,黄、老之深旨也。夫万务自有为以至于无为,无为之道,朕当力行之"。③在这种理念的影响下,僧、道所耗,渐成当日社会的沉重负担,因此,王禹偁才将"沙汰僧尼,使疲民无耗"列为"救弊之一端"。④真宗即位以后,完全继承了太宗崇尚佛老的做法,并"著《崇释氏论》,以为释氏戒律之书,与周、孔、荀、孟迹异道同,大指劝人之善,禁人之恶,不杀则仁矣,不窃则廉矣,不惑则正矣,不妄则信矣,不醉则庄矣。苟能遵此,君子多而小人少。又上生三途之说,亦与三后在天,鬼得而诛之言共贯也"。⑤帝王意志与佛老思想的结合,极大地提升了佛、老两教的文化地位,从而增加了儒者施行"皇王之道"的难度。

柳开首先意识到"杨墨老佛,犹戎狄蛮夷也。国治而道不明,杨墨老佛固侵乱也",于是他"先将举其力而毙其杨墨老佛"。⑥作为儒学家,反对杨墨老佛最直接的武器便是"圣人之道"。在他看来,"杨墨交乱"是在孔子谢世以后,孟轲"辞而辟之,圣人之道复存";黄老之学兴起于汉,"扬雄氏以正之,圣人之道复明";"佛于魏、隋之间,讹乱纷纷,用相为教。上扇其风,以流于下;下承其化,以毒于上","天愤其烈,正不胜邪,重生王通氏以明之";⑦至于韩愈氏力排佛老、捍卫圣人之道的功绩,就更为天下所熟

---

① 李焘《续资治通鉴长编》卷二三(以下简称《长编》),中华书局,2004年,523页。
② 《长编》卷二四,554页。
③ 《长编》卷三四,758页。
④ 王禹偁《应诏言事》,《全宋文》(7),375—376页。
⑤ 《长编》卷四五,962页。
⑥ 《送陈昭华序》,《全宋文》(6),343页。
⑦ 《答臧丙第一书》,《全宋文》(6),295页。

知。因此,要取得抗击"杨墨老佛"的胜利,就必须给予扬雄、王通和韩愈以"圣人"的地位;尊崇其功,然后才能大行其道。由此可知,柳开重修道统谱系的直接目的,在很大程度上是出于反对佛、老的现实需求;其时代内涵以及其中所表达的文化自觉意识,已经超越了传统儒学以"述三皇太古之道"为终极目标的学术追求,具有开拓性的意义和价值。佛、老不灭,以新"统系"为法宝的斗争实践就不会结束,是故,柳开之后,孙复、石介又次第登场。孙复撰《儒辱》,以为释、老与儒三教并存乃"儒者之辱",曰"佛老之徒,横乎中国。彼以死生祸福、虚无报应为事,千万其端,惑我生民。绝灭仁义,以塞天下之耳;屏弃礼乐,以涂天下之目",而"儒者不以仁义礼乐为心则已,若以为心,则得不鸣鼓而攻之乎?"①石介著《怪说》、《中国论》,将释、老和杨亿目为"道"之大患,曰"取此三者,然后可以有为"。他们始终将抗击佛、老与推崇新"统系"有机结合在一起,也反映出二者之间必然而深层的逻辑联系。

再次,将荀卿、王通和韩愈等人视为"圣人"的"统系"理念,还表达着振兴"师教"的现实渴求。自唐末五代以来,"学校废久矣,学者莫知所师","是谓君子道消之时"。② 宋初三朝,虽说皇权政治的重建卓有成效,但学校废弛、"师教"缺失的状态一直延续到仁宗庆历时期;加之当日之进士考试仍以诗赋定去留,命题者往往杂采百家之说,侧重点并不在"圣贤之言";而与儒学相关的"诸科"考试也"不过帖书、墨义,观其记诵而已"。③ 凡此,都严重制约着儒道复兴的进程。

为了从根本上扭转儒学被动的局面,使天下学人皆归于"道",柳开率先将振兴"师教"与重构"统系"结合起来,并模仿韩愈《师说》撰《续师说》一文以明心志。在他看来,"古之学者"因为能"从师",故可以"专其道",而"今之学者"只靠"自习"来博取功名,其追求只在于"苟其禄","古之志为学也,不期利于道则不学矣;今之志为学也,不期利于身则不学矣"。④

---

① 《儒辱》,《全宋文》(19),309 页。
② 《欧阳修全集》卷三六《襄州谷城县夫子庙碑记》,565 页;同书卷一四三《郭忠恕小字说文字源》,2323 页。
③ 《宋史》卷一五五《选举一》,第 3604—3605 页。
④ 《续师说》,《全宋文》(6),370 页。

"师教"缺失无疑是造成儒学不振的基本原因之一。类似的议论在穆修、石介的文章中也反复出现,如《穆参军集》卷中《答乔适书》即云:"盖古道息绝,不行于时已久,今世士子,习尚浅近,非章句声偶之辞不置耳目,浮轨滥辙,相迹而奔,靡有异途焉。"以为"夫学于古者,所以为道;学夫今者,所以为名。道者,仁义之谓也,名者爵禄之谓也"。① 石介《师说》亦谓:"古之学者急于求师。孔子,大圣人也,犹学礼于老聃,学官于郯子,学琴于师襄,矧其下者乎!后世耻于求师,学者之大弊也。"② 在他们看来,欲复兴儒学,就必先重振"师教",而重振"师教"又须以孟子、荀子、扬雄、王通及韩愈为楷模。其理由不仅在于"孟轲氏、扬雄氏、王通氏、韩愈氏祖述孔子而师尊之",③ 是"师教"和道统的继承者;更因为他们对倡兴"师教"建立过不朽的功绩。荀子著《劝学》,韩愈撰《师说》,而王通"知隋运将终,圣道未跻,退居河、汾间,修先王之业,九年而成《王氏六经》。门弟子有若巨鹿魏徵、河南房元龄、京兆杜如晦,咸北面师之。隋文中子迹逝矣,门弟子归于唐,尽出先师之道以弼于文皇,故能立贞观之业,垂三百年,传十八叶,夫岂非王氏教之效欤"?④ 在他看来,王通无疑堪称"师教"大成的典范。应该说,儒家的"师教"观与"道统"理念本来就是不可分割的;著述立言与"传道授业解惑"具有同等重要的意义。从这个角度看,柳开等人将重叙"统系"与振兴"师教"结合起来,有其内在的必然性。

此外,重修道统的努力和反骈重散的"古文"革新理念之间有着血脉相连的内在一致性。在宋初道学家看来,"文"与"道"实为一体,难以具分,"文"即是"道","道"即是"文"。柳开宣称"吾之道,孔子、孟轲、扬雄、韩愈之道;吾之文,孔子、孟轲、扬雄、韩愈之文也",以为"欲行古人之道,反类今人之文,譬乎游于海者乘之以骥",只有凭借"古其理,高其意,随言短长,应变作制,同古人之行事"的"古文"来阐发"古道",才能实现"明道"的目的。⑤ 孙复《答张洞书》亦云"文者,道之用也","《诗》、《书》、《礼》、

---

① 《答乔适书》,《全宋文》(16),20 页。
② 《徂徕石先生文集·佚文》,258 页。
③ 《徂徕石先生文集》卷七《尊韩》,79 页。
④ 《投宋拾遗书》,《全宋文》(6),415 页。
⑤ 《应责》,《全宋文》(6),367 页。

《乐》、《大易》、《春秋》之文",皆为"圣人之文",同时也承载着"古圣贤之道"。① 而与"崑体"诗文势不两立的石介,竟将"杨亿之道"与"周公、孔子、孟轲、扬雄、文中子、吏部之道"相提并论。② 尽管柳、孙、石介诸公在"古文"实践上"终未脱草昧之气"③,但他们将新的"统系"理念与"古文"革新实践相结合,则明确表达着以复古为革新的时代信念。

也许宋初儒学家重修道统谱系的理由还远不止这些,譬如说,提倡"古文"、反对"时文"的斗争就与此有着深层的联系,但该问题至为复杂,非只言片语所能济事,只有另作讨论。不过,"统系"重建标志着宋初儒学界"训释"与"义理"两派的分化,这一点毋庸置疑。"义理"派学者借重修"统系"来增强儒学与佛、道思潮对抗的能力,同时也为振兴"师教"寻找权威性的理论支持,这充分体现着儒学自身随时进取的文化自觉与内在活力。如果说苏轼、王安石时代以"创通经义"和"革新政令"为核心的"宋学"建树,是北宋儒学渐变和积累的必然结果,那么柳开等人重构"统系"的执着追求,无疑是"宋学"启蒙的先声。

## 三、"宋学"启蒙与"统系"之变

仁宗庆历以后,柳开等人新建之"统系"逐渐受到质疑和批判,其动因首先源自"庆历新政"的诱导和激发。从传统儒学到"宋学"的转变,虽有其学术演进的内在规律,但归根结底,意识形态领域的探索与进步,往往是现实社会的变革使然。"统系"理念的消长变迁,表面上属于儒学自身的问题,实际上却反映着时代文化求变求新的必然要求。

先就新"统系"所关照的佛、老泛滥及"师教"缺失等现实问题而言,"庆历新政"已经将此纳入革新范畴,并取得了显著成效。作为此次政治革新运动的发起人和领导者,范仲淹早就对"禅灶(笔者按:喻指佛老)方激扬,孔子甘寂默。六经无光辉,反如日月蚀"的混乱现实深感不满,以为

---

① 《答张洞书》,《全宋文》(19),293—294 页。
② 《怪说中》,《全宋文》(15),278—279 页。
③ 王士禛《池北偶谈》卷一七"徂徕集"条,中华书局,1982年,408 页。

佛老猖獗，必将导致"学者忽其本，仕者浮于职。节义为空言，功名思苟得"的浮躁世风，因而大声疾呼"大道岂复兴，此弊何时抑"。① 欧阳修也在庆历二年(1042)所作的《本论》一文中则明确提出，"佛所以为吾患者，乘其阙废之时而来，此其受患之本也"，排佛的有效做法"莫若修其本以胜之"，而"礼义者，胜佛之本也"。② 在这种理论的指导下，他们不再像孙复、石介那样简单斥责"佛老之弊"，而是采用"修礼义之本"的办法，从根本上削弱乃至消除佛、道思想赖以盛行的文化基础；具体措施便是革新科举和兴建学校。庆历三年九月，范仲淹在《答手诏条陈十事》中即云："臣请诸路州郡有学校处，奏举通经有道之士，专于教授，务在兴行。其取士之科，即依贾昌朝等起请，进士先策论而后诗赋，诸科墨义之外更通经旨。使人不专辞藻，必明理道，则天下讲学必兴，浮薄知劝，最为至要。"③次年三月，朝廷"遂诏天下皆立学，置学官之员，然后海隅徼塞四方万里之外，莫不皆有学"。④ 与此同时，以"先策论而后诗赋"为改革重点的贡举新制，也由欧阳修起草并颁布实行。新制以原来处于末场的"策"试代替了原来处于首场诗赋考试，成为决定考生去留的关键，极大地提高了考生对儒学"要旨"的理解和应用分析能力；同时，经术考试也"以晓析意义为通"，⑤彻底改变了以帖书、墨义"观其记诵"的机械做法。在这些措施的综合作用下，到嘉祐二年，已经形成了"天下学者日盛，务通经术，多作古文，其辞艺可称、履行修饬者不可胜数"，"累次科场，人数倍多于往岁"的大好局面。⑥ 在此情形下，佛、老泛滥及"师教"缺失的问题即已逐步得到了解决，柳开、孙复及石介等人重修"统系"的现实针对性也就不复存在了。

复就学术发展而论，对新"统系"提出质疑是从欧阳修开始的。他认为"大抵道胜者文不难而自至也，故孟子皇皇不暇著书，荀卿盖亦晚而有

---

① 《范仲淹全集》卷二《四民诗·士》，凤凰出版社，2004年，26页。
② 《欧阳修全集》卷六〇《本论中》，289—290页。
③ 《范仲淹全集·范文正公政府奏议》卷上《答手诏条陈十事》，478页。
④ 《欧阳修全集》卷三九《吉州学记》，572页。
⑤ 《长编》卷一四七，3565页。
⑥ 《欧阳修全集》卷一一一《条约举人怀挟文字札子》，1677页。

作。若子云、仲淹方勉焉以模言语,此道未足而强言者也"。① 也就是说,从"道"和"文"两方面来考察,扬雄、王通都难以和孟子、荀卿相提并论,这就从根本上否定了柳氏新"统系"的合理性。而欧阳修笔下的儒道"统系",又重新回归到了韩愈时的旧貌,即所谓"其道,周公、孔子、孟轲之徒常履而行之者是也"。② 这一转折貌似突然,实则是儒学嬗变的一种必然结果,有着深厚的学术背景。欧阳修作为宋初百年儒学复兴历程的终结者和"宋学"时代的先导,能够将"义理"派的勇断不惑与"训释"派的考证详密结合起来,有破有立,自为新说,较之柳开、孙复、石介等人忽略传笺注疏而空言"圣人之道"的做法,无疑向前迈进了一大步。其《易童子问》、《诗本义》以及《策问十二道》等著作,"排《系辞》,毁《周礼》","黜《诗》之序",大开"疑经"之风,为李觏、司马光"疑《孟子》",苏轼"讥《书》之《胤征》、《顾命》"等开其先河。③ 所谓"疑经",即是对儒学经典的可靠性提出质疑。经典尚且如此,更何况柳开、孙复等人擅自重修的道统谱系!

不过,仁宗时期新"统系"的影响并未完全消失,其余波主要表现为对韩愈氏普遍的崇敬。如范仲淹说:"予观尧典舜歌而下,文章之作,醇醨迭变,代无穷乎!惟抑末扬本,去郑复雅,左右圣人之道者难之。近则唐贞元、元和之间,韩退之主盟于文,而古道最盛。"④欧阳修亦称:"韩氏之文,没而不见者二百年,而后大施于今,此又非特好恶之所上下,盖其久而愈明,不可磨灭,虽蔽于暂而终耀于无穷者,其道当然也。"⑤他们之所以赞赏韩愈的文章,出发点还在于其能"左右圣人之道"。应该说,范、欧时代儒学复兴的基点仍然是以"六经"为载体的"古道",而韩愈在探讨"道"的本体特性方面是有其特定贡献的。柳开之尊崇韩愈,其理由在此;范、欧之尊崇韩愈,其理由也在此。

荀卿、扬雄、王通及韩愈四人"圣贤"地位的彻底丧失,一定要等到"宋

---

① 《欧阳修全集》卷四七《答吴充秀才书》,977页。
② 《欧阳修全集》卷一七《与张秀才棐第二书》,977页。
③ 王应麟《困学纪闻》卷八《经说》引陆游语,1095页。
④ 《范仲淹全集》卷六《尹师鲁河南集序》,158页。
⑤ 《欧阳修全集》卷七三《记旧本韩文后》,1056页。

学"繁荣以后。早在仁宗嘉祐元年(1056),欧阳修赠诗给王安石,寄以"翰林风月三千首,吏部文章二百年。老去自怜心尚在,后来谁与子争先"的热切期待,①王安石却回答说:"欲传道义心犹在,强学文章力已穷。他日若能窥孟子,终身何敢望韩公。"②言外之意,已经对韩愈表示出几分轻视。及"洛学"、"关学"、"蜀学"及"新学"各领风骚时,重孟轻韩的风气更加浓重,苏轼至谓"韩愈之于圣人之道,盖亦知好其名矣,而未能乐其实"。③ 与此同时,荀子、扬雄及王通等人受到的质疑也与日俱增。譬如,张载以为"古之学者便立天理,孔孟而后,其心不传,如荀、扬皆不能知"。④ 司马光《文中子补传》又指责王通议论多"不合于圣人",而"其自任太重,其子弟誉之太过,更使后之人莫之敢信也"。⑤ 苏轼论荀卿之失,更将李斯叛道焚书之过归咎于他,曰:"昔者常怪李斯事荀卿,既而焚灭其书,大变古先圣王之法,于其师之道,不啻若寇仇。及今观荀卿之书,然后知李斯之所以事秦者,皆出于荀卿,而不足怪也。荀卿者,喜为异说而不让,敢为高论而不顾者也。其言愚人之所惊,小人之所喜也。"⑥王安石复将议论焦点集中于荀卿"尊尧舜周孔而非孟子"的问题上,以为"后世之名,遂配孟子,则非所宜矣";并譬喻说:"今有人于此,杀其兄弟,戮其子弟,而能尽人子之道以事其父母,则是岂得不为罪人耶?荀卿之尊尧舜周孔而非孟子,则亦近乎是矣。"⑦凡此种种,诚难尽述。至此,以荀、扬、王、韩为"圣贤"的儒学理念得到了有效清理,而宋初新"统系"的学术影响遂荡然无存。

钱穆先生承《宋元学案》之旧,以为"言宋学之兴,必推本于安定、泰山"。⑧ 此说固无可疑,但如果没有宋初学者积极持久的探索与积累,"宋学"时代能否如期而至便值得怀疑。柳开、王禹偁、孙复、石介等宋初学者

---

① 《欧阳修全集》卷五七《赠王介甫》,813页。
② 《奉酬永叔见赠》,《全宋诗》(10),北京大学出版社,1998年,6643页。
③ 《苏轼文集》卷四《韩愈论》,中华书局,1986年,114页。
④ 《张载集·经学理窟·义理》,中华书局,1978年,273页。
⑤ 邵博《邵氏闻见后录》卷四,中华书局,1983年,32页。
⑥ 《苏轼文集》卷四《荀卿论》,101页。
⑦ 王安石《荀卿上》,《全宋文》(64),354—355页。
⑧ 《中国近三百年学术史·引论》,北京商务印书馆,1997年,2页。

于儒道久丧之后,以重修"道统"谱系的方式,开始了"拯五代之横流,扶百世之大教,续韩、孟而助孔、周"的自觉努力,①为北宋儒学的复兴导夫先路。新"统系"学术生命的获得与消失,既有政治文化传承与变革的复杂背景,又体现着传统儒学向"宋学"演进的内在轨迹,其理论价值是毋庸置疑的。

---

① 张景《河东先生集序》,《全宋文》(13),352页。

# 第二章　庆历新义关涉古文盛衰的内在逻辑

**本章提要**：庆历时代是唐宋转型的真正分界点。准确把握庆历儒学"新义"的整体内涵，全面梳理庆历"新义"延展流变的复杂轨迹，是关涉北宋文学思想史研究的重要论题。庆历学人在"弃传从经"的义理阐释、对"祖宗家法"的反思批判以及强化儒道实践精神等各方面多有建树，形成了内涵丰富的儒学"新义"，并由此促成了北宋古文创作的初步繁荣。嘉祐以后，以"新义"的延展为契机，在多元探索中不断超越，成为关、洛、蜀、闽、新等"宋学"流派渐告成熟的关键。与此同时，"新义"内涵的传承与流变，也极大拓展了北宋古文创作的精神和艺术内涵。虽然"儒者之学"颇以"趋道"自负，但从经学探索与古文创作互动关联的角度看，所谓"文章之学"与"训诂之学"诸名公，更能凭借其充满生命活力和思想智慧的闲雅力作，彰显"文与道俱"的自信与辉煌。

赵宋儒学"新义日增旧说几废"的深层转变肇始于庆历时代，[1]而与之相表里的"古文"创作也从此走向繁荣。前人所谓经学自孙复、石介而后盛，古文自欧阳修、尹洙而后兴，[2]即谓此也。也正因为如此，有不少学者才将庆历时代视为唐宋转型的分界点，或称"近世"文化之开端。[3] 仁宗以后，随着"周、程、张、邵五子并时而生，又皆知交相好"的深层探索，[4]尤其

---

[1]　《四库全书总目》卷一五《毛诗本义》提要，中华书局，1965年，121页中。
[2]　吕中《宋大事记讲义》卷七，文渊阁四库全书本，686册，248页。
[3]　陈来《中国近世思想史研究·序》，商务印书馆，2003年，2页。
[4]　《宋元学案》卷九《百源学案》黄百家案语，中华书局，1986年，367页。

是经过洛、蜀、新、朔、闽等宋学流派的论辩与纷争,庆历"新义"的细化分解与选择性传承已成定势,而所有这些,又将深刻影响北宋"古文"盛衰演变的基本格局。如果说范仲淹、欧阳修、苏舜钦、尹洙等人已经成功摆脱了"执后儒之偏说,事无用之空言"的现实困境,①确立了"文章不为空言而期于有用"、"博于古而宜于今"的创作宗旨,②取得了"新义"探索与"古文"创作相得益彰的卓越成就,那么张载、周敦颐、程颢、程颐、司马光、苏轼及王安石等儒学名家的"古文"创作则呈现出因学而异、得失互见的风貌与特点。然而,文学史家却很少注意到庆历"新义"关涉北宋"古文"盛衰的深层逻辑,以为学术研究与诗文创作分属两途,泾渭分明,不可混同而论。殊不知在"复合型人才"引领文化思潮的赵宋时代,学术探索不仅是相关作家获取心灵智慧、提升精神内涵的重要途径,同时也能通过潜移默化,深度影响其审美判断和艺术追求。从这个角度看,深入考察庆历"新义"制约北宋古文发展的种种隐情,乃是文学史研究者难以回避的重要课题。

## 一、庆历儒学"新义"的时代 内涵及价值取向

庆历儒学"新义"的基本内涵是什么?它与欧阳修倡导的"古文"变革究竟有着怎样深层的联系?这是本文首先要解答的问题。

由范仲淹及欧阳修等文化精英倡导实施的"庆历新政",看似单纯的朝政革新,实则引发了一场旷日持久的学术文化及文学变革思潮。宋初三朝学校不兴,"学者莫知所师",③儒学名流如聂崇义、邢昺、孙奭、田敏及王昭素等皆承袭汉唐学术传统,将主要力量集中在字词训释方面;而与之相关联的科举考试也"不过帖书、墨义,观其记诵而已"。④ 在此情形下,"庆历新政"的首要任务便是"慎选举,敦教育"。⑤ 除朝廷以法令形式"诏

---

① 《欧阳修全集》卷四七《答李诩第二书》,中华书局,2001年,670页。
② 《欧阳修全集》卷一一二《荐布衣苏洵状》,1698页。
③ 《欧阳修全集》卷三九《襄州谷城县夫子庙碑记》,565页。
④ 《宋史》卷一五五《选举一》,中华书局,1985年,3604—3605页。
⑤ 《范仲淹全集》卷九《上执政书》,凤凰出版社,2004年版,190页。

州县皆立学"、"建太学于京师"外,①范、欧诸公还积极倡导"明体达用之学",期望天下学子能"深思治本,渐隆古道",②"使天下贤俊翕然修经济之业,以教化为心,趋圣人之门,成王佐之器"。③ 为此,他们设计并实施了"先策论而后诗赋"的科举改革,明确提出了"不专辞藻,必明理道",④"以晓析意义为通"的取士标准,⑤极大地促进了"义理之学"的发展。与此同时,范、欧等人更以"感激论天下事,奋不顾身"的主体自觉,⑥将"知古明道"与修身、行事、立言合而为一,为天下士人树立榜样。而在学术层面,欧阳修以《诗本义》和《易童子问》等阐发"新义"的著作垂范学坛,引领思潮。而与之同时,胡瑗、孙复、石介及李觏等人则以草泽身份筑室授业,后又执教太学,始终将"经义"解析与"时务"、"治道"相联系,为"宋学"启蒙导夫先路。要之,自"新政"实施以来,兴学之风大盛,广泛持久的"义理"教育促进了各个儒学门派的形成与发展。全祖望所谓"庆历之际,学统四起",⑦即谓此也。由此可知,将庆历时代看作"宋学"与"汉唐之学"的分野,确有依据。

庆历儒学"新义"的时代内涵及价值取向主要体现在以下三个方面:以"尽万物之理"、"究物之深情"⑧的学术创新理念阐释经典"义理",寻绎儒道本质,分析其与现实政治文化默然相契的内在本质,此其一也;借"复古"之名批判释老之说,改革"祖宗家法"中有悖儒道精神的既有成规,⑨此其二也;发掘儒道实践精神,涵育士气,使有道者皆以天下国家为己任,此其三也。凡此三者,在儒学和文学领域各有不同表现,从而呈现着有体有用、文道相济的丰满格局。

---

① 《欧阳修全集》卷二五《胡先生墓表》,389页。
② 《范仲淹全集》卷九《上执政书》,190页。
③ 《范仲淹全集》卷一〇《上时相议制举书》,209页。
④ 《范仲淹全集·范文正公政府奏议》卷上《答手诏条陈十事》,478页。
⑤ 李焘《续资治通鉴长编》(下称《长编》)卷一四七,中华书局,1992年,3565页。
⑥ 《宋史》卷三一四《范仲淹传》,10268页。
⑦ 《宋元学案》卷六《士刘诸儒学案》,251页。
⑧ 《欧阳修全集》卷六一《易或问》,878页。
⑨ 范祖禹《进家人卦解义札子》,《全宋文》(98),上海辞书出版社、安徽教育出版社,2006年,155页。

先说"义理"阐释中的"性"、"理"、"自然"和"人情"等。

就儒学本身来看,凡庆历"新义"之所出,必与毛苌、孔安国、何休、郑玄、王弼、杜预、韩康伯、范宁等前代鸿儒的传注笺释相乖离。庆历四年(1044),闽学先驱陈襄就声称:"孔子没,六经之道不明于世。诸儒驳杂之说,纷纷怪错,周环天下。"①此说看似突兀,实则具有鲜明的时代性。为了超越"诸儒驳杂之说",欧阳修、胡瑗、孙复、石介、刘敞等人将"性"、"理"、"自然"和"人情"等核心命题与现实困惑相结合,重读《易》、《诗》、《书》及《春秋》等儒学原典,并对其"义理"内涵作出了富有时代特点的新解释。刘敞所撰《七经小传》特具创新自觉,陈振孙云:"前世经学大抵祖述注疏,其以己意言经,著书行世,自敞倡之。惟《春秋》既有成书,《诗》、《书》、《三礼》、《论语》见之《小传》,又《公羊》、《左氏》、《国语》三则附焉,故曰七经。"②应该说,陈襄和刘敞所代表的正是一个"弃传从经"的新儒学时代。

将义理阐释与人伦道德的重建相结合,这是庆历"新义"的重要特点。欧阳修《易童子问》"专言《系辞》、《文言》、《说卦》而下皆非圣人所作"的初衷,③即在于超越这些圣贤经传,联系现实社会人生,对《易经》卦爻辞作出新的阐释。如其解释"天行健,君子以自强不息"时即云:"其传久矣,而世无疑焉。吾独疑之也。盖圣人取象,所以明卦也,故曰'天行健'。乾而嫌,其执于象也。则又以人事言之,故曰"君子以自强不息",六十四卦皆然也。"④其《杂说》则进一步阐释说:"有君子也,其任亦重矣。万世之所治,万物之所利,故曰'自强不息',又曰'死而后已'者,其知所任矣。然则君子之学也,其可一日而息乎?吾于是乎有感。"⑤所谓"君子之学",既包含着贯通经术、明达政体的学养,更意味着复古革弊、兼善天下的责任,故曰"其任亦重矣"。

面对儒道久衰、天下思治的社会现实,庆历学者通过"义理"阐述,着意强调士行修养和君臣之道。如胡瑗《周易口义》云:"以人事言之,则君

---

① 陈襄《送章衡秀才序》,《全宋文》(50),173页。
② 《直斋书录解题》卷三《七经小传》解题,上海古籍出版社,1987年,82页。
③ 《直斋书录解题》卷一《易童子问》解题,11页。
④ 《欧阳修全集》卷七六《易童子问》卷一,1107页。
⑤ 《欧阳修全集》卷一五《杂说三首并序》,264页。

子之人,其德素蕴,其行素著,圣贤之事业已习之于始,至此用之朝廷之上,随时而行之,且非临事而乃营习,故无所不利。"①他强调君子之德"素蕴"、"素著",应坚守"圣贤事业",而不是"临事营习"。针对君臣上下于"持盈守成之时,自宜遵常守而已"的消极心态,②胡瑗特别强调君臣之德,曰:"以人事言之,则君臣始交而定难,难定而后仁德著。故扬子曰:'乱不极则德不形。'是其拯天下之大危,解天下之倒悬,出民于涂炭。"③以为只有君臣道和,天下才能保持安泰:"是上下相交,阴阳相会,故谓之泰。以人事言之,君以礼下于臣,臣以忠事于君。君臣道交而相和,同则天下皆获其安泰也。"④显然,胡瑗是以太学主管的身份自觉倡导君臣一体的治国理念,而这正与范仲淹、李觏等同声相应。如范曰:"圣人将成其国,必正其家。一人之家正,然后天下之家正。天下之家正,然后孝悌大兴焉。"⑤李觏自谓"尝著《易论》十三篇,援辅嗣之注以解义,盖急乎天下国家之用,毫析幽微所未暇也"。⑥ 是知,自家而及国、及天下,乃是庆历"新义"中关乎士大夫德性修养与天下兴衰的重要话题。

仁宗时期有关"朋党"的议论甚嚣尘上,而"君子"与"小人"的对立尤为论题之核心,对此儒学家们也在"义理"阐释层面给予了响应。胡瑗明确指出:"君子则以君子为朋偶,小人则以小人为类党。……若君子同于君子之人则吉,小人入于君子之党则凶。"⑦范仲淹的说法虽稍显委婉,但语义非常明确,曰:"天地亨而万物以类聚,大人亨而天下以义聚,观其所聚,而天地万物之情可见矣。"⑧换句话说,"以义聚"者必为"大人"。欧阳修早已认定"君子任重",至庆历党论起,他便进一步提出了"真朋"概念。其《朋党论》曰:君子"所守者道义,所行者忠信,所惜者名节,以之修身则同道而相益,以之事国则同心而共济,终始如一,此君子之朋也",其结为

---

① 《周易口义》卷一《坤卦》卦辞注,文渊阁四库全书,8册,195页下—196页上。
② 张方平《用人体要》,《全宋文》(38),64页。
③ 《周易口义》卷二《屯卦》卦辞注,203页下。
④ 《周易口义》卷三《泰卦》卦辞注,239页上。
⑤ 范仲淹《易义》,《全宋文》(18),403页。
⑥ 李觏《删定易图序论》,《全宋文》(21),409页。
⑦ 《周易口义·系辞上》注,451页下。
⑧ 《范仲淹全集》卷七《易义》,124页。

朋党,尽忠为民,是谓"真朋"。① 不难看出,从重释《周易》到观照现实,欧公的思维逻辑一直是非常清晰且周延的。要之,范仲淹、欧阳修和胡瑗等人将"义理"阐释与现实"人事"相联系的作法,实际代表着那个时代普遍的学术取向。

此外,庆历学者对"天理"、"自然"等概念作出了更为合理的解释,从而为玄妙深邃的儒经"义理"赋予了更多人间化的新内涵。他们强调万物之"常理",强调"变化"。欧阳修《易或问》曰:"是故穷极万物以取象,至于臀脯鼠豕,皆不遗其及于怪者,穷物而取象者也。其多隐者,究物之深情也。所以尽万物之理,而为之万事之占也。"②所谓"究物之深情","尽万物之理",实际表达着"天人合一"的儒学思想。在此基础上,欧公还明确意识到,天地之间万物相感以成变,实有其"自然之理",故曰:"凡物有相感者,出于自然,非人智虑所及,皆因其旧俗而习知之。"③复云:"凡物极而不变则弊,变则通,故曰'吉'也。物无不变,变无不通,此天理之自然也。"④庆历学者普遍认同欧阳修以"变"为特征的"自然之理"说,如刘敞曰:"天地之运,一动一静。四时寒暑,一进一退。万物一生一死,一废一起。帝王之功,一盛一衰。祅异变化,一出一没。此皆理之自然者也。"⑤换言之,天地万物运动变化的普遍规律即为"常理",必须尊重。

在"天理之自然"中,"人情"的占比似乎更重。范、欧、胡瑗诸公反复申述"人情"即"天理",亦即"自然",它超越朋党意识,没有善恶之别。范仲淹曰:"圣人感人心而天下和平,是感之无穷,而能至乎泰者也。感而不至,其道乃消,故至腾口薄可知也。"⑥他将"感人心"视为"道"之消长的关键。同样,胡瑗释《易》也把"人情"放在首位,曰:"夫人之深未有其理,未有其形,而又天下之心亿兆其心,而圣人以己之深,可以通天下之志。""夫人情莫不欲饱暖而恶其饥寒,人情莫不欲寿考而恶其短折,人情莫不欲富

---

① 《欧阳修全集》卷一七《朋党论》,297页。
② 《欧阳修全集》卷六一《易或问》,878页。
③ 《欧阳修全集》卷一二七《归田录》卷下,1939页。
④ 《欧阳修全集》卷一八《明用》,304页。
⑤ 刘敞《公是弟子记》卷四,文渊阁四库全书,698册,467页下。
⑥ 《范仲淹全集》卷七《易义》,120页。

贵而恶其贫贱,人情莫不欲安平而恶其劳苦。是故圣人以己之心推天下之心,亿兆之众,深情厚貌,皆可以见矣。"①显然,"圣人之心"的核心便是"人情",倘不能深通"人情",则断难"通天下之志"。与胡、范相比,欧阳修更将"人情"绝对化,其论《出车》诗云:"诗文虽简易,然能曲尽人事,而古今人情一也。求诗义者,以人情求之,则不远矣。然学者常至于迂远,遂失其本义。"②《诗》既如此,《礼》又如何? 欧公曰:"圣人之于人情也,一本于仁义,故能两得而两遂。此所以异乎众人而为圣人也,所以贵乎圣人而为众人法也。""圣人之以人情而制礼也,顺适其性而为之节文尔。有所强焉不为也,有所拂焉不为也。"③虽说将"人情"顺逆视为制礼准则的说法还有待商榷,但庆历学人对"人情"的重视绝无可疑。

次论以"复古"为名对"祖宗家法"进行的批判。

赵宋王朝"祖宗家法"的内涵非常丰富,邓小南教授对此所作的辨析主要集中在制度史层面,她以《三朝宝训》和《三朝圣政录》的记述为依据,认为庆历诸臣是"祖宗之法"的极力维护者。④ 但事实上,太宗、真宗有关释老有裨政治的思想,也在"祖宗家法"的意涵之内。宋初三朝儒教式微,而佛老思想的盛行更削弱了儒学对现实政治的影响力。宋太宗"素崇尚释教",⑤曾对宰相赵普说:"浮屠氏之教有裨政治,达者自悟渊微,愚者妄生诬谤,朕于此道,微究宗旨。凡为君治人,即是修行之地,行一好事,天下获利,即释氏所谓利他者也。"⑥为此,他不惜亲撰《莲华心轮回文偈颂》、《圣教序》等文以示对佛的虔诚。崇佛的同时,太宗君臣还颇重黄老之学。史载太宗"读《老子》,语近臣曰:'伯阳五千言,读之甚有所益,治身治国之道,并在其内。'"⑦另据《长编》卷三四淳化四年(993)十月丙午载:"上曰:'清净致治,黄老之深旨也。夫万务自有为以至于无为,无为之道,朕当力

---

① 《周易口义·系辞传上》注,493 页上。
② 欧阳修《诗本义》卷六,文渊阁四库全书,70 册,222 页上。
③ 《欧阳修全集》卷一二三《濮议·为后或问下》,1873 页。
④ 详参邓小南《祖宗之法——北宋前期政治述略》,三联书店,2006 年,362—381 页。
⑤ 《长编》卷二三,523 页。
⑥ 《长编》卷二四,554 页。
⑦ 江少虞《宋朝事实类苑》卷二,上海古籍出版社,1981 年,21 页。

行之。至如汲黯卧治淮阳,宓子贱弹琴治单父,此皆行黄老之道也。'参知政事吕端等对曰:'国家若行黄老之道,以致升平,其效甚速。'宰臣吕蒙正曰:'老子称治大国若烹小鲜。夫鱼挠之则溃,民挠之则乱,今之上封事议制置者甚多,陛下渐行清静之化以镇之。'"①真宗即位以后,完全继承"祖宗家法",除著《释氏论》,将释氏与周、孔、荀、孟并列外,还特设传法院以印行佛经。盐铁使陈恕曾以传法院费国家供亿,力请罢之,言辞"甚恳切",但"上不许"。② 帝王既有倡导,大臣多为附和,以为"道、释二门,有助世教,人或偏见,往往毁誉,假使僧、道士时有不检,安可废其教耶?"③在此情形下,释、老教义的影响力与日俱增。及天书屡降,祥瑞日生之时,就连精通儒经、以发明孔孟之道为己任的鸿儒邢昺也只能长吁短叹于馆阁之间。

　　佛老思想与帝王意志的结合必将损害儒学在意识形态领域的主导地位,于是庆历学者在"复古"的旗帜下愤而攻之。孙复撰《儒辱》,称"佛、老之徒横乎中国,彼以死生、祸福、虚无、报应为事,千万其端,绐我生民,绝灭仁义,以塞天下之耳,屏弃礼乐,以涂天下之目";"儒者不以仁义礼乐为心则已,若以为心,则得不鸣鼓而攻之"。④ 其门生石介著《怪说》与《中国论》,将释、老和杨亿目为"道"之大患,"言去此三者,乃可以有为",⑤其捍卫儒道的姿态和气势,不仅得到了欧阳修的赞誉和肯定,更促进了天下学子对儒道权威的尊重。不过,孙复、石介剑拔弩张的意气挞伐并不能动摇佛老根基,真正从根柢入手彻底遏制佛老泛滥者还须是欧阳修。其《本论中》曰:"佛法为中国患千余岁,世之卓然不惑而有力者,莫不欲去之。……然则礼义者,胜佛之本也。今一介之士知礼义者,尚能不为之屈,使天下皆知礼义,则胜之矣。此自然之势也。"⑥所谓"欧阳公排佛,就

---

① 《长编》卷三四,758页。
② 《长编》卷四五,961—962页。
③ 《长编》卷六三,1419页。
④ 孙复《孙明复小集》,文渊阁四库全书,1090册,176页下。
⑤ 《宋史》卷四三二《石介传》,12833页。
⑥ 《欧阳修全集》卷一七《本论中》,288—290页。

礼法上论"，①即谓此也。礼仪的核心功能就在于"能使人之安于其位，乐于其职。不敢僭上以作其好，不敢陵下以作其威。遵主之道，以建其极"。② 从维护皇权的角度讲，用礼仪对抗佛老，显然更具效力。

再看以儒道实践精神涵育士气的功效。

儒道实践精神的觉醒与张扬，是庆历"新义"中不可忽视的重要内涵。庆历之前，有识之士修复儒道的努力虽然不曾间断，但那仅限于"道"的本体层面，其实践主体特性并未得到有效发掘。庆历时期，范、欧诸公胸怀天下，激励士风，为张扬儒道实践精神贡献良多。朱熹以为宋朝的忠义之风和淳厚风俗都由范仲淹"作成起来"，相对于韩琦等朝廷重臣，范氏"振作士大夫之功为多"。③ 富弼亦称范公"为学好明经术，每道圣贤事业，辄跂耸勉慕，皆欲行之于己。自始仕，慨然已有康济之志。凡所设施，必本仁义而将之以刚决"，④是自觉的履道者。欧阳修与范仲淹"同声相应，同气相求"，以实现儒道治世功能为己任。范镇《东斋记事·补遗》载："欧阳永叔每夸政事，不夸文章。"⑤《宋史·欧阳修传》亦称："学者求见，所与言，未尝及文章，唯谈吏事，谓文章止于润身，政事可以及物。"⑥这样的人生追求及价值取向，无疑具有示范和引领作用。在欧阳修看来，只有把"研穷六经之旨"与"究切当世之务"有机结合起来，⑦才能有益于当世。因此，他反对"后儒之偏说"、"无用之空言"，⑧明确指出"其所以为圣贤者，修之于身，施之于事，见之于言，是三者所以能不朽而存也"。⑨ 从这种信念出发，他积极投身"庆历新政"，推动科举改革，充分展示出革弊惠民、富国强兵的赤子之心。

在范、欧周围，有苏舜钦、梅尧臣、尹洙等当代名流，他们都以不同方

---

① 《朱子语类》卷一二六，中华书局，1986年，3038页。
② 王与之《周礼订义》卷六七，文渊阁四库全书，94册，314页上。
③ 《朱子语类》卷四七，页1188；同书卷一二九，3086页。
④ 富弼《范文正公仲淹墓志铭》，《全宋文》(29)，60—61页。
⑤ 《东斋记事·补遗》，中华书局，1980年，47页。
⑥ 《宋史》卷三一九，10381页。
⑦ 《欧阳修全集》卷一五一《答陆伸》，2501页。
⑧ 《欧阳修全集》卷四七《答李诩第二书》，670页。
⑨ 《欧阳修全集》卷四四《送徐无党南归序》，631页。

式丰富着儒道实践内涵。苏舜钦自称:"言也者,必归于道义,道与义泽于物而后已,至是则斯为不朽矣。"①在短暂的仕宦生涯中,他不顾位卑言轻,"数上疏论朝廷大事,敢道人之所难言",②表现出行道救弊的无畏与慷慨。无独有偶,尹洙亦坚守道义,其"与人言是是非非,务穷尽道理乃已,不为苟止而妄随,而人亦罕能过也;遇事无难易,而勇于敢为"。③韩琦撰《尹公墓表》,谓其"著《叙燕》、《息戍》等十数篇以斥时弊,时人服其有经世之才"。④毫无疑问,范、欧时代的名儒大家,已不满足于"知古明道",而是要将儒道的精神"履之以身","施之于事"。正如苏轼所云:"自欧阳子出,天下争自濯磨,以通经学古为高,以救时行道为贤,以犯颜纳谏为忠,长育成就。"⑤有宋以来,"道"的实践内涵第一次得到如此广泛的尊重。

有关庆历"新义"的基本内涵已如上述,而"新义"关乎"古文"革新的深层思致,还可从以下两方面稍作补充。

首先,把"知古明道"与修身、行事、立言结合起来,在"古文"创作中体现"道义之乐",这无疑是"新义"转化为实践的重要环节。早在仁宗即位前的真宗乾兴元年(1022),范仲淹就声称:"生四民中,识书学文为衣冠礼乐之士研精覃思,粗闻圣人之道知忠孝可以奉上,仁义可以施下,功名可存于不朽,文章可贻于无穷,莫不感激而兴,慨然有益天下之心,垂千古之志。"⑥他将履道之志浓缩于天下忧乐之中,谓"人苟有道义之乐,形骸可外"。⑦其所为文则充分体现着"不以物喜,不以己悲","先天下之忧而忧,后天下之乐而乐"的时代忧患意识,⑧是对"道义之乐"的经典诠释。欧阳修重点强调"君子之于学也务为道,为道必求知古,知古明道,而后履之以身,施之于事,而又见于文章而发之,以信后世",⑨以为"大抵道胜者,文不

---

① 苏舜钦《上三司副使段公书》,《全宋文》(41),29页。
② 《欧阳修全集》卷三〇《湖州长史苏君墓志铭》,455页。
③ 《欧阳修全集》卷二八《尹师鲁墓志铭》,432页。
④ 《尹公墓表》,《全宋文》(20),385页。
⑤ 《苏轼文集》卷一〇《六一居士集叙》,中华书局,1986年,316页。
⑥ 《范仲淹全集》卷九《上张右丞书》,181页。
⑦ 楼钥《范文正公年谱》,《范仲淹全集》(下),713页。
⑧ 《范仲淹全集》卷八《岳阳楼记》,168—169页。
⑨ 《欧阳修全集》卷六七《与张秀才棐第二书》,978页。

难而自至"。① 作为范、欧的同道，苏舜钦也认为"士之洁矩厉行，施才业以拯世务者，非只蹈道以为乐"，自谓"人之所以为人者，言也；言也者，必归于道义。道与义，泽于物而后已，至是则斯为不朽矣"。② 而与范、欧形兼"师友"的河南尹洙也称赞王胜之文"其论经义，颇斥背传解众说，直究圣人指归，大为建明，使泥文据旧者不能排其言，其策时事则贯穿古今，深切著明，于俗易通，于时易行"。③ 毫无疑问，庆历"新义"作用于"古文"创作的关键着力点正在于此。

其次，范、欧诸公将人的性情之美与"圣贤之道"等量齐观，极大地拓展了"古文"反映时代人生的深度和广度。如范公所撰《答手诏条陈十事》《近名论》《尹师鲁河南集序》《清白堂记》《岳阳楼记》等作"皆有本之言，固非虚饰词藻者所能，亦非高谈心性者所及"。④ 欧阳修乃文坛宗师，其序、传及墓表等"古文"作品无不敷腴温润，以情动人，而《醉翁亭记》《有美堂记》《丰乐亭记》《浮槎山水记》等名篇所蕴含的情性之美，久已为文学史家津津乐道。无独有偶，欧公所重之梅尧臣，"体长于本人情，状风物，英华雅正，变态百出，哆兮其似春，凄兮其似秋，使人读之，可以喜，可以悲，陶畅酣适，不知手足之将鼓舞也。斯固得深者邪，其感人之至，所谓与乐同其苗裔者邪"。⑤ 类似的情形，在尹洙、蔡襄、苏舜钦等人的"古文"作品中多有体现，文繁不赘。总之，庆历诸公能够将文学触角伸展到当日社会生活的每一个角落，凡山水田园之乐，政教人情之美，无不归之于"道义之乐"，所谓"新义"与"古文"互为表里者，当如是观。

庆历人才之盛远远超过了宋初三朝，正如苏轼所云："独私窃览观四十余年之间，左右前后之人，其大者固已光明俊伟，深厚雄杰，不可窥较。而其小者，犹能敦朴恺悌，靖恭持重，号称长者。当是之时，天人和同，上下欢心。才智不用而道德有余，功业难名而福禄无穷。"⑥ 当此之际，范、欧

---

① 《欧阳修全集》卷四七《答吴充秀才书》，664页。
② 苏舜钦《上三司副使段公书》，《全宋文》(21)，27页。
③ 尹洙《送王胜之赞善一首》，《全宋文》(28)，3页。
④ 《四库全书总目》卷一五二《文正集》提要，1311页下。
⑤ 《欧阳修全集》卷二二《书梅圣俞稿后》，1049页。
⑥ 《苏轼文集》卷一一《仁宗皇帝御飞白记》，343页。

诸公兴利除弊,敢为人先。他们不仅将大兴学校的国策列入了"新政",并举荐胡瑗、孙复及李觏等在野鸿儒为国子监直讲,教养人才,激励士风。从庆历到嘉祐的二十余年间,北宋儒学彻底超越汉、唐,创建了属于自己的"义理"阐释体系。而与此同时,在石介、蔡襄、苏舜钦和梅尧臣等人的合力推动下,以"知古明道"为指向的"古文"革新也终告成功。不过,自嘉祐以后,随着张载、苏轼、司马光、程颢、程颐以及王安石等一大批"宋学"大家的介入,原本质朴简易的庆历"新义",必然要面临洛、蜀、新、朔、闽等不同学派的选择和取舍;其细化与分解的过程不仅意味着"宋学"的繁荣,也为"古文"发展增添了许多变数。

## 二、嘉祐以后"庆历新义"的延展与深化

如果将庆历"新义"视为活水之源,那么洛学、蜀学及新学等宋学流派则宛如它的支流。不过,随着支流的漫延,各种全新的"义理"阐释也会迅速形成自足而丰满的学术体系。嘉祐以后,庆历"新义"的延展与深化主要有两种情,一是尊重"人情"及"自然"的经义阐释,二是仰望"贤人"和"圣人"的"性理"思考。从儒学探索关涉诗文创作的角度看,全面扫描庆历儒学"新义"细化分解的学术脉络,并以此为基础,重新审视各学派在"古文"观以及创作实践上的显著差异,乃是深入阐释北宋"古文"盛衰逻辑的不二选择。

程颐将仁宗之后的儒学探索分为"文章之学"、"训诂之学"和"儒者之学",声称"欲趋道,舍儒者之学不可"。[①] 在他看来,只有周敦颐、张载、陈襄及家兄程颢等才是心无旁骛的守道者;而像"三苏"、曾巩及王安石那样在"古文"创作方面引领风骚的儒学家,即便有所著述,也很难与纯粹的"儒者之学"相提并论。至于"训诂之学"乃是指坚守汉唐训释传统的司马光等,他们在史学研究上"抉摘幽隐,校计毫厘",[②] 所为文章亦"文辞醇深,

---

① 《二程遗书》卷一八,上海古籍出版社,2000年,235页。
② 司马光《进资治通鉴表》,《资治通鉴》卷末,中华书局,1956年,9607页。

有西汉风"，①但那种独特的价值取向终究与"趋道"与否关系不大。程氏对北宋学术分野的评说或稍有偏颇，但它客观上却为后人分析庆历"新义"的流变轨迹提供了方便。严格说来，由"新义"延展而引发的学术纷争，以及与之相关的文学理念分歧，主要涉及"文章之学"和"儒者之学"；两者之间深层而持久的对话，虽观点各异，却始终真诚。

王称《东都事略》尝云："欧阳修以高明博大之学兴起斯文，大章短篇，与《诗》、《书》、《春秋》相表里，自是临川以王氏为宗，南丰以曾氏为重，眉山以苏氏为师，而文章之传于今为盛，信乎与时而盛衰也。"②其实，类似的说法并不完全准确。严格说来，文道相济乃是庆历"新义"的重要内涵，其构造者与传承者均非个体，而是"代群"。嘉祐以后，王安石、苏氏父子及曾巩等"古文"大家，学术各有专擅，观点也不尽相同，但均能自觉接受范、欧及刘敞等庆历学人的儒学理念，尊重"自然之理"，坚持"性无善恶"，力排迂阔难行之论，所述皆合乎人情，如此才能促成"文章之学"盛极一时的崭新格局。

作为治世能臣和文章圣手，三苏、曾巩及王安石等人将"自然之理"与"王道"得失密切联系，极大地拓展了庆历"新义"的儒道实践内涵，为"古文"创作注入了前所未有的激情与活力。如王安石以为"先王之法，乃天地自然之理"，"天地生万物，一草之细，亦皆有理"，③而"王者之道，其心非有求于天下也，所以为仁义礼信者，以为吾所当为而已矣。以仁义礼信修其身而移之政，则天下莫不化之也。""王者之大，若天地然，天地无所劳于万物，而万物各得其性；万物虽得其性，而莫知其为天地之功也。王者无所劳于天下，而天下各得其治；虽得其治，然而莫知其为王者之德也"。④由此可知，荆公新学"一道德"的理论前提乃是尊重"自然之理"、"万物之性"。同样的学术理念和治世逻辑，在"三苏"身上也得到了充分体现，如

---

① 《苏轼文集》卷一六《司马温公行状》，475 页。
② 王称《东都事略》卷一一五《文艺传序》，文渊阁四库全书，382 册，751 页上。
③ 《长编》卷二四〇，5827 页。
④ 《王荆公文集笺注》卷三〇《王霸》，李之亮笺注，巴蜀书社，2005 年，1061 页。

苏洵所谓"性之所有，不可勉强而能也。道与德可勉以进也"云云，①即与王安石隐然相合。不过，由于苏氏之学杂糅佛老，其对"自然之理"与"圣人之道"关系的解说也较为复杂。如苏辙《老子解》云："天地无私而听万物之自然，故万物自生自死，死非吾虐之，生非吾仁之也。"虽然如此，但人之"道"最终还将受到圣人的制约，"人莫不有道也，而圣人能全之。挫其锐，恐其流于妄也。解其纷，恐其与物构也。不流于妄，不构于物，外患已去而光生焉。又从而和之，恐其与物异也。光至洁也，尘至杂也，虽尘无所不同，恐其弃万物也"。不过，相对于"挫其锐"、"解其纷"之类的劝解与矫正，苏辙更强调"无心"之治，曰："既以治身，又推其余以及人，虽至于治国爱民，一以无心遇之。苟其有心，则爱民者适所以害之，治国者适所以乱之也。"②撇开"杂学"特质不论，单就尊重"自然之理"来看，苏辙此论与荆公所谓"王者之道"确有异曲同工之妙。事实上，在庆历"新义"长期持久的潜移默化下，不同学派的学者，部分秉持相同或近似的学术理念亦属必然。如曾巩为学颇能"剖析微言、阐明疑义，卓然自得，足以发《六经》之蕴，正百家之谬，破数千载之惑"，而奏疏表状亦"皆因事而发"，③其理念情怀与苏、王诸公绝无二致。

苏氏父子与王安石都否定"性之善恶"，这一点与欧阳修"性之善恶不必究"的立场基本一致。④荆公尝曰："世有论者曰'性善情恶'，是徒识性情之名而不知性情之实也。喜、怒、哀、乐、好、恶欲未发于外而存于心，性也；喜、怒、哀、乐、好、恶欲发于外而见于行，情也。性者情之本，情者性之用，故吾曰性情一也。"⑤复云："性生乎情，有情然后善恶形焉，而性不可以善恶言也。"⑥同样的论述在苏氏父子的文章中亦非鲜见，如苏轼曰："苟性而有善恶也，则夫所谓情者，乃吾所谓性也。人生而莫不有饥寒之患，牝牡之欲，今告乎人曰：饥而食，渴而饮，男女之欲，不出于人之性也，可乎？

---

① 苏洵《养才》，《全宋文》(43)，92页。
② 《老子解》卷一，丛书集成初编本，537册，4、8页。
③ 曾肇《曾舍人巩行状》，《全宋文》(110)，92页。
④ 《欧阳修全集》卷四七《答李诩第二书》，670页。
⑤ 《王荆公文集笺注》卷三〇《性情》，1062页。
⑥ 《王荆公文集笺注》卷三一《原性》，1089页。

是天下知其不可也。圣人无是,无由以为圣;而小人无是,无由以为恶。圣人以其喜怒哀惧爱恶欲七者御之而之乎善;小人以是七者御之而之乎恶。由此观之,则夫善恶者,性之所能之,而非性之所能有也。且夫言性者,安以其善恶为哉!"①另称:"人之善恶,本无常性。若御得其道,则向之奸猾,尽是忠良。"②此说同见苏辙《孟子解》,文繁不赘。其实,否定"性之善恶"与尊重"自然之理"互为表里,其核心指向是要进一步密切"圣人之道"与现实世界的血肉联系,而不是相反。

能否尊重"人情",是欧阳修、三苏及王安石等"文章之士"区别于张载、二程等"道学之儒"的重要标志。③ 程氏宣称"性即理",以人的内在道德本性为"天理"。其所谓"道"、"理"、"性"、"命"者,其实都是指人伦道德,只不过角度不同,名目有别,"天之付与之谓命,禀之在我之谓性,见于事业之谓理","在天为命,在义为理,在人为性,主于身为心,其实一也"。④但不管"性即理"的命题有多少意涵,"情"作为"人欲"总是受到排斥的。苏轼对此非常反感,以为"近时士人多学谈理空性,以追世好,然不足深取"。⑤ 事实上,"情"与"性"的纷争,正构成了洛、蜀党议的核心焦点。

在"人情"议题上,首先需要关注的是苏洵的态度,他几乎在任何与现实有关的问题上都会考虑"人情"。譬如,他认为用法者"为其小者,以求合天下之足。故其繁简则殊,而求民之情以服其心则一也";谓圣人制礼颇重人情,"夫人之情,安于其所常为,无故而变其俗,则其势必不从";称《诗经》的教化作用本乎人情,"故《诗》之教,不使人之情至于不胜也"。更有甚者,他认为分辨奸邪的唯一标准是:"凡事之不近人情者,鲜不为大奸慝,竖刁、易牙、开方是也。"⑥凡此,皆与欧阳修一脉相承。相比之下,苏轼对人情的理解更加体贴入微,曰:"凡人之情,夫老而妻少,则妻倨而夫恭。

---

① 《苏轼文集》卷四《扬雄论》,111 页。
② 《苏轼文集》卷三七《代李琮论京东盗贼状》,1058 页。
③ 《四库全书总目》卷一八七《文章正宗》提要,1699 页中。
④ 《二程集》,中华书局,1981 年,91,204 页。
⑤ 《苏轼文集》卷四九《答刘巨济书》,1433 页。
⑥ 《衡论·申法》,《全宋文》(43),94 页;《礼论》,同上,106 页;《诗论》,同上,110 页;《辨奸论》,同上,158 页。

妻倨而夫恭,则臣难进而君下之之谓也。"①"人之情,无大患难,则日入于婾"。②"夫有求于人者,必致怨于其所忌以求说,此人之情也"。③他甚至将人之常情与事业成败联系起来,说:"凡人之情,一举而无功则疑,再则倦,三则去之矣。今世之士,所以相顾而莫肯为者,非其无有忠义慷慨之志也,又非其才术谋虑不若人也,患在苦其难成而不复立。不知其所以不成者,罪在于不立也。苟立而成矣。"④大抵从人情好恶出发,理解法制、礼乐、治乱诸事,便很容易提挈要领,苏氏父子重视人情的理由正在于此。

王荆公与东坡在政治上虽成对垒之势,但两人在学问人格方面颇多相通之处。例如,荆公尝读《江南录》,即能从"人情"角度对徐铉、潘佑加以评判,曰:"吾以情得之,大凡毁生于嫉,嫉生于不胜,此人之情也。吾闻铉与佑皆李氏臣,而俱称有文学,十余年争名于朝廷间。当李氏之危也,佑能切谏,铉独无一说。以佑见诛,铉又不能力诤,卒使其君有杀忠臣之名,践亡国之祸,皆铉之由也。铉惧此过,而又耻其善不及于佑,故匿其忠,而污以它皋,此人情之常也。"⑤在他看来,徐铉因嫉潘佑之才,妒潘佑之忠,耻其身善不及佑,故"污以它皋",形诸《江南录》;这看似卑劣的作为实际出于"人情之常",体现着"毁生于嫉,嫉生于不胜"的必然逻辑。晚年的苏轼和王安石,在历经波折之后更能超越凡俗恩怨,重归闲淡。苏轼北归后去探望久别的王安石,说:"某到此,时见荆公,甚喜,时诵诗说佛也。"⑥应该说,在他们诵诗说佛的快意中,同样彰显着性之善,情之美。

相对于欧、苏、王、曾"弥纶当世之务,斟酌损益,必本于经,不少贬以就俗"⑦的学术文章,以陈襄、张载及二程等人为代表的"儒者之学",超越自然物理,否定人情好恶,拓展和深化了庆历诸公有关心性修养的讨论,并逐步将性理之说绝对化。

---

① 《苏氏易传》卷三"大过·九二"爻辞注,丛书集成初编本,392册,67页。
② 《苏氏易传》卷二"蛊"卦辞注,44页。
③ 《苏氏易传》卷三"颐·六二"爻辞注,65页。
④ 《苏轼文集》卷四《思治论》,115页。
⑤ 《王荆公文集笺注》卷三四《读江南录》,1185页。
⑥ 《苏轼文集》卷五一《与滕达道三十八》,1487页。
⑦ 曾肇《曾舍人巩行状》,《全宋文》(110),92页。

纯粹形而上的"义理"之学发端于庆历重建之太学，海陵胡瑗实导其波。黄震尝云："本朝理学虽至伊洛而精，实自三先生而始。故晦庵有伊川不敢忘三先生语。"①此说影响广泛，但细节有待详察。考程颐就读太学是在仁宗皇祐、治平间，其时石介早已故去，而孙复自庆历五年（1045）责监虔州税后亦未能回到京城，程颐得以受教者唯有胡瑗一人而已。有关程氏学术的传承渊源，最具权威者当属"周程授受，万理一原"之说，②但据前贤考订，程氏之学获益于胡瑗者，远多于周敦颐。如清人刘绍攽《周易详说》即云：

> 朱子谓程子之学源于周子，然考之《易传》，无一语及太极之旨。《观》卦词云："予闻之胡翼之先生曰：君子居上，为天下之表仪。"《大畜·上九》云："予闻之胡先生曰：天之衢亨，误加何字。"《夬·九三》云："安定胡公移其文曰：壮于頄，有凶。独行遇雨，若濡有愠，君子夬夬，无咎。"《渐·上九》云："安定胡公以'陆'为'逵'。"考《伊川年谱》，皇祐中游太学，海陵胡翼之先生方主教导，尝以颜子所好何学论试诸生，得先生所试大惊，即延见，处以学职。意是时必从而受业焉。世第知其从事濂溪，不知其讲《易》多本于翼之也。③

其实，程氏远绍思、孟，近师周、胡，取法多门，实属必然。即便《伊川易传》也并未沿袭胡瑗有关"人情"、"自然"的既有论述，而是用"理一分殊"来解释万物变化。如曰："天下之理一也。途虽殊而其归则同，虑虽百而其致则一。虽物有万殊，事有万变，统之以一，则无能违也。故贞其意，则穷天下，无不感通焉。"④他反复强调"理"的绝对性，认为"天下之志万殊，理则一也。君子明理，故能通天下之志。圣人视亿兆之心犹一心者，通于理而已"。⑤且云："物虽异而理本同。故天下之大，群生之众，暌散万殊，而圣

---

① 《黄氏日抄》卷四五，文渊阁四库全书，708 册，253 页上。
② 《朱子全书》(24)，上海古籍出版社，2010 年，4050 页。
③ 《周易详说》卷一，续修四库全书本，22 册，141 页下。
④ 《伊川易传》卷四"咸卦·九四"爻辞注，文渊阁四库全书，9 册，276 页下。
⑤ 《伊川易传》卷一"同人卦"彖传注，206 页下。

人为能同之。"①所有这些,显然超越了胡公《周易口义》的固有思致,其"理一分殊"的思维逻辑则完全背离了庆历诸公的"自然之理"。

张载"关学"重释儒经"义理"的思路与方法和程氏"洛学"颇为近似,但张氏在《礼》学上的建树更为显著。《宋史》本传称其"与诸生讲学,每告以知礼成性、变化气质之道,学必如圣人而后已"。② 清人朱轼云:"薛思庵曰:'张子以礼为教。'不言理而言礼,理虚而礼实也。儒道宗旨,就世间纲纪伦物上着脚,故由礼入最为切要,即约礼复礼的传也。"③所有这些,都很容易让人联想到范仲淹的《明堂赋》。虽然游酢等程氏后学多次宣称"横渠之学出于程氏",④但《张子语录》中的许多议论与"二程"的性理之说却不尽相同。如曰:"天地之气,虽聚散、攻取百途,然其为理也顺而不妄。气之为物,散入无形,适得吾体;聚为有象,不失吾常。太虚不能无气,气不能不聚而为万物,万物不能不散而为太虚。循是出入,是皆不得已而然也。"⑤不仅如此,在张载看来,人居天地间,不过是万"物"之一,人能够以"心"体"物"的范围是非常有限的,曰:"理不在人皆在物,人但物中之一物,如此观之方均。"复云:"人本无心,因物为心,若只以闻见为心,但恐小却心。今盈天地之间者皆物也,如只据己之闻见,所接几何,安能尽天下之物?所以欲尽其心也。"⑥凡此种种,实与欧阳修"凡物有相感者出于自然,非人智虑所及"的观点极为相似,⑦而与程氏"天理"之说判然有别。张岱年先生认为张载属于唯物论者,其自然观的主要命题有两重意思,一是"世界的一切,从空虚无物的太虚到有形有状的万物,都是一气的变化,都统一于气",二是"气之中涵有运动变化的本性,而气之所以运动变化,就是由于气本身包含着对立的两方面,这两方面相互作用是一切变化的源

---

① 《伊川易传》卷三"睽卦"象传注,299 页下。
② 《宋史》卷四二七《张载传》,12724 页。
③ 朱轼《张子全书序》,《张载集·附录》,中华书局,1978 年,396 页。
④ 黄履翁《古今源流至论·别集》卷四,文渊阁四库全书本,942 册,565 页下。
⑤ 《张载集·正蒙·太和篇》,中华书局,2012 年,7 页。
⑥ 《张载集·语录》,313,333 页。
⑦ 《欧阳修全集》卷一二七《归田录》卷下,1939 页。

泉"。① 很显然,这种关于宇宙万物及人"心"本质的讨论,与范、欧诸公所谓"自然之理"息息相通,只不过其思考更加深入,梳理也更为系统化。

程氏之外,闽人陈襄与胡瑗的关系颇为密切。此公庆历二年(1042)登进士第,仕仁宗、英宗及神宗三朝。其与胡瑗的直接交往史无详载,但根据其妹夫倪天隐为胡瑗整理《周易口义》,以及大妹夫刘彝、门生孙觉等师事胡瑗等史实不难看出,陈襄与胡瑗绝非泛泛之交。更为重要的是,陈襄在讲述《周易》时,也采用了与胡瑗"每引当世之事明之"一样的做法。② 如其《易讲义》在解释《师卦》时便议论说:

> 如国朝之制,边帅将兵,必使中贵人监之,故虽有神明之将,动有所牵,不得专制,所以多无成功。往岁西师屡衄,由此患也。夫军中之法,虽君命有所不受,其可有所牵制乎?③

虽仅此一处,亦足见其深受胡瑗之影响。应该说,陈襄与程颐都是胡瑗学术的传承者,只不过陈襄久历宦途,更具践履之便。孙觉谓襄"仕宦所至,必大葺学舍,新祭器,岁时行礼其中,亲为诸生横经以讲"。④ 刘彝《陈先生祠堂记》亦云"公之平生,以道德教育天下英才为己任,故以学业出入其门者无虑千人",且谓其与陈烈、周希孟、郑穆四人"以经术政事更相琢磨,而锐于经纶天下大务。尤能受尽言,乐闻己过,喜于为善。而夙夜弗忘者,《诗》与《易》也。故其钩考皆得姬、孔几微之蕴,传注所至,弗迨其藩篱矣"。⑤ 此说虽不免夸饰,但作为理学家的人格风貌亦不难想象。需要说明的是,陈襄对儒学义理的阐释已经超越庆历"新义",初具道学面目。他特别强调"诚",以为至"诚"即可通"圣"。如《送章衡秀才序》曰:

---

① 张岱年《关于张载的思想和著作》,《张载集》卷首,2 页。
② 王得臣《麈史》卷上,上海古籍出版社,1986 年,15 页。
③ 陈襄《易讲义》,《全宋文》(50),212 页。
④ 孙觉《陈先生墓志铭》,《全宋文》(73),36 页。
⑤ 刘彝《陈先生祠堂记》,《全宋文》(48),223 页。

> 天地之道,难通也;神明,难明也;万物之理,难齐一也。圣人尽心而诚焉,罔不通,罔不明,罔有不齐一。圣人者,天地之合也。贤人者,求合乎圣人者也。然则圣人不世出,乌乎合?曰:存则合乎人,亡则合乎经。颜渊氏合乎人,孟、荀、扬、韩合乎经。其事则同:好学以尽心,诚心以尽物,推物以尽理,明理以尽性,和性以尽神,如是而已。①

圣人以"诚"而通"天地之道"、"万物之理",普通人若想达到"圣人"之境,就必须"好学"、"诚心"、"明理"、"尽性";先做"贤人",再求"合乎圣人"。相比于范、欧诸公"三不朽"的人格追求,陈襄之说显然要唯心得多。

作为"闽学"先驱,陈襄曾借着经筵讲论的机会,对"宋学"各派领袖的学术文章遍加评说。他极力赞颂关、洛诸公,谓程颢"性行端醇,明于义理,可备风宪职司之任",称张载"学行修明,养心事道,不苟仕进,西方学者,如载一人而已"。相对而言,其对"文章之学"的态度则令人寻味。既称苏轼"豪俊端方,所学虽不长于经术,然子史百氏之书,无所不览,文词美丽,擅于一时",复谓曾巩"以文学名于时,人皆称其有才。然其文词近典雅,与轼之文各为一体,二人者皆词人之杰,可备文翰之职"。② 由此不难看出,陈襄所坚守的"知天尽性之说",③与程氏兄弟极为近似;而对"宋学"各派的价值判断,也是"欲趋道,舍儒者之学不可"。也正因为如此,熙宁以后,他才会以"有高坚之行,怀经济之学,廷试不第,无复进取,守道用晦,名闻公卿"④为理由,极力举荐乡贡进士程颐为国子监助教。

明确了"文章之学"与"儒者之学"同源异流的学术分歧,再来讨论两种迥然不同的"古文"观就会全面深入许多。其实,嘉祐以后"宋学"流派的全面成熟,说到底都是庆历"新义"延展与深发的结果;即便以司马光为代表的"训诂之学",基本情形也是如此。

---

① 陈襄《送章衡秀才序》,《全宋文》(50),172 页。
② 陈襄《熙宁经筵论荐司马光等三十三人章稿》,《全宋文》(49),349,348 页。
③ 《宋史》卷三二一《陈襄传》,10419 页。
④ 陈襄《议学校贡举札子》,《全宋文》(50),60 页。

庆历诸公虽以"创通经义"为学术取向,但也并非完全否定训释。如范仲淹尝曰:"《三传》,房君有元凯之癖,兼仲舒之学,丈席之际,精义入神。吾辈方扣圣门,宜循师道,碎属词比事之教,洞尊王黜霸之经,由此登太山而知高,入宗庙而见美。升堂睹奥,必有人焉君子哉,无废。"①尹洙尝撰《敦学》文,以为当日太学为求"禄仕"而"发明章句,究极义训"的教育方式有违传统"师道",实际效果不仅不如"郡国所贡士",且"不若闾里诵习者",因此他建议"以明经为上第","勖学者益劝",使"师道"回归本位。②换言之,他并不否定以"帖经、墨义"为主的明经科取士之法,且在某种程度上依然尊重前贤训诂文字。范、尹的经学理念在司马光身上得到了传承与发展,其《论风俗札子》称:

> 新进后生,未知臧否,口传耳剽,翕然成风。至有读《易》未识卦、爻,已谓"十翼"非孔子之言;读《礼》未知篇数,已谓《周官》为战国之书;读《诗》未尽《周南》、《召南》,已谓毛、郑为章句之学;读《春秋》未知十二公,已谓三《传》可束之高阁。循守注疏者,谓之腐儒;穿凿臆说者,谓之精义。

他希望能改变这种状况,对"僻经妄说"严加惩戒,以免"疑误后学,败乱风俗"。③ 对汉唐训诂传统的尊重,不仅使《资治通鉴》呈现出"名物训诂,浩博奥衍"的特点,④也令其儒学研究别具风采。譬如司马光推重扬雄,既作《潜虚》以拟《太玄》,又采诸儒之说以撰《法言集注》,⑤其书特重笺释,不究义训,与张载、程颐等大异其趣。此外,光所撰《书仪》十卷,被誉为"《礼》家之典型"。四库馆臣尝举例云:

> 如"深衣"之制,《朱子家礼》所图,不内外掩袭则领不相交。此书

---

① 《范仲淹全集》卷八《说春秋序》,164页。
② 尹洙《敦学》,《全宋文》(28),15页。
③ 司马光《论风俗札子》,《全宋文》(55),190—191页。
④ 《四库全书总目》卷四七《资治通鉴》提要,420页下。
⑤ 《四库全书总目》卷九一《法言集注》提要,772页下。

释"曲裾如矩以应方"句,谓孔疏及《后汉书·马融传》注所说,"似于颈下别施二衿,映所交领,使之正方,如今时服上领衣,不知领之交会处自方,疑无他物"云云,阐发郑《注》"交领"之义最明,与《方言》"衿谓之交"、郭璞注"为衣交领"者亦相符合,较《家礼》所说特为详确。斯亦光考《礼》最精之一证矣。①

凡此种种,皆属"训诂之学",虽无"宋学"之蔓衍,但根柢深厚,明白而笃实。

庆历"新义"的延展路径虽然复杂,但嘉祐以后"宋学"探索多元格局的逐步形成,却不能不首先归功于这样一个先河后海、自源及流的演进过程。不过,自宋元以降,学者对"洛蜀党议"、"濂洛正脉"等问题的持续关注,已经遮蔽了洛、蜀、新、朔、闽等宋学流派与庆历"新义"的学术关联,从而使北宋思想史探索缺失了极其重要的一环。同时,对文学史,尤其是"古文"研究者而言,忽略了庆历"新义"的分化与延展,也就意味着放弃了对北宋"古文"源流同异的考察。事实上,在"文与道俱"的创作实践中,无论是作为载道之具,还是以鲜活生动的艺术形象展示"物我一体"、"神与物游"的哲人风采,北宋"古文"创作始终都离不开儒学思想的观照和制约,尤其是像苏洵、苏轼、司马光和王安石那样博通经史、工于文章的"多元主体"。

## 三、北宋"古文"创作的盛衰演变及学术动因

庆历时期由范仲淹、欧阳修、石介等主导的文坛变革思潮,以表达"新义"为价值诉求,使散体"古文"获得了压倒骈俪"时文"的绝对优势。即便像夏竦那样以"文章取贤科,位宰执,流风遗烈,光华休畅",不仅"当世伟

---

① 《四库全书总目》卷二二《书仪》提要,180页中。

人"且宜"表的于后"①的"四六集大成者",②从此也不再是文坛评论的对象。而号称"能通明经术,不由注疏之说,其心与圣人之心自会,能自诚而明,不由钻研而至。其性与圣人之道自合,故能言天人之际,性命之理,阴阳之说,鬼神之情"的古文家们,③从此便引领着北宋文坛的发展方向,受到持续追捧。不过,迄今为止,有关北宋"古文"创作的队伍构成仍然模糊,至少在文学史叙事中还从未有过整体性的交代;除欧阳修、三苏、王安石和曾巩之外,其余那些自称"文与道俱"的古文家如胡瑗、李觏、刘敞、二程及陈襄等,似乎并没有受到应有的重视。更令人困惑的是,在欧、苏、王、曾之后,虽然道学探索日新月异,而"古文"创作却每况愈下。前人将这种极不对称的尴尬情形普遍归咎于道学家重道轻文的理念约束,显然没有足够的说服力。较为审慎的解释是,问题的症结或许在道学家的"古文"创作本身。事实上,北宋儒学家的"古文"创作,在"文章之学"、"训诂之学"和"儒者之学"等不同学者间确有差异,唯有通过具体细致的考察,才能充分理解其盛衰成败的深层缘由。对此,或可从以下几方面稍事讨论。

文学是语言艺术。就三类"古文"家而言,不同的治学理念和书写要求必然会在潜移默化中深刻制约其语言表达的风格与习惯,并进而决定其"古文"创作的基本艺术风貌。苏洵对此深有感悟,尝曰:

> 其后困益甚,然后取古人之文而读之,始觉其出言用意,与己大异。时复内顾,自思其才则又似夫不遂止于是而已者。由是尽烧曩时所为文数百篇,取《论语》、《孟子》、韩子及其他圣人贤人之文,而兀然端坐,终日以读之者七八年矣。方其始也,入其中而惶然;博观于其外,而骇然以惊。及其久也,读之益精,而其胸中豁然以明,若人之言固当然者,然犹未敢自出其言也。时既久,胸中之言日益多,不能自制,试出而书之,已而再三读之,浑浑乎觉其来之易矣,然犹未敢以

---

① 宋敏求《文庄集序》,《全宋文》(51),287 页。
② 王铚《四六话》卷上,丛书集成初编本,2615 册,2 页。
③ 石介《徂徕石先生文集》卷一三《上范思远书》,中华书局,1984 年,151 页。

为是也。①

潜心阅读古人文章,不仅会提高思想境界,更能从中受到语言的熏陶。苏老泉从始觉古人"出言用意,与己大别"的眩晕茫然,到"胸中豁然以明,若人之言固当然者"的逐步感悟,再到产生"不能自制,试出而书之"的创作冲动,最后达到"浑浑乎觉其来之易矣"的自在境界,其过程本身即体现着从学习模仿到自出珠玑的语言发展逻辑。由此也自然会联想到,苏轼文章之所以"如万斛泉源,不择地皆可出,在平地滔滔汩汩,虽一日千里无难。及其与石山曲折,随物赋形,而不可知也。所可知者,常行于所当行,常止于不可不止",②达到出神入化的高妙境界,也与其自幼接受家学熏陶、熟读《孟子》《庄子》等经典要籍有关。东坡文章在语言上追求"辞达",自谓"余性不慎语言,与人无亲疏,辄输写腑脏,有所不尽,如茹物不下,必吐出乃已"。③有学者以为,苏轼追求的"辞达","是一种通达事理,自然成文,不刻意雕饰,却能随物赋形,追随行云流水之变,进而姿态横生的境界",④此说虽有所悟,然"自然成文"毕竟不太可能。东坡于圣贤典籍必定熟读神会,对古人语言运用之妙更能烂熟于胸;既有不竭之源,然后才能成就万斛泉涌之文采,这种修炼功夫岂是"自然"二字所能形容涵盖。如俞琰《书斋夜话》卷四载:

> 先儒作文皆有所本,《六经》是也,试略举东坡之文言之。如《祭统》云:"天子有善让德于天诸侯,有善归之天子。"东坡《喜雨亭记》乃云:"太守不有,归之天子;天子不有,归之太虚。"其说盖本《祭统》。又《乐记》云:"夫物之感人无穷,而人之好恶无节,则是物至而人化物也。"东坡《王君宝绘堂记》乃云:"君子可以寓意于物,而不可以留于

---

① 苏洵《上欧阳内翰第一书》,《全宋文》(43),27页。
② 《苏轼文集》卷六六《自评文》,2069页。
③ 《苏轼文集》卷一一《密州通判厅题名记》,376页。
④ 林俊相《苏轼的"辞达"说》,《复旦学报(社会科学版)》,1998年4期,124页。

物。"其说盖本《乐记》。①

其实,精确化用儒经成语,仅仅是苏轼文章追求"辞达"的一种表现。就整体而言,师法《孟》、《庄》,充分了解相关事物的核心本质,使书写过程"如行云流水,初无定质,但常行于所当行,常止于不可不止,文理自然,姿态横生",②才是东坡文章妙绝古今的关键所在,其语言魅力更在于此。

大抵像苏氏父子一样由所学所悟而直达化境的语言大师,如王安石、曾巩、司马光等,最终都为北宋"古文"之繁盛贡献良多。司马光、范祖禹、刘攽、范百禄等人被道学家列入了"训诂之学"的范畴,而事实上,他们"博识洽闻,留心经术",在"揽商、周之盛衰,考毛、郑之得失,补注其略,绅次成书"的同时,③也将"史家之文"呈现于北宋文坛。④ 虽说其"古文"创作也存在个性差异,但语言风格整体呈现出醇雅深厚、雄赡简质的特点,直可与欧、苏、王、曾等文章大家相较互补。

以独能"趋道"而沾沾自喜的"儒者之学",其中坚人物如陈襄、张载、二程等,从根本上否定"为学上能探古先之陈迹,综群言之是非,欲其心通而默识之"的可能性,这一点与苏洵、司马光等正好相反。在他们看来,诗文"不当轻作";古代圣贤的文章乃是"不得已"而为之,"盖有是言,则是理明;无是言,则天下之理有阙焉",然"其包涵尽天下之理,亦甚约"。而"后之人,始执卷,则以文章为先,平生所为动多于圣人,然有之无所补,无之靡所阙,乃无用之赘言也。不止赘而已,既不得其要,则离真失正,反害于道必矣"。此外,他们还将所有"立言"以求其善者全部归结为"世人之私心"。⑤ 在此种观念的制约下,文章语言的琢磨锤炼功夫自然被置之度外。

从庆历太学开始,"儒者之学"的先驱人物便选择了一种口语化的义理解说方式,其解经话语被门人弟子记录整理下来,遂有"口义"、"义解"、

---

① 《书斋夜话》卷四,文渊阁四库全书本,865 册,628 页下—629 页上。
② 《苏轼文集》卷四九《与谢民师推官书》,1418 页。
③ 《苏魏公文集》卷二二《赐尚书吏部侍郎范百禄……奖谕诏》,中华书局,1988 年,293 页。
④ 邓肃《跋蔡君谟书》,《全宋文》(183),157 页。
⑤ 程颐《答朱长文书》,《二程集》卷九,600—601 页。

"讲义"、"语类"等系列道学之作。如胡瑗有《周易口义》、《洪范口义》，张载《张子全书》有《语录》，陈襄《古灵集》存《易讲义》和《礼记讲义》，程颢、程颐则有《二程遗书》及《二程外书》传世。这种创新体制的优点在于方音口语易于知晓，对那些"古文"修养远不及欧、苏、司马光等博雅之士的国子监直讲，以及筑室授业于偏僻乡野的道学家而言，选用这种自在方便、能帮助生徒准确理解其讲授内容的语言，似乎也是一种时代的进步。但是，以口语解经的文字一旦通行天下，且成为某种语言风尚，就很容易与"文章之学"形成对立，海内奉学之士不仅会误解"随物赋形"、"输写腑脏"的文学表达，同时也将在不知不觉间丧失了效法古圣前贤、锤炼语言、创作生动美文的机会。兹以程颢《游鄠县山诗序》之风景描写为例略示说明，其文曰：

> 鞭马至山，而晁公已由高观登紫阁，还憩下院，见待已久。遂奉陪西游，经李氏五花庄，息驾池上，夜宿白云精舍。诘旦，晁公西首，仆复并山，东游紫阁，登南山，望仙掌，回抵高观谷，探石穴，窥石潭，因周视所定田，徜徉于花林水竹间。夜止草堂。是晚，雨气自西山来，始虑不得遍诣诸境，一霎遂霁。明旦，入太平谷，憩息于重云下院。自入太平谷，山水益奇绝，殆非人境。石道甚巇，下视可悸，往往步乱石间。入长啸洞，过虎溪西南，下至重云，转西阁，访凤池，观云顶、凌霄、罗汉三峰；登东岭，望大顶积雪；后东北来云际下深涧，白石磷磷于水间，水声清泠可爱，坐石掬水，恋恋不能去者久之，遂宿大定寺。凌晨，登上方，候日初上，西望药山，北眺大顶，千峰万峦，目极无际。下山缘东涧，渡横桥，复憩于重云下院。出谷游太平宫故基而归。①

通篇文字简略记述游览线路，缺乏对沿途美景的渲染和描述，干瘪枯寂，略无文采。特别像"仆复并山"、"因周视所定田"、"水声清泠可爱"那样语

---

① 《二程集》卷三，473页。

义不清的文字,实难掩其拙。类似的情形在陈襄《古灵集》中也有所体现,如《天台山习养瀑记》云:"予游天台山,始至福圣观观瀑,寻而上观三井,涉潭洞,历桐柏观,登琼台,下龙湫,顾其飞流壮猛,出高入下,不见所困,竟又不得其源焉。其畜之也不匮,其施之也不困,非善习险而固有本者欤。"①似这般流水账式的文字显然缺乏姿态横生的灵性与美感。其如周密《癸辛杂识续集》卷下"押韵语录"条所云:"刘后村尝为吴恕斋作文集序云:近世贵理学而贱诗赋,间有篇咏,率是语录、讲义之押韵者耳。"②严格说来,"儒者之学"制约文章作者,使其疏于语言积累,昧于形容描述,最终不能不导致"古文"创作的衰弱,这一点绝无可疑。

文学反映时代心声。北宋时期卓有成就的"古文"家皆为"文章之学"和"训诂之学"的代表人物,他们的文章皆有为而作,字里行间总是流露出"天行健,君子以自强不息"的儒道实践精神,充分彰显着匡救时弊的人格自觉。

前人或将"文章之学"等同于"科举之学",③实属谬悖。苏轼尝曰:"自汉以来,世之儒者忘己以徇人,务射策决科之学。其言虽不叛于圣人,而皆泛滥于辞章,不适于用。臣尝以为晁、董、公孙之流,皆有科举之累,故言有浮于其意,而意有不尽于其言。"④其《凫绎先生诗集叙》亦云:"昔吾先君适京师,与卿士大夫游,归以语轼曰:'自今以往,文章其日工而道将散矣。士慕远而忽近,贵华而贱实,吾已见其兆矣。'以鲁人凫绎先生之诗文十余篇示轼,曰:'小子识之。后数十年,天下无复为斯文者也。'先生之诗文有为而作,精悍确苦,言必中当世之过,凿凿乎如五谷必可以疗饥,断断乎如药石必可以伐病。其游谈以为高,枝词以为观美者,先生无一言焉。"⑤由此可知,"文章之学"与科举辞章背道而驰,其核心要旨是"适于用",要"言必中当世之过"。

---

① 《天台山习养瀑记》,《全宋文》(50),224 页。
② 《癸辛杂识》,中华书局,1988 年,207 页。
③ 《书斋夜话》卷四,629 页上。
④ 《苏轼文集》卷八《策总叙》,225 页。
⑤ 《苏轼文集》卷一〇《凫绎先生诗集叙》,313 页。

黄震尝曰:"欧公之文粹如金石,东坡之文浩如江河。"①其所以"粹"且"浩"者,以自强故也。譬如,苏轼文章长于论事,凡有论奏皆及"当世之过"。其熙宁中在密州作《盖公堂记》,以讽王安石新法,"其议论病之三易,与秦、汉之所以兴亡治乱,不过三百言而尽之"。② 东坡如此,苏洵、苏辙、王安石与曾巩诸公又何尝能外。朱熹尝云:"子由初上书,煞有变法意,只当是时非独荆公要如此,诸贤都有变更意。"③《御选唐宋文醇》卷五二在苏辙《制置三司条例司论事》后评论说:"论新法害民,两苏文字为最矣。然轼之文于言国命人心处虽极缠绵沉挚,而剖晰事之利害则不若辙之确实明白也。"④实为确论。而从《新论》、熙宁二年(1069)《上皇帝书》、《上昭文富丞相书》、《东轩记》及《祭欧阳少师文》等文可以看出,苏辙切于匡救时弊,其心与乃兄一般无二。王安石虽因变法而受到指责,但他公而忘私,以文章节义冠冕海内,就连司马光都赞许有加。荆公病殁时,光曾以书简叮嘱吕公著说:"介甫文章节义,过人之处甚多,但性不晓事,而喜遂非,致忠直疏远,谗佞辐辏,败废百度,以至于此。今方矫其失,革其弊,不幸介甫谢世,反复之徒必诋毁百端。光意以谓朝廷特宜优加厚礼,以振起浮薄之风。"⑤来自政敌的尊重,最能说明王安石坦荡忠直的君子品格。客观说来,在士大夫群体以矫时救弊为己任的北宋中期,三苏、王、曾及司马光等人通过奏疏表笺及其它各体文章,将忧时济世的君子心声表达得淋漓尽致。

比较而言,张载、二程等道学家及其学术传人如杨时、游酢等,多将心思集中于"格物致知诚意正心修身"的内在修养,⑥其于天下家国之事虽亦有言,但终究不像苏轼、司马光诸公激昂慷慨,勇于承当。张载称"存心养性以事天,尽人道则可以事天",乃是将"虔敬"功夫放在首位;其所谓"为

---

① 《黄氏日抄》卷四二,708 册,203 页下。
② 洪迈《容斋随笔·五笔》卷四《东坡文章不可学》,上海古籍出版社,1978 年,848 页。
③ 《朱子语类》卷一三〇,3111 页。
④ 《御选唐宋文醇》卷五二,文渊阁四库全书,1447 册,867 页下。
⑤ 司马光《与吕晦叔第二简》,《全宋文》(56),76 页。
⑥ 《朱子语类》卷一一四"或问明明德"条,264 页。

天地立志,为民生立道,为去圣继绝学,为万世开太平",①侧重点只在立言树德而已。程颢盛赞邵雍"自雄其材,慷慨有大志。既学,力慕高远,谓先王之事为可必致。及其学益老,德益劭,玩心高明,观于天地之运化,阴阳之消长,以达乎万物之变,然后颓然其顺,浩然其归",②言语之间实际隐含着浓重的自我观照的意味。另据《二程外书》载:"伊川先生甚爱《表记》中说'君子庄敬日强,安肆日偷',盖常人之情才放肆则日就旷荡,自检束则日就规矩。"③这种以"穷理尽性"为主的思维定式,即便在疏奏文字中也很难有所改变。如程颐皇祐二年(1050)撰《上仁宗皇帝书》云:

> 臣请自陈所学,然后以臣之学议天下之事。臣所学者,天下大中之道也。圣人性之为圣人,贤者由之为贤者,尧、舜用之为尧、舜,仲尼述之为仲尼。其为道也至大,其行之也至易,三代以上,莫不由之。自秦而下,衰而不振;魏、晋之属,去之远甚;汉、唐小康,行之不醇。自古学之者众矣,而考其得者盖寡焉。道必充于己,而后施以及人。是故道非大成,不苟于用。然亦有不私其身,应时而作者也。出处无常,唯义所在。④

此种情形,实际传承着"庆历之学"中令人厌恶的虚诞成分,正如欧阳修在《议学状》中所说:"夫人之材行,若不因临事而见,则守常循理,无异众人;苟欲异众,则必为迂僻奇怪以取德行之名,而高谈虚论以求材识之誉。前日庆历之学,其弊是也。"⑤事实上,程颐的"心性"说教对于时政得失鲜有裨益。

必须承认,北宋中期勃然而兴的伊洛关闽之学,虽然在"心性"探索方面卓有建树,但相关学人不谙当世之务,难以表达时代心声。在那种相对

---

① 《张载集·语录上》,311 页;同书《语录中》,320 页。
② 《二程集》卷四《邵尧夫先生墓志铭》,503 页。
③ 《二程集·河南程氏外书》卷一二,445 页。
④ 《二程集》卷五《上仁宗皇帝书》,510—511 页。
⑤ 《欧阳修全集》卷一一〇,1673 页。

封闭的思想状态下,欲使其"古文"创作丰满酣畅如欧、苏诸公,绝无可能。

文学因丰富多姿的心灵世界而精彩。北宋"古文"的艺术魅力主要来自"人情"与"自然",前者是作家"虚明应物"的心灵体验,①后者则彰显着"天壤之内,山川草木鱼虫之类,皆是供吾家乐事"的超逸与豁达。② 在北宋文坛,能够通过鲜活生动的艺术形象,尽情展示"物我一体"的学人风采,使古文创作达到"天道与艺俱化"之境界者,③非三欧、苏、王、曾及司马光等人不可。

文章之动人者莫先乎情,若东坡之文"长于指陈世事,述叙民生疾苦。方其年少气锐,尚欲汛扫宿弊,更张百度,有贾太傅流涕汉庭之风。及既惩创王氏,一意忠厚,思与天下休息,其言切中民隐,发越恳到,使岩廊崇高之地如亲见闾阎,哀痛之情,有不能不恻然感动者"。④ 其文如《滟滪堆赋并叙》、《赤壁赋》、《众妙堂记》、《醉白堂记》、《超然台记》等,均能在揭示"自然之理"的同时,生动抒写其"独与天地精神往来而不敖倪于万物","上与造物者游,而下与外死生无终始者为友"的精神情怀,⑤超逸洒脱,充分彰显着心灵自由的奇妙快感。即便表疏奏章,也往往满含深情,真切动人。如其《代张方平谏用兵书》曰:

且夫战胜之后,陛下可得而知者,凯旋捷奏,拜表称贺,赫然耳目之观耳。至于远方之民,肝脑涂于白刃,筋骨绝于馈饷,流离破产,鬻卖男女,薰眼折臂自经之状,陛下必不得而见也。慈父孝子孤臣寡妇之哭声,陛下必不得而闻也。譬犹屠杀牛羊、刳脔鱼鳖以为膳羞,食者甚美,见食者甚苦。使陛下见其号呼于挺刃之下,宛转于刀匕之间,虽八珍之美,必将投箸而不忍食,而况用人之命,以为耳目之观乎!⑥

---

① 《朱子语类》卷一一六,2797 页。
② 《苏轼文集》卷六〇《与子由弟》,1839 页。
③ 王应麟《困学纪闻》(全校本)卷四,上海古籍出版社,2008 年,552 页。
④ 黄震《黄氏日抄》卷六二,551 页下。
⑤ 《庄子集释》卷一〇下《天下篇》,1098—1099 页。
⑥ 《苏轼文集》卷三七,1050—1051 页。

此疏言辞激越,切中民隐,绝非高谈"心性"矫揉造作者所能及。

苏氏兄弟与王安石、司马光等在思想上都是以儒为本,以佛老为用,故其情感世界总是呈现着"平生寓物不留物,在家学得忘家禅"的复杂情状。① 他们虽历尽人生波澜,却绝无颓丧萎靡之情。苏辙撰《御风辞》,借列子行御风之事以抒豪情,谓"超然而上,薄乎云霄,而不以为喜也。拉然而下,陨乎坎井,而不以为凶也";"苟为无心,物莫吾攻也"。② 作者用得自天外的奇思妙想,渲染着超越万物、与天地同生的旷达情怀。曾巩文章"纡余委曲,说尽事情",③其《秃秃记》被誉为"诸记之冠"。④ 其文记高密孙齐溺于嬖宠,杀死亲子事,末云:"呜呼!人固择于禽兽夷狄也。禽兽夷狄于其配合孕养,知不相祸也,相祸则其类绝也久矣。如齐何议焉?"⑤毫无疑问,该文所述乃世间永恒主题,而作者寄深情于叙述之中,故能感人至深。曾巩尝为欧阳修所筑丰乐亭作记曰:

> 凡公与州宾客者游焉,则必即丰乐以饮。或醉且劳矣,则必即醒心而望。以见夫群山之相环,云烟之相滋,旷野之无穷,草树众而泉石嘉,使目新乎其所睹,耳新乎其所闻,则其心洒然而醒,更欲久而忘归也。故即其所以然而为名,取韩子退之《北湖》之诗云。噫!其可谓善取乐于山泉之间,而名之以见其实,又善者矣。虽然,公之乐,吾能言之。吾君优游而无为于上,吾民给足而无憾于下,天下学者皆为才且良,夷狄鸟兽草木之生者皆得其宜,公乐也。一山之隅,一泉之旁,岂公乐哉?乃公所以寄意于此也。若公之贤,韩子殁数百年,而始有之。今同游之宾客,尚未知公之难遇也。

其文虽无《醉翁亭记》之空灵超逸,然思贤之深情,"醒心"之微意,实不待智者而辨。

---

① 《苏轼诗集》卷二五《寄吴德仁兼简陈季常》,1341 页。
② 《苏辙集》卷一八《御风辞》,中华书局,1990 年,337—338 页。
③ 王构《修辞鉴衡》卷二引《童蒙训》,文渊阁四库全书本,1482 册,281 页。
④ 《黄氏日抄》卷六三,558 页上。
⑤ 《曾巩集》卷一七,1984 年,276 页。

"道学之儒"的本质追求仅在于自我心灵的锤炼和提升。在他们看来,若能使个体精神与"天地之道"契合为一,便可获得精神愉悦,其如程颢所云:"此道与物无对,大不足以明之,天地之用皆我之用。孟子言'万物皆备于我',须反身而诚,乃为大乐。"①在此情形下"自然"与"人情"便只能悄然隐退。在当日道学家中,周敦颐和陈襄稍具文采,前者撰《爱莲说》,颇为世人所称道,但也仅此而已。至于后者,李纲虽称其"所为文章,温厚深纯,根于义理,精金美玉,不假雕琢,自可贵重"。② 然遍览其集,连篇累牍皆系仁义道德之语,昧于人情,疏离自然,几无人间烟火味道。

北宋中后期"古文"创作盛衰变化的内在动因极为复杂,除了上述创作理念和价值取向方面的悬殊差异,"文章之学"、"训诂之学"和"儒者之学"的不均衡发展也至关重要。经过多次朋党之祸的戕害,与时政关系较为密切、颇富个性魅力的"文章之学"与"训诂之学"已渐告衰残;不仅苏氏兄弟、曾巩及王安石等"古文"圣手渐入佛老幻境,其后学门生也逐渐失去了"输写腑脏"、"言必中当世之过"的自信和勇气;即便偶有所作,也没有了那种"虚明应物"的心灵体验,再难展示"物我一体"的超逸情怀。相比之下,在各地学舍中潜会精研的"儒者之学"因为远离政治漩涡,仍能保持百舸争流的发展态势。只可惜,由于濂、洛、关、闽诸学派都从根本上否定文学的价值,因而道学探索越是深入,"古文"创作就越趋衰残。南渡以后,文坛更趋萧条。不仅行云流水般自然通达、妙趣横生的优美语言无处寻觅,忠直激切、言必中当世之过的浩然之气荡然无存,就连那种徜徉于山水间的惬意,与禽鸟鱼虫往来对话的闲情都已消失殆尽。伴随着"伊洛之学"寻求正统地位的排他性努力,二程的"讲义"和朱熹的"语类"成了那个时代最时髦的文章,无数青年倾听着道学大师的方音口语,如痴如醉。而那些美妙闲雅的北宋"古文",似乎都成了遥远的传说。

概而言之,如果说庆历前后是唐宋转型的真正分界点,那么庆历儒学"新义"的形成与分解,及其关乎"古文"盛衰的学理逻辑,无疑是这个分界

---

① 《二程集·遗书》卷二上,17页。
② 李纲《古灵集序》,文渊阁四库全书本,1093册,499页下。

点上最值得关注的重要议题。庆历"新义"的形成,标志着自中唐延续至宋初百年的儒学变革思潮最终取得了成功。范、欧诸公对儒道实践精神的空前张扬,以及欧阳修、孙复、胡瑗、李觏、刘敞等人以发掘"义理"为先导的经学探索,已经包含着"革新政令"和"创通经义"的双重意涵,可谓"宋学"先声。嘉祐以后,以"新义"探索为契机,在超越与重建中渐告成熟的各种儒学新派相继登场,他们不仅实现了由"我注六经"到"六经注我"的学术转变,更将"古文"创作推进到一个空前繁荣的新阶段。不过,随着蜀学、新学乃至朔学的相继衰落,原本充满生命活力和思想智慧的"古文"创作,最终只能在"心性"探索的保守语境中走向衰落。需要说明的是,类似的讨论必然会面临思想史与文学史相互扭结的困扰,但其双向拓展、交互发明的学术价值不容置疑。

# 第三章 "圣贤"心态与两宋文化自戕因子的生成

**本章提要**：两宋"人智之活动与文化之多方面"的确达到了空前绝后的水平，但与此同时，一种导致文化内部自我戕害的消极因子也渐告成熟。自宋初以来，伴随着"汉、唐训释之学"的衰微以及"义理"阐释模式的多元化，众多学者急于成为"宋之夫子"。他们一方面展示着非凡的学术自信，另一方面又流露出惟我独尊的狭隘心态，而后者实为学术宗派意识的形成与强化提供了内在的原动力。元祐以后，各个"道学宗派"之间的攻讦与诋斥，逐渐从"偏见异论"的学术层面扩大到"党同伐异"的政治层面；在党人意气的促使下，原本以"圣贤"自诩的学术精英们上演了一幕幕"以诗治人"的历史悲剧。他们禁毁"党人"著述，借"诗案"和"文案"剥夺敌党成员的生命，最终使文化内部形成了一种难以遏制的自我戕害机制。从"元祐党人碑"到"庆元党禁"，在"道学朋党"与世俗党人的合力作用下，两宋文化的内在品质遭到更深层次的损害。

两宋文人作为参政主体、学术主体和文学创作主体的复合型人格特点，既为"宋学"发展及宋代文学的繁荣奠定了基础，同时也为学术、政治及文学之间的多元互动创造了条件。不过，同样是复合型人才，"道学之儒"和"文章之士"却各有偏好。[①] 一般说来，以诗赋文章为"文翰之选"者虽能获得名冠天下的精神满足，却很难在党派纷争中赢得主动。相比之

---

① 《四库全书总目》卷一八七《文章正宗》提要，中华书局，1965年，1699页中。

下,那些渴望成为"宋之夫子"的道学家们,①却能以师承关系确定学术宗派,进而将门户之争扩大到朋党政治层面,论辩迭起,风云渐恶。从元祐、绍圣一直到淳熙、庆元之际,"偏见异论之人各私其党,又有报复怨仇之意",②朋党之间动辄"以诗治人","遂起大祸",③最终使文化内部形成了一种难以遏制的自我戕害机制,这对两宋文化的整体品质造成了难以估量的损害。本文以为,整体成就"空前绝后"的两宋文化,④并非完美无缺。前辈学者有关"华夏民族之文化,历数千载之演进,造极于赵宋之世"的学术判断,⑤固然值得尊重,但面对两宋三百年间愈演愈烈的文化自戕现象,以及这种现象在明清时期乃至近代社会的反复重现,多一些反思,有一点质疑,或许更有必要。

## 一、唯我独尊的"圣贤"心态

两宋文化内部自我戕害因子的生成有其内在必然性。一方面,晚唐五代以来儒道权威的长久缺失,以及宋初儒学重建与复苏的艰难过程,为此创造了必要的历史前提和文化契机。另一方面,从柳开、石介到程颢、程颐、朱熹,两宋儒学大师始终以"圣贤"自许,有着成为"宋之夫子"的强烈渴望;他们始终将惟我独尊的学术自信贯穿于从"我注六经"到"六经注我"的儒学探索之中,⑥并以此为基础,逐步完成了从个人崇拜到宗派纷争再到朋党对垒的全过程。

以"圣贤"自许,或者想成为当代"夫子"的急切心态,在李唐以前很少出现。其时人们心目中的"圣人"形象总是承载着极为崇高广博的道德及

---

① 柳开《答臧丙第三书》,《全宋文》(6),上海辞书出版社,安徽教育出版社,2006年,297页。
② 《续资治通鉴长编纪事本末》卷一三〇《久任曾布》,黑龙江人民出版社,2006年,2197页。
③ 《朱子语类》卷一三〇,中华书局,1986年版,3107页。
④ 邓广铭《宋史十讲·谈谈有关宋史研究的几个问题》,中华书局,2008年,1页。
⑤ 陈寅恪《邓广铭宋史职官志考证序》,《金明馆丛稿二编》,上海古籍出版社,1980年,245页。
⑥ 《宋史》卷四三四《陆九渊传》,北京,中华书局,1977年,12881页。

学术内涵,它远离现实世界的俗名浊利,对士大夫群体的人格理想有着普遍而持久的约束力。譬如《孟子·滕文公下》在"天下之生久矣"一段中即备述尧、舜、禹、汤、文、武、周公及孔子等古代圣贤创建"圣人之道"的艰难历程,谓"昔者禹抑洪水而天下平,周公兼夷狄、驱猛兽而百姓宁,孔子成《春秋》而乱臣贼子惧",①所谓儒家"道统"即由此建立。需要指出的是,孟子本人并未自诩"圣人",其跻身道学"统系"乃是千年以后的事。韩愈《原道》在描述"先王之道"的传承统系时说:"尧以是传之舜,舜以是传之禹,禹以是传之汤,汤以是传之文、武、周公,文、武、周公传之孔子,孔子传之孟轲;轲之死,不得其传焉。"②从孟子和韩愈的叙述中不难看出,所谓"圣人"的崇高境界,绝非一般学人所能企及。

不过,晚唐五代时期,在战乱纷争的持续打击下,"儒道"及"圣人"的权威逐步丧失殆尽。从唐懿宗咸通年间的黄巢之乱开始一直到北宋建国,长达一个多世纪的"干戈贼乱之世",致使"礼乐崩毁,三纲五常之道绝,而先王之制度文章,扫地而尽于是矣"。③ 面对苦难现实的种种打击,原本应该恪守"修齐治平"理想的士大夫群体便心生疑惑,各种离经叛道的言论亦层出不穷。如"十上不第"的钱塘诗人罗隐即称:"周公之生也天下理,仲尼之生也天下乱";"夫周公席文武之教,居叔父之尊,而天又以圣人之道属之,是位胜其道,天下不得不理也。仲尼之生也,源流梗绝,周室衰替,而天以圣人之道属之旅人,是位不胜其道,天下不得不乱也。位胜其道者,以之尊,以之显,以之跻康庄,以之致富寿;位不胜其道者,泣焉,叹焉,图焉,厄焉。"④当武夫悍将动辄声称"天子,兵强马壮者当为之,宁有种耶"的纷乱时代,⑤有这种悲哀体验的绝不止罗隐一人。南唐硕儒徐铉也曾感叹:"日觉儒风薄,谁将霸道羞。乱臣无所惧,何用读《春秋》。"⑥当

---

① 《孟子注疏》卷六下,阮元校刻《十三经注疏》本,中华书局,1980年,2714页中—2715页上。
② 韩愈《原道》,《全唐文》卷五五八,上海古籍出版社,1983年,5650页上。
③ 欧阳修《新五代史》卷一七《晋家人传论》,中华书局,1974年,188页。
④ 罗大经《鹤林玉露》乙编卷六《晚唐诗人》,中华书局,1983年,226页;罗隐《圣人理乱》,《全唐文》卷八九六,9350页上一下。
⑤ 《旧五代史》卷九八《安重荣传》,中华书局,1976年,1302页。
⑥ 徐铉《观人读春秋》,《全宋诗》(1),北京大学出版社,1991年,69页。

此之时,像"长乐老"冯道那样"历五朝、八姓,若逆旅之视过客,朝为仇敌,暮为君臣,易面变辞,曾无愧怍"的乱世能臣,①竟成了人人景仰的楷模。其如欧修所说:"于此之时,责士以死与必去,则天下为无士矣。然其习俗遂以苟生不去为当然,至于儒者,以仁义忠信为学,享人之禄,任人之国者,不顾其存亡,皆恬然以苟生为得,非徒不知愧,而反以其得为荣者,可胜数哉!"②毫无疑问,经过持久而深层次的摧残之后,"圣人"权威的丧失已成不争之事。

赵宋初年,儒学重建面临两种选择。一是继续沿袭汉、唐训诂之学,依照前贤注释解读儒家经典;陆游所谓"唐及国初,学者不敢议孔安国、郑康成"者,③即谓此也。其时学者如聂崇义、王昭素、孙奭、邢昺等,都是"汉、唐之学"的权威。另一种则是直面晚唐五代以来儒道久衰的客观现实,在深入了解"古圣人之所用心"及"历代帝王所以兴亡治乱之迹"的基础上,④对儒家经典作出符合现实需求的新解释,即建立新儒学是已。大抵自柳开、王禹偁、欧阳修、孙复、胡瑗、石介、李觏而下,或"疑传",或"疑经",或"疑圣",在"义理"探索的方向上不断进取,为"宋学"建立奠定了坚实基础。熙宁、元丰以后,随着"新学"、"洛学"、"关学"、"蜀学"等"宋学"流派的发展成熟,汉、唐训释之学日渐衰颓,而"宋学"各家在对儒家经典作出各种阐释的同时,也将儒学发展带入了一个宗派林立、异论纷呈的新境界。

摈弃汉、唐学术传统、以"义理"阐释为第一要务的新儒学探索,从一开始便蕴涵着两种截然不同的学术倾向。一种是将儒家经典的诠释解读与"慨然有志于天下"的现实需求密切结合起来,⑤如范仲淹、欧阳修、苏轼、苏辙等是也。范仲淹"不以一心之戚而忘天下之忧",⑥四库馆臣谓其

---

① 《资治通鉴》卷二九一,中华书局,1956年,9512页。
② 《新五代史》卷三三《死事传序》,355页。
③ 王应麟《困学纪闻》(全校本)卷八《经说》引陆游语,上海古籍出版社,2008年,1095页。
④ 李焘《续资治通鉴长编》(下称《长编》)卷三五七,中华书局,1992年,3291页下。
⑤ 欧阳修《资政殿学士户部侍郎范文正公神道碑铭》,《欧阳修全集》卷二一,中华书局,2001年,333页。
⑥ 范仲淹《上执政书》,《范仲淹全集》卷九,凤凰出版社,2004年,183页。

"贯通经术,明达政体,凡所论著,一一皆有本之言,固非虚饰词藻者所能,亦非高谈心性者所及。……盖行求无愧于圣贤,学求有济于天下古之所谓大儒者,有体有用,不过如此"。① 欧阳修与范仲淹同气相求,他坚决反对"述三皇太古之道,舍近取远,务高言而鲜事实"的务虚做法,主张把"研穷六经之旨"与"究切当世之务"有机结合起来,②明确指出"其所以为圣贤者,修之于身,施之于事,见之于言,是三者,所以能不朽而存也"。③ 其《诗本义》"先为论,以辨毛、郑之失,然后断以己见",④"往往得诗人之本志"。⑤ 该书对《诗经》作品的解释入情入理,视古人如在目前,而有关"经义"阐释又能与现实情景相比照。它不仅拓展了"道"的"时用"内涵,更揭示了《诗经》中"触事感物"、刺恶扬善之作所蕴涵的人性人情之美,为新儒学探索树立了成功的榜样。苏轼、苏辙因欧阳修大力褒扬而名动天下,其儒学精神亦颇相类似。在"宋学"四大流派中,以苏轼为代表的"蜀学"向来有注重文学,重人情和重"权变"的特点,其对儒学经典的解释也往往不同于"伊洛之学"。但正如苏辙所云:"父兄之学,皆以古今成败得失为议论之要。以为士生于世,治气养心,无恶于身,推是以施之人,不为苟生也。"⑥与此同时,苏轼的儒学论著还大量吸收佛、老思想,试图实现儒、道、释三教的互补与合一。所有这些,都是为了在"儒道"与现实政治之间建立起一种有效而和谐的内在联系。也正因为如此,陈寅恪先生才说:"苏子瞻之史论,北宋之政论也。"⑦总之,当人们真正以"三不朽"精神来关照儒学重建时,其心中的"道"总是关乎治乱而兼济天下的。可以设想,假使宋代学人都能拥有如此豁达的胸怀与境界,则宗派之争、朋党仇对等文化自戕现象或许完全可以避免。

同样是"义理"探索,柳开、石介、程颢、程颐及朱熹等人则别有一种心

---

① 《四库全书总目》卷一五二《文正集》提要,1311 页下。
② 《欧阳修全集》卷一五一《答陆伸》,2501 页。
③ 《欧阳修全集》卷四四《送徐无党南归序》,631 页。
④ 陈振孙《直斋书录解题》卷二《诗本义》解题,上海古籍出版社,1987 年,36 页。
⑤ 《四库全书总目》卷一五《诗本义》提要,121 页中。
⑥ 《苏辙集·栾城后集》卷七《历代论一》,中华书局,1990 年,958 页。
⑦ 《冯友兰中国哲学史上册审查报告》,《金明馆丛馆二编》,上海古籍出版社,1980 年,248 页。

肠,他们在治学动机上与欧、苏等人有着显著的区别:表面上是要深究"古圣贤之旨",明辨儒学"义理",骨子里却是傲视苍穹,一心想成为"宋之夫子"、"百世之师"。① 此乃两宋文化自戕因子得以生成的主要原因,因此,对相关学人之心态言行有必要深加分析。

柳开是开启一代风气的重要人物。他于太宗朝屡试不第,遂自称"东郊野夫",那时的他口不离"圣人之道",渴望"立身行道必大出于人上"。②但随着时间的推移,他逐步认识到自己"能备其六经之阙也,辞训典正,与孔子之言合而为一",③完全可以成为"宋之夫子",与孔子、孟子、荀卿、扬雄、王通、韩愈等人相比肩。为了从学理上讲通这个道理,他大胆改变了稳定达千年之久的"道统"谱系,将荀卿、扬雄、王通、韩愈四人纳入其中,理由是"夫数子之书,皆明先师夫子之道者也"。紧接着又将自己列名于韩愈之后,称"自韩愈氏没,无人焉;今我之所以成章者,亦将绍复先师夫子之道也"。④ 其《答臧丙第三书》更谓有人"三有其说。始言于予曰:'子达于古文矣,升诸圣人之堂,将入乎室也。'再言于予曰:'子之文,克肖于古圣人之文也,无以矜伐取谤,则与先师夫子之文并而显之,亦不废矣。'又言于予曰:'子为宋之夫子矣。'"⑤很显然,此时的柳开已经把自己看成了当代韩愈,孔、孟在世。

有了柳开这样一个无所畏惧的开端,石介的出现便属必然。柳、石既为同乡,且石介于二十六岁中进士之前早已是柳开的崇拜者。其《过魏东郊》诗盛赞柳开"事业过皋夔,才能堪相辅",称其既有"帐下立孙吴,罇前坐伊吕。笑谈韬钤间,出入经纶务"的武干风采,又有"六经皆自晓,不看注与疏。述作慕仲淹,文章肩韩愈"的"真儒"功绩。⑥ 凡此两端,都是石介倾心向往和不懈追求的人生目标。或许是历史的巧合,石介不畏"万亿千

---

① 黄震《黄氏日抄》卷四五,文渊阁四库全书本,708 册,244 页上。
② 柳开《再与韩洎书》,《全宋文》(6),340 页。
③ 柳开《补亡先生传》,《全宋文》(6),396 页。
④ 柳开《答臧丙第一书》,《全宋文》(6),295 页。
⑤ 柳开《答臧丙第三书》,《全宋文》(6),297 页。
⑥ 《徂徕石先生文集》卷二《过魏东郊》,中华书局,1984 年,20—21 页。

人之众"的攻击、奋然敢为的个性品质,也差似柳开。① 在儒学研究中,石介对汉唐训释之学更不屑一顾,譬如东汉经学大师郑玄"遍注诸经,立言百万,集汉学之大成",②其注疏文字向来和儒学典籍一样受到重视,而石介《忧勤非损寿论》一文,不仅用"康成之妄也如此"一语彻底否定了郑玄为《礼记·文王世子》所作的注释,且断然指出:"如康成之言,其害深矣!"③在他看来,只有"能通明经术,不由注疏之说,其心与圣人之心自会;能自诚而明,不由钻学之至,其性与圣人之道自合"者,方能"言帝皇王霸之道、古今治乱之由"。④ 从传世作品来看,石介对儒学要义的理解并不是很深刻,但盛气凌人的态度却无处不在。正如欧阳修所说,此公的确体现着"好异以取高"、"自异以惊世"的不良倾向。⑤ 通观《怪说》、《中国论》等道学文章,力排佛、老,指斥"杨亿之道",其心态之傲慢,言语之自负,实可与柳开自诩为"宋之夫子"者相提而并论。

河南"二程"早年师从汝南周敦颐,继与邵雍、张载为师友,黄百家所谓"周、程、张、邵五子并时而生,又皆知交相好,聚奎之占,可谓奇验"者是也。⑥ 转益多师的特殊经历,为程颢、程颐最终成长为儒学大师奠定了坚实的基础。然而,在《程氏经说》、《二程文集》及《二程遗书》等传世著作中,二公都未曾就"兼收并蓄"的学习经历稍作陈述。相反,程氏兄弟妄自尊大的人格特点在许多场合都有所表现,如《续资治通鉴长编》卷三八一载,哲宗元祐元年(1086)六月,身为崇政殿说书的程颐就上疏说:"窃以圣人之学不传久矣,臣幸得之于遗经,不自度量,以身任道,天下骇笑者虽多,而近年从者方众。"⑦所谓"幸得"圣人"遗经"的说法,不仅骇视同仁,且将自己凌驾于汉唐群贤之上。类似的说法在程氏后学那里更为普遍,他们以为"二程"初则"泛滥于诸家,出入于老、释者几十年,返求诸《六经》而

---

① 《徂徕石先生文集》卷五《怪说下》,63页。
② 皮锡瑞《经学历史》,中华书局,1959年,127页。
③ 《徂徕石先生文集》卷一一,121页。
④ 《徂徕石先生文集》卷一三《上范思远书》,151页。
⑤ 《欧阳修全集》卷六八《与石推官第一书》,992页。
⑥ 《宋元学案》卷九《百源学案》上,黄百家案语,中华书局,1986年,367页。
⑦ 《长编》卷八三一,9295页。

后得之。秦、汉以来,未有臻斯理者"。① 至其学术,则"本于诚,以《大学》、《语》、《孟》、《中庸》为标指,而达于《六经》。动止语默,一以圣人为师,其不至乎圣人不止也。张载称其兄弟从十四五时,便脱然欲学圣人,故卒得孔、孟不传之学,以为诸儒倡。其言之旨,若布帛菽粟然,知德者尤尊崇之"。② 很显然,这样的说法太失公允。如果从"心性"分析或"性理"解说的角度讲,程氏兄弟确有不少心得新见,称"秦、汉以来,未有臻斯理者",还勉强说得过去;但就儒学发展而论,谓其"卒得孔、孟不传之学,以为诸儒倡",显然言过其实。不过,有一点是清楚的,即程氏后学如此追捧乃师,其基本动机是要将他们置于所有学人之上,令其独享当代"圣人"的尊宠和荣耀。凭心而论,在传道授业的过程中,为师者具有"脱然欲学圣人"的绝对自信是好事,但若由此养成惟我独尊的心态,则难免会走向固步自封、甚至排斥异己的狭隘境地。"二程"如此,朱熹等程氏后学亦未能或免。

朱熹父松学从杨时,叔父朱弁又为晁说之门生,两人皆属"程门"再传,此其家学渊源之所在。而在其成长过程上,朱松之友刘勉之、胡宪(胡安国之侄)、刘子翚等人所给予的帮助和教诲更为重要。朱松卒时,属后事于刘勉之,"且戒其子熹受学。勉之经理其家,而诲熹如子侄。熹之得道,自勉之始"。③ 据《宋史》卷四五九《胡宪传》载:"初,宪与刘勉之俱隐,后又与刘子翚、朱松交。松将没,属其子熹受学于宪与勉之、子翚。熹自谓从三君子游,而事籍溪先生为久。"④这三人也是"伊洛之学"的传人。也许是程门弟子惟我独尊的学术心态得到了惯性传承,也许是朱熹本人"遍交当世有识之士"的特殊经历,⑤给了他足以自负的理由,这位得天独厚的理学家很快便展示出非同寻常的"圣贤"渴求。据真德秀《西山读书记》卷三一载,朱熹尝谓"圣贤道统之传,散在方册,圣经之旨不明,则道统之传

---

① 《宋史》卷四二七《程颢传》,12717 页。
② 《宋史》卷四二七《程颐传》,12720 页。
③ 《宋史》卷四五九《刘勉之传》,13463 页。
④ 《宋史》卷四五九,13465 页。
⑤ 《宋史》卷四二九《朱熹传》,12769 页。

始晦",为了使久晦未彰的"道统"重新明确起来,他"竭其精力以研穷圣贤之经训,于《大学》《中庸》则补其阙遗,别其次第,纲领条目,粲然复明;于《论语》《孟子》则深原当时答问之意,使读而味之者如亲见圣贤而面命之;于《易》与《诗》则求其本义,攻其末失,深得古人遗意于数千载之上"。①经过不懈努力,他最终建立了一个与其学术渊源相统一的新道统。对此,其门人黄榦表述说:"自周以来,任传道之责、得统之正者不过数人,而能使斯道章章较著者,一二人而止耳。由孔子而后,曾子、子思继其微,至孟子而始著。由孟子而后,周、程、张子继其绝,至先生而始著"。②可以肯定地讲,这个新"道统"绝非黄氏杜撰,而是朱熹早就认可了的。值得注意的是,朱子师徒再造的"道统"既没有尧、舜、禹、汤、周公、文、武,也不包括荀卿、扬雄、王通和韩愈,这一点与柳开、王禹偁、孙复、石介等人反复陈述的"道统"谱系完全不同;他们于古人中仅尊孔子、曾子、子思和孟子,而于当代学者只敬重周敦颐、"二程"和张载。周敦颐乃"二程"启蒙之师,张载则为"二程"表叔。朱子师徒将范仲淹、欧阳修、邵雍等众多前贤均排斥于"道统"之外,而独尊其一门一派之私系,较之柳开等人,其"统系"理念更显狭隘,也更具排他性。南宋道学家林栗在弹劾奏章曾经指出:"熹本无学术,徒窃张载、程颐之余绪,以为浮诞宗主,谓之'道学',妄自推尊。"③虽攻讦之语不可信从,但两宋学术空前繁荣,即如《宋元学案》陈列之案主已多达数十家;倘欲将某家某派凌驾于所有学术派别之上,将难免招致"浮诞"、狂妄的指责。

如果说晚唐五代百余年的儒学衰微,为宋儒超越汉、唐训诂之学创造了条件,那么随着"义理"论辨风气的形成,各种基于现实需求的创新思考和"心性"分析也会层出不穷。然同为"义理"新探者,或相容并蓄,或固步自封;心态与动机既有所不同,"学求有济于天下"与渴望成为"宋之夫子"的终极追求遂判然有别。同时,在"古圣人"权威已遭怀疑的历史条件下,

---

① 《西山读书记》卷三一《朱子传授》,文渊阁四库全书本,706册,114页上。
② 黄榦《朱先生行状》,《全宋文》(288),453页。
③ 李心传《建炎以来朝野杂记》乙集卷七《叶正则论林黄中袭为道学之目以废正人》,文渊阁四库全书本,608册,517页下。

部分学者想通过修改儒家"道统"而将自己纳入"圣贤"行列,其心理渴求虽无可厚非,但学术理念上的狭隘弊端,以及文化心态上的排他性,的确透露着某些危险信号,而这种心理,实际上正为两宋文化自戕因子的生成提供了不可或缺的原动力。

## 二、从学术分歧到门派恩怨

两宋文化内部自我戕害机制的萌生,首先可以从不同学派之间的深度攻讦中得到确认。应该说,宋儒所拥有的学术自由是前所未有的,其"义理"探索的创新空间则更为广阔。假使他们都能以开放和包容的心态展开交流与对话,充分发掘儒学关乎天下盛衰的丰富要旨,并付诸实践,则其价值与贡献必将超越学术本身。然而,在那个权威缺失的时代,自由的学术探索却未能保持平静与和谐。究其原因,首先是每一位巨匠硕儒都曾受到过内涵特异的家学熏陶,其治学心态与角色认知不尽相同。在多种因素的制约下,他们对儒家经典的"义理"诠释及"时用"价值判断就会出现见仁见智的差异。有差异就会有争论,这本来是极其自然的事;但问题是宋儒之间的争论,往往会发展为学派之间的对垒与攻讦,甚至还会演变为一场旷日持久的学案。严格说来,学术层面的宗派纷争,是要以众多学派的共同成熟,以及学术探索的绝对繁荣为前提的,宋初四朝尚不具备这样的条件;只有到英宗即位以后,随着关、洛、新、蜀四大学派的蓬勃兴起,学术之争的序幕才能开启。

"宋学"四派之中,王安石"新学"重释《诗》、《书》、《周礼》为《三经新义》,著《字说》以为解经之具,从一开始就有着"一道德以变风俗"、"使学者归一"①的明确目的,故神宗时被列为"官学",且规定"举人经义、文体,专习王氏新学"。② 不管其"释义"本身是否严谨准确,在那个人人都想成为"宋之夫子"的时代,王氏欲使天下学术"归一"的做法,本身就难免触犯

---

① 《长编》卷二一五,5232 页;《宋史纪事本末》卷三八《学校科举之制》,中华书局,1977 年,374 页。
② 《长编》卷三七六,9117 页。

众怒。因此,凡是被后人目为"元祐学术"的各家各派都愤然而起,或指责杂学之士"穿凿怪诞",或称"新学为士大夫心术之害"。①有不少学者认为,"元祐"各家所以要合力攻击王氏"新学",是因为它与"熙宁变法"密切相关,或直接为"变法"寻找理论根据,其实,那仅仅是问题的一个方面。或许,在当日儒学家们的心中,"义理"解释上的观点分歧还更为关键。为了从学理上找到"新学"的短处,当代学者用力颇勤,如《二程遗书》卷二上云:"游酢、杨时是学得灵利高才也。杨时于新学极精,今日一有所问,能尽知其短而持之。介父之学,大抵支离。伯淳尝与杨时读了数篇,其后尽能推类以通之。"②学术之争有其内部法则,不通其学则难攻其短,在这一方面,"程门"师徒真可谓当行里手。

其实,在"圣贤"渴求的驱使下,不同学派之间的争执有时与政治并无关联,"关学"与"洛学"之间的隐性较量即是如此。"关学"创自张载,以躬行礼教为本。吕中《宋大事记讲义》卷一四《张横渠之学》称:"先生之学,以乐天知命为本,以尊礼贵德为用,以大《易》、《中庸》为宗,以孔、孟渊源为法,其宗且远者。既得其要,明井田宅里之制,陈学校之法,与夫定婚祭之仪,裁古今之礼。"③张子门生吕大临在《横渠先生行状》中亦称:"学者有问,多告以知礼成性,变化气质之道,学必如圣人而后已。"④应该说,在当日四大学派中,"关学"重"礼"知"性"的特点是相当突出的。"二程"乃张载外兄弟之子,按理说"关学"与"洛学"之间的对话不应该出现不和谐因素。事实上,三位宗师确能做到彼此尊重。如《张子全书》原以《西铭》、《东铭》为冠。⑤《二程遗书》卷一八载:"问:'《西铭》何如?'曰:'此横渠文之粹者也。'曰'充得尽时如何?'曰:'圣人也。''横渠能充尽否?'曰:'言有多端,有有德之言,有造道之言。有德之言说自己事,如圣人言圣人事也;造道之言则知足以知此,如贤人说圣人事也。横渠道尽高,言尽醇,自孟

---

① 《文献通考》卷二三七《马子才集》考,浙江古籍出版社,1988年,1887页下;吕祖谦《王公行状》,《全宋文》(262),55页。
② 《河南程氏遗书》卷二,《二程集》,中华书局,1981年,28页。
③ 《宋大事记讲义》,文渊阁四库全书本,686册,334页下。
④ 《横渠易说》卷末附,文渊阁四库全书本,8册,761页下。
⑤ 《四库全书总目》卷九三《张子抄释》提要,793页上。

子后儒者都无他见识。'"同编又载:"问:'横渠之书有迫切处否?'曰:'子厚谨严,才谨严,便有迫切气象,无宽舒之气。孟子却宽舒,只是中间有些英气。才有英气,便有圭角。英气甚害事,如颜子便浑厚不同。颜子去圣人只毫发之间。孟子大贤,亚圣之次也。'"①能够将横渠和孟子相提并论,以为"孟子后儒者都无他见识",可见"二程"对他是多么地敬重。同时,在两位后辈面前,张载心中也充满了自信。如吕大临《横渠先生行状》云:"嘉祐初,见洛阳程伯淳、正叔昆弟于京师,共语道学之要。先生涣然自信,曰:'吾道自足,何事旁求!'"②不管人伦关系还是学术造诣,这类记载无疑是可信的。

然而,这种原本正常和谐的学术伦理,到了"程门"后学那里便发生了不应有的改变。他们绝对不能接受"关学"与"洛学"并驾齐驱的事实,甚至连"张子"与"程子"并称也很不以为然。于是,在《二程遗书》、《二程外书》这些由门人后学编纂的书籍中便出现了一系列有意抬高"二程"而贬低张载的"记录"。如《二程外书》云:"横渠昔在京师,坐虎皮,说《周易》,听从甚众。一夕,二程先生至,论《易》。次日,横渠撤去虎皮,曰:'吾平日为诸公说者,皆乱道。有二程近到,深明《易》道,吾所弗及,汝辈可师之。'(原注:逐日虎皮出,是日更不出虎皮也。)横渠乃归陕西。"③类似的说法颇具小说夸说之功效,然其虚妄不实,不待智者详辨自可了然。更有甚者,游酢《游廌山集》卷四《书明道先生行状后》,不仅直呼张载之字,且曰:"先生生而有妙质,闻道甚早,年逾冠,明诚夫子张子厚友而师之";"其视先生虽外兄弟之子,而虚心求益之意恳恳如不及。"④按:游酢乃程颢门人,其颠倒是非之叙述,纯由门派私心所使然。同样的事情还发生在邵雍与程氏之间,所谓"康节没后,程氏之徒欲尊其师而抑邵",⑤其心理动机完全一样,文烦不赘。

从贬低张载到排抑邵雍,"伊洛"后学的用心虽说狭隘,但毕竟没有招

---

① 《河南程氏遗书》卷一八,《二程集》,196—197页。
② 《横渠易说》卷末附,179页。
③ 《河南程氏遗书》卷一二,《二程集》,436—437页。
④ 《游廌山集》卷四,文渊阁四库全书本,374册,777页。
⑤ 《四库全书总目》卷一四一《邵氏闻见后录》提要,1199页中。

致大规模的学派冲突。相比之下,"洛学"与"蜀学"之间的争执,后果则要严重得多。北宋儒学在源头上即有南、北之分,大抵如晁说之所云:"师先儒者,北方之学也;主新说者,南方之学也。"①如果从较为宽泛的角度讲,庐陵欧阳修所谓"述三皇太古之道,舍近取远,务高言而鲜事实",②"执后儒之偏说,事无用之空言",③"苟欲异众,则必为迂僻奇怪以取德行之名,而高谈虚论以求材识之誉"的种种迂阔情形,④在柳开、石介、孙复、李觏等许多北方学者身上都有所体现。而南方学者大多能将儒学一般原理与现实需求紧密结合起来,强调学以致用;有苏洵那样"博于古而宜于今","论议精于物理而善识变权,文章不为空言而期于有用"者,⑤更有范仲淹、欧阳修、苏轼等等。明确了南、北学术之间的上述差异,再来讨论"洛学"与"蜀学"之争,所得判断或许就能超越"朋党之争"的传统认识,更加全面,更为深刻一些。

据《宋史纪事本末》卷一〇《洛蜀党议》载:"颐在经筵,多用古礼。苏轼谓其不近人情,深嫉之,每加玩侮。方司马光之卒也,百官方有庆礼,事毕欲往吊,颐不可,曰:'子于是日哭则不歌。'或曰:'不言歌则不哭。'轼曰:'此枉死市叔孙通制此礼也。'二人遂成嫌隙。"⑥程、苏二人在学术见解上早就存在分歧,而他们在吊唁司马光礼仪上的争论不过是借题发挥罢了。严格说来,在"义理"阐释众说纷纭的时代,类似的"嫌隙"并不稀见;若能就事论事,礼让互补,分歧自然会逐步化解。然而,苏轼"以才自奋,谓爵位可立取",⑦自然不肯少自低下;程颐虽为布衣,然颇以为独"得孔、孟不传之学",又安能稍屈于人。于是,在强烈的门派意识促使下,程门弟子朱光庭借苏轼策题不当发难,而苏轼门生吕陶则弹劾朱光庭"假借事权以报私隙"。紧接着,程门贾易又五状劾陶,谓诡谲奸人,托朋附以自安,

---

① 《儒言》之"南北之学"条,文渊阁四库全书本,232 册,168 页。
② 《欧阳修全集》卷一七《与张秀才棣第二书》,977 页。
③ 《欧阳修全集》卷四七《答李诩第二书》,670 页。
④ 《欧阳修全集》卷一一〇《议学状》,1673 页。
⑤ 《欧阳修全集》卷一一二《荐布衣苏洵状》,1698 页。
⑥ 《宋史纪事本末》439 页。
⑦ 《宋史》卷三二七《王安礼传》,10554 页。

而苏门孔文仲至奏:"颐污下险巧,素无乡行,经筵陈说,僭横忘分,遍谒贵臣,历造台谏,腾口间乱,以偿恩雠,致市井目为五鬼之魁。请放还田里,以示典刑。"①洛、蜀二派,由此积怨日深。原本单纯的学术分歧,最终演变成了一场旷日持久的党派之争。有关"洛蜀党议"的来龙去脉及是非曲直,前人叙述已详,无须赘言,但这一事案在两宋学术文化发展史上所具有的特殊意义及深远影响,仍有待进一步思考和总结。

南宋时期,特别是孝宗乾道、淳熙以后,经过张栻、吕祖谦、朱熹、陈亮、陆九渊、叶适等人的论辩和探讨,"道学"研究达到了一个更新更高的水准。而与此同时,道学门派之盛也远远超过北宋。故后世学者谓陆九渊:"务穷本原,不为章句训诂,唯笃信孟子之书。尝谓学者:'汝耳自聪,目自明,事父自能孝,事兄自能弟,本无欠阙,不必他求,在乎自立而已。'又曰:'此道与溺于利欲之人言,犹易;与溺于意见之人言,却难。'或劝九渊著书,曰:'六经注我,我注六经。'又曰:'学苟知道,六经皆我注脚。'学者称象山先生。秦桧当国,无道程氏学者,九渊兄九龄独尊其说,而九渊则谓:'伊川之言,不类孔孟。'"②在两宋学者中,能够明确指责"二程"学说的人并不多,陆九渊之博赡自信可知矣。此外,开"婺学"之先的吕祖谦,也是与朱熹并驾齐驱的一代宗师。全祖望在《宋元学案·东莱学案序录》的按语中说:"小东莱之学,平心易气,不欲呈口舌以与诸公角,大约在陶铸同类以渐化其偏,宰相之量也。惜其早卒。晦翁逐日与人苦争,并诋及婺学,而《宋史》之陋,遂抑之于《儒林》。然后世之君子终不以为然也。"③在南宋名家之中,吕祖谦平和雅正,可谓深得"中庸"之旨。东莱所长,正是朱子所短。除此之外,婺人陈亮披肝沥胆,将时之忧患与"性命之说"结合起来讨论,"学者多归之"。其说既有别于同乡吕氏,更不同于时贤朱熹。《宋史》卷四三六本传称:"其学自孟子后惟推王通,尝曰:'研穷义理之精微,辨析古今之同异,原心于秒忽,较礼于分寸,以积累为工,以涵养为正,睟面盎背,则于诸儒诚有愧焉。至于堂堂之陈,正正之旗,风雨云雷

---

① 《宋史纪事本末》卷四五《洛蜀党议》,中华书局,1977年,439页。
② 徐乾学《资治通鉴后编》卷一二八,文渊阁四库全书本,344册,504页上。
③ 《宋元学案》卷五一,1652页。

交发而并至,龙蛇虎豹变现而出没,推倒一世之智勇,开拓万古之心胸,自谓差有一日之长。'亮意盖指朱熹、吕祖谦等云。"①总之,这是一个派系杂出,众说纷纭的学术时代。

相对于北宋,南宋道学门派之间的是非纷争更是难解难分。其中有些恩怨渊源有自,如王士禛《池北偶谈》卷七《朱子论苏王》条云:"朱子以蜀洛之故,甘心苏氏。更有甚焉。其与汪尚书书云:'苏氏之学,害天理,乱人心,妨道术,败风教,不在王氏之下。其徒若秦观、李廌,皆浮诞轻佻,士类不齿。'云云。至其推尊张浚,全以南轩交谊。甚矣!不党之难也。可叹!"②其实,对于朱熹的狭隘心态,当时就有学者表示不屑一顾,如孝宗年间"以诸葛亮、颜真卿、寇准、范仲淹、韩琦、唐介自比"的乐清才俊王十朋即有诗云:"东坡文章冠天下,日月争光薄风雅。谁分宗派故谤伤,蚍蜉撼树不自量。"③前人以为此说乃为苏、黄争名而发,或欠考量;其实所谓"宗派谤伤"、"蚍蜉撼树"者,乃是指伊洛后学,与山谷无涉。

除了"洛、蜀之争"这种历史宿怨的传承,南宋道学发展中直接影响文化自戕机制形成的重要动因还有两端。

一是朱熹撰写《伊洛渊源录》,彻底将学术研究宗派化。其如四库馆臣所云:"宋人谈道学宗派,自此书始;而宋人分道学门户,亦自此书始。厥后声气攀援,转相依附,其君子各执意见,或酿为水火之争;其小人假借因缘,或无所不至。"④从本质上说,《伊洛渊源录》的撰述目的就是为了确立"伊洛之学"的正统地位,并将"二程"及朱熹本人作为"圣人之道"的守护者和发明者,凌驾于其他学人之上。这种妄自尊大、固步自封的做法招致时贤的普遍反对是很自然的事。

二是道学思潮与"和议之争"、"相党"之争等现实政治问题结合得更加紧密。譬如宋高宗"绍兴更化"期间,在"最爱元祐"的帝王意志和迫在

---

① 《宋史》,12941 页。
② 《池北偶谈》,中华书局,1982 年,163—164 页。
③ 《宋史》卷三八七《王十朋传》,11887 页;《两宋名贤小集》卷一六七载王十朋《读东坡诗》,文渊阁四库全书本,1363 册,419 页上—下。
④ 《四库全书总目》卷五七《伊洛渊源录》提要,519 页中—下。

眉睫的"议和"需求促使下,①"二程"学术曾受到朝野推重。韩元吉《南涧甲乙稿》卷一六《书师说后》云:"建炎龙兴,先生(按:指"二程")门弟子相继有闻,《易》、《春秋》、《语》、《孟》之学始行于天下。"②其影响远远超过了"蜀学"与"新学"。但到了绍兴十一年(1141)以后,随着"和议"的完成,"伊洛"学说便很快被视作影响政治稳定的"专门曲学",③遭到限制和打击。绍兴十四年十一月壬申,时为御史中丞兼侍讲的杨愿就上疏说:"治道之要在总核名实,名实未辨,则人材学术难得其真,此国家治乱之所繇分也。数十年来,士风浇浮,议论蜂起,多饰虚名不恤国计。沮讲和之议者,意在避出疆之行;腾用兵之说者,止欲收流俗之誉。甚者私伊川元祐之说,以为就利避害之计,慢公死党,实繁有徒。今四方少事,民思息肩,惟饰诈趋利之徒,尚狃于乖谲悖伪之习,窥摇国论,诖误后生,此风不革,臣所甚忧也。"④在此情形下,高宗、秦桧等人便开始禁锢"伊洛之学","更主荆公之学"。⑤ 由此可见,在强大的政治力量面前,学术兴衰的关键已经不是"正统"与"非正统",或者谁是当代"圣贤"的问题,而是当国者的政治需求。

南宋时期,"相党"政治与道学兴衰息息相关,这既关系到学术宗派的异同,更牵涉到宰相结党的特殊机制。譬如赵汝愚为相,崇奉"伊洛之学",颇得朱熹、彭龟年、叶适等人之助。及韩侂胄为相,欲置赵汝愚于死地,则先称程、朱道学为"伪学",欲将涉案之人尽行诛戮。据周密记载,愚汝卒后,"朱熹为之注《离骚》以寄意焉。敖陶孙题诗于阙门,有'一死固知公所欠,孤忠赖有史长存'之句,其后叶翥、汪义端交论伪学,而刘三杰以伪党为逆党,凡得罪者五十九人。省部籍记姓名,降诏禁伪学"。⑥

此外,周必大于孝宗淳熙十四年(1187)拜右丞相,次年为左丞相。就

---

① 《建炎以来系年要录》卷一五二,文渊阁四库全书本,327册,124页上。
② 《南涧甲乙稿》,文渊阁四库全书本,1165册,252页下—253页上。
③ 《建炎以来系年要录》卷一五二,327册,124页上。
④ 《建炎以来系年要录》卷一五二,327册,127页上。
⑤ 李心传《道命录》卷四《汪勃乞戒科场主司去专门曲说》,丛书集成初编本,3342册,35页。
⑥ 《齐东野语》卷三《绍熙内禅》条,中华书局,1983年,45页。

因为他从小师从胡铨长子泳、学术祖述胡安国之故,韩侂胄也要将其列入"伪学"成员名单,予以清算。韩侂胄所亲厚者不过陈自强、苏师旦及周筠数人而已。此辈绝无学术,徒以攀附韩氏骤至显位。令人费解的是,就是这样一群不学无术的小人,竟能将赵汝愚、周必大、朱熹、叶适等众多的博学君子一网打尽。当道学大盛之时,"儒道"却不能大行于天下,此情此景,的确令人深感困惑。

应该承认,从"周、程、张、邵五子并时而生"到关、洛、新、蜀四大学派并驾齐驱,"宋学"发展进入了一个繁荣与危机并存的时代。虽然我们无法就两宋道学家之间的相互攻讦与诋斥遍作陈述,但可以肯定的是,熙宁以后,日益升级的道学宗派之争为文化自戕因子的生成提供了前提条件;而且,随着朋党意识的介入,文化自戕现象发生的频率及规模还在逐步增加。一方面是相互结怨的学术宗派成员之间不肯轻释前嫌,另一方面是"宗派"理念的不断加强,以及道学宗派与"相党"政治的深度结合。于是,在超越理性的诽谤与攻击之中,原本以"修之于身,施之于事,见之于言"为不朽的价值理念被彻底淡化,而有关"心性"和"理道"的论述也不得不走向"仁者爱人"的反面。

## 三、学术宗派与朋党政治的深度结合

将学术宗派之争与朋党政治扭结到一起,这是两宋文臣超越前人的创造。应该承认,在皇权至上的时代,道学力量如果不与政治势力相结合将一事无成。想当初,程颢"以亲老求为闲官,居洛阳殆十余年。与弟伊川先生讲学于家,化行乡党。家贫,疏食或不继",其时虽"士之从学者不绝于馆,有不远千里而至者",①但那仅仅是传道授业,无论其道学观点与王安石、苏轼等人有着怎样悬殊的差异,都很难形成派系争斗。而当元祐初程颐入侍经筵,苏轼为翰林院学士以后,早已存在的学术分歧才直接转化为意气纷争,进而上升到树朋党以争是非的层面。就整体而言,有宋一

---

① 程颐《明道先生行状》引范祖禹语,《二程集·河南程氏遗书附录》,333 页。

代学术与政治彼此胶着、宗派意识与朋党理念互为补充的文化自戕机制,可以从以下几点得到确认。

首先,从强调"君子小人之辨"到深信"邪正不同而必相害",标志着与儒学探索相关联的朋党斗争理念一直处于更新与强化之中,两宋文化内耗现象愈演愈烈,其根本动因或即在此。

早在仁宗庆历时期,范仲淹和欧阳修等人就将儒学的一般原理运用于政治实践,提出了"君子有党"论。范云:"方以类聚,物以群分,自古以来,邪正在朝,未尝不各为一党,不可禁也,在圣鉴辨之耳。诚使君子相朋为善,其于国家何害?"①欧称:"小人无朋,惟君子则有之。""为人君者,但当退小人之伪朋,用君子之真朋,则天下治矣。"②这一说法体现着前所未有的朋党自觉意识。不过,令范、欧本人始料未及的是,原本就"乐善疾恶,喜声名,遇事奋然敢为"的石介,③竟以一篇惊世骇俗的《庆历圣德诗》,将"喜同恶异"的意气倾向充分展示于褒贬忠佞的文字之中。此诗一旦问世,范仲淹即云:"为此鬼怪辈坏事也!"④而孙复亦谓石介曰:"子祸始于此矣。"⑤客观而言,石介这一党同伐异、"气类不同者,恶之若仇"的过激做法,⑥的确开创了以道学为朋党服务的先例。林栗称此诗"指言忠邪之辨,当此之时,可谓夬之世矣。然介卒以不克而斥死于远方,身没而几有斵棺之祸。自是朋党之论始兴,而君子小人迭为胜负矣"。⑦ 四库馆臣亦云:"厥后欧阳修、司马光朋党之祸屡兴,苏轼、黄庭坚文字之狱迭起,实介有以先导其波。"⑧二者所言,皆为的论。

石介此举虽然危险,但毕竟只是个人行为。熙宁以后,随着学术宗派逐步演变为朋党势力,情形遂为之一变。史家所谓"蜀党"、"洛党"、"朔党"、"新党"之类,既是学术派别,同时也意味着朋党分野。在党派对垒与

---

① 江少虞《宋朝事实类苑》卷一五,上海古籍出版社,1981 年,175 页。
② 《欧阳修全集》卷一七《朋党论》,297 页。
③ 《宋史》卷四三二《石介传》,12833 页。
④ 《宋史纪事本末》卷二九《庆历党议》,241 页。
⑤ 《宋史》卷四三二《石介传》,12836 页。
⑥ 田况《儒林公议》,《全宋笔记》第一编第五册,大象出版社,2003 年,88 页。
⑦ 林栗《周易经传集解》卷二二"乾卦·初九"条,文渊阁四库全书本,12 册,295 页上。
⑧ 《四库全书总目》卷一五二《徂徕集》提要,1312 页中。

纷争中,每一次的政治攻击和党派倾轧,总是以"学术"批判为先导,所谓"君子"对"小人"的指责比比皆是。譬如,在"熙丰党争"中,司马光、苏轼等人首先反对的便是王氏"新学",认为"王安石不当以一家私学欲盖掩先儒,令天下学官讲解及科场程试,同己者取,异己者黜。使圣人坦明之言,转而陷于奇僻;先王中正之道,流而入于异端",①因此,要废除新法,就必先罢废王氏"邪术"。崇宁以后,蔡京等人虽急于禁毁"元祐政事",②但他们首先选择的还是禁毁"元祐学术"。③ 可见,无论"君子"还是"小人",其思路与做法均有相通之处。

随着时间的推移,用"君子小人之辨"已经很难解释党争中的是非曲直。尤其是南宋以后,道学与朋党政治相结合的情形更为复杂。当日处在党争旋涡中的朱熹就敏感地认识到:"凡物之类,有邪有正,邪之与正不同而必相害,此必然之理也。"④于是,他在大力张扬其道学思想的同时,也明确倡导以道学结党,谓:"凡事都分做两边,是底放一边,非底放一边;是底是天理,非底是人欲;是即守而勿失,非即去而勿留,此治一身之法也。治一家,则分别一家之是非;治一邑,则分别一邑之邪正;推而一州一路以至天下,莫不皆然,此直上直下之道。若其不分黑白,不辨是非,而猥曰'无党',是大乱之道。"⑤在这种理论的指导下,理学家们遂由"吾道"而渐成"吾党"。而从另一角度看,随着"吾党"的失败,"吾道"也难以幸免。

其次,两宋党争过程中,有关党魁动辄下令焚毁敌党成员的诗文及学术著作,此举直接彰显着文化自戕的力度和广度。

北宋党祸与"学术"之禁纽合在一起,是从禁毁"荆公新学"开始的。元祐元年(1086)"议者欲废《三经义》",⑥未果;同年六月戊戌,乃有诏曰:"自今科场程试,毋得引用《字说》。"⑦虽说是部分禁毁,但此后历次党祸中

---

① 司马光《起请科场札子》,《全宋文》(55),272页。
② 《长编》卷四九三,11704页。
③ 《长编》卷四八五,11531页。
④ 朱熹《四书或问》卷二二"或问十八章之说"条,文渊阁四库全书本,197册,495页上。
⑤ 《朱子语类》卷一三二,3180页。
⑥ 《东都事略》卷五八《韩维传》,文渊阁四库全书本,382册,365页上。
⑦ 《长编》卷三七九,9211页。

所包含的"文字"、"学术"之禁实肇端于此。据《续资治通鉴长编拾补》卷二〇载,崇宁元年(1102)十二月,"丁丑,诏:'诸邪说诐行,非先圣之书,并元祐学术、政事,不得教授学生,犯者屏出。'"①同书卷二一又载,崇宁二年四月丁巳,"诏焚毁苏轼《东坡集》并《后集》印板"。乙亥,"诏:三苏集及苏门学士黄庭坚、张耒、晁补之、秦观及马涓文集,范祖禹《唐鉴》、范镇《东斋记事》、刘攽《诗话》、僧文莹《湘山野录》等印板,悉行焚毁"。戊寅,"诏:程颐追毁出身以来文字,除名。其入山所著书,令本路监司常切觉察"。② 此外,徐乾学《资治通鉴后编》卷九八载,政和元年(1111)十二月乙卯,"臣僚言:陈瓘《尊尧集》十卷,《大纲》取《日录》之事解释成文,有论及王安石事。臣虽不见其全文,但瓘在建中靖国间尝以安石《日历》为不然,昨来大臣领政典局,知瓘素有异论,欲助成非谋。故下瓘家取索,望特旨严赐禁约,不得传习。如有已曾传录之家,并乞立限缴纳。仍下瓘家取索稿本,一切焚毁。'诏依奏"。③ 同书卷一〇二宣和六年(1124)十月庚午载:"诏:有收藏习用苏、黄之文者,并令焚毁,犯者以大不恭论。"④类似的记载在两宋史籍中还有很多,不烦列举。

著书"立言"向来被视为"不朽"之事,但在众多学者因此而致祸的恐怖情形下,原本崇高的价值观也会在潜移默化中悄然转变。譬如,司马光曾孙司马伋,对因书致祸一事就特别敏感。《建炎以来系年要录》卷一五四绍兴十五年(1145)七月丙午载:"右承务郎、新添差浙东安抚司干办公事司马伋言:'建安近刊行一书,曰《司马温公记闻》,其间颇关前朝故事。缘曾祖平日论著即无上件文字,显是妄借名字,售其私说。伏望降旨禁绝,庶几不惑群听。'诏委建州守臣将不合开板文字尽行毁弃。伋特迁一官。初,范冲在史馆,上出光《记闻》,命冲编类进入,冲言:'此书虽未可尽信,其有补治道亦多。'乃缮写成十册上之。至是,秦桧数请禁野史,伋惧罪,遂讳其书。然其书卒行于世。"⑤由此可以看出,在"党禁"与"文禁"频

---

① 《续资治通鉴长编拾补》卷二〇,中华书局,2004年,725页。
② 《续资治通鉴长编拾补》卷二一,739、741、742页。
③ 《资治通鉴后编》卷九八,343册,790页下—791页上。
④ 《资治通鉴后编》卷一〇二,344册,43页上。
⑤ 《建炎以来系年要录》143页下。

繁发生的残酷现实面前,即便像司马伋那样的名家后裔,也会把避祸自保放在首位。

其三,以诗文作品或史学著作为中伤依据,用牵强附会的解释来罗织罪名,这是朋党倾轧的惯常做法。屡兴不止的"诗案"和"文案",许多都隐含着剥夺敌党成员的生命的险恶用心。

从诗文、书信及"风闻"所得的言论中寻找罪证,这是宋代文人颇为自得的发明创造。早在庆历四年(1044)十一月发生的"进奏院案"中,王拱辰等人借王益柔《傲歌》发难,对范仲淹、杜衍、富弼、欧阳修、苏舜钦等"新政"党人肆加诋毁,致"被斥者十余人,皆知名之士,拱辰喜曰:'吾一网打尽矣。'"①此次事案中"以诗治人"的成功经验,②得到了后世党人的效法,遗患极其深远。譬如在"元祐更化"过程中,左谏议大夫刘安世即有"今日制下,外论曰'可谓一网尽之'"的议论。③ 宋光宗绍熙元年(1190)十二月,韩侂胄"欲并逐汝愚而难其名,或教之曰:'彼宗姓,诬以谋危社稷,则一网尽矣。'侂胄然之"。④ 有了这样一种肆无忌惮而又迅速高效的党争手段,像"乌台诗案"、"车盖亭诗案"、"神宗实录案"等一系列"文字狱"的发生,就不过是同一经验的重复实践罢了。

如果说焚毁敌党成员的诗文集和学术著作是为了剥夺其文化创造的业绩,消灭其精神遗产;那么掀动"诗案"或"文案"的险恶用心,更在于消灭"异党"成员的生命本身。元丰二年(1079)七月,"新党"成员久经预谋,以苏轼"近上《谢表》,颇有讥切时事之言"及诗句多涉"诋谤"为由,⑤罗织罪名,终于使苏轼自湖州入御史台狱,史称"乌台诗案"。苏轼下狱,敌党即"欲致之死",⑥后经王安礼等多方解救才得以存活。但在此后发生的其它"文案"中,罹祸之人却没有了苏轼的幸运,其遭贬惨死者不计其数。如元祐四年(1089)五月,由宰相谪知安州安陆的蔡确因所作《夏日登车盖

---

① 《宋史纪事本末》卷二九《庆历党议》,247页。
② 《朱子语类》卷一三〇,3107页。
③ 《长编》卷四四七,10751页。
④ 《宋史全文》卷二八,文渊阁四库全书本,331册,546页下。
⑤ 《长编》卷二九九,7266页。
⑥ 《宋史》卷三三八《苏轼传》,10809页。

亭》十绝句,被知汉阳军吴处厚笺释上之,谓"内五篇皆涉讥讪,而二篇讥讪尤甚,上及君亲,非所宜言,实大不恭",①而左谏议大夫梁焘、右谏议大夫范祖禹等人亦从而弹劾,遂成大狱,史称"车盖亭诗案"。蔡确被贬岭南新州,四年后死于瘴疠之中。蔡确死后还不到一年,章惇等人为报复打击"元祐党人"而炮制的"神宗实录案"又接踵而至。据《宋史全文》卷一三下载,绍圣元年(1094)十二月,"三省同进呈台谏官前后章疏,言:'实录院所修先帝《实录》,类多附会奸言,诋斥熙宁以来政事,乞赐重行窜黜。'上曰:'史官敢如此诞慢不恭,须各与安置。'诏:'范祖禹责授武安军节度副使,永州安置;赵彦若责授安远军节度副使,澧州安置;黄庭坚责授涪州别驾,黔州安置。'"次年正月,"诏:'吕大防特追夺两官,赵彦若、范祖禹、陆佃、曾肇、林希并追夺一官,黄庭坚特追一官'"。②被贬逐的元祐史官中,范祖禹、黄庭坚、赵彦若、秦观四人最终都死于贬所。

从"乌台诗案"到"车盖亭诗案"再到"神宗实录案",虽是以诗文或史料文字"为报复之资",③但还算是有所"凭据";至于罗织罪名过程中的牵强附会或滥释曲解,多由党人意气所使然。需要指出的是,文化自戕因子一旦生成,其变异恶化将不可避免。绍圣四年(1097)八月,由蔡确之子蔡渭(后更名懋)为报父仇而制造的"同文馆狱",就是如此。据《长编》卷四九〇载,时"蔡渭奏:'臣叔父硕,曩于邢恕处见文及甫元祐中所寄恕书,具述奸臣大逆不道之谋。及甫乃文彦博爱子,必知当时奸状。'诏翰林学士承旨蔡京,同权吏部侍郎安惇,即同文馆究问"。此案最终结果虽然是"问其证验,则俱无有也",④但蔡京等人绝不会放弃"谋尽杀元祐党"的阴谋。⑤《东都事略》卷九四《刘安世传》载:"时蔡确之子渭数上书,讼吕大防、刘挚及安世等陷其父,朝廷委蔡京等究治,京欲诛灭挚、安世等家族,仍移安世梅州,而究治无验。惇意欲尽诛之以快意,哲宗不许。"⑥朱熹亦

---

① 《长编》卷四二五,10270页。
② 《宋史全文》卷一三下,507页下。
③ 《建炎以来系年要录》卷一一一,518页上。
④ 《长编》卷四九〇,11628页。
⑤ 《长编》卷四九四,11754页。
⑥ 《东都事略》613页下。

称："刘挚、梁焘诸公之死，人皆疑之，今其家子孙皆讳之。然当时多遣使恐吓之，又州郡监司承风旨皆然，诸公多因此自尽。……梁、刘之死，先吏部作《实录》云：'梁焘、刘挚同时死岭表，人皆冤之。'"①事情发展到这种程度，表明北宋文化内部自我戕害的毒恶因素已经相当成熟，此后无论文网多密，构祸借口和手段多么离奇，似乎都不足为怪了。

第四，从"元祐党禁"到"庆元党禁"，"道学之党"遭遇世俗政治朋党时的困惑和无奈，意味着"文化自戕机制"已经超越了道学宗派范畴，正在转变为两宋政治文化的某种内在品质。

前人论及两宋党禁的起因，总是要归咎于道学宗派之间各执意见，"未有不水火交争"的事实，甚至认为"北宋不鉴东汉之党锢，洛、蜀党分而北宋亡；南宋不鉴元祐之败，道学派盛而南宋亡"。② 其实，这种判断有失公允。首先，两次"党禁"的发动者均非道学中人。"元祐党禁"开始于宋徽宗崇宁元年（1102）九月，以蔡京等人刊刻《元祐党人碑》为确切标志。其"党人"名单中既有"二苏"、"三孔"、"苏门四学士"等"蜀学"名流，也有刘挚、梁焘、王岩叟、刘安世等"朔党"人物，更少不了程颐、朱光庭、贾易等"洛党"要员。至于司马光与其弟子范祖禹、儿子司马康，以及反对过"熙宁新法"的文彦博、吕公著、吕大防等等，都未能幸免；甚至连王珪、章惇都名列其间，称"为臣不忠"者。③ 由此可见，所谓"元祐党禁"不过是蔡京等世俗权要为了将敌对势力"一网打尽"所采取的非常手段，与"洛、蜀党分"绝无关系。同样，庆元三年（1197）十一月爆发的"庆元党禁"，也是世俗权臣韩侂胄及其党羽王沇等为了大规模铲除其敌对势力而发动的政治事案。此次"党禁"在思路和方法方面完全效仿"元祐党禁"，而被列入"伪学逆党"者如朱熹、赵汝愚、周必大、楼钥、林大中、吕祖俭、赵汝谠、范仲黼等，各有家学渊源，并不属于同一"宗派"。当理学家们开创的"吾道"、"吾党"的门户理念被世俗权臣所利用，并迅速转化为政治斗争的非常规手段之后，其对朝政秩序、学术发展以及士人心态所产生的消极影响难以估

---

① 《朱子语类》卷一三〇，3126 页。
② 《四库全书总目》卷五七《庆元党禁》提要，521 页上—中。
③ 蔡京《元祐奸党》，《全宋文》（109），182 页。

量。每一次以"党禁"形式展开的政敌"清洗"过程，罹祸人数之多，对世风人心伤害之重，都是道学家们始料未及的。

严复尝云："若研究人心政俗之变，则赵宋一代历史最宜究心。中国所以成今日现象者，为善为恶，姑不具论，而为宋人之所造就，什八九可断言也。"[1]此说颇为学界所重。然而，迄今为止，有关"宋学"及两宋文学发展史的考察，仿佛都在尽力展示其"为善"成就，却很少有人分析其"为恶"的诱因、表现及深远影响。平心而论，这样的研究还远不够深入准确。科学而理性的态度，首先在于全面把握研究对象的内在复杂性；既要充分彰显赵宋文化"空前绝后"的非凡成就，更应深入考察当日"圣贤"各立"宗派"、结党相攻的偏激后果。

---

[1] 严复《致熊纯如信》，《学衡》第13期，1923年1月。

# 第四章　经史之学与北宋"古文"创作的关联和互动

**本章提要**：北宋"古文"艺术的探索与实践，自始至终都与经史之学密切相关。在经学与"古文"表里相济的发展过程中，相关作家在经典选择、学术理念及研究方法上的显著差异，将会积淀发展为因人而异的人格自觉，并在潜移默化中造就了不同的语言体式、修辞手法以及文风特点。从文、史互动的角度看，以"古今成败得失为议论之要"的史学研究固然为"古文"创作增添了许多"陈古讽今"的凝重感，但治史理念各不相同的巨擘名公，在"为文之趣"上也呈现着显著差异。尹洙、曾巩、苏洵、苏轼及苏辙等"文章之士"在史学理念上与欧公一脉相承，他们皆长于褒贬，精乎辞章；司马光学力老成，文章雄赡简质，以"史家之文"影响着范祖禹和刘攽等后学晚辈。简言之，北宋"古文"在经史之学的熏陶下形成了简易自然、婉转畅达的基本风格；而史论、奏议、序、记等文章博引经史资料以论事说理，层层铺叙，条分缕析，呈现着不同以往的宏伟气势。而经史大家通过"古文"作品，更易彰显个性品格，展示独特才情。总之，北宋"古文"获益于经史之学的学理逻辑不可否认，两者之间关联互动的复杂轨迹值得深究。

北宋"古文"艺术的探索与实践，自始至终都与经史之学密切相关。尤其是仁宗天圣以后，凡以"古文"倡天下者，不为经学大家，即属史学名流，其渊厚博雅的学识修养，无疑为"古文"创作提供了不竭源泉。钱惟演嘱谢绛等"古文"作者"当用意史学，以所闻见拟之"；①欧阳修谓尹洙"平生

---

① 邵伯温《邵氏闻见录》卷八，中华书局，1983年，81页。

潜心经史,老方有成",①均谓此也。而与此同时,学有专擅、理念各异的作家之间也很容易产生争议,他们对"古文"内涵及价值的理解多有不同,而对具体作家或作品的评价也往往各执一词。虽说名流硕学之间"以同而异"的见解分歧大多源自隐微难见的学养差异,但"古文"创作深受经学及史学影响的内在轨迹仍然值得重视。文学史研究者倘能以文史哲贯通的眼光,审慎考察北宋经、史与文学之间关联互动的深层思致,其探索过程必将引人入胜,创获良多。

## 一、经学探索与古文创作相得益彰

经学之于"古文",渊源深厚,关系密切。就宋初四朝而言,倡导"古文"既是儒学复兴的必然要求,更是经学家们抗衡佛老、救治"时弊"的重要手段。在经学与"古文"表里相济的发展过程中,每位学人倾心钻研的儒学典籍各不相同,讨论发明的视角与方法也各自有别。其学术探索的自信与执着,经长期积淀之后,就会形成因人而异的人格自觉和为文理念。柳开、石介、穆修、尹洙、范仲淹及欧阳修等人虽有"同声相应,同气相求"的共同追求,但在许多具体问题上也屡现分歧。应该说,在经学与"古文"相得益彰的发展历程中,内涵相同或相近的群体人格,虽然为激发革新思潮提供了原动力,但独特隐微的个性精神,也促使经学研究与"古文"创作展现出多姿多彩的神情和魅力。

在儒学复苏的北宋早期,柳开、王禹偁、穆修、石介等人以"道"自任,重新确立了儒家的"道统"和"文统",使"吾之道,孔子、孟轲、扬雄、韩愈之道;吾之文,孔子、孟轲、扬雄、韩愈之文"的"统系"理念深入人心。与此同时,他们还竭力倡导"古其理,高其意,随言短长,应变作制,同古人之行事"的"古文"创作,②与那种可以"取科第,擅名声,以夸荣当世"的骈俪"时文"相抗衡。③后人虽不满柳开、石介重"道"轻"文"的种种议论,以为其

---

① [日]东英寿《新见九十六篇欧阳修散佚书简辑存稿》,《中华文史论丛》2012 年 1 期。
② 柳开《应责》,《全宋文》(6),上海辞书出版社、安徽教育出版社,2006 年,367 页。
③ 《欧阳修全集》卷七三《记旧本韩文后》,中华书局,2001 年,1056 页。

"古文"之作"体近艰涩",①"终未脱草昧之气",②但在文道久衰之后,所谓矫枉过正的作用仍不可忽视。

不过,柳、穆与石介在《诗经》、《周易》、《春秋》等儒家经典的解读上疏于用力,学术根柢明显不够深厚;其学问见识和人格表现不仅远逊于尹洙和欧阳修,即便与孙复、胡瑗相比,也难掩粗陋。如《四库全书总目》卷一五二《穆参军集》提要云:吕祖谦《宋文鉴》第三卷之首载穆修"《亳州魏武帝帐庙记》一篇,称曹操'建休功,定中土,垂光显甚大之业于来世'。……又称:'至今千年下观其书,犹震惕耳目,悚动毛发,使人凛其遗风余烈。'又称:'高祖于丰沛,光武于南阳,庙像咸存,威德弗泯,其次则谯庙也'云云。其奖篡助逆,可谓大乖于名教。至于述守臣之言,有'吾临此州,不能导尔小民,心知所奉,是亦吾过'云云,显然以乱贼导天下,尤为悖理。尹洙《春秋》之学称受于修,是于《春秋》为何义乎!"③按:穆修以毕生精力整理《韩柳集》,并募工镂板以行世,其"古文"之作追仿韩柳,固有明证。《东都事略》卷一一三本传谓"尹源与其弟洙,始从之学古文,又传其《春秋》学";④《宋史》卷四三一《李之才传》复云:之才谨事穆修,"卒能受《易》。时苏舜钦辈亦从修学《易》,其专授受者惟之才尔。修之《易》受之种放,放受之陈抟,源流最远,其图书象数变通之妙,秦汉以来鲜有知者"。⑤今遍检宋、元公私书目,均未见穆修发明《周易》、《春秋》之记载;苏舜钦《哀穆先生文》亦未能及此。盖口授心传,重在文辞及图象解说,至于深入剖析经典"大义",或力有未逮,不可强求。

由于经学修养不够深厚,柳、穆、石介从事"古文"创作的功力遂明显不足,议论说理之际,往往"张大其说,欲以劫人之听",所谓"矫激"、"粗而大"的弊病随视可见。⑥以石介为例,他虽不惧"万亿千人之众反攻"而力

---

① 《四库全书总目》卷一五二《河东集》提要,中华书局,1965年,1305页下。
② 王士禛《池北偶谈》卷一七《徂徕集》条,中华书局,1982年,408页。
③ 《四库全书总目》卷一五二《穆参军集》提要,1308页中。
④ 《东都事略》卷一一三《穆修传》,文渊阁四库全书本,382册,738页上。
⑤ 《宋史》卷四三一,12823页。
⑥ 《朱子语类》卷一二九,中华书局,1986年,3090页。

排佛老及杨亿,①著《怪说》、《中国论》以捍卫儒道权威,在振兴师教方面功不可没。但其"作为文章,极陈古今治乱成败,以指切当世。贤愚善恶,是是非非,无所讳忌",②不仅给人以"自许太高,诋时太过"的狂怪感,③在特定情况下还容易扰乱视听,造成非常严重的社会影响;《庆历圣德诗》即其显例。后人针对此诗,谓"贤奸黜陟,权在朝廷,非儒官所应议。且其人见在,非盖棺论定之时。迹涉嫌疑,尤不当播诸简牍,以分恩怨。厥后欧阳修、司马光朋党之祸屡兴,苏轼、黄庭坚文字之狱迭起,实介有以先导其波"。④假使石介能够像孙复、胡瑗那样潜心钻研《春秋》等儒学典籍,以学养性,秉持"中庸"之德,类似的矫狂与偏执,或许是可以避免的。

经学研究与"古文"创作之间的深层互动,首先与天圣以后逐步兴起的"疑传"、"疑经"思潮密切相关。当代学人为探求"经之本义"而议论纷起,所谓"以异于注疏为学,以奇其词句为文"的释"义"之作层出不穷。⑤那些饱含学术睿智、颇具论辩辞采的治经文字,即便不属于"古文"范畴,也为"古文"创作积累了必要经验。范仲淹、孙复、尹洙、欧阳修、曾巩、苏洵、苏辙等名流大家,均显示出经学研究与"古文"创作相互融通的神韵与特点。例如,范仲淹"为学好明经术",⑥其集中所载《易义》虽仅存二十七卦,但创为新奇、务实解说的特点依然十分突出。如释乾卦云:"如卦言六龙,而'九三'不言龙而言君子,盖龙无乘刚之义,则以君子言之。随义而发,非必执六龙之象也。故曰《易》无体,而圣人之言岂凝滞于斯乎?"又释咸卦云:"'圣人感人心,而天下和平',是感之无穷而能至乎泰者也。感而不至,其道乃消。"⑦虽然是解经文字,但剖析论辩的思维逻辑和语言结构,很容易让人联想到范公奏议的气势与风格。

再如欧阳修《诗本义》、《易童子问》,不循旧说,以意逆志,务求经之

---

① 《徂徕石先生文集》卷五《怪说下》,中华书局,1984年,63页。
② 《欧阳修全集》卷三四《徂徕石先生墓志铭》,506页。
③ 《欧阳修全集》卷六六《与石推官第一书》,992页。
④ 《四库全书总目》卷一五二《徂徕集》提要,1312页。
⑤ 李觏《寄周礼致太平论上诸公启》,《全宋文》(41),332页。
⑥ 富弼《范文正公仲淹墓志铭》,《范仲淹全集》(下),凤凰出版社,2004年,948页。
⑦ 《范仲淹全集》卷八,120页。

"本义",可谓肇启"宋学"之先者。在欧公看来,"后之学者因迹前世之所传,而较其得失,或有之矣。若使徒抱焚余残脱之经,伥伥于去圣千百年后,不见先儒中间之说,而欲特立一家之学者,果有能哉? 吾未之信也"。①而他所以要对《诗》《易》有所发明,并非"好为异论",而是因为"先儒于经,不能无失",故有必要"正其失"。② 这种质疑与创新的学术理念,通过具体的研究细节体现出来,往往给人耳目一新的感觉。如《诗本义》释《麟之趾》云:"孟子去《诗》世近而最善言《诗》,推其所说《诗》义,与今序意多同,故后儒异说为《诗》害者,常赖序文以为证。然至于二《南》,其序多失。而《麟趾》《驺虞》所失尤甚,特不可以为信,疑此二篇之序为讲师以已说汩之。不然,安得缪论之如此也!"③同样的质疑精神在《易童子问》中表现得尤为突出。朱鉴所辑《文公易说》卷二〇云:"欧阳公作《易童子问》,正王弼之失者才数十事耳。其极论《系辞》非圣人之书,然亦多使学者择取其是而舍其非可也,便以为圣人之作不敢取舍而尽信之则不可也。其公心通论常如此。"④平心而论,《系辞》究为何人所作,恐怕无人能知,欧公所疑虽有所据,但毕竟也是一家之言,故其书一经面世便引发了争议。施德操《北窗炙輠录》云:"欧公语《易》,以为《文言》《大系》皆非孔子所作,乃当时《易》师为之耳。魏公心知其非,然未尝与辩,但对欧公终身不言《易》。"⑤朱彝尊《经义考》卷一八引朱熹之言曰:"欧阳作《易童子问》,正王弼之失数十事。然因《图》《书》之疑,并《系辞》不信,此是欧公无见处。"⑥实际上,韩琦、朱熹之疑欧公,亦如欧公之疑王弼,其学术逻辑一脉相承。

需要说明的是,欧阳修在学术上的"发明"颇具现实观照意味,这一点在他的"古文"作品中多有体现。如其称江邻几"学问通博,文辞雅正深粹,而论议多所发明";⑦告章望之曰:"古之君子所以异乎众人者,言出而

---

① 《欧阳修全集》卷四二《诗谱补亡后序》,602页。
② 《欧阳修全集·附录》卷二《先公事迹》,2627页。
③ 《诗本义》卷一,文渊阁四库全书本,70册,188页上。
④ 《文公易说》卷二〇,文渊阁四库全书本,18册,820页上。
⑤ 《北窗炙輠录》卷上,上海古籍出版社,2012年,93页。
⑥ 《经义考》卷一八《易童子问条》,台湾"中研院"中国文哲研究所筹备处点校补正本,1册,405页,1997年。
⑦ 《欧阳修全集》卷四三《江邻几文集序》,618页。

为民信,事行而为世法,其动作容貌皆可以表于民也",①皆属显例。他既可通过《廖氏文集序》等"古文"作品,表达独特的治学理念,曰:"自孔子殁而衰,接乎战国,秦遂焚书,六经于是中绝。汉兴,盖久而后出,其散乱磨灭既失其传,然后诸儒因得措其异说于其间,如《河图》、《洛书》,怪妄之尤甚者。余尝哀夫学者知守经以笃信,而不知伪说之乱经也,屡为说以黜之。而学者溺其久习之传,反骇然非余以一人之见,决千岁不可考之是非,欲夺众人之所信,徒自守而世莫之从也。"②同时,也能借书、序文字阐明"知古明道"的途径与价值,如《与张秀才第二书》云:"述三皇太古之道,舍近取远,务高言而鲜事实,此少过也。君子之于学也,务为道,为道必求知古,知古明道而后履之以身,施之于事,而又见于文章,而发之以信后世。其道,周公、孔子、孟轲之徒常履而行之者是也;其文章,则六经所载至今而取信者是也。其道易知而可法,其言易明而可行。及诞者言之,乃以混蒙虚无为道,洪荒广略为古,其道难法,其言难行。"③类似的情形在《薛简肃公文集序》、《送张唐民归青州序》、《送徐无党南归序》及《送王陶序》等许多作品中反复出现,实乃经学研究与"古文"创作密切互动之铁案。

范、欧之后,"宋学"渐盛,曾巩、"三苏"及王安石等人创拓前行,将经学探索与"古文"创作的深层互动推进到了前所未有的新境界。曾巩"生于末俗之中,绝学之后,其于剖析微言、阐明疑义,卓然自得,足以发《六经》之蕴,正百家之谬,破数千载之惑。其言今古治乱得失是非成败,人贤不肖,以至弥纶当世之务,斟酌损益,必本于经,不少少贬以就俗,非与前世列于儒林及以功名自见者比也。至其文章,上下驰骋,愈出而愈新",④充分彰显出经学与"古文"相得益彰的神奇效果。眉山苏氏父子以通经学古接迹于欧阳修,老泉雄迈恣肆之文"上之究极天人,次之修明经术,而其于国家盛衰之故,尤往往淋漓感慨于翰墨间",直可"抗衡韩、欧"。⑤ 至于

---

① 《欧阳修全集》卷四四《章望之字序》,621 页。
② 《欧阳修全集》卷四三《廖氏文集序》,615 页。
③ 《欧阳修全集》卷六七《与张秀才第二书》,978 页。
④ 曾肇《曾舍人巩行状》,《全宋文》(110),92 页。
⑤ 邵仁泓《嘉祐集序》,文渊阁四库全书本,1104 册,846 页下。

苏轼、苏辙、王安石等人将"创通经义"、"革新政令"与"古文"创作相结合而取得的丰功伟绩,乃人所共知,无需赘言。

就"古文"创作得益于经学研究的具体表现来看,其可瞩目者以下两点。

首先,部分作家"古文"风格的形成,在一定程度上受到所治经书的引导和制约,《朱子语类》卷一六所谓"刘原父却会效古人为文,其集中有数篇论全似《礼记》",①即此例也。以"六经"为主的儒学典籍,其本身在叙事说理方面都具有独特而鲜明的风格。它不仅有别于《史记》、《汉书》等历史著作,更不可与一般的文学作品相提并论。如韩愈《进学解》所云:"周《诰》殷《盘》,佶屈聱牙。《春秋》谨严,《左氏》浮夸。《易》奇而法,《诗》正而葩。下逮《庄》、《骚》、太史所录、子云、相如,同工异曲。"②治经者在偏好某种典籍的同时,也会在潜移默化中深受其独特风格的影响。例如,孙复和尹洙都曾致力于《春秋》研究,两人在学术建树上各有不同,但对《春秋》"谨严"文风的尊崇和效法却难分彼此。范仲淹撰《尹师鲁河南集序》,谓"师鲁深于《春秋》,故其文谨严,辞约而理精"。③ 四库馆臣评尹洙《五代春秋》时说:"穆修《春秋》之学称受之于洙,然洙无说《春秋》之书。惟此一编,笔削颇为不苟,多得谨严之遗意,知其《春秋》之学深矣。"④其解读《孙明复小集》的文笔特点时复云:"复之文,根柢经术,谨严峭洁,卓然为儒者之言。"⑤假使没有"《春秋》谨严"的原发性制约,像孙复、尹洙这样不约而同的"书法"自觉,恐怕很难形成。

其次,从行文逻辑、语言体式和修辞手法等艺术层面看,发明经义的学术文字对"古文"作者影响至深。在多数学者"不敢议孔安国、郑康成"的时代,⑥从前代学者的传笺文字入手钻研"六经"大义,乃是绝大多数青年步入学术殿堂的必由之路;而在此过程中,以传笺文字为载体的"古文"

---

① 《朱子语类》卷一六,326 页。
② 《全唐文》卷五五八,上海古籍出版社,1990 年,2501 页。
③ 《范仲淹全集》卷八,158 页。
④ 《四库全书总目》卷四八《五代春秋》提要,432 页中;
⑤ 《四库全书总目》卷一五二《孙明复小集》提要,1312 页上。
⑥ 王应麟《困学纪闻》(全校本)卷八《经说》引陆游语,上海古籍出版社,2008 年,1095 页。

创作经验,也将在潜移默化中积累成熟。韩愈《师说》称李氏子"好古文,六艺经传皆通习之",即其例也。北宋仁宗以后,随着"汉唐训释之学"的逐步淡化,新的经学研究方式对"古文"创作的影响日渐显著。其时"讨论文、武、周公、孔子之遗文旧制,兼明乎当世之务",是为"学术";将讨论所得"悉著于篇",①则为"古文"。许多"知古明道"的释"义"文字实际已具"古文"面目。如胡瑗《周易口义》、《洪范口义》"于经文各句下,皆先后贯彻,条理整齐,非杂记语录之比",②其逻辑严密,文风简洁,语言流畅,非常适合初学者学习和模仿。而李觏《礼论》七篇、《易论》十三篇、《删定易图序论》等系列学术文章,"文格次于欧、曾,其论治体悉可见于实用,故朱子谓觏文实有得于经"。③ 要之,其对后学晚辈钻研经术及创作"古文"均有示范和引导价值。胡瑗、李觏尚能如此,他如欧、曾、苏、王等"古文"大家在相同领域所发挥的典范作用则可想而知。

北宋经学与"古文"相得益彰的互动历程是复杂而漫长的。学术探索永无止境,其对"古文"创作的制约和影响也持续存在。虽然我们已经习惯了以"运动"思维去观照北宋"古文"传承与变革的全过程,但经学与"古文"同步发展的内在轨迹,绝未呈现出任何"运动"形态。不管是"义理"精神的启迪,还是语言逻辑的熏陶,都是如此。

## 二、文史互动的复杂情形

胡应麟《少室山房笔丛》云:"唐以前作史者,专精于史,以文为史之余波;唐以后能文者,泛滥于文,以史为文之一体。"④其说是也。北宋超迈史家如欧阳修、尹洙、曾巩、"三苏"、司马光及范祖禹等,不仅著述丰富,且在创新著史体例、拓展史学内涵方面卓有建树。与此同时,他们"以古今成败得失为议论之要",⑤究心于时政得失世情冷暖,为"古文"创作平添了许

---

① 祖无择《李泰伯退居类稿序》,《全宋文》(43),312页。
② 《四库全书总目》卷一一《洪范口义》提要,90页上。
③ 《四库全书总目》卷一五三《盱江集》提要,1316页上。
④ 《少室山房笔丛》卷一三,中华书局,1958年,173页。
⑤ 《苏辙集·栾城后集》卷七《历代论一》,中华书局,1990年,958页。

多"陈古讽今"的凝重感。不过,同样是兼善史学与"古文"者,其治史理念及"为文之趣"又不尽相同。其差异所在,正好为我们探求当日文史互动的复杂情态提供了可能。

欧阳修和司马光分别代表着有宋史学探索发展的两个方向。前者秉承"事则增于前,其文则省于旧"的原则,①主持完成了《新唐书》的编撰,且以薛居正《旧五代史》"繁猥失实",特加修定,撰成《新五代史》,"史称其可以继班固、刘向,人不以为过"。② 后者召集刘攽、刘恕、范祖禹等通儒硕学,撰成《资治通鉴》,其书"详而不繁,简而不遗",被誉为"史学之指南"。③其高下得失或可互见,但继往开来的史学成就却有目共睹。

就以史为鉴的撰写主旨而言,两家史学颇有相同或近似之处。欧公将《春秋》与《新五代史》相提并论,自谓用《春秋》之法,师其意而不袭其文,曰:"昔孔子作《春秋》,因乱世而立治法;余述《本纪》,以治法而正乱君。"④司马光则声称,其修撰史书的核心关注点在于,"凡关国家之盛衰,系生民之休戚,善可为法,恶可为戒,帝王所宜知者"。⑤ 客观说来,在经历了五代十国半个多世纪的割据乱离之后,这种以反观"治乱之由"为核心的修史理念,更像是一种富有现实针对价值的群体自觉。此外,就体制而言,欧阳修和司马光都能突破前代史书的固有框架,将史论文字贯穿其中,以彰显其褒贬判断。《新五代史》欲有反思褒贬,必以"呜呼"领起;《资治通鉴》每作史事评论,则例谓"臣光曰"。如此鲜明的体例创新,无疑彰显着北宋史学家超越前贤的文化主体意识。

相对于撰述主旨的趋同或一致,修史者所采用的叙事方式及其把握史实的准确性或许更值得关注,而宋人有关欧阳、司马两家高下得失的比较和争论也主要集中于此。晁说之尝以"博"、"约"二字概括两家史学的特点,谓:"博之以五经,而约之以《孝经》、《论语》;博之以太史公、欧阳公

---

① 《新唐书》卷末《进唐书表》,中华书局,1975 年,6472 页。
② 《郡斋读书志校证》卷二《五代史记》,上海古籍出版社,1990 年,194 页。
③ 《群书会元截江网》卷二九《时政》条,文渊阁四库全书本,934 册,428 页上。
④ 《欧阳修全集·附录》卷二《先公事迹》,2628 页。
⑤ 《长编》卷二〇八,5050 页。

《史记》,而约之以《资治通鉴》,庶几乎读书而为儒生矣。"①不管晁氏的说法是否准确,《新五代史》与《资治通鉴》在叙事详略方面存在差异,乃是不可否认的事实。如果说欧阳修和宋祁等人重修《唐书》时已经存在"意主文章而疏于考证,抵牾踳驳,本自不少"的不足,②那么《新五代史》"刊削旧史之文,意主断制,不肯以纪载丛碎,自贬其体,故其词极工,而于情事或不能详备"的问题则更加严重。③ 吴缜撰《新唐书纠谬》、《五代史记纂误》两书以纠欧阳公之疏舛,虽事涉嫌隙,作风轻率,但欧《史》在史实考订方面多有抵牾阙误,也是无法否认的事实。相比之下,《资治通鉴》之辞采或不及欧《史》,然"其书网罗宏富,体大思精,为前古之所未有。而名物训诂,浩博奥衍,亦非浅学所能通",④在史事采集与考订方面更为翔博。据李焘说:"司马光之作《资治通鉴》也,先使其僚采撼异闻,以年月日为丛目。丛目既成,乃修长编。唐三百年,范祖禹实掌之。光谓祖禹:'长编宁失于繁,无失于略。'当时祖禹所修长编盖六百余卷,光细删之,止八十卷,今《资治通鉴·唐纪》自一百八十五卷至二百六十五卷是也。"⑤毫无疑问,宁繁勿略的审慎态度,不仅为后续的删削工作奠定了基础,更促使该书最终达到了详而不繁、简而不遗的完美境界。需要指出的是,司马光有关五代史的撰述,专据薛《史》而不取欧《史》,明确体现着一种不欲苟同的修史态度。《资治通鉴》被后来史家奉为圭臬,李焘《续资治通鉴长编》、朱熹《资治通鉴纲目》、刘时举《续宋编年资治通鉴》及李心传《建炎以来系年要录》等,均能模仿其严谨体例,在史实考订上用尽功夫,堪称信史。

北宋文史大家如尹洙、曾巩、苏洵、苏轼及苏辙等,皆长于褒贬,精乎辞章,其史学理念与欧公一脉相承。欧公与尹洙皆长于《春秋》,所谓"因乱世而立治法"的修史目的完全相同;两人曾相约分撰五代史纪、传,即为明证。⑥ 曾巩撰《唐论》、《公族议》、《洪范传》、《梁书目录序》、《列女传目录

---

① 晁说之《答李大同先辈书》,《全宋文》(130),50页。
② 《四库全书总目》卷四六《新唐书纠谬》提要,411页上。
③ 《四库全书总目》卷四六《旧五代史》提要,411页中。
④ 《四库全书总目》卷四七《资治通鉴》提要,420页下。
⑤ 《长编》卷首《进续资治通鉴长编表》,3页。
⑥ 《欧阳修全集》卷六九《与尹师鲁第二书》,1000页。

序》、《战国策目录序》、《陈书目录序》、《南齐书目录序》、《唐令目录序》及《说苑目录序》等,其治史思路追尊欧公,有迹可循。欧集中有《与曾巩论氏族书》,讨论"近世士大夫于氏族尤不明,其迁徙世次多失其序,至于始封得姓,亦或不真"的问题,①颇能发明幽昧,互为补充。眉州苏氏父子"皆以古今成败得失为议论之要",张方平尝论苏洵,谓"左丘明《国语》,司马迁善叙事,贾谊之明王道,君兼之矣"。②虽称誉之辞,亦必有所据。苏辙承其父兄之学,勤于著述。在史学方面,他既以王安石"以宰相解经,行之于世,至《春秋》漫不能通,则诋以为断烂朝报,使天下士不得复学"之故,"自熙宁谪居高安,览诸家之说而裁之",著《春秋集解》十二卷;③又以司马迁《史记》多不能圣人之意,"故因迁之旧,上观《诗》、《书》,下考《春秋》及秦、汉杂录,记伏羲、神农讫秦始皇帝,为七本纪、十六世家,三十七列传,谓之《古史》。追录圣贤之遗意,以明示来世,至于得失成败之际,亦备论其故",④其思路与做法与欧阳修如出一辙。苏轼虽无专门的史学著作,但从他诃责吴缜的话语中,⑤也能明确体会到他对欧公史学的理解和尊重。要之,北宋士人多能兼通经、史与诗文创作,而欧阳修的史学思想尤能获得"文章之士"的高度认同,乃是无可争辩的事实。

司马史学之传人首推范祖禹及刘攽。范祖禹既能传承范镇、范百禄等"博识洽闻,留心经术","揽商、周之盛衰,考毛、郑之得失,补注其略,缃次成书"的家学传统,⑥又能得司马光真传,承担《资治通鉴·唐纪》撰写任务。其所著《唐鉴》宏博纯粹,思致大体与《通鉴》相仿佛。他在《进唐鉴表》中说:"臣窃以自昔下之戒上,臣之戒君,必以古验今,以前示后",故借着"承乏书局,典司载籍"的机会,"稽其成败之迹,折以义理,缉成一书。思与庶人传言,百工执艺,献之先帝,庶补万分"。⑦很显然,总结李唐三百

---

① 《欧阳修全集》卷四七《与曾巩论氏族书》,665 页。
② 张方平《文安先生墓表》,《全宋文》(38),300 页。
③ 《春秋集解引》,《春秋集解》卷首,文渊阁四库全书本,148 册,3 页上。
④ 《古史叙》,《古史》卷首,文渊阁四库全书 371 册,207 页下。
⑤ 《齐东野语》卷一九《著述之难》条,中华书局,1983 年,352 页。
⑥ 《苏魏公文集》卷二二《赐尚书吏部侍郎范百禄进撰成诗传补注二十卷奖谕诏》,中华书局,1988 年版,293 页。
⑦ 《全宋文》(98),44 页。

年成败得失之教训,为赵宋王朝提供借鉴,乃是其撰述目的之所在。正因如此,该书一经面世便广为学者所重。蔡绦《铁围山丛谈》卷四云"范内翰祖禹作《唐鉴》,名重天下","诸贵珰盖不辨有祖禹,独知有《唐鉴》而已"。晁说之《晁氏客语》亦载:"元祐中,客有见伊川先生者,几案间无他书,惟印行《唐鉴》一部。先生谓客曰:'近方见此书,自三代以后无此议论。'崇宁初,纯夫子冲见栾城先生于颍昌,栾城曰:'老来不欲泛观书,近日且看《唐鉴》。"张端义《贵耳集》卷上复云:"德寿(按:谓宋高宗)与讲官言:'读《资治通鉴》,知司马光有宰相度量;读《唐鉴》,知范祖禹有台谏手段。'"由此可知,范氏能得"唐鉴公"美誉绝非偶然。① 刘攽与兄敞同举庆历六年进士,后预修《资治通鉴》,负责《史记》及前、后《汉书》所涉之时段,博学强记,远超时流。张耒《代祭刘贡父文》曰:"子之强学博敏,超绝一世。肇自载籍,孔、墨、百氏。太史所录,俚闻野记。延及荒外,阴阳鬼神,细大万殊,一载以身。下至律令,老吏所疑,故事旧章,在廷不知。有问于子,归如得师,直贯旁穿,水决矢飞。"②评价之高,实所罕见。攽有《五代春秋》、《内传国语》及《东汉刊误》等历史著作,③惜未能传世。

北宋史学成就斐然,绝非仓促之间所能概述。不过,从史学与"古文"创作深相互动的角度看,欧阳与司马两家泾渭分明,文风迥异,其典型价值毋庸置疑。如果说经学研究对"古文"艺术的深层制约,重点体现在书、序、章奏等议论文字中;那么史籍撰述影响于"古文"创作的基本思致,则主要通过史论、墓志及传记等文章得以表达。客观说来,史学之于"古文"关联至深,其内在影响也是多方面的。究其最显著者而言,则有以下数端。

欧公撰史长于文章议论,而疏于史实考证;司马公不贵文辞,而在编缉旧事上一丝不苟,"抉摘幽隐,校计毫厘"。④ 两种史学态度的差异必然会在"古文"创作中体现出来,二公所撰墓志即为显例。

前人所谓欧公撰史"于情事或不能详备"的疏略和不足,在《新唐书·

---

① 《宋史》卷三三七《范祖禹传》,10800 页。
② 《张耒集》卷五八,中华书局,1990 年,868 页。
③ 王称《东都事略》卷七六《刘攽传》,文渊阁四库全书,382 册,490 页上。
④ 司马光《进资治通鉴表》,《资治通鉴》卷末,中华书局,1956 年,9607 页。

宰相世系表》中就已经出现。清人钱大昕就曾指出:"《唐书·宰相世系表》虽详赡可喜,然纪近事则有征,溯远胄则多舛,由于信谱牒而无实事求是之识也。"① 之所以如此,并非疏于考察,而是有意为之。事实上,同样的问题在欧公所撰谱序、墓志中普遍存在,而《欧阳氏谱图序》实肇其端。此《序》所谓"欧阳氏之先,本出于夏禹之苗裔。自帝少康封其庶子于会稽,使守禹祀,传二十余世至允常。允常之子曰句践,是为越王"云云,②即颜师古所谓"家自为说,事非经典,苟引先贤,妄相假托"者也。③ 或许在欧阳修看来,为夸耀家世之贵而虚撰祖考之美,乃世故人情所必需,故其所撰墓志普遍存在"溯远胄则多舛"的瑕疵。如《曾公神道碑铭》曰:"维曾氏始出于鄫,鄫为姒姓之国,微不知其始封。春秋之际,莒灭鄫,而子孙散亡,其在鲁者,自别为曾氏。盖自鄫远出于禹,历商、周千有余岁,常微不显,及为曾氏,而蒇、参、元、西始有闻于后世,而其后又晦,复千有余岁而至于公。"④按:曾致尧生于抚州南丰,其家世谱系断无可能追溯至夏商周及春秋时代,欧公所述纰缪可知。相比之下,司马光对撰写墓志就要审慎得多,他说:"光向日亦不自揆,妄为人作碑铭,既而自咎,曰:'凡刊琢金石,自非声名足以服天下,文章足以传后世,虽强颜为之,后人必随而弃之,乌能流永久乎?'彼孝子孝孙,欲论譔其祖考之美,垂之无穷。而愚陋如光者,亦敢膺受以为己任,是羞污人之祖考,而没其德善功烈也,罪孰大焉?遂止不为。自是至今六七年,所辞拒者且数十家。"⑤其言可信。《传家集》所存墓志虽偶有追溯远胄之弊,叙述文字则颇显严谨平实。如其熙宁四年所作《右谏议大夫吕府君墓志铭》,开篇即云:"府君讳诲,字献可。其先幽州安次人。"⑥《志》文对吕诲家族显赫历史的追述亦仅及曾祖琦、祖端、伯祖余庆及父荀等数人而已。而嘉祐八年所作《庞之道墓志铭》至以"庞之道名元鲁,故相国颍公之元子"开篇,而《志》文对庞之道生平事迹的介

---

① 钱大昕《十驾斋养新录》卷一二,江苏古籍出版社,2000年,245页。
② 《欧阳修全集》卷七四《欧阳氏谱图序》,1066页。
③ 《汉书》卷七五《眭弘传》注,中华书局,1962年,3153页。
④ 《欧阳修全集》卷二〇,330页。
⑤ 《答孙察长官书》,《全宋文》(56),40页。
⑥ 《右谏议大夫吕府君墓志铭》,《全宋文》(56),296页。

绍亦质朴醇厚,曰:"天圣中,先君与颍公皆为群牧判官,居相近,光朝夕与之道游,兄事之。之道时尚幼,性明颖,于文辞不待力学而自能。读书初如不措意,已尽得其精要,前辈见之皆惊叹。光年不相远,自视如土瓦之望珠玉。"①其文虽不显华采,而情自真切。严格说来,墓志之作既属私史,更为"古文"。欧阳、司马两家以史为文,各呈风采,此亦文、史互通之显证。

欧公追仿司马迁《史记》风采,其议论褒贬之间往往跌宕激射,叙事文字则"端严而不刻,温厚而不犯",②充分体现着"文章之士"的行文特点。司马光学力老成,文章雄赡简质,实为"史家之文"醇雅深厚之楷模。③ 两家传人各展风采,遂使北宋史学对"古文"作风的影响不断深化。

何焯《义门读书记》尝云:"大抵欧公文从修《五代史》处极有得力。"④其举例曰:"《论台谏官言事未蒙听允书》,其意之曲折似陆相,气之清洁似李侍郎,《五代史记·宦者传论》与此文略相近。"⑤其实,撰史与作文常不可截然而分,欧阳修如此,司马光、尹洙、范祖禹等概莫能外。司马光尝自述云:"光自幼读经书,虽不能钩探微蕴,比之他人,差为勤苦尽心而已。又好史学,多编缉旧事,此其所长也。至于属文,则性分素薄,尤懒为之。当应举时,强作科场文字,虽仅能牵合,终不甚工。颇慕作古文,又不能刻意致力,窥前修之藩篱,徒使其言迂僻鄙俚,不益世用。此真所谓学步邯郸,匍匐而归者。"⑥虽谦虚之辞,其既"好史学"又"慕作古文"的自我陈述亦率直可信。读其章奏如《请建储副或进用宗室状》、《论举选状》、《辞知制诰状》、《论财利疏》、《上皇太后疏》及《乞延访群臣上殿札子》等,文风淳雅古质,与《资治通鉴》之"臣光曰"文字如出一辙。苏轼撰《司马温公行状》,称其"文辞醇深,有西汉风";⑦王安石谓其门下士曰"君实之文,西汉之文也",⑧均为的评。同样的情形,在尹洙身上亦有所体现。明人崔铣常

---

① 《庞之道墓志铭》,《全宋文》(56),285页。
② 邓肃《跋蔡君谟书》,《全宋文》(183),157页。
③ 《日知录集释》卷二〇,上海古籍出版社,1985年,1490页。
④ 《义门读书记》卷三八,中华书局,1987年版,688页。
⑤ 《义门读书记》卷三八,677页。
⑥ 《上始平公述不受知制诰启》,《全宋文》(56),10页。
⑦ 《苏轼文集》卷一六《司马温公行状》,中华书局,1986年,475页。
⑧ 《邵氏闻见录》卷一〇,108页。

谓"尹师鲁之文,所尚节义,所长论兵,明出事先任而无党,遭构不怒,处终而精,故词简而切旨,不袭故言,不躐其所不能"。① 倘以《五代春秋》叙事文字与《河南集》所载《杂议》九篇、《上吕相公书》、《答环庆招讨使范希文书》、《议西夏臣服诚伪书》等比照对读,则可知崔氏所论确有见的。至于说范祖禹"集中章奏尤多,类皆湛深经术,练达事务,深有裨于献纳","其大端伉直,持论切当,要自无愧于醇儒,当时以贾谊、陆贽比之",②则很容易让人联想到《唐鉴》。朱熹曾说"《唐鉴》文章,议论最好",又说"范淳夫文字纯粹,下一个字便是合当下一个字,东坡所以服他"。③ 凡此种种,皆为"古文"创作得益于史学撰述之明证。

北宋史学影响于"古文"创作的内在思致还有很多,其杳渺幽微之迹颇宜深究。如果说其时"古文"动辄"《书》曰"、"《诗》云"是经学风气使然,那么碑铭、章奏、书启等散体文字类似史家语言的情形则更为普遍。本文所述既不能遍及诸多史家,又难以囊括所有文体。前者如"老苏父子自史中《战国策》得之,故皆自小处起议论",④后者如记、序之文"曲记其世系之详"。⑤ 其未及检讨之处,或许正隐含着寻幽探胜的魅力与价值。

## 三、援经史以撰古文的艺术得失

经史之学的发展繁荣,不仅使作家群体的主体素质得到培养和提高,更令北宋"古文"逐步呈现出不同已往的风韵与特点。迄今为止,所谓宋人知识结构远比唐人淹博融通、格局宏大的说法早已成为学界共识,但此种差异能否影响或如何制约唐、宋"古文"创作的内涵和品质,还需深究。换言之,怎样理解北宋"古文"在经史之学的熏陶下产生的艺术变化,以及如何解读其变化本身所呈现的文学规律和价值,乃是一个难以回避的复杂命题。

---

① 《洹词》卷一〇,文渊阁四库全书本,1267 册,585 页上。
② 《四库全书总目》卷一五三《范太史集》提要,1321 页下。
③ 《朱子语类》卷一三〇,3105 页;同书卷一三九,3313 页。
④ 《朱子语类》卷一三九,3307 页。
⑤ 郑瑗《井观琐言》卷一,文渊阁四库全书本,867 册,238 页下。

北宋诸公学博而才高,援经史以撰"古文"。他们不再像唐人那样追求字句的新奇和特异,论事说理、赋景抒情之作略无滞涩,在纵情挥洒之间逐步形成了简易自然、婉转畅达的基本风格。

文学史家以为,宋人追尊韩愈"古文运动"之精神,创新变化,遂有所成,其言实有所据。然韩愈之于儒学经典似乎仅限于"观",详加注疏或发明义理的专门之作并未得见。所谓"师其意不师其辞"者,乃是将儒学精髓贯彻于"古文"创作的常态做法。清人李光地所谓"昌黎《易》学虽不知如何,但如'奇而法'及'诤臣论'所引释,皆深知《易》者。又如'《春秋》谨严'及'《春秋》书王法,不诛其人身'等语,便见其精于《春秋》",①即其例也。不过,从韩愈的自述来看,对他影响至深的"古圣贤人所为书"似乎还是汉儒司马相如、刘向及扬雄的著作,尤其是扬雄。他在《进学解》、《答刘正夫书》、《答崔立之书》及《送孟东野序》等文章中反复称颂扬雄,不遗余力,足见获益之深,影响之重。苏轼尝云:"扬雄好为艰深之词以文浅易之说,若正言之,则人人知之矣。此正所谓雕虫篆刻者,其《太玄》、《法言》皆是类也。"②客观说来,扬雄和刘向都存在用词"艰深"、"雕虫篆刻"的问题。而韩愈"古文"尚"奇"贵"难",强调"唯陈言之务去",③曰"圣人之道,不用文则已,用则必尚其能者。能者非他,能自树立、不因循者是也。有文字来,谁不为文,然其存于今者,必其能者也",④并与此息息相关。近二百年后,宋初柳开、王禹偁、穆修及石介诸公皆欲"以儒术为己任,以古道为事业",⑤尊崇扬雄、韩愈,并着意于"古文"创作,其心迹做法既与韩愈同出一辙,所为"古文"则不免于"辞涩言苦"、矫激狂怪。

只有当欧阳修等人将经史研究和撰述的修养和经验成功转移至"古文"创作时,自韩愈以来"师其意不师其辞"的传统观念才能被打破。相关作家博通经史,勤于撰述,其所为"古文"才能渊厚闳肆,温润缜练。苏洵曾拿欧阳修的文章风格与孟子、韩愈之作比较,曰:"孟子之文,语约而

---

① 《榕村语录》卷一九,文渊阁四库全书本,725册,298页上。
② 《苏轼文集》卷四九《与谢民师推官书》,1418页。
③ 韩愈《答李翊书》,《全唐文》卷五五二,2475页上。
④ 韩愈《答刘正夫书》,《全唐文》卷五五三,2480页中。
⑤ 田锡《咸平集》卷三《贻杜舍人书》,巴蜀书社,2008年,35页。

意尽,不为巉刻斩绝之言,而其锋不可犯。韩子之文,如长江大河,浑浩流转,鱼鼋蛟龙,万怪惶惑,而抑遏蔽掩,不使自露,而人自见其渊然之光、苍然之色,亦自畏避,不敢迫视。执事之文,纡余委备,往复百折,而条达疏畅,无所间断。气尽语极,急言竭论,而容与闲易,无艰难劳苦之态。"①虽说"欧公在汉东,于破筐中得韩文数册,读之始悟作文法",②其"尊韩"思想始终未变,但他通过撰写《诗本义》、《易童子问》及《新五代史》等经史著作,在气质素养及审美自觉等方面颇有积淀。他以经史研究之功力从事"古文"创作,引经据典,文理清晰,说理赋情,文思泉涌,笔法自然从容疏畅。假使没有治经、撰史过程的锻炼和积累,欧公"古文"能否超越韩愈,创造出"言简而明,信而通,引物连类,折之于至理,以服人心"的平易风貌,③恐怕还需要另加思考。

　　大抵自欧阳修开创风气以来,当日那些能身兼经史之学与"古文"创作的博雅文士,大多认同《六经》所载"其道易知而可法,其言易明而可行"的观点,④在文章作法上追求自然委婉、精辟畅达。朱熹尝曰:"欧公文章及三苏文好说,只是平易说道理,初不曾使差异底字换却那寻常底字。"⑤其实,唐、宋"古文"最显著的区别即在于此。不过,文字"寻常"还只是表象,北宋"古文"的高情雅韵主要体现在从容论事和透彻说理上。曾巩"文章纡余委曲,说尽事情",⑥其自然从容之象直可与欧阳永叔相比肩。张方平"论事诸文,无不豪爽畅达,洞如龟鉴",⑦苏轼称其章疏"皆本于礼义,合于人情,是非有考于前,而成败有验于后"。⑧ 刘挚"少好《礼》学,讲究三《礼》,视诸经尤粹。晚好《春秋》,考诸儒异同,辨其得失,通圣人经意为多",其"文章雅健清劲,如其为人;辞达而止,不为长语"。⑨ 吕陶"所上奏

---

① 《上欧阳内翰第一书》,《全宋文》(43),26 页。
② 罗大经《鹤林玉露》卷五甲编,中华书局,1983 年,93 页。
③ 《宋史》卷三一九《欧阳修传》,10381 页。
④ 《欧阳修全集》卷六七《与张秀才棐第二书》,978 页。
⑤ 《朱子语类》卷一三九,3309 页。
⑥ 王构《修辞鉴衡》卷二,文渊阁四库全书本,1482 册,281 页上。
⑦ 《四库全书总目》卷一五三《乐全集》提要,1324 页中。
⑧ 《苏轼文集》卷一○《乐全先生文集叙》,314 页。
⑨ 刘安世《忠肃集序》,《全宋文》(118),179 页。

议,类皆畅达剀切,洞悉事机,蒋堂以贾谊比之"。① 凡此种种,均体现着北宋"古文"有别于"韩柳"文章的神采韵致。大抵以平淡浑厚为美,反对雕琢求奇,已经成为北宋"古文"作者的普遍追求。就连被朱熹目为"一向求巧,反累正气"的黄庭坚,②在训导外甥洪驹父时也明白指出:"读书贯穿,自当造平淡且置之,可勤董、贾、刘向诸文字。学作论议文字,更取苏明允文字读之。古文要气质浑厚,勿太雕琢。"③由此可见,在经史之学的深层影响下,以学问为论议资本,创作自然浑厚的"古文",已经成为一种不可逆转的时代潮流。

博引经史资料以论事说理,层层铺叙,条分缕析,颇具气势,是北宋"古文"深受经史之学浸染、性理逻辑更加严密的又一表现。相对于序、记等叙述文字,史论及政论文章尤其如此。

唐人多重诗赋而慢于经史,故其所作"古文"或平易肤浅,或奇难艰涩,学识根柢常显不足。至北宋诸公,情形遂为之大变。他们博览经史,且能深得其要;发而为论辩文章,遂不免引经据典,以丰富其说。欧阳修《本论》、《原弊》及《朋党论》,尹洙《叙燕》、《议攻守》,曾巩《唐论》,苏洵《权书》、《衡论》诸篇,苏轼《上皇帝书》、《代张方平谏用兵书》,苏辙《新论》三篇,王安石《上仁宗皇帝言事》、《上时政疏》及《答司马谏议书》等名篇力作,皆能广征经、史,纵论历史成败、时政得失;陈述或论辩之间,始终呈现着一种雍容博雅的气度。

即以论朋党为例,欧公《朋党论》顺序列举尧、舜、商纣、周武王、后汉桓、灵及唐昭宗各代皆有朋党的史实,来说明"为人君者,但当退小人之伪朋,用君子之真朋,则天下治矣"的观点,④事有正反,颇具雄辩力度。司马光所撰《朋党论》则专为驳正黄通有关"坏唐者,非巢、温与阉竖,乃李宗闵、李德裕朋党之弊"的说法而作,其文亦举尧、舜及夏、商、周诸朝事,但所引论据多出《尚书》。如"仲虺数夏之恶曰:'简贤附势,实繁有徒。'武王

---

① 《四库全书总目》卷一五三《净德集》提要,1319 页中。
② 《朱子语类》卷一三九,3315 页。
③ 黄庭坚《与洪驹父》之二,《全宋文》(104),334—335 页。
④ 《欧阳修全集》卷一七,297 页。

数商之恶曰：'朋家作仇,胁权相灭。'……《洪范·皇极》曰：'无偏无陂,遵王之义。无有作好,遵王之道。无有作恶,遵王之路。无偏无党,王道荡荡。无党无偏,王道平平。无反无侧,王道正直。'周公戒成王曰：'孺子其朋,孺子其朋。其往无若火,始焰焰,厥攸灼叙,弗其绝。'"文章最终得出了"坏唐者,文宗之不明,宗闵、德裕不足专罪也"的结论。① 苏轼撰《续欧阳子朋党论》,在欧说基础上进一步提出了"祸莫大于权之移人,而君莫危于国之有党。有党则必争,争则小人者必胜,而权之所归也,君安得不危哉"的论点。在他看来,小人之党难除,"齐田氏、鲁季孙是已";君子之党易尽,"汉党锢之狱,唐白马之祸"是也。要之,君子、小人之党皆"可戒而不可除",为君者只要因势利导为国所用即可,如"冉有从夫子则为门人之选,从季氏则为聚敛之臣。唐柳宗元、刘禹锡使不陷叔文之党,其高才绝学亦足以为唐名臣矣。昔栾怀子得罪于晋,其党皆出奔乐,王鲋谓范宣子曰：'盍反州绰邢蒯勇士也。'宣子曰：'彼栾氏之勇也,余何获焉。'王鲋曰：'子为彼栾氏,乃子之勇也。'呜呼! 宣子蚤从王鲋之言,岂独获二子之勇,且安有曲沃之变哉!"文章最后列举两例："曹参之治齐,曰：'慎无扰狱市。'狱市,奸人之所容也";"牛李之党遍天下,而李德裕以一夫之力,欲穷其类而致之必死",遂"踵罹仇人之祸"。从正反两面说明朋党应"善治"而不宜"力取威胜"。② 从欧阳修严辨君子、小人,到司马光论朋党之祸缘于"君之不明",再到苏轼"善治"朋党之说,其观点虽有递变,但广征博引以成其说的论述方式始终相同。

严格说来,征引经史资料以增强"古文"气势和韵味的做法早已有之,但唐人于此多欠严谨,即便韩愈也难免失误。如朱熹尝云："有一等人知读圣贤书,亦自会作文,到得说圣贤书,却别做一个诧异模样说。不知古人为文,大抵只如此,那得许多诧异。韩文公诗文冠当时,后世未易及。到他上宰相书,用'菁菁者莪',诗注一齐都写在里面。若是他自作文,岂肯如此作? 最是说'载沉载浮','沉浮皆载也',可笑!'载'是助语,分明

---

① 《朋党论》,《全宋文》(56),153 页
② 《苏轼文集》卷四,128—129 页。

彼如此说了，他又如此用。"①北宋天圣以后，以"古文"名世者皆能博通经史，其议论文章征引经文事典，信手拈来，绝不会出现强作博雅的"诧异模样"。由此可知，经史之学的温润熏陶，对塑造北宋"古文"优雅醇厚的品格，无疑有着血气贯体的强劲作用。

彰显无所羁绊的个性品格，展示生动独特的自我情怀，让"古文"创作焕发出因人而异的才情和韵致，这是北宋经史之学的个性化发展格局，积极作用于"古文"创作的必然结果。

北宋文章能够取得"踰唐汉而蹑三代"的辉煌成就，②首先得益于经史之学的空前繁荣；而独立自觉的学术个性，必将延伸发展为"古文"创作的人格动力。欧阳修、"三苏"、司马光、曾巩及王安石等人所作的记、传、序、论文章，都以不同方式体现着学术与文章情理相通的个性特点。朱弁《曲洧旧闻》载："予在太学，同舍有诵曾南丰集者。或曰：'子何独喜此？'答曰：'吾爱其文似王临川也。'时一生家世能古文，闻其言大笑，曰：'王临川语脉与南丰绝不相类，君岂见其议论时有合处耶！'予殊未晓其意，久之而疑焉。"③曾巩与王安石并为博学通儒，其文皆本于经术，故"议论时有合处"；但他们对"学以用世"的理解各不相同，学术品格亦自有别。以此施于文章，便很容易形成"语脉绝不相类"的个性差异。其实，类似的情形早在范仲淹、欧阳修、尹洙三人身上已经出现过。他们在学术上各有偏好，治学理念与方法亦有所不同。范仲淹"崇古"、"尊经"，欧阳修和尹洙"疑传"、"疑经"。在诗文创作方面，范仲淹以律赋名家，常醉心于骈辞俪句；欧阳修则不好"四六"，专事"古文"。陈师道《后山诗话》载："范文正公为《岳阳楼记》，用对语说时景，世以为奇。尹师鲁读之，曰：'传奇体尔。'《传奇》，唐裴铏所著小说也。"④范、欧及尹洙在张扬儒道实践精神方面齐心协力，但这并不妨碍他们在学术及文章两方面保持鲜明的个性特点。

不过，面对"古文"作家超逸不群的个性之美，并不是所有的评论者都

---

① 《朱子语类》卷一三九，3304页。
② 韩琦《尹公墓表》，《全宋文》(40)，80页。
③ 《曲洧旧闻》卷三"王介甫文不为人深许"条，中华书局，2002年，123页。
④ 《后山诗话》，《历代诗话》(上)，中华书局，1981年，310页。

能公允以待。罗大经《鹤林玉露》在盛赞欧阳修"为一代文章冠冕","作碑铭记序便不减韩退之,作《五代史记》便与司马子长并驾","作奏议便庶几陆宣公"的同时,又深诋司马光,谓"温公作《资治通鉴》,可谓有补治道,识者尚惜其枉费一生精力"。① 不管其着眼点究竟如何,持论偏颇不容置疑。另据《朱子语类》卷一三九载,朱熹尝遍论北宋"古文"名家,曰:"欧公文字敷腴温润,曾南丰文字又更峻洁,虽议论有浅近处,然却平正好。到得东坡,便伤于巧,议论有不正当处。后来到中原,见欧公诸人了,文字方稍平。老苏尤甚。大抵已前文字都平正,人亦不会大段巧说。自三苏文出,学者始日趋于巧。如李泰伯文尚平正明白,然亦已自有些巧了。"至评王安石文,曰:"他却似南丰文,但比南丰文亦巧。荆公曾作《许氏世谱》,写与欧公看。欧公一日因曝书见了,将看,不记是谁作,意中以为荆公作。"②所谓"平正"和"巧",既是指阐发"性理"的方法和效果,也是指"文字"表达的不同风格。欧公、东坡、南丰与荆公之所以能够在经学研究与"古文"创作中各领风骚,其特立不群、勇于探索的个性品格至关重要。假使以"平正"为优,以"巧"为劣,恐眉州三苏断难认同。事实上,无论经术还是文章,苏轼与李觏都不可同日而语。林駉《古今源流至论·前集》卷四"欧苏之学"条云:"苏子尚古学之源流,排新经之破碎。读公之文,如驾千里之驹,而御以王良造父之手,豪纵奋逸而疾徐中节。人以为是文也,雄浑瑰伟之文也,而一时化之。穿凿之说,谨守注疏,好异之学,变为正论。元祐文章所以一新者,非苏子之功而谁功。故山谷之文奇而工,淮海之文直而婉,文潜之文深而静,无咎之文洁而骚,无己之文简而肃。数君子皆履公之庭,而其文亦粹然出正也。"③如此卓越的建树,岂是一个"巧"字就能贬抑的。

需要强调的是,在个性张扬的北宋时代,不管是经史研究还是"古文"创作,个性内涵的丰富与否至关重要。假使没有超越时流的显著特色,便很难显名于当世。例如,黄庭坚之父庶,有"古文一卷,亦古质简劲,颇具

---

① 《鹤林玉露》卷一甲编,中华书局,1983年,265、12页。
② 《朱子语类》卷一三九,3309页。
③ 《古今源流至论》,文渊阁四库全书本,942册,56页上。

韩愈规格"。① 吴子良《荆溪林下偶谈》载:"刘原父文醇雅有西汉风,与欧公同时,为欧公名盛所掩,而欧公、苏、王亦不甚称其文。刘尝叹:'百年后当有知我者。'至东莱编《文鉴》,多取原父文,几与欧、曾、苏、王并,而水心亦亟称之,于是方论定。"② 范祖禹撰《天章阁待制杨公墓志铭》,称杨绘"专治经术,工古文,尤长于《易》、《春秋》。居无为山著书,自号无为子,以其学背时好,名所居曰自信堂",其"为文章,操纸笔立书。其论议必本经术"。③ 陈师道曾受业于曾巩,颇为苏轼所重,其"文简重典雅,法度谨严",④ 四库馆臣以为"实不在李翱、孙樵之下。殆为欧、苏、曾、王盛名所掩,故世不甚推。弃短取长,固不失为北宋巨手也"。⑤ 上述四人备受冷落的原因固然复杂,但学术文章缺乏个性张力一点最为关键。

  概而言之,北宋"古文"始效"韩柳",原本只是邯郸学步,"师古"而已。天圣以后,通经博古之士接踵而起,经史之学日渐繁盛,"古文"创作在学术浸染下变革创新,遂渐入佳境。在经史研究与"古文"创作相得益彰的互动环境下,作家人格内涵及文章风格的演变,往往受到研究对象及学术理念的影响或制约;许多习惯要素,如语言逻辑、修辞手法、审美取向等,也会从解经著史过程自然延伸至"古文"创作。当日以"古文"名世者多为经史大家,他们舍"奇"、"难"而就平易,将"古文"创作推进到了"言简而明,信而通,引物连类,折之至理"的新境界。欧、苏及司马光等人援引经史,论事说理,层层铺叙,条分缕析,为"古文"作品增添了更多理性说服力。北宋文坛不仅巨匠如林,且各具风采。他们将学术探索的独特个性自觉贯穿到"古文"创作之中,从而彰显出无所羁绊的多彩情怀,展示着唯我独能的才情和韵致。要之,北宋"古文"获益于经史之学的学理逻辑不可否认,至于二者之间关联互动的复杂轨迹,还需学界友朋深加求索。

---

① 《四库全书总目》卷一五二《伐檀集》提要,1315 页中。
② 《荆溪林下偶谈》卷三,文渊阁四库全书本,1481 册,507 页上。
③ 《天章阁待制杨公墓志铭》,《全宋文》(98),331、333 页。
④ 魏衍《后山集记跋》,《全宋文》(133),218 页。
⑤ 《四库全书总目》卷一五四《后山集》提要,1329 页中。

# 第五章　北宋"四六"研究中的道学影响

**本章提要**：北宋"四六"创作谱派纷呈，名家竞秀，堪比六朝。但相对于散体"古文"，骈体"四六"却久被冷落，许多名家圣手迄今仍处在无人问津的状态。而与此同时，相关研究又深受道学影响，其理念和思路均不够严谨科学。如果说将北宋"四六"的蜕变源流直接推溯至李唐骈辞的做法，客观上忽视了晚唐五代、尤其是南唐文人探索创新的艺术功绩，那么以"古文运动"为参照的叙事模式，则深刻影响到对北宋"四六"谱派的认定、代表作家的选择以及发展史程的考述等，其学术偏颇更值得注目。此外，研究者轻文本解读、重"四六话"成说的学术惯性，也制约着"四六"研究的拓展和深入。后世学人倘能准确把握北宋"四六"脱胎于晚唐五代、尤其是南唐俪文的传变轨迹，彻底摈弃以"古文运动"为参照的思维逻辑，并对历代"四六话"及文学史家的既定成说详加辨析，其研究所得必能超越前贤，体现出创变求实的意义和价值。

北宋"四六"色彩纷呈的创作景象，不仅彰显着赵宋文人富赡从容的人格修养和审美情趣，同时也牵系着无数宦途游子起落沉浮的命运走向。然而，自宋元以来，在道学家反骈重散的理念制约下，骈体俪文久盛未衰的历史真相却被人为遮蔽，其属对工稳、音韵谐美的艺术特点也备受贬责。近些年来，随着生态文学史研究的不断深入，北宋"四六"久被冷落的情形虽稍有改变，但部分成果所展示的探索路径却不够科学，学术判断也时显偏颇。就整体而言，忽略"四六"艺术自晚唐五代以来传承渐变的内在过程，孤立分析北宋"四六"优劣得失的现象普遍存在。而以"古文运动"为参照的叙事模式,更呈现着背离"四六"演进史程的偏颇倾向。至于轻文本解读、重"四六话"成说的种种做法,更传递着积久难返的学术惯性。事实上,"四六"与"古文"功能不同,价值各异,但彼此都有独立发展的完美过程。北宋文坛骈散并驰,夏竦、晏殊等人可谓骈辞圣手,欧、苏诸公则以"古文"名家,他们各领风骚,互不相掩。只有充分尊重文本实际,全面了解北宋"四六"传承发展的谱派特点,方能使相关研究回归正途本位。

## 一、宋初"四六"脱胎于唐末五代

迄今为止,绝大多数"四六"研究成果都未能充分重视"宋初承五代之弊,文体卑靡"的基础和前提,[①]而将北宋文章初兴于骈体的艺术契机直接追溯至李商隐等晚唐作家。如《宋史·文苑传序》称:"国初,杨亿、刘筠犹袭唐人声律之体。"[②]孙梅《四六丛话》亦云:"宋初诸公骈体精敏工切,不失唐人矩矱。"[③]降及近代,绝大多数骈文论著也没有充分重视五代骈辞作家、尤其是南唐文人创变革新的功绩。如钱基博《骈文通义》云:"李商隐,宋人之先声也,宋人名骈文曰'四六',其名亦起于商隐自序《樊南甲集》'唤曰樊南四六'。"[④]刘麟生《中国骈文史》也以为:"宋初骈文,奉李义山为圭臬,藻丽华赡,风格不高,致有优人捔扯之诮。中叶以还,欧苏高唱古文,以古文气格,行之于四六之中,风起云涌,蔚为一代作风。"[⑤]姜书阁先生甚至认为:"五代的五十几年中就没有一个可以写进骈文史中的四六骈文家。即至北宋初期,虽以模拟李商隐,追求辞藻,堆砌典事相尚为历来论者所抨击的'西崑体',也主要在诗歌方面,而其四六骈文尚非重点的批判对象。"[⑥]类似的说法虽不无见地,但忽略了唐、宋"四六"传承创变的轨

---

① 《四库全书总目》卷一五二《孙明复小集》提要,中华书局,1965年,1312页上。
② 《宋史》卷四三九,中华书局,1985年,12997页。
③ 孙梅《四六丛话》卷三三《欧阳修》,万有文库本,606页。
④ 钱基博《骈文通义》,上海古籍出版社,2012年,112页。
⑤ 刘麟生《中国骈文史》,东方出版社,1996年,81页。
⑥ 姜书阁《骈文史论》,人民文学出版社,1986年,485—486页。

迹考察,在学理逻辑上毕竟不够周延。其实,宋初骈文创作水平的迅速提高,首先应归功于那些深于学问的江南文臣,他们的示范和努力,促使荒芜已久的北方文坛重获生机。

继"樊南四六"之后,唐末五代幕府文吏所撰的书檄表启,对唐、宋骈文艺术的渐变转型影响至巨。乱世文人往往能够超越"应用"功能的限制,对"四六"创作的"法度"进行探索与革新。赵翼尝云:"五代之初,各方镇犹重掌书记之官。盖群雄割据,各务争胜,虽书檄往来,亦耻居人下,觇国者并于此观其国之能得士与否。一时遂各延致名士,以光幕府。"①其时以"四六"名家的幕府文吏难计其数。如《旧五代史》卷六〇《李袭吉传》云:"自广明大乱之后,诸侯割据方面,竞延名士,以掌书檄。是时梁有敬翔,燕有马郁,华州有李巨川,荆南有郑准,凤翔有王超,钱塘有罗隐,魏博有李山甫,皆有文称,与李袭吉齐名于时。"他们虽是替人捉刀,但所撰书檄笺奏亦不乏名篇,李袭吉《贻梁祖书》即其例也。史载朱全忠阅读此书,至"毒手尊拳,交相于暮夜;金戈铁马,蹂践于明时",怡然谓敬翔曰:"李公斗绝一隅,安得此文士,如吾之智算,得袭吉之笔才,虎傅翼矣。"又读至"马邑儿童,皆为锐将"、"阴山部落,是仆懿亲"之句,怒谓敬翔"李太原喘喘余息,犹气吞宇宙,可诟骂之",故而"及翔为报书,词理非胜,由是袭吉名愈重"。② 其文在谨守"四六"律令的同时,又杂以七字、八字偶句,齐整之中别具变化,节奏明快,韵律谐婉,辞采洒落,不愧为名家力作。另据《吴越备史》卷一《罗隐传》载:"王初授镇海节度,时命沈崧草谢表,盛言浙西繁富。成,以示隐。隐曰:'今浙西兵火之余,日不暇给,朝廷执政方切于贿赂,此表入奏,执政岂无意于要求耶?'乃请更之。其略曰:'天寒而麋鹿常游,日暮而牛羊不下。'朝廷见之曰:'此罗隐辞也。'及为贺昭宗更名表,曰:'左则虞舜之全文,右则姬昌之半字。'当时京师称为第一。"③类似的例子还有很多,不烦列举。需强调说明的是,北宋文人对此既不陌生,

---

① 赵翼著,王树民校证《廿二史札记校正》卷二二《五代幕僚之祸》,中华书局,1984 年,475 页。
② 《旧五代史》卷六〇《李袭吉传》,中华书局,1976 年,802—804 页。
③ 范坰、林禹《吴越备史》卷一《五代史书汇编》(10),杭州出版社,2004 年,6203 页。

也不排斥,有时还着意参考,取为己用。如王铚《四六话》云:

> 唐郑准为荆南节度使成汭从事。汭本姓郭,代为作《乞归姓表》云:"居故国以狐疑,望邻封而鼠窜。名非伯越,浮舟难效于陶朱;志在投秦,出境遂称于张禄。未遑辨雪,寻涉艰危。"其后范文正公以随母,冒姓朱,以朱说既登第,后乞还姓表遂全用之,云:"志在投秦,入境遂称于张禄;名非伯越,乘舟偶效于陶朱。"议者谓文正公虽袭用古人全语,然本实范氏,当家故事,非攘窃也。①

郑准用范睢、范蠡之事构思成文,范仲淹袭用其句,遂被王铚称作"当家故事"。这些案例不仅充分展示着乱世骈辞精妙高超的创作水平,更具体勾画出"四六"艺术经晚唐五代至北宋前期一脉相承的发展轨迹。

随着北方士人的大批南迁,中原"四六"渐成颓势,闽中及江淮各地以富赡典雅著称的骈文作手日渐增多。他们不仅为卑弱贫瘠的五代文坛增添了几分亮色,更为"四六"艺术的变革与发展积累了弥足珍贵的经验。

宋初最早的骈文高手如杨徽之、钱熙、杨亿等皆为闽产,其能引领风骚于乱后文衰之际,绝非偶然。五代之初,王审知偏霸闽中,其时陈峤、陈乘、黄滔、徐寅、郑良士、陈致雍等幕府才俊皆以学博辞丽获誉当世。乾宁进士黄滔长于"四六",集中所存如《大唐福州报恩定光多宝塔碑记》、《丈六金身碑》等皆为名篇。《十国春秋》卷九五本传称"滔文赡蔚典则","《马嵬》、《馆娃》、《景阳》、《水殿》诸赋,雄新隽永,称一时绝调","时金石志铭及国中大著作,多为滔属草"。② 宋人颇重其文,称誉有加。洪迈《容斋四笔》卷七摘列其警句数十联,以为"研确有精致"。③ 进士徐寅与黄滔同时,其骈辞水平亦不逊于滔。刘克庄《徐先辈集序》云:"公所著他书皆羽化,惟诗赋与俪语仅存,岂不重可叹欤! 然其仅存者已足与子华、致光并驱矣。唐人尤重公赋,目为'锦绣堆'。日本诸国至以金书《人生几何》、《御

---

① 王铚《四六话》,丛书集成初编本,2615 册,7 页。
② 吴任臣《十国春秋》卷九五《黄滔传》,中华书局,1983 年,1373—1374 页。
③ 洪迈《容斋随笔·四笔》,中华书局,2005 年,714 页。

沟水》、《斩蛇剑》等篇于屏障。"①以如此清超的赋才移诸"四六",直可信手拈来,率意而成。陶岳《五代史补》卷二《黄滔命徐寅代笔》条称:"黄滔在闽中,为王审知推官。一旦馈之鱼,时滔方与徐寅对谈,遂请为代谢笺。寅援笔而成,其略曰:'衔诸断索,才从羊续悬来;列在琱盘,便到冯驩食处。'时人大称之。"②黄滔、徐寅之外,陈峤、陈乘、郑良士、陈致雍等人均能以"四六"骈辞振励一方,示范倡导,嘉惠后学。宋初闽士能以博学善文引领风骚,推本溯源,实肇基于此。

不过,在"四六"艺术由"唐"及"宋"的变革历程中,杨吴及南唐偏霸时期的博赡文臣建树更多。其时"四六"高手如沈颜、宋齐丘、田霖、常梦锡、韩熙载、汤悦、江文蔚、高越、潘佑者不胜枚举。史载汤悦"初在吴为舍人,受诏撰《扬州孝先寺碑》,世宗亲往,驻跸此寺,读其文赏叹","自淮上用兵,凡书诏多悦之作,特为典赡,切于事情"。③ 常梦锡"文章典雅,有承平之风"。④ 徐铉、徐锴兄弟"皆以文翰知名,号'二徐',为学者所宗"。⑤ 高越颇善文辞,"淮南交兵,书诏多出越手,援笔立成,词采温丽,元宗以为称职"。⑥ 张洎"风神洒落,文辞清丽",⑦时与潘佑"负其才藻",在"二徐"面前"不肯少自低下"。⑧ 这些显名于乱世的江南文人,有些身殁于南唐灭国之前,有些则跟随李煜北上汴梁,成为引领宋初骈文走向复兴的生力军。

北宋"四六"有别于晚唐骈辞的艺术特点,在南唐文臣的作品中已初见端倪。韩熙载、常梦锡、徐铉及等人不再沿袭"唐代王言率崇缛丽,骈四俪六,累牍连篇"的固有传统,⑨他们将辞赋乃至"古文"创作的艺术技巧变化运用于书启笺奏之中,使"四六"骈辞呈现出援据精博、委婉恳切、骈中

---

① 刘克庄《徐先辈集序》,《全宋文》(329),上海辞书出版社、安徽教育出版社,2006年,135页。
② 陶岳《五代史补》卷二,《五代史书汇编》,2495页。
③ 江少虞《宋朝事实类苑》卷四〇,上海古籍出版社,1981年,524页。
④ 陆游《南唐书》卷七《常梦锡传》,丛书集成初编本,3853册,152页。
⑤ 《欧阳修全集》卷一四三《徐铉双溪院记》,中华书局,2001年,2321页。
⑥ 陆游《南唐书》卷九《高越传》,丛书集成初编本,18册,194页。
⑦ 《郡斋读书志校证》卷一九《张师黯集》提要,上海古籍出版社,1990年,961页。
⑧ 史虚白《钓矶立谈》,丛书集成初编本,3856册,17页。
⑨ 《四库全书总目》卷四六《新唐书》提要,410页下。

带散、辞旨雅正的新气象。如徐铉所撰《招讨妖贼制》云:

> 昨者岭表遗甿,聚为寇盗,违其上命,犯彼战锋。而敢乘我国哀,伺我边隙,侵轶我封部,诱惑我黔黎,保据溪山,肆为剽掠。朕以肇膺丕业,先洽德音。矧彼狂徒,皆吾赤子,弗忍尽杀,冀其自新。所以虽命师徒,且令招抚。而凶愚不革,结聚愈繁。暴害吏民,攻围县邑。一至于此,其能久乎?国有常刑,吾又何爱。仍闻众军致讨,累有杀伤,平人无辜,暴骨于野。兴言及此,永恻朕心。况常赋及期,三农失业。特申矜恤,更示怀来。①

据陆游《南唐书》卷二《元宗纪》载,保大元年(943)十月,"岭南妖贼张遇贤犯虔州,诏遣洪州营屯都虞候严恩帅师讨之"。②铉撰制文盖为此也。此制刚柔并济,清新雅正;作者以散入骈,不重事典,与"俪偶长短而繁缛过之"的"樊南四六"形成了鲜明对比。③

南唐"四六"散佚殆尽,但从传世作品中已不难觉察到其骈散结合、不崇缛丽的清新特点。不管是以制诏为主的"王言之制",④还是奏议表状等"臣下之辞",⑤均不受"四六"律令的限制,在句法结构及偶对形式上富于变化。如保大四年十一月南唐兵败福州之后,江文蔚撰《对仗弹冯延巳、魏岑文》,称冯延巳、延鲁等人"作为威福,专任爱憎。咫尺天威,敢行欺罔,以至纪纲大坏,刑赏失中"。复云:"天生魏岑,道合延巳,蛇豕成性,专利无厌。逋逃归国,鼠奸狐媚,谗疾君子,交结小人。善事延巳,遂当枢要。面欺人主,孩视亲王。侍燕喧哗,远近惊骇。进俳优以取容,作淫巧以求宠。视国用如私财,夺君恩为己惠。上下相蒙,道路以目。""昨天兵败衄,统内震惊。将雪宗庙之羞,宜醢奸臣之肉。已诛二罪,未塞群情;尽

---

① 《全唐文》卷八七九,上海古籍出版社,1990年,4075页上。
② 《南唐书》卷二,28页。
③ 《新唐书》卷二〇三《李商隐传》,中华书局,1975年,5793页。
④ 王溥《唐会要》卷五四《省号上·中书省》,上海古籍出版社,1991年版,1085页。
⑤ 李德裕《王言论》,《文苑英华》卷七五九,中华书局,1966年,3978页上。

去四凶,方祛众怒。"①弹文以四字偶句为主,间用五字、六字对句以调整韵律节奏。由于直抒胸臆,情绪愤激,故广播朝野,"传写弹文,为之纸贵"。②再如开宝五年(972)潘佑上疏极论时政,曰:"三军可夺帅也,匹夫不可夺志也。臣乃者继上表章,凡数万言,词穷理尽,忠邪洞分。陛下力蔽奸邪,曲容诡伪,遂使家国愔愔,如日将暮。古有桀、纣、孙皓者,破国亡家,自己而作,尚为千古所笑。今陛下取则奸回,败乱国家,不及桀、纣、孙皓远矣。臣终不能与奸臣杂处,事亡国之主。陛下必以臣为罪,则请赐诛戮以谢中外。"③该疏亦骈亦散,激扬议论,略无雕饰。类似的情形在韩熙载吴顺义六年(926)七月初奔江南时所作的《上睿帝行止状》,开宝元年九月潘佑代李煜而作的《为李后主与南汉后主第二书》等作品中均有体现,文烦不赘。

北宋建国之初的十余年间,善为"四六"的朝廷文臣屈指可数。陶谷号称"文翰冠一时",然其所撰制辞"皆检前人旧本稍改易之",宋太祖至谓其"依样画葫芦耳"④。直到宋太宗淳化三年(992),天下学人因"才弱"而不能为赋的情形犹未能得到根本改变。该年皇帝亲试进士,出《厄言日出赋》题,"时就试者凡数百人,咸愕眙忘其所出,虽当时驰声场屋者亦有难色"。⑤ 不仅普通文士贫弱至此,就连那些进士出身的达官显宦也往往因"无学"而受到讥讽。张咏劝寇准"以不学为戒",⑥杨徽之"尝言温仲舒、寇准用搏击取贵位,使后辈务习趋竞,礼俗寖薄",⑦即其显例。这一时期,能够凭借博雅富赡的才学,以"四六"俪文为赵宋皇权支撑门面的,主要是那些随李煜北上的江南文臣,如徐铉、张洎、汤悦、郑文宝、陈彭年、龙衮、乐史、周惟简、舒雅、丘旭、吴淑、刁衎、路振等皆有可观。史载张洎"风仪洒落,文采清丽,博览道释书,兼通禅寂虚无之理",太宗"以其文雅,选直舍人院,考试诸州进士",且谓近臣曰:"张洎富有文艺,至今尚苦学,江东士

---

① 《全唐文》卷八七〇,4038 页中。
② 《十国春秋》卷二五《江文蔚传》,353 页。
③ 《十国春秋》卷二七《潘佑传》,379 页。
④ 魏泰《东轩笔录》卷一,中华书局,1983 年,5 页。
⑤ 《宋史》卷四四一《路振传》,13060 页。
⑥ 陈师道《后山集》卷二〇《谈丛》,文渊阁四库全书本,1114 册,706 页上。
⑦ 《宋史》卷二九六《杨徽之传》,9869 页。

人之冠也。"①检李焘《续资治通鉴长编》所存张洎奏议，如端拱二年正月《议边状》、《议发兵护送威虏军馈饷状》（卷三〇）、淳化元年六月《议边防疏》（卷三一）及淳化二年十二月《议入阁新仪疏》（卷三二）等，无不援据精博，典雅醇正。吴淑乃徐铉女婿，"幼俊爽，属文敏速"，入宋后"尝献《九弦琴五弦阮颂》，太宗赏其学问优博"。② 此公学有渊源，又曾预修《太平御览》和《文苑英华》，闻见超群；其所撰《事类赋注》百篇，赋既工雅，注与赋复出一手，事无舛误，传诵至广。吴淑自谓"凡谶纬之书，及谢承《后汉书》，张璠《汉记》、《续汉书》、《帝系谱》，徐整《长历》、《玄中记》、《物理论》之类，皆今所遗逸，而著述之家相承为用，不忍弃去，亦复存之"，③其资料征引的繁富与珍贵可想而知。辞赋与"四六"体制虽殊，比物引类、偶对成文则一也。因此，在"四六"作者"步武前贤，犹不敢失尺寸"④的宋初时代，《事类赋注》的示范和引领作用才显得弥足珍贵。

概而言之，南唐文臣率意自觉的探索和努力，已从根本上改变了唐人"四六"密集用典以彰显才学、铺排文饰以求工对、"俪偶长短而繁缛过之"的固有做派，其探索创新的艺术功绩值得肯定。后人或谓北宋"中叶以还，欧苏高唱古文，以古文气格，行之于四六之中，风起云涌，蔚为一代作风"，⑤殊不知早在南唐时期，以"古文"气格行之"四六"者就已经大有人在。太宗一代，以徐铉、张洎、吴淑、汤悦等人为代表的江南降臣，更以其博赡富丽的"四六"文章示范朝野，有效改变了中原文臣"用散语与故事"敷衍成文的贫弱格局。⑥ 在某种程度上，说宋初"四六"脱胎于南唐俪文也不无道理。

## 二、以古文为参照的道学"四六"观

北宋文章骈散并驰，各臻其妙，但由于石介等道学家们力斥骈语，独

---

① 《宋史》卷二六七《张洎传》，9208—9215 页。
② 《宋史》卷四四一《吴淑传》，13040 页。
③ 吴淑《进注事类赋状》，《全宋文》(6)，255 页。
④ 李调元《赋话》卷五，丛书集成初编本，2622 册，40 页。
⑤ 刘麟生《中国骈文史》，81 页。
⑥ 陈师道《后山诗话》，何文焕辑《历代诗话》本，中华书局，1981 年，310 页。

重"古文",遂使杨亿等"四六"名家的才华与成就遭到误解和冷落。道学称盛的话语环境造就了一种文章批评的惯性思维,不仅非道学的骈俪文辞被全盘否定,就连"四六"创作的法度与境界,也要取其与"古文"相关联者加以欣赏,推为典范,真正醇美的骈辞俪文反被束之高阁。近代以来,文学史家不断重复着这样一种文学价值理念,即只有"古文"才代表着唐宋文章变革发展的正确方向,而"四六"骈文乃是"形式主义"的腐朽之作,应被摈弃;类似的观点明显受到宋儒影响,其本质与石介等一脉相承。不仅如此,以"古文"为正宗的文章理念,还严重制约着"四六"研究的思路和方法,使相关学者深陷到以"古文运动"为参照的学术歧途。譬如,在很多学者看来,宋初骈文繁缛卑弱,"直到欧阳修以古文之气势运骈俪之词,别裁古今,另辟蹊径,又有王安石、苏轼等人为羽翼,在欧公的创作道路上继续开掘,宋代骈文才终于从唐代骈文中脱胎出来,自成一格,独具风神"。① 其更甚者则以为"宋代的骈文可以分为两个时期,北宋时是散文化的骈文,可以欧阳、苏、王为代表"。② 事实上,欧阳修与苏轼诸公以"古文"名家,其表奏笺启之作虽别具风格,但与夏竦、晏殊、王珪等骈辞圣手相比,其雍容醇正的娴雅韵致时有未及。若顾此失彼,便很容易导致学理分析的偏颇与不足。为了从传统的文章理念中解脱出来,使"四六"研究回归本位,重新梳理北宋"四六"艺术的流变轨迹,很有必要。

宋初几朝"四六"骈辞的振兴,首先得益于"激扬颂声"的辞赋创作。赵宋政权创建于天下久乱之后,统治者为了重振皇室威严,凝聚天下人心,积极倡导"赋颂之作"。吴处厚《青箱杂记》卷二云:

> 五代之际,天下剖裂,太祖启运,虽则下西川,平岭表,收江南,而吴越、荆、闽纳籍归觐,然犹有河东未殄。其后太宗再驾乃始克之,海内自此一统,故因御试进士,乃以"六合为家"为赋题。时进士王世则遽进赋曰:"构尽乾坤,作我之龙楼凤阁;开穷日月,为君之玉户金

---

① 于景祥《中国骈文通史》,吉林人民出版社,2002年,654页。
② 蒋伯潜、蒋祖怡《骈文与散文》,上海书店,1997年,64页。

关。"帝览之大悦,遂擢为第一人。①

当日以赋颂获誉者还有很多,如开宝九年正月,扈蒙"上《圣功颂》,以述太祖受禅、平一天下之功,其词夸丽,有诏褒之"。② 太平兴国四年,宋白因献《平晋颂》而为中书舍人。太平兴国七年,已落籍数年的刁衎因献《圣德颂》而得以复官。真宗即位之初,李维"献《圣德诗》,召试中书,擢直集贤院"。③ 咸平四年,直史馆刘蒙叟献《宋都赋》,同样受到真宗的嘉奖。

帝王的倡导和褒奖是出于政治考量,而朝野群臣积极创作颂美文章则显示着某种人格自觉。太宗时代以直谏著称的田锡即明确肯定赋颂之作对张扬皇权的作用,称"颂美箴阙,铭功赞图,皆文之常态也。若豪气抑扬,逸词飞动,声律不能拘于步骤,鬼神不能秘其幽深,放为狂歌,目为古风,此所谓文之变也"。④ 他不仅要以淳雅俪文"美升平之际会","扬德业之形容",⑤且以为"金门应奉之词,悉丹禁芳菲之景"理应属于"比兴缘情"的范畴。⑥ 在这种政治人格的促使下,《咸平集》所收奏议、表状、书序等无不体现出真诚颂美之意。田锡之后,杨亿更将"激扬颂声"看作义务和责任。其《承天节颂并序》曰:"恭惟五代之季,实启圣宋。囊括席卷,混一区宇。三叶之盛,实生哲后,聪明文思,对越穹壤。涵育万汇,功成而不宰;总制九有,神行而无方。四隅底宁,百度大治。群公卿士,望清光而惟勤;缙绅诸生,颂盛德之靡暇。……若乃赋颂之作,臣之职也。"⑦而《送人知宣州诗序》谓屯田郎某君"以治剧之能,奉求瘼之寄,所宜宣布王泽,激扬颂声,采谣俗于下民,辅明良于治世,当俾《中和》、《乐职》之什,登荐郊丘,岂但'亭皋'、'陇首'之篇,留连景物而已"。⑧ 对杨亿变革文风的历史功绩,

---

① 吴处厚《青箱杂记》卷二,中华书局,1985年,15页。
② 《宋史》卷二六九《扈蒙传》,9240页。
③ 《宋史》卷二八二《李维传》,9541页。
④ 田锡《贻陈季和书》,罗国威校点《咸平集》卷二,巴蜀书社,2008年,32页。
⑤ 《咸平集》卷二三《谢御制和祝圣寿诗表》,234页。
⑥ 《咸平集》卷二七《进应制诗》,290页。
⑦ 杨亿《承天节颂并序》,《全宋文》(15),6—7页。
⑧ 杨亿《送人知宣州诗序》,《全宋文》(14),386页。

道学之外的文人多给予肯定,如王旦尝曰:"如刘筠、宋绶、晏殊辈相继属文,有贞元、元和风格者,自亿始也。"①田况《儒林公议》亦云:"杨亿在两禁变文章之体,刘筠、钱惟演辈皆从而效之,时号'杨刘'。……其它赋颂章奏,虽颇伤于雕摘,然五代以来芜鄙之气,由兹尽矣。"②应该说,"杨刘风采"之所以能"耸动天下",绝非杨亿、刘筠等"崑体"作家的个人魅力使然,而是当代文臣"赋颂"人格普遍成熟的必然结果。

"杨刘"之后,以晏殊、夏竦、王琪、王珪、胡宿、宋庠、宋祁等人为代表的"后西崑体"作家,以宰辅之重执掌文衡,遂将"激扬颂声"的价值理念强化运用到制诏、册命、碑铭以及书奏议论等更加广泛的领域;凡是能够体现皇恩浩荡及朝廷威仪的地方,都能为他们颂美王道、君德提供机会。夏竦宣称:"王道兴而颂声作,士大夫之职也。……发为咏歌,但少叙万分之一,式抒区区。若以国家成功告于神明,荐之清庙,臣工之上,无愧辞焉。"③王珪自谓"愿将成命颂,独奏迩英前",④其表、状、札子等均体现着讴歌皇权的自觉意识。若能品读《集英殿乾元节大燕教坊乐语》等应用文字,便可知其博赡从容的颂美之作,究竟呈现着怎样动人的瑰丽风采。夏竦、王珪如此,晏殊、宋庠等显达文臣又何尝能外。王铚《四六话序》尝云:"世所谓笺题表启号为四六者,皆诗赋之苗裔也。故诗赋盛则刀笔盛,而其衰亦然。"⑤若就"后西崑"而言,此论并非没有道理。

北宋"四六"的兴盛,还与诗赋取士的科举制度密切相关。较之李唐,赵宋科考更重辞赋,尤其是律赋。王禹偁《答张知白书》即云:"洎隋唐始以诗赋取进士,而赋之名变而为律,则与古戾矣。然拘挛声病,以难后学,至使鸿藻硕儒有不能下笔者;虽丈夫不为,亦仕进之羽翼,不可无也。"自谓:"禹偁志学之年,秉笔为赋,逮乎策名,不下数百首。鄙其小道,未尝辄留。秋试春闱,粗有警策,用能首冠多士,声闻于时。"⑥欧阳修也曾经说

---

① 李焘《续资治通鉴长编》卷八五,中华书局,1992年,1954页。
② 田况《儒林公议》卷上,丛书集成初编本,2793册,2页。
③ 夏竦《景德五颂序》,《全宋文》(17),192页。
④ 王珪《郊祀庆成诗二首》,《全宋诗》(9),北京大学出版社,1998年,5951页。
⑤ 王铚《四六话序》,《四六话》卷首。
⑥ 《律赋序》,《全宋文》(8),14页。

过:"自科场用赋取人,进士不复留意于诗,故绝无可称者。"①骈文起源于汉魏,形成于南北朝,其艺术特点与辞赋最为近似。是故昭明《文选》所收"事出于沉思,义归乎翰藻"的骈偶俪作,②尤其是"辞赋"作品,便自然受到北宋学子的高度重视。《竹庄诗话》卷一云:"昔人有言:'《文选》烂,秀才半。'正为《文选》中事多可作本领尔。余谓欲知文章之要,当熟看《文选》,盖《选》中自三代涉战国秦汉晋魏六朝以来文字皆有。在古则浑厚,在近则华丽也。"③《麈史》的作者王得臣也说:"予幼时,先君日课令诵《文选》,甚苦其词与字难通也。先君因曰:'我见小宋说,手抄《文选》三过,方见佳处。汝等安得不诵?'由是知前辈名公为学,大率如此。"④其书记述乡人对宋庠、宋祁兄弟同榜登第的生动解释,谓:"元宪母梦朱衣人畀一大珠,受而怀之,既寤犹觉暖,已而生元宪。后又梦前朱衣人携《文选》一部与之,遂生景文,故小字'选哥'。二公文学词艺冠世,天下谓二宋。"⑤逸闻闲谈虽非信史可比,但它同样记载着北宋"四六"溯源于六朝辞赋的艺术传承轨迹。

律赋与"四六"虽相近似,但"四六"的用途却更加广泛。绍圣初置"宏词科",考虑到"诏诰、章表、箴铭、赋颂、赦敕、檄书、露布、诫谕,其文皆朝廷官守日用不可阙,且无以兼收文学博异之士"的客观实际,故纯试"四六"。⑥事实上,两宋三百多年间,士大夫若不精此道,则无以居官理政。叶绍翁尝曰:"水心先生著为《进卷外稿》,其论宏词曰:宏词之兴,其最贵者四六之文,然其文最为陋而无用。士大夫以对偶亲切、用事精的相夸,至有以一联之工而遂擅终身之官爵者。此风炽而不可遏,七八十年矣。前后居卿相显人、祖父子孙相望于要地者,率词科之人也。"⑦谢伋《四六谈麈序》亦称:"朝廷以此取士,名为博学宏词。而内外两制用之,四六之艺,

---

① 《欧阳修全集》卷一二八《诗话》,1957 页。
② 《文选序》,《文选》卷首,上海古籍出版社,1986 年,1 页。
③ 何汶《竹庄诗话》卷一,中华书局,1984 年,7 页。
④ 王得臣《麈史》卷中《学术》条,上海古籍出版社,1986 年,37 页。
⑤ 《麈史》卷中《神受》条,32 页。
⑥ 《宋史》卷一五六,3649 页。
⑦ 叶绍翁《四朝闻见录》甲集,中华书局,1989 年,35 页。

咸曰大矣。下至往来笺记启状,皆有定式,故谓之应用。"①既能成就"终身之官爵",说明"四六之文"绝非"无用"。从这个角度看,有关"四六"称盛的文学史意义绝难否认。

需要指出的是,北宋"四六"的兴盛原因,盖与柳开、穆修、欧阳修及苏轼等人舍骈重散的"古文"革新完全不同,治北宋"四六"而取"古文运动"为参照者,其思路做法均值得商榷。

首先,"古文"创作的艺术源泉来自经史之学,其作品或张扬"圣贤之道",与世俗相抗;或分析前代成败得失,借古以鉴今:在功能与内涵两方面都与"赋颂之作"背道而驰。

宋初几朝,柳开、王禹偁、穆修、石介等人以"道"自任,重新确立了儒家的"道统"和"文统",使"吾之道,孔子、孟轲、扬雄、韩愈之道;吾之文,孔子、孟轲、扬雄、韩愈之文"的"统系"观念深入人心。与此同时,他们竭力倡导"古其理,高其意,随言短长,应变作制,同古人之行事"的"古文"。②其功力虽嫌不足,议论说理之际往往"张大其说,欲以劫人之听",表现出"矫激"和"粗而大"的不足,③但以散体"古文"彰显儒道权威的人格自觉不容置疑。

"古文"创作与经学研究更深层次的互动开始于天圣以后。那时"疑传"、"疑经"的学术思潮逐渐兴起,当代名家为探求"经之本义"而议论纷起,所谓"以异于注疏为学,以奇其词句为文"的释"义"之作层出不穷。④许多颇具论辩辞采的治经文字,不仅属于"古文"范畴,且为"古文"创作积累了珍贵经验。范仲淹、孙复、尹洙、欧阳修、曾巩、苏洵、苏辙、王安石等名流大家,均显示出经学研究与"古文"创作相互融通的神韵与特点。另一方面,北宋史家如欧阳修、尹洙、曾巩、"三苏"、司马光及范祖禹等,还能在创新著史体例、拓展史学内涵的同时,"以古今成败得失为议论之要",⑤

---

① 谢伋《四六谈麈序》,《四六谈麈》卷首,丛书集成初编本,2615 册。
② 柳开《应责》,《全宋文》(6),367 页。
③ 《朱子语类》卷一二九,中华书局,1986 年,3090 页。
④ 李觏《寄周礼致太平论上诸公启》,《全宋文》(41),332 页。
⑤ 《苏辙集·栾城后集》卷七《历代论一》,中华书局,1990 年,958 页。

究心于时政得失、世情冷暖,为"古文"创作增添了许多"陈古讽今"的凝重感。虽说欧阳修等"古文"大家也须撰写制诰表启,但其作"以古文气格"行之,毕竟有失传统"四六"的魅力。若究其根本,所学与兴趣两相乖戾,遂不得不然也。

其次,以"取科第,擅名声,以夸荣当世"为现实价值的骈俪"时文",①一直被北宋儒学家们视为劲敌,而科举考试偏重"赋"才、强调"四六"的做法,尤被指斥为背离"圣人之旨",不合于"皇王大道"。柳开称"文章不合于俗尚"者难举进士,②穆修自谓"羞为礼部格诗赋",故"独为古文",③便是如此。修有《答乔适书》云:"盖古道息绝,不行于时已久,今世士子,习尚浅近,非章句声偶之辞不置耳目,浮轨滥辙,相迹而奔,靡有异途焉。其间独敢以古文语者,则与语怪者同也。众又排诟之,罪毁之,不目以为迂,则指以为惑,谓之背时远名,阔于富贵。先进则莫有誉之者,同侪则莫有附之者。"④其书虽未言及科考,但"章句声偶之辞"能致人富贵的根本途径实在于此。至石介著《怪说》以刺"时弊",更将"杨亿之道"视为"儒道"的死敌,谓其"穷妍极态,缀风月,弄花草,淫巧侈丽,浮华纂组,刓镂圣人之经,破碎圣人之言,离析圣人之意,蠹伤圣人之道",⑤必欲除之而后已。宋人或谓"本朝四六以欧公为第一",⑥殊不知欧阳修对经学"古文"的重视远过于骈俪"时文"。他不仅将世俗"时文"看作"穿蠹经传,移此俪彼,以为浮薄,惟恐不悦于时人,非有卓然自立之言如古人"的浮薄之作,⑦且明确宣称"今世人所谓四六者,非修所好,少为进士时不免作之,自及第,遂弃不复作"。⑧ 应该承认,在经学与科举、"古文"与"时文"对立并存的复杂背景下,欧公之说实际表达着一种普泛化的价值理念。

除上述两端外,北宋"四六"研究不能勉强参照"古文运动"发展轨迹

---

① 《欧阳修全集》卷七三《记旧本韩文后》,1056 页。
② 柳开《上窦僖察判书》,《全宋文》(6),308 页。
③ 苏舜钦《哀穆先生文并序》,《全宋文》(41),137 页。
④ 穆修《答乔适书》,《全宋文》(16),20 页。
⑤ 石介《徂徕石先生文集》卷五《怪说中》,中华书局,1984 年,62 页。
⑥ 吴子良《荆溪林下偶谈》卷二,文渊阁四库全书本,1481 册,498 页下。
⑦ 《欧阳修全集》卷四七《与荆南乐秀才书》,660 页。
⑧ 《欧阳修全集》卷四七《答陕西安抚使范龙图辞辟命书》,662 页。

的深层理由还有很多。举凡"四六"谱派的认定,代表作家的选择,"四六"发展史程的书写,无不与此息息相关。而所有这些,只有通过全面、系统、准确的文本解读,才能有所发明。

## 三、宋元"四六话"的偏失及误导

北宋"四六"研究的困惑,还来自轻文本而重"四六话"的阐释方法。如相关学者过分强调欧阳修、苏轼及王安石以"古文"为"四六"的艺术贡献,直将数公视为北宋"四六"创作的巨擘旗手,即其显例。若究其本源,此种偏颇见识盖形成于宋元时代,其时理学称盛,学者所重多在"古文";即便是讨论骈体"四六"的创作,也不愿轻易推功于道学宿敌如杨亿、夏竦、王珪及文彦博等。后人不辨其持论之隐情,盲目信从,遂致讹误。倘使研究者能从制诰表启等"四六"作品的文本解读入手,充分尊重"四六"俪语创变发展的多元成就,其探索所得,必会超越宋元"四六话"之成说,逐步逼近北宋骈体"争胜古人"的史实真相。① 相关论题错综复杂,若举其最显著者而言,以下两端最可瞩目。

其一,有关北宋"四六"之源流谱派,历代述论者或语焉不详,或叙述失当。其偏颇乃至谬悖之处,不仅制约着后人对唐宋"四六"沿革轨迹和发展史程的整体把握,同时也湮没了不少北宋骈文作家,将其卓越成就排斥在研究视野之外。对此若不详加辨析,则北宋"四六"研究的诸多困惑还将继续存在。

陈师道《后山诗话》云:"国初士大夫例能四六,然用散语与故事尔。杨文公刀笔豪赡,体亦多变,而不脱唐末与五代之气。又喜用古语,以切对为工,乃进士赋体尔。欧阳少师始以文体为对属,又善叙事,不用故事陈言而文益高,次退之云。王特进暮年表奏亦工,但伤巧尔。"② 按:真宗大中祥符五年(1012)二月,王旦撰《祀汾阴坛颂》成,"加特进",③故云。自

---

① 孙梅《四六丛话》卷三三《欧阳修》,606 页。
② 陈师道《后山诗话》,310 页。
③ 《续资治通鉴长编》卷七七,1756 页。

陈氏将"四六"革新之功归为欧公,其信从者便接踵而至。如谢伋《四六谈麈序》云:"三代两汉以前,训诰誓命,诏策书疏,无骈丽粘缀,温润尔雅。先唐以还,四六始盛,大概取便于宣读。本朝自欧阳文忠、王舒国叙事之外,自为文章,制作浑成,一洗西崑磔裂烦碎之体。厥后学之者益以众多。"①到了明代天启年间,王志坚编《四六法海》,持论益坚,其《序》曰:"宋之四六,各有源流谱派……撮其大要,藏曲折于排荡之中者,眉山也;标精理于简严之内者,金陵也。是皆唐人所未有。其它不出两公范围,然类能自畅其所欲言,低昂绚素,各成伦理,有足喜者。大抵四六与诗相似,唐以前作者韵动声中,神流象外;自宋而后,必求议论之工,证据之确,所以去古渐远。"②实际上,所谓"作为文章,制作浑成","能自畅其所欲言"者,即是指将"古文"气格熔铸于"四六"写作之中,使表启章奏更趋简淡自然。后世学人从推重"古文"的角度,赞许欧阳修、苏轼及王安石等"以文体为四六"的艺术创造,其思维逻辑清晰可见。

然而,北宋"四六"的发展情形绝非如此简单。倘能超越历代"四六话"之偏颇成说,详察其源流变化之轨迹,辨析审美取向之异同,则不难发现其基本情形约有三种:一为"文吏"应用之辞,二为诗赋苗裔之辞,三为散文偶化之辞也。

唐宋时期,"文吏"应用之辞初推"燕许"。唐玄宗时代,燕国公张说、许国公苏颋并以文章显名,时号"燕许大手笔"。③作为朝廷重臣,其所撰制诰无疑体现着"王道"之尊,彰显了皇权威严。晚唐五代之幕府掌记,大多以他们为习效楷模,钻研"四六"写作技巧,久而久之,方能得到强藩重用。李巨川以"工为燕许体文"而居韩建幕府,"掌书奏凡十余年,名振海内",④即其例也。晚唐"四六"作者罗隐、韩偓、吴融、敬翔、郑准、李山甫,南唐文人张泊、潘佑、汤悦,北宋文臣夏竦、胡宿、元厚之、宋祁、王珪等并属此列。其文典重赡丽、切于事情,轻者可以"光幕府",⑤重者乃为"朝廷

---

① 谢伋《四六谈麈序》,《四六谈麈》卷首,丛书集成初编本,2615 册。
② 王志坚《四六法海序》,《四六法海》卷首,文渊阁四库全书本,1394 册,2971 页上一下。
③ 《新唐书》卷一二五《苏颋传》,4402 页。
④ 王定保《唐摭言》卷一○《海叙不遇》条,中华书局,1960 年,114 页。
⑤ 《廿二史札记校正》卷二二《五代幕僚之祸》,中华书局,1984 年,475 页。

大制作",①是故宦途文人对于"文吏"应用之作最是孜孜以求。

诗赋苗裔之辞可追溯至魏晋六朝,唐之盛时偶或有之,但名篇绝少。至李商隐、黄滔、徐寅、江文蔚、高越等善"体物"者,将富赡瑰丽的诗赋才情施于"四六"创作,遂形成了"纤巧万状"、"词藻奇丽"的独特风格。② 北宋名公如杨徽之、杨亿、刘筠、范仲淹、富弼、韩琦等亦莫不如此。有学者认为"樊南四六,乃为唐宋文体转变中一大关键",③若从"四六"骈辞与"学人"诗赋相表里的角度看,这一说法客观严谨,值得重视。事实上,继李商隐之后,大多数文章作者都是向着情致婉转、辞采绮丽的方向发展,其审美取向的趋同性很难否认。

散文偶化之辞形成于"韩、柳"之后。为了倡导"古文",他们指斥"四六"骈文"眩耀为文,琐碎排偶。抽黄对白,唵哹飞走。骈四俪六,锦心绣口。宫沈羽振,笙簧触手",④背离了"文以明道"的宗旨。自那时起,以"四六"骈辞为"王言之制"的文武臣僚便开始了新的探索。唐德宗朝名相陆贽,以散句入骈,为骈体文章增添了许多议论说理的新手段。如《翰苑集》卷一二《奉天论奏当今所切务状》等应用之文,即能突破"四六"律令的束缚,不重事典,对偶双句的音律要求也较原来宽松了许多。其偶句长短及节奏变化完全服从于议论说理的需求,以散文语句组成偶对长句,从而使文章整体显示出缕析条分、自然流畅、善于敷陈的新特点,呈现着情文并茂、华实相扶的艺术美感,极大地提高了骈文的功用和价值。陆贽的探索不仅得到了韩熙载、常梦锡、徐铉、江文蔚等南唐文臣的继承与发扬,其制诰奏议等应用文章还被北宋"古文"作家视为"四六"写作的典范。欧阳修撰"《新唐书》例不录排偶之作,独取赞文十余篇,以为后世法。司马光作《资治通鉴》尤重赞议论,采奏疏三十九篇"。⑤ 欧阳修与司马光在著史理念上虽有分歧,但都对陆贽奏议给予了充分的重视。清人何焯谓欧阳修

---

① 《四库全书总目》卷一五二《文恭集》提要,1310 页下。
② 李涪《刊误·释怪》,文渊阁四库全书本,850 册,178 页上—下。
③ 马骕程《蚕丛鸿爪·李义山事略》,中国文学社,1948 年,28 页。
④ 柳宗元《乞巧文》,《全唐文》卷五八三,2606 页上。
⑤ 《四库全书总目》卷一五〇《翰苑集》提要,1287 页上。

"《论台谏官言事未蒙听允书》,其意之曲折似陆相,气之清洁似李侍郎。《五代史记·宦者传论》与此文略相近"。① 欧公以"古文"为"四六"的艺术启示来自陆贽,此类作品可为显证。另据苏轼《司马温公行状》云,神宗擢司马光为翰林学士,光力辞,曰:"臣不能为四六。"② 盖史家之文,素轻"四六"。哲宗以后,随着"宋学"诸派的发展成熟,士大夫取法陆相者日渐增多。元祐八年,苏轼、吕希哲、范祖禹等人合奏,谓陆贽奏议"论深切于事情,言不离于道德","聚古今之精英,实治乱之龟鉴";他们还力劝哲宗,若能将贽集"置之坐隅,如见贽面,反复熟读,如与贽言。必能发圣性之高明,成治功于岁月"。③ 为此,他们甚至想重新校正陆贽奏议,以便让更多人效法学习。毫无疑问,当代许多偏善"古文"的硕儒名公,在散文偶化之辞的创作上可与陆贽隔代以望,相视而笑。

北宋"四六"之源流谱派究竟如何,尚待详察。本文所述旨在梳理脉络,拨正旧说,其说解未足及不够周延处,正可为不断完善相关思考提供可能。

其二,历代"四六话"对北宋"四六"代表作家的分析和描述往往背离作品实际,人为臆想和偏颇解说的情形普遍存在。一般说来,善为散文偶化之辞者易获赞誉,而"文吏"及辞赋家所为则多被冷落。

将欧阳修表状视为北宋"四六"创变革新的标志,这在《后山诗话》、《四六谈麈》及《四六法海》等论著中已成共识。然而,从欧公所撰《内制集》405 篇、《外制集》165 篇、《表奏书启四六集》241 篇、《奏议集》145 篇、《河东奉使奏草》36 篇及《河北奉使奏草》44 篇中,却很难找到令人信服的典范之作。其散体"四六"最负盛名者,当属治平四年(1067)为自我辩白而作的《乞罢政事第三表》,以及熙宁元年(1068)所撰《亳州乞致仕第二表》,然明人茅坤选编《唐宋八大家文钞》,径将此二《表》视为"古文"。客观而言,茅氏所见颇为公允。如其《乞罢政事第三表》略不用事,言语直白,缺乏"四六"骈辞应有的娴雅韵致。其文曰:"伏念臣识不足以通今古,

---

① 何焯《义门读书记》卷三八,中华书局,1987 年,677 页。
② 《苏轼文集》卷一六,中华书局,1986 年,482 页。
③ 《苏轼文集》卷三六《乞校正陆贽奏议上进札子》,1012 页。

材不足以语经纶,幸逢盛际之休明,早自诸生而拔擢。方其与儒学文章之选,居言语侍从之流,每蒙过奖于群公,常愧虚名之浮实。暨晚叨于重任,益可谓于得时,何尝敢伤一士之贤,岂不乐得天下之誉?"①若非亲检,实难相信此文乃欧公所作。其实早在茅氏之前,已经有人对欧公"四六"深加质疑,如叶适《习学记言》卷四八《吕氏文鉴》条即云:

> 余尝考次自秦、汉至唐及本朝景祐以前词人,虽工拙特殊,而质实近情之意终犹未失。惟欧阳修欲驱诏令复古,始变旧体;王安石思出修上,未尝直指正言,但取经史见语,错重组缀,有如自然,谓之典雅。而欲以此求合于三代之文,何其谬也!②

清人何焯尝读欧阳修《谢进士及第启》,以为"风逸既不如唐,又未变新体"。及论其"表启",则曰:"欧公四六对属,流转变化,有如弹丸,而矫枉已过,学之太枯。"③王元启则直言不讳,称"欧公四六,实居八家之最下。无怪乎睹坡老之作,自恨老不能学也"。④盖人之才分,各有短长,欧阳修志在"古文",坚称"世人所谓四六者,非修所好"。若论"以文体为四六"者始于欧公,则南唐文臣如韩熙载、常梦锡、江文蔚及徐铉等早有所成。后世学人罔顾史实,直欲将开启"宋四六"先河的历史功绩强归于欧阳修,其持论之偏,固不待智者而辨矣。

与欧公同时的夏竦,表章奏议词藻赡逸,风骨高秀,亦有"燕许"规范。只因石介尝撰《庆历圣德颂》,斥其为"妖魃"、"大奸",遂致其文因人而废。庆历以后,天下学人多尊奉石介为儒道圣贤,而指斥夏竦为奸佞小人,就连"英公"表奏的闲雅神韵也被逐渐淡忘了。在众怒难犯之际,只有王銍肯仗义执言,积极肯定夏竦"四六"引领思潮的地位与价值。王铚《四六话》卷上载:

---

① 《欧阳修全集》卷九三,1373页。
② 叶适《习学记言序目》卷四八,中华书局,1977年,711页。
③ 《义门读书记》卷三八,678—679页。
④ 王元启《读欧记疑》,丛书集成续编本,23册,47页。

> 先公言：本朝自杨、刘四六弥盛，然尚有五代衰陋气。至英公表章，始尽洗去，四六之深厚广大，无古无今，皆可施用者，英公一人而已，所谓四六集大成者。至王歧公、元厚之四六，皆出于英公。王荆公虽高妙，亦出英公，但化之以义理而已。①

王铚所谓"先公"即王莘。王明清《挥麈后录》卷七称"先祖早岁登科，游宦四方，留心典籍，经营收拾，所藏书逮数万卷，皆手自校雠，贮之于乡里，汝阴士大夫多从而借传"者，②即此公也。莘与司马光、曾巩、王安石等友善，却并未给以散句为"四六"者给予过高评价。在他看来，能够将"燕许体"文章推进到"深厚广大、无古无今"的境界，方为"四六集大成者"，而夏英公的卓越建树绝不容轻视。王珪亦谓夏竦"为文章闳衍瑰丽，殆非学者之所能至，凡朝廷有大典册，屡以属之，其誉满天下"。③ 这也从侧面证明了王莘之说的客观与公允。

王莘称"王歧公、元厚之四六皆出于英公"颇有所据。王珪字禹玉，哲宗初封岐国公。④ 四库馆臣谓其"文章则博赡瑰丽，自成一家。计其登翰苑掌文诰者几二十年，朝廷大典策皆出其手，故其多而且工者，以骈俪之作为最。揖让于二宋之间，可无愧色。王铚、谢伋、陆游、杨万里等往往称之，殆非虚美"。⑤ 元绛字厚之，苏颂尝誉曰："公早以文学擅，而久更吏剧，负其夙志。虽簿书填委，而未尝辍简编、舍翰墨。晚遇知己之主，翱翔禁复，得以摅发其蕴。故制书诏令，纯深温润，切于事理。至于一篇一咏，往往出人意表，秉笔之士，以此多称美之。"⑥莘乃宋初经学大师王昭素之后，藏书既富，学养遂深。后人虽不能具体了解其论说依据，但从夏竦开始直到王珪、元绛和王安石，以奏疏表章为主的"四六"骈文洗尽"五代衰陋气"，总是不可否认的事实。论北宋"四六"而未及夏竦、王珪及元绛者，其

---

① 《四六话》卷上，2页。
② 王明清《挥麈录·后录》卷七，上海书店出版社，2001年，136页。
③ 王珪《夏文庄公竦神道碑铭》，《全宋文》(53)，199页。
④ 《宋史》卷三一二《王珪传》，10243页。
⑤ 《四库全书总目》卷一五二《华阳集》提要，1314页中。
⑥ 《苏魏公文集》卷五二，中华书局，1988年，782页。

疏漏之处不可不察。

只可惜像王銍那样持论中肯的"四六"评论家并不多见。即便是銍子王铚，也未能延续乃父精神，其论骈文沿革往往不够准确严谨。如《四六话序》曰："国朝名辈犹杂五代衰陋之气，似未能革。至二宋兄弟，始以雄才奥学，一变山川草木、人情物态，归于礼乐刑政、典章文物，发为朝廷气象，其规模闳达深远矣。继以滕、郑、吴处厚、刘辉，工致纤悉备具，发露天地之藏，造化殆无余巧。其隐栝声律至此，可谓诗赋之集大成者。"①按：宋庠、宋祁兄弟同举进士，共负盛名，时人称为"大小宋"，其"文章多馆阁之作，皆温雅瑰丽，飒飒乎治世之音"，"方驾燕、许之轨，譬诸贾、董、枚、马，体制各殊，而同为汉京之极盛"。②"二宋"师承于晏殊，若谓"四六"创变之功，则功在晏殊，不在庠、祁。陆游《老学庵笔记》卷五称李虚已"以其法授晏元献，元献以授二宋，自是遂不传"。③ 四库馆臣亦称："殊在北宋号曰能文，虽二宋之作，亦资其点定。"④王铚对此未加详考，以致谬悖。此外，王氏将滕元发、郑獬、吴处厚、刘辉四人列为"二宋"传人，也缺乏足够依据。事实上，神宗时代，文彦博在"四六"创作方面引领风骚，其艺术功绩远在滕氏等人之上。叶梦得撰《文潞公集序》云："公未尝有意于为文，而因事辄见，操笔立成，简质重厚，经纬错出。譬之鼗鼓镛钟，音节疏缓，杂然并奏于堂上，不害其与嗃嗃箫韶，舞百兽而谐八音也。"⑤序言虽有夸饰，但王铚专述北宋"四六"而未能及此，其疏漏缘由令人费解。

有关"四六话"对北宋"四六"研究造成的困惑绝不止上述两端，如其在史实记载方面即多有失误，值得警惕。费衮《梁溪漫志》卷五尝驳《四六谈麈》云：

  陈去非草《义阳朱丞相起复制》云"眷予次辅，方宅大忧"，有以"宅忧"为言者，令贴麻。陈改云"方服私艰"，说者又以为语忌。又

---

① 《四六话序》，《四六话》卷首。
② 《四库全书总目》卷一五二《宋元宪集》提要，1310 页上。
③ 陆游《老学庵笔记》卷五，中华书局，1979 年，69 页。
④ 《四库全书总目》卷一五二《晏元献遗文》提要，1308 页下。
⑤ 叶梦得《文潞公集序》，《全宋文》(147)，301 页。

云：叔祖逍遥公（谢显道也）初不入党籍，朱子发（震）内相以初废锢，乞依党籍例，命一子官。佽为作《谢启》云"刻石刊章，偶逃部党"。按：景思记此二事皆误。"宅忧"二字，乃有旨令綦处厚贴麻。去非曾待罪，非令其自贴改也。谢显道崇宁元年入党籍，至四年立《奸党碑》时出籍久矣。一子得致仕恩，仅监竹木务而卒，故子发为请于朝，复得一子官，其奏牍云"名在党籍"是也。景思记当时所见，偶尔差舛，恐误作史者采取，故为是正之。①

今按：制诏笺启最重切事，若史实差舛，便成指桑言槐，极易招人怨怼。治北宋"四六"而笃信"四六话"者，实不可不察。

骈体"四六"属于文学史研究范畴，此事固无可疑。陈寅恪先生《寒柳堂集·论再生缘》尝曰："就吾国数千年文学史言之，骈俪之文以六朝及赵宋一代为最佳。"②北宋文人博通经史，熟知典故，精于偶对，其"四六"文章遂呈现出姿彩百出、精切绚烂的艺术魅力。后世学人倘能准确把握宋初骈辞脱胎于晚唐五代、尤其是南唐俪文的艺术传承轨迹，彻底摈弃以"古文运动"为参照的思维惯性，并对历代"四六话"及文学史家的既定成说详加辨析，将学术触角深入至北宋"四六"谱派纷呈、名家竞秀的创作实际之中，其研究所得必能超越前贤，体现出创变求实的意义和价值。

---

① 费衮《梁溪漫志》卷五，上海古籍出版社，1985 年，57—58 页。
② 陈寅恪《寒柳堂集》，上海古籍出版社，1980 年，64 页。

# 第六章　论胡瑗等宋初教育家的学术及文章

**本章提要**：仁宗时代，胡瑗、孙复、石介及李觏等人欲超越"汉唐之学"，重释儒经"义理"，体现出"知古明道"的学术自觉。四公先以草泽身份筑室授业，后又执教太学，始终将"经义"解析与"时务"、"治道"相联系，为"宋学"启蒙导夫先路。他们反对"声律浮华之词"，审美取向与欧阳修等文学之士颇为不同。其作品多"根柢经术"，醇质务实；不足之处在于好"张大其说"，议论"粗疏"，甚者还有迂阔"矫激"之弊。要之，胡、孙、石、李以儒学名家而献身教育，在学术探索、教育实践及"古文"创作等方面均有建树，其利弊得失值得深究。

宋初以来波澜迭起的儒学复兴思潮，至仁宗天圣、庆历间遂大成气势。其时胡瑗、孙复、石介及李觏等道学名家次第登场，不仅为"疑古"之学赋予了许多新的内涵，更为此后"性理之学"的发展与成熟导夫先路。胡、孙、石、李四公先后执教于太学，在创新人才培养模式、确立学校管理制度等方面多有建树。前人谓"宋兴八十年，安定胡先生、泰山孙先生、徂徕石先生始以其学教授，而安定之徒最盛，继而伊洛之学兴矣。故本朝理学虽至伊洛而精，实自三先生而始"，[①]其说客观公允，值得信从。不过迄今为止，有关"宋初三先生"及李觏等人学术探索、教育实践及文章价值的讨论仍颇显薄弱，不仅其彰显儒道实践精神的教育业绩没有得到应有的重视和研究，即便其文章本身所蕴含的学术理念、人格内涵及审美取向

---

① 黄震《黄氏日抄》卷四五，文渊阁四库全书本，708 册，253 页上。

等,也未获得客观准确的分析和评价。虽说这一论题涉及到宋初儒学、教育及"古文"发展等诸多领域,情形颇为复杂,但研究者若能超越哲学与文学研究的学科界限,并将审视重点设定在"个性真实"层面,其创新思考的学术空间无疑是非常广阔的。本文无意寻求任何结论,倘或有一孔之见,一偏之得,惟愿与学界友朋切磨共乐而已。

## 一、"知古明道"的学术自觉

清人顾炎武曾经说过:"宋自仁宗在位四十余年,虽所用或非其人,而风俗醇厚,好尚端方,论世之士谓之君子道长。"①或许正是这样的时代,才激发了孙、胡、石、李诸公摈弃传统训释之学,重申"王道"之重,力斥"佛老"之妄,砥砺风俗,敦尚气节的学术自信。本来,从字词音义的训释到"创通经义",不过是一种学术方法的改变,但北宋学人超越汉、唐的努力却肇端于此。虽说"疑传"、"疑经"之风源自欧阳修《诗本义》和《易童子问》,但孙复等人同声相应,创获实多;而李觏"不喜孟子"的种种言论,②又为此后接踵而至的"疑圣"者们树立了榜样。

宋初学者在五代"礼乐崩坏,三纲五常之道绝,而先王之制度文章,扫地而尽于是矣"的衰残基础上复兴儒学,③其最初的做法依然是"集解"和"正义"。譬如,咸平二年(999)邢昺受诏,在何晏注、皇侃疏《论语义疏》的基础上"改定旧疏,颁列学官",撰成《论语正义》二十卷。该书虽"翦皇氏之枝蔓,而稍傅以义理",但关照重点仍在"章句、训诂、名物之际"。④ 孙奭尝撰《孟子音义》二卷、《孟子正义》十四卷,陈振孙《直斋书录解题》曰:"旧有张镒、丁公著为之音,俱未精当。奭方奉诏校定,撰集《正义》,遂讨论音释,疏其疑滞,备其阙遗,既成,上之。""序言为之注者,有赵岐、陆善经,其

---

① 《日知录集释》卷一三《宋世风俗》条,上海古籍出版社,2006年,758页。
② 《四库全书总目》卷一五三《盱江集》提要,中华书局,1965年,1316页上。
③ 《新五代史》卷一七《晋家人传论》,中华书局,1974年,188页。
④ 《四库全书总目》卷三五《论语正义》提要,290页下—291页上。

所训说，虽小有异同，而共宗赵氏。今惟据赵注为本。"①应该承认，当儒学久衰之后，像这样着眼基础的研究和普及工作不可或缺。与邢昺等馆阁学者同时，还有许多乡野逸士也加入到了注释儒经的行列。如开封处士王昭素"博通《九经》，兼究《庄》、《老》，尤精《诗》、《易》，以为王、韩注《易》及孔、马疏义或未尽是，乃著《易论》二十三篇"。②另据陈振孙《直斋书录解题》卷一载，建溪范谔昌尝撰《易证坠简》二卷，谔昌为"天禧中人。序言任职毗陵，因事退闲。盖尝失官也。又言得于溢浦李处约，李得于庐山许坚。其上卷如郭京《举正》，下卷辨《系辞》非孔子命名，止可谓之《赞》，系今《爻辞》乃可谓之《系辞》。又复位其次序。又有《补注》一篇，辨周、孔述作，与诸儒异，为《乾》、《坤》二传"。③严格说来，类似的训释之作，对推动儒学复兴无疑有着积极的作用。

至宋初"三先生"及李觏等人献身儒学，其方法和理念均已超越"溺于传注之说"的"汉唐之学"，④体现着"知古明道"、稽古鉴今的全新宗旨。他们试图通过对本经"义理"的重新阐释，寻绎出"道"的本质，即所谓"本原"或"本义"。胡瑗所撰《周易口义》乃宋人"以义理说《易》之宗"；⑤其《洪范口义》两卷"惟发明天人合一之旨，不务新奇。如谓'天锡洪范'为锡自帝尧，不取神龟负文之瑞。谓五行次第为箕子所陈，不辨洛书本文之多寡。谓五福六极之应通于四海，不当指一身而言。俱驳正注疏，自抒心得。又详引周官之法，推演八政，以经注经，特为精确"。⑥孙复甚至以为"注解"四出，必会使"六经之旨益乱，而学者莫得其门而入"，而"国家以王弼、韩康伯之《易》，左氏、公羊、穀梁、杜预、何休、范宁之《春秋》，毛苌、郑康成之《诗》，孔安国之《尚书》，镂板藏于太学，颁于天下。又每岁礼闱设科取士，

---

① 陈振孙《直斋书录解题》卷三《孟子音义》提要、《孟子正义》提要，上海古籍出版社，1987年，73页。
② 《宋史》卷四三一《王昭素传》，中华书局，1985年，12808页。
③ 《直斋书录解题》卷一《易证坠简》提要，8页。
④ 黄裳《顺兴讲庄子序》，《全宋文》(103)，上海辞书出版社、安徽教育出版社，2006年，78页。
⑤ 《四库全书总目》卷二《周易口义》提要，5页中。
⑥ 《四库全书总目》卷一一《洪范口义》提要，90页上。

执为准的。多士较艺之际,有一违戾于注说者,即皆驳放而斥逐之",实无补于教化。① 正因如此,其解经文字才完全不受前人"传注"的束缚。如《春秋尊王发微》卷三"庄公九年九月·齐人取子纠杀之"条云:"《论语》称:'威公杀公子纠,召忽死之,管仲不死。'此言齐人取子纠杀之者。子纠,威公兄,其次当立,威公争国,取而杀之,甚矣。故曰'齐人取子纠杀之',所以重威公之篡也。"②如此释"义",既明确了诸侯大夫功罪,又揭示了"经之本义",其创新价值遂得到了欧阳修的赞许和肯定。石介乃孙复门人,其在"弃传从经"的道路上走得更远。东汉经学大师郑玄"遍注诸经,立言百万,集汉学之大成",③其注疏文字向来和儒学典籍一样受到重视,北宋时甚至还流传着"宁道孔圣误,讳言郑、服非"的说法;④而石介《忧勤非损寿论》一文,不仅彻底否定了郑玄为《礼记·文王世子》所作的注释,谓"康成之妄也如此",且进一步指出:"如康成之言,其害深矣!"⑤在他看来,只有"能通明经术,不由注疏之说,其心与圣人之心自会;能自诚而明,不由钻学之至,其性与圣人之道自合"者,方能"言帝皇王霸之道、今古治乱之由"。⑥ 如此惊人的学术自信,在天圣之前实难想象。

  儒学经典及其训释文字既已受到不断质疑,那么圣人权威的逐步消解便难以避免。皇祐初,范仲淹荐为试太学助教的李觏非难孟子,即其显例。如《盱江集》卷二《礼论第六》阐释孟子"恻隐之心人皆有之"时说:"孟子以为人之性皆善,故有是言耳";然而人性善恶,"孟子岂能专之,曰性之说既尽之矣"。⑦ 同书卷二九载,策问"孟子曰:'未有仁而遗其亲者也,未有义而后其君者也。'"觏对曰:"是时天子在上,而孟氏游于诸侯,皆说以王道。汤、文、武所以得天下之说,未闻一言奖周室者,庸非'后其君'乎!贤人之言,必不徒尔。"⑧另据王晖《道山清话》载,李觏"素不喜佛,不喜孟

---

① 《寄范天章书二》,《全宋文》(19),290、291页。
② 《春秋尊王发微》,文渊阁四库全书本,147册,31页上。
③ 皮锡瑞《经学历史》,中华书局,1959年,127页。
④ 晁说之《元符三年应诏封事下》,《全宋文》(129),408页。
⑤ 《徂徕石先生文集》卷一一,中华书局,1984年,121页。
⑥ 《徂徕石先生文集》卷一三《上范思远书》,151页。
⑦ 《盱江集》卷二《礼论第六》,文渊阁四库全书本,1095册,27页上。
⑧ 《盱江集》卷二九《策问六首》,1095册,262页上。

子。好饮酒作文,古文弥佳";"然性介僻,不与人往还。一士人知其富有酒,然无计得饮,乃作诗数首骂孟子,其一云:'完廪捐阶未可知,孟轲深信亦还痴。丈人尚自为天子,女婿如何弟杀之。'李见诗大喜,留连数日,所与谈莫非骂孟子也。无何酒尽,乃辞去"。① 故事或为虚构,然李觏不敬孟子,时加责难,却是不争的事实。

从"疑传"、"疑经"再到"疑圣",看似纯粹的学术论辩,实则蕴涵着超越旧学,启迪心智以彰显儒道,近则"正心修身",远则"齐家治国平天下"的信念和理想。孙、胡等人或精通《周易》、《周礼》,或熟读《诗经》、《春秋》,虽学有偏善,建树不一,但通古观今、学以致用的现实针对性均非常明确。

先看"尊王之义"。晚唐五代天下动乱之时,武夫悍将动辄以为"天子,兵强马壮者当为之,宁有种耶",②篡弑相寻,肆无忌惮。其时儒者"以仁义忠信为学,享人之禄,任人之国者,不顾其存亡,皆恬然以苟生为得,非徒不知愧,而反以其得为荣者",③不可胜数。宋初几朝此风虽有消减,但"王道"不尊、士风颓靡的情形依然存在。冯道"历五朝、八姓,若逆旅之视过客,朝为仇敌,暮为君臣,易面变辞,曾无愧怍",④而对其乱世人格,宋初许多文人略不厌恶,反而深加追捧。譬如,薛居正就盛称冯道"在相位二十余年,以持重镇俗为己任,未尝以片简扰于诸侯",复云:"道之履行,郁有古人之风;道之宇量,深得大臣之体。"⑤范质亦仰视冯道,谓其"厚德稽古,宏才伟量,虽朝代迁贸,人无间言,屹若巨山,不可转也"。⑥ 在此情形下,孙复等人挺身而起,以探求"经之本义"的方式,重申"尊王"之意,其张扬皇权、振砺士风的价值取向毋庸置疑。

胡瑗长于治《易》,故其"尊王"思致多蕴含在对卦、爻辞的"义理"分析中。其《周易口义》卷一阐释《乾》"九五"爻辞的"义"时说:"德既广,业既

---

① 《道山清话》,文渊阁四库全书本,1037册,668页下。
② 《旧五代史》卷九八《安重荣传》,中华书局,1976年,1302页。
③ 《新五代史》卷三三《死事传序》,355页。
④ 《资治通鉴》卷二九一,中华书局,1956年,9512页。
⑤ 《旧五代史》卷一二六《冯道传》,1665—1666页。
⑥ 《资治通鉴》卷二九一,9511页。

成,即人君之位上合天心,下顺人情,以居至尊之地也。"同书卷四揭示《豫》"九四"爻辞之"义"时复云:"此卦上下群爻皆阴柔,而四独以刚阳之德为豫之主,然非至尊之位,乃专权之臣也。权既已专,是以上下皆附从之,必由于己而后得豫也。……秉悦豫之权,众来附己,然而必藉天下群才,共成天下之事业,群材既已从己,己必尽诚以信任之,不有疑贰之心,则彼将引其朋类、合其簪缨而来也。"①在他看来,仁君的"至尊"地位还需有天下"群才"的辅佐,这才是"尊王之义"的完整内涵。有关"尊王"的其他细节和准则,其在《洪范口义》中阐发得更加透彻,更为详尽。应该说,作为当代最负盛名的教育名家,胡瑗有关"尊王"的见解不仅清晰,且颇具现实针对性。而他的思想也为许多青年才俊所信从。孙觉"早从胡瑗游,传其《春秋》之学,大旨以抑霸尊王为主",②即其一例。

相对而言,孙复对"尊王"理念的阐释,纯学术的成分似乎更多一些。如《春秋尊王发微》卷一"鲁隐公二年·郑人伐卫"条云:"孔子曰:'天下有道,则礼乐征伐自天子出;天下无道,则礼乐征伐自诸侯出。'……夫礼乐征伐者,天下国家之大经也。天子尸之,非诸侯可得专也。诸侯专之犹曰不可,况大夫乎?吾观隐、桓之际,诸侯无小大,皆专而行之;宣、成而下,大夫无内外,皆专而行之;其无王也甚矣。"③客观说来,自《左氏》、《公羊》、《穀梁》以来,深入发掘"微言大义"早已成为《春秋》学的传统。孙复此作既能率先垂范于儒道久丧之后,又能获得学术名家欧阳修的奖誉,其影响遂较一般著作大了许多。

到了石介和李觏那里,"尊王之义"又被发掘出很多"复古"价值。介尝撰《二大典》云:"《周礼》、《春秋》,万世之大典乎!……《周礼》明王制,《春秋》明王道,可谓尽矣。执二大典以兴尧、舜、三代之治,如运诸掌。后世无人行之者,悲夫!"④与石介同时的李觏"常愤疾斯文衰敝,曰坠地已甚,谁其拯之!于是夙夜讨论文、武、周公、孔子之遗文旧制,兼明乎当世

---

① 胡瑗《周易口义》,文渊阁四库全书本,8册,178页上,260页下—261页上。
② 《四库全书总目》卷二六《春秋经解》提要,216页中。
③ 《春秋尊王发微》,文渊阁四库全书本,147册,5页下—6页上。
④ 《徂徕石先生文集》卷七,77页。

之务,悉著于篇";①其人以为《周礼》之法"今之不识"者众,特"撮其大略而述之",以便人君"圣人君子知其有为言之也",②遂撰《周礼致太平论》五十一篇。在他们看来,只要按《周礼》、《春秋》所载"旧制"行事,就能达到"尊王"目的。此种做法虽独树一帜,但释"义"偏颇、"复古"过当的责难也从未间断过。

次论"排黜佛、老"。宋初几朝佛、老盛行,严重制约着儒学复兴的速度与节奏。宋太宗"素崇尚释教",③尝对宰相赵普说"浮屠氏之教有裨政治,达者自悟渊微,愚者妄生诬谤,朕于此道,微究宗旨。凡为君治人即是修行之地,行一好事天下获利,即释氏所谓利他者也。"④为此,他还亲自撰写《莲华心轮回文偈颂》、《圣教序》等以示虔诚。与此同时,太宗君臣还认为《老子》五千言,"治身治国之道,并在其内"。⑤李焘《续资治通鉴长编》卷三四载:"上曰:'清净致治,黄老之深旨也。夫万务自有为,以至于无为。无为之道,朕当力行之。'"⑥参知政事吕端及宰臣吕蒙正等也将"无为"看作治国正道。真宗即位以后,佛、老势力更加甚嚣尘上,其时"封禅事作,祥瑞沓臻,天书屡降,导迎奠安,一国君臣,如病狂然"。⑦仁宗即位以后,情形虽有所变化,但儒学与佛道之间的矛盾依然尖锐。其时有杭州灵隐寺僧名契嵩者,就曾上万言书,称"儒者以文排佛,而佛道浸衰,天下其为善者甚惑。然此以关陛下政化,不力救,则其道与教化失"。⑧在此背景下,振兴儒学而排黜佛老,便成为"三先生"及李觏等人的不二选择。胡瑗以圣人之道训育诸生,表面上与佛老无涉,然正如四库馆臣所说,汉儒释《易》"不切于民用,王弼尽黜象数,说以老庄,一变;而胡瑗、程子始阐明儒理,再变"。⑨程氏乃瑗之后学,其排黜老庄、阐明《易》理的儒学理念与

---

① 祖无择《李泰伯退居类稿序》,《全宋文》(43),312页。
② 《周礼致太平论序》,《全宋文》(42),108页。
③ 李焘《续资治通鉴长编》(以下简称《长编》),中华书局,1992年,523页。
④ 《长编》卷二四,554页。
⑤ 《宋朝事实类苑》卷二,上海古籍出版社,1981年,21页。
⑥ 《长编》卷三四,758页。
⑦ 《宋史》卷八《真宗纪三》,172页。
⑧ 释契嵩《上仁宗皇帝万言书》,《全宋文》(36),110页。
⑨ 《四库全书总目》卷一《经部总叙·易类》,1页。

胡瑗一脉相承。不过,《周易口义》中直接排黜佛老的言辞并不多,这一点与孙复、石介针锋相对者颇为不同。孙氏有《无为指下》云:

> 观其惑佛老之说,忘祖宗之勤,罔畏天命之大,靡顾神器之重,委威福于臣下,肆宴安于人上。冥焉莫知其所行,荡焉莫知其所守,曰:"我无为矣。"至纲颓纪坏,上僭下偪,昏然而不寤者,得不痛哉!且夫天下之广,亿兆之众,一日万机,兢兢翼翼,犹惧不逮,而佛老之说其可惑乎?祖宗之勤其可忘乎?天命之大其可罔畏乎?神器之重其可肆于人上乎?①

其《儒辱》一文复将释、老与儒并存的局面视为"儒者之辱",曰"佛老之徒,横乎中国,彼以死生祸福、虚无报应为事,千万其端,惑我生民,绝灭仁义,以塞天下之耳;屏弃礼乐,以涂天下之目","儒者不以仁义礼乐为心则已,若以为心,则得不鸣鼓而攻之乎"。②当佛、老称盛之时,明确揭示佛老之惑,再三强调儒者与之势不两立的态度,这无疑需要足够的勇气。大抵与孙复同时,李觏针对佛、老"以修心养真,化人以善,或有益于世"的说法,强力驳斥道:

> 夫所谓修心化人者,舍吾尧舜之道,将安之乎?彼修心化人而不由于礼,苟简自恣而已矣。昔孟子之辟杨墨,曰:"杨氏为我,是无君也;墨氏兼爱,是无父也。"今山泽之臞,务为无求于世,呼吸服食,谓寿可长,非为我乎?浮屠之法,弃家违亲,鸟兽鱼鳖,毋得杀伐,非兼爱乎?为我是无君,兼爱是无父,无父无君,不忠不孝,况其弗及者,则罪可知矣。故韩愈曰"释老之弊,过于杨墨"也。③

此说与柳开"杨、墨、老、佛,犹戎蛮夷狄也,国治而道不明,杨、墨、老、佛固

---

① 孙复《无为指下》,《全宋文》(19),308页。
② 孙复《儒辱》,《全宋文》(19),309页。
③ 李觏《富国策第五》,《全宋文》(42),169页。

侵乱也"的论述如出一辙,而其态度与柳氏"先将举其力而毙其杨、墨、老、佛"者亦复相同。① 继孙复之后,石介撰《怪说》与《中国论》等文,将释、老和"杨亿之道"目为儒道大患,曰"去此三者,然后可以有为"。② 其文意气更为风发,精神更显豪迈,影响也颇为深远。

再说"激扬论议"。毋庸讳言,胡瑗、孙复等人在阐发"义理"、开启新学的同时,也显露出解释疏略,好"张大其说"的不足,有些议论甚至难免"矫激"与"粗大"之嫌。

朱熹曾对胡瑗解《易》之法提出质疑。有人问"胡安定将《乾》九四为储君"的解说是否恰当,朱熹回答说:"《易》不可恁地看。《易》只是古人卜筮之书。如'五'虽主君位而言,然亦有不可专主君位言者。天下事有那一个道理,自然是有。若只将《乾》九四为储位说,则古人未立太子者,不成是虚却此一爻! 如一爻只主一事,则《易》三百八十四爻,乃止三百八十四件事。"③虽说学无止境,但"一爻只主一事"的解《易》方法毕竟有些呆板。孙复以《春秋尊王发微》而获誉当世,但时人却对此另有说法。晁公武《郡斋读书志》卷三载:"常秩则讥之,曰:'明复为《春秋》,犹商鞅之法,弃灰于道者有刑,步过六尺者有诛。'谓其失于刻也。胡安国亦以秩之言为然。"④四库馆臣亦云:"夫知《春秋》者莫如孟子,不过曰'《春秋》成而乱臣贼子惧'耳。使二百四十年中无人非乱臣贼子,则复之说当矣。如不尽乱臣贼子,则圣人亦必有所节取,亦何至由天王以及诸侯大夫无一人一事不加诛绝者乎? 过于深求,而反失《春秋》之本旨者,实自复始。虽其间辨名分,别嫌疑,于兴亡治乱之机亦时有所发明,统而核之,究所谓功不补患者也。"⑤虽说为探求"经之本义"而"不惑传注"的学术探索值得肯定,但"过于深求"而"失于刻",难免会对儒经"本旨"造成误解。相同的学术理念,在石介的文章中更得到了淋漓尽致的发挥。景祐二年(1035)前后,石介在提举南京应天府书院时,撰写了《中国论》及《怪说》等论"道"的文章,

---

① 柳开《送陈昭华序》,《全宋文》(6),343 页。
② 《欧阳修全集》卷三四《徂徕石先生墓志铭》,507 页。
③ 《朱子语类》卷六八,中华书局,1986 年,1695 页。
④ 《郡斋读书志校证》卷三《春秋尊王发微》提要,上海古籍出版社,1990 年,112 页。
⑤ 《四库全书总目》卷二六《春秋尊王发微》提要,214 页下。

气势骄人,论说矫激,欧阳修当时就批评他"好异以取高","自异以惊世人"。① 不过,石介并没有因此而稍加改变,朱熹所谓"石守道只是粗",石介"健甚,硬做"的治学特点,②在《庆历圣德颂》、《原乱》、《是非辨》等文章中都得到了充分体现。至于李觏,朱子也说他"只说贵王贱伯,张大其说,欲以劫人之听,却是矫激",终究难免有"议论粗而大"的不足。③ 其非毁孟子之说,甚至被人称为宋初"一等猖狂议论"。④ 此公"尝试制科六论,不得其一",⑤对治国理政之道一无所知,但《盱江集》中却存有《富国策》十篇、《强兵策》十篇、《安民策》十篇以及《庆历民言》三十篇等议论时政的文字,穿凿附会,振振有辞,其情形与孙复所撰《罪平津》、《无为指上》、《无为指下》、《寄范天章书》及《上孔给事书》等如出一辙。学者之于治道,原本只是从"圣人之言"中理解到几分"正理";若依其高谈阔论治民理政,则议论"粗大"之弊必将酿成祸患。

从"疑经"、"疑传"到怀疑古圣前贤,在重申"尊王之义"的同时排黜佛老,安定、泰山诸公复兴儒学的努力就这样艰难地进行着。该时期"义理"阐释的主要对象是《周易》、《春秋》、《诗经》、《论语》等儒经元典,同时也旁涉王通、韩愈等人的释"义"文章,其创变学术、砥砺风俗的非凡业绩不容轻视。至于"安定沉潜,泰山高明;安定笃实,泰山刚健,各得其性禀之所近"的人格差异,⑥还需从"事功"、"文章"等更多方面详加考虑;孙、胡如此,石、李亦莫能外。

## 二、"庆历之学"的内涵及成就

自古以来"师即学校之传道授业者,儒即道德之化民成俗者",⑦而鸿

---

① 《欧阳修全集》卷六八《与石推官第一书》,992页。
② 《朱子语类》卷一二九,3091页。
③ 《朱子语类》卷一二九,3090页。
④ 李光地《榕村语录》卷一九,文渊阁四库全书本,725册,294页上。
⑤ 王称《东都事略》卷一一四《李觏传》,文渊阁四库全书本,382册,743页下。
⑥ 《宋元学案》卷一,中华书局,1986年,23页。
⑦ 易祓《周官总义》卷一,文渊阁四库全书本,92册,276页上。

儒为师，例能产生双重功效。在天下郡县尚未置学的宋初时代，"三先生"及李觏筑室授业，弘扬师道，贡献殊多。庆历四年(1044)"天子慨然下诏书，风厉学者以近古，天下之士亦翕然丕变以称上意。于是胡翼之、孙复、石介以经术来居太学，而李泰伯、梅尧臣辈又以文墨议论游泳于其中，而士始得师矣"。① 自此而后，所谓"庆历之学"，②不仅制约着太学教育的得失成败，更反映着"宋学"开创阶段的建树与不足。

胡瑗乃泰州海陵人，"自庆历中教学于苏、湖间二十余年，束修弟子前后以数千计。是时方尚辞赋，独湖学以经义及时务，学中故有经义斋、治事斋。经义斋者，择疏通有器局居之；治事斋者，人各治一事，又兼一事，如边防、水利之类，故天下谓湖学多秀彦，其出而筮仕，往往取高第；及为政，多适于世用，若老于吏事者，由讲习有素也"。③ 其后，胡瑗被召为国子监直讲，便把这种求真务实的教育理念引入太学，使更多学子拜受其赐。李廌《师友谈记》载：

> 胡翼之瑗初为直讲，有旨专掌一学之政。胡文学行义，一代高之。既专学政，遂推诚教育，多士身率。天下之士，不远万里来就师之。方是时，游太学者，端为道艺，称弟子者，中心悦而诚服之也。胡亦甄别人物，择其过人远甚，人畏服者奖之，激之以励其志。又各因其所好，类聚而别居之。故好尚经术者、好谈兵战者、好文艺者、好尚节义者，皆以所类群居，相与讲习。胡亦时召之，使论其所学，为定其理。或自出一义，使人人以对，为可否之。时取当时政事俾之折衷，故人皆乐从而有成。④

此外，王得臣《麈史》卷上《忠谠》亦云："安定胡翼之，皇祐、至和间国子直讲，朝廷命主太学。时千余士，日讲《易》，予执经，在诸生列，先生每引当

---

① 陈亮《变文格》，《全宋文》(279)，366页。
② 《欧阳修全集》卷一一〇《议学状》，1673页。
③ 《文献通考》卷四六，浙江古籍出版社，431页下—432页上。
④ 《师友谈记》，中华书局，2002年，36—37页。

世之事明之。"①胡公研治经书,向来以"沉潜"、"笃实"著称,但他能在"经义"讲述中联系"时务",推明"治道",则充分体现着将"知古明道"与"明体达用"相结合的训育理念。至于类聚而别,因材施教,更是"推诚教育"的当行做法。②

应该说,胡瑗在学校教育及管理方面的种种建树,不仅张扬了儒道固有的实践精神,更为北宋新儒学人才的培养导夫先路。欧阳修《胡先生墓表》谓"其在湖州之学,弟子去来常数百人,各以其经转相传授。其教学之法最备,行之数年,东南之士莫不以仁义礼乐为学。庆历四年,天子开天章阁,与大臣讲天下事,始慨然诏州县皆立学。于是建太学于京师,而有司请下湖州,取先生之法以为太学法,至今为著令"。③《宋史》卷四三二本传亦云:"瑗教人有法,科条纤悉具备,以身先之。虽盛暑必公服坐堂上,严师弟子之礼。视诸生如其子弟,诸生亦信爱如其父兄。从之游者常数百人。"虽说胡公于皇祐四年(1052)十月才被召为国子监直讲,比石介等三人都晚,但他管勾太学期间的作风与业绩,却获得了朝野之士的普遍赞誉。史称瑗"既居太学,其徒益众,太学至不能容,取旁官舍处之。礼部所得士,瑗弟子十常居四五,随材高下,喜自修饬,衣服容止,往往相类,人遇之虽不识,皆知其瑗弟子也"。④ 能够将儒学深"义"完美体现于人格修养之中,让诸生都能保持纯粹笃实、一丝不苟的高尚品格,这足以说明胡式教育的高效与成功。嘉祐四年(1059)正月,当胡瑗"病不能朝",最终"授太常博士致仕"而告归海陵时,"诸生与朝士祖饯东门外,时以为荣"。⑤ 作为鸿儒名师,其与世作别的背影中,依然透露着乐道无悔的淡定与从容。

孙复、石介及李觏等人的教育业绩虽不及胡瑗,但他们学有偏善,禀性各异;其学术思想及人格质量既有许多近似或相同之处,同时也充分体现出"君子不苟同"的个性差异。⑥ 孙明复与李泰伯都曾任教太学,其深究

---

① 《麈史》卷上,上海古籍出版社,1986 年,15 页。
② 朱熹《宋名臣言行录·前集》卷一〇,文渊阁四库全书本,449 册,119 页下。
③ 《欧阳修全集》卷二五,389 页。
④ 《宋史》卷四三二《胡瑗传》,12837 页。
⑤ 《长编》卷一三八,3325 页。
⑥ 李心传《丙子学易编》,文渊阁四库全书本,17 册,786 页下。

"义理"、推古及今的训育理念与胡安定基本相同。孙复乃范文正门生,仲淹在睢阳掌学,复往谒之,即授以《春秋》,"后十年,闻泰山下有孙明复先生以《春秋》教授学者,道德高迈"。① 时"石介有名山东,自介而下皆以先生事复"。"介既为学官,语人曰:'孙先生非隐者也。'于是范仲淹、富弼皆言复有经术,宜在朝廷。除秘书省校书郎、国子监直讲"。② 据《长编》卷一三八载,庆历二年(1042)十一月,"以泰山处士孙复为试校书郎、国子监直讲"。③ 至庆历五年十一月,为石介事所牵,罢国子监直讲,责监虔州税。此后"徙泗州,又徙知河南府长水县,签署应天府判官公事,通判陵州。翰林学士赵概等十余人上言,孙某行为世法,经为人师,不宜弃之远方,乃复为国子监直讲。居三岁,以嘉祐二年七月二十四日,以疾卒于家"。④ 孙复执教太学的具体情形史无详载,或谓其"恶胡瑗之为人,在太学常相避。瑗治经不如复,其教养诸生过之"。⑤ 孙、胡早年同在泰山苦读达十年之久,"弃传从经"的治学理念并无不同。有学者认为,孙之所以恶胡者,除了"安定较和易,明复却刚劲"的性情差异,⑥或许还有"器量"问题。如清人雷铉《读书偶记》卷二即云:"宋胡安定、孙明复二先生皆为天下师,少同学问,后来竟不相悦。此二公器量,疑皆有不足处。……其量之不大,由理之未明,信乎!程子曰:量由识长,识高则量大也。"⑦不过,在笔者看来,不同的教育理念,或许是导致分歧的根本原因。胡瑗强调"明体达用",其立足当下的人才意识非常清晰;而孙复"不惑传注,不为曲说,真切简易,明于诸侯大夫功罪,以考时之盛衰,而推见王道之治乱,得于经为多"的儒学训导,⑧则超越现实功利目的,更具有学术研究的纯粹性。虽然如此,孙复执教太学的六年间,绝无愧于朝廷信任,其"多异先儒"的讲说,也有着启迪心智的独特价值。

---

① 魏泰《东轩笔录》卷一四,中华书局,1983年,159页。
② 《宋史》卷四三二《孙复传》,12832—12833页。
③ 《长编》卷一三八,3325页。
④ 《欧阳修全集》卷三〇《孙明复先生墓志铭》,457—458页。
⑤ 《长编》卷一八六,4495页。
⑥ 《朱子语类》卷一二九,3091页。
⑦ 《读书偶记》卷二,文渊阁四库全书本,725册,692页下—693页上。
⑧ 《直斋书录解题》卷三《春秋尊王发微》解题,58页。

盱江李觏字泰伯,早年举茂才异等不中,以教授自资,学者常数十百人。后以范仲淹荐举,得"试太学助教",①其时则晚孙复八年。《长编》卷一六九皇祐二年(1050)八月乙丑条载:"知杭州、资政殿学士范仲淹奏进建昌军草泽李觏撰《明堂图义》:'觏能研精经训,会同大义。按而视之,可以兴制。今朝廷行此盛礼,千载一辰,而斯人之学,上契圣作,谨具录以进,庶讨论之际有所补助。'诏送两制看详,称其学业优博,授试太学助教。"②按:本年所授似为虚衔,其《告词》云:"予俾禁掖近侍详较,皆曰学业优,议论正,有立言之体。且履行修整,诚如荐章所云。故特以一命及尔。尔其益自进于道,勿患朝廷之不知也。可特授将仕郎、试太学助教,不理选限。"③仲淹荐举虽获成功,而李觏实未赴任,其执教太学的时间,一直要晚到嘉祐二年(1057)。《宋史》本传略谓"嘉祐中用国子监奏,召为海门主簿、太学说书而卒",实则嘉祐二年召为太学说书,次年则以海门主簿录之。四年"胡瑗以疾罢,又以觏权同管勾大学",旋请假归,卒于家。④ 有关李觏教授乡里及执教太学的具体情形难以详察,范文正谓其"善讲论六经,辩博明达,释然见圣人之旨。著书立言,有孟轲、扬雄之风义,实无愧于天下之士"。⑤ 盖其风采人格,或与孙复相类似。

在范文正激赏的四位贤士中,进士出身的石介名气最大,这不仅因为他是太学首任行政主管,更由于他"喜声名,遇事奋然敢为"的个性质量以及好古怪诞的训育方式。⑥ 早在其提举南京应天府书院时,欧阳修就曾遗以书信,指责他有"好异以取高"、"自异以惊世人"的不良倾向,且云:"古之教童子者,立必正,听不倾,常视之毋诳,勤谨乎其始,惟恐其见异而惑也。今足下端然居乎学舍,以教人为师,而反率然以自异,顾学者何所法哉!不幸学者皆从而效之,足下又果为独异乎! 今不急止,则惧他日有责

---

① 《宋史》卷四三二《李觏传》,12839 页。
② 《长编》卷一六九,4057 页。
③ 《盱江外集》卷一,文渊阁四库全书本,1095 册,336 页下。
④ 何乔新《椒邱文集》卷二〇《李泰伯传》,文渊阁四库全书本,1249 册,318 页下。
⑤ 《范仲淹全集》卷一九《荐李觏并录进礼论等状》,凤凰出版社,2004 年,398 页。
⑥ 《宋史》卷四三二《石介传》,12833 页。

后生之好怪者,推其事,罪以奉归,此修所以为忧而敢告也,惟幸察之。"①然而,"好古"成癖的石介已经很难接受这样的规劝。在他看来,"圣人之作皆有制也,非特救一时之乱,必将垂万代之法","伏羲、神农、黄帝、尧、舜、禹、汤、文、武、周公、孔子十一圣人为之制,信可以万世常行而不易也。后世无伏羲、神农、黄帝、尧、舜、禹、汤、文、武、周公、孔子,则勿请更作制。后世有伏羲、神农、黄帝、尧、舜、禹、汤、文、武、周公、孔子,则请起今之亡而复古之制欤!"②在这种理念的促使下,当他庆历二年(1042)六月入为国子监直讲,尤其是庆历四年管勾太学以后,那种偏离常规的作风更发展到了令人"怪骇"的程度。欧阳修《读徂徕集》诗云:"昨者来太学,青衫踏朝靴。陈诗颂圣德,厥声续猗那。羔雁聘黄晞,晞惊走邻家。施为可怪骇,世俗安委蛇。谤口由此起,中之若飞梭。……生徒日盈门,饥坐列雁鹅。弦诵聒邻里,唐虞赓咏歌。"③显然,像"陈诗颂圣德"、"唐虞赓咏歌"之类的教学活动,已经超出了国子监生"奉诏令分习五经"的范畴,④属石介首创。所谓"羔雁聘黄晞,晞惊走邻家",事见《宋史》卷四五八《黄晞传》,其文称:"黄晞字景微,建安人,少通经,聚书数千卷,学者多从之游,自号'赘隅子',著《歔欷琐微论》十卷。""石介在太学,遣诸生以礼聘召,晞走匿邻家不出。"⑤大约与此同时,还有一位"嗜古学,喜激扬论议"的西蜀学者何群,也得到了石介的特别礼遇。《长编》卷一九〇载:

> 庆历中,石介在太学,四方诸生来学者数千人,群亦自蜀至。方讲官会诸生讲,介曰:"生等知何群乎?群日思为仁义而已,不知寒饥之切己也。"众皆注仰之。介因馆群于其家,使弟子推以为学长。……群尝言:"今之士语言佻易,举止惰肆者,其衣冠不如古之严。"因请复古衣冠。又上书言三代取士,皆本于乡里,而先行义,后

---

① 《欧阳修全集》卷六八《与石推官第一书》,992页。
② 《徂徕石先生文集》卷六《复古制》,69—70页。
③ 《欧阳修全集》卷三,43页。
④ 《文献通考》卷四二《学校考三》,395页上。
⑤ 《宋史》卷四五八《黄晞传》,13441页。

世专以文辞,就文辞中害道者莫甚于赋,请罢去。介赞美其说。①

黄晞、何群乃偏激狂怪之徒,石介以之为诸生楷模,其教育理念之"怪骇"可想而知。石介在太学执教期间所作的《庆历圣德诗》,最能显示其"志在当世"、"奋然敢为"的狂傲与自信。该诗以褒贬忠佞的犀利文字,凸现着"喜同恶异"的意气倾向。四库馆臣曾就此评论说:"贤奸黜陟,权在朝廷,非儒官所应议。且其人见在,非盖棺论定之时。迹涉嫌疑,尤不当播诸简牍,以分恩怨。厥后欧阳修、司马光朋党之祸屡兴,苏轼、黄庭坚文字之狱迭起,实介有以先导其波。"②客观而论,介为此诗的主要动机是"赞君德"与"美贤臣",但所谓"时无不可为,不在其位则行其言。言见用,利天下,不必出诸己;言不用,获祸至死而不悔"的儒道信念,③同样不可否认。其鲁莽怪诞的行为后面,实际隐含着"激扬论议"的学术人格。在这一方面,石介与李觏两人直可相视而笑。

如果说胡瑗、孙复等人"不惑传注"的治学方法开创了宋学"创通经义"之先河,那么其将"政事"与"学问"相结合的教学探索,则应属于"革新政令"的初步尝试。虽然是"草泽"执教,但庆历中重建太学的努力,实际昭示着"三先生"与范仲淹等革新派人物"同道相济"的人格自觉。后人所谓"仲淹门下多贤士,如胡瑗、孙复、石介、李觏之徒",④当即着眼于此。不过,面对范仲淹与胡瑗等人共同造就的"庆历之学",后人的评价却颇为不同。肯定者认为石介"文学行义名重一时,经术博深,议论坚正,以扶持名教为己任。尝与孙复、胡瑗为国子监直讲,教养人材,士风丕变,故至今论学校者,称庆历之风"。⑤ 其开创教育新风的贡献值得重视。朱子谓:

当杨、刘时,只是理会文字。到范文正、孙明复、石守道、李太伯、

---

① 《长编》卷一九〇,4599—4600页。
② 《四库全书总目》卷一五二《徂徕集》提要,1312页中。
③ 《隆平集》卷一五《儒学行义·石介》,文渊阁四库全书本,371册,150页下。
④ 《宋史》卷三一四《范纯仁传》,10282页。
⑤ 《长编》卷四三六,10505页。

常夷甫诸人,渐渐刊落枝叶,务去理会政事,思学问见于用处。及胡安定出,又教人作"治道斋",理会政事,渐渐挪得近里。①

这种说法具有相当的普遍性。否定者则主要着眼于石介等人的"材行"表现,以为其高谈虚论往往言过其实,未必实用。欧阳修谓:

> 夫人之材行,若不因临事而见,则守常循理,无异众人;苟欲异众,则必为迂僻奇怪以取德行之名,而高谈虚论以求材识之誉。前日庆历之学,其弊是也。②

苏轼亦云:

> 得人之道,在于知人,知人之法,在于责实……近世文章华丽,无如杨亿。使亿尚在,则忠清鲠亮之士也。通经学古,无如孙复、石介。使复、介尚在,则迂阔诞谩之士也。③

着眼点既有不同,所谓成败得失的评价自然会有所差异。假使能从安定、泰山诸公奋力开创"宋学"基础、丰富儒道实践内涵的角度重新加以考量,则有关"庆历之学"价值的判断无疑将更为客观,更加公允。

## 三、"根柢经术"的古文创作

赵宋一代"文章之学"、"训诂之学"和"儒者之学"的初步分离,④肇始于孙、胡、石、李诸公。他们既欲超越汉、唐学术,遂"弃传从经",专尚"义理";与此同时,又以遒文丽藻为害道之"淫辞",攻击挞伐不遗余力。就文

---

① 《朱子语类》卷一二〇,2915 页。
② 《欧阳修全集》卷一一〇《议学状》,1673 页。
③ 《宋史》卷一五五《选举一》,3616—3617 页。
④ 《河南程氏遗书》卷一八,《二程集》,中华书局,1981 年,187 页。

章而言,孙复、石介及李觏等人虽间有"古文",但与欧阳修、尹洙等文士所作却大为不同。刘克庄所谓"先朝孙明复、胡安定俱以经为人师,曷常有一篇文字行世哉",①其着眼点即在于此。

在经学家的心里,儒道本位意识根深蒂固。孙复和石介议论虽显"粗大",却始终保持着对"圣贤之道"的忠诚。孙氏以为能够与"古圣贤之道"相配者,除了《诗》、《书》、《礼》、《乐》、《易》、《春秋》等"圣人之文",还有"临事摭实,有感而作,为论,为议,为书、疏、歌、诗、赞、颂、箴、解、铭、说之类"的"仁义"之作。其他"自西汉至李唐,其间鸿生硕儒,摩肩而起,以文章垂世者众矣。然多杨、墨、佛、老虚无报应之事,沈、谢、徐、庾妖艳邪侈之言杂乎其中,至有盈编满集,发而视之,无一言及于教化者",它们都是"徒污简册"的"无用瞽言"。② 李觏自称"生而嗜学,诵古书,为古文,不敢稍逗挠",③其用力重点也不过"六经群言"而已。④ 至于石介言必称"周公、孔子、孟轲、扬雄、文中子、韩吏部之道,尧、舜、禹、汤、文、武之道",⑤俨然以道学自任,自诩为当代圣贤。

随着"义理之学"的不断发展,胡瑗和李觏等人不再简单讲说"道"即"六经",而是具体分析其在"体"、"用"、"文"等各方面的不同功能与价值,从而为传统道学赋予了新的内涵。熙宁二年(1069)宋神宗问刘彝,胡瑗文章"与王安石孰优",彝对曰:

> 臣闻圣人之道,有体,有用,有文。君臣父子,仁义礼乐,历世不可变者,其体也。诗书史传集,垂法后世者,文也。举而措之天下,能润泽其民,归于皇极者,其用也。国家累朝取士,不以体用为本,而尚其声律浮华之词,是以风俗偷薄。臣师瑗当宝元、明道之间,尤病其失,遂明体用之学,以授诸生,夙夜勤瘁。二十余年,专功学校,始自

---

① 《后村先生大全集》卷一三〇《答林公掞监场书》,四部丛刊缩印本,278页,1158页下—1159页上。
② 孙复《答张洞书》,《全宋文》(19),293—294页。
③ 李觏《上李舍人书》,《全宋文》(41),345页。
④ 李觏《上王内翰书》,《全宋文》(41),336页。
⑤ 《徂徕石先生文集》卷五《怪说中》,62页。

苏湖,终于太学,出于门者,无虑二千余人。故今学者,明夫圣人体用,以为政教之本,皆臣师之功也。①

相对于前人所谓"吾之道,孔子、孟轲、扬雄、韩愈之道;吾之文,孔子、孟轲、扬雄、韩愈之文也"的空泛自白,②胡瑗的学说似乎更显丰满,其现实指向性也更为明确。李觏对儒道"体用"之说也有独到见解,其集中如《礼论》七篇、《周礼致太平论》五十一篇、《国用》十六篇、《教道》九篇、《潜书》十五篇以及《富国》、《强兵》、《安民》策各十篇等,"文格次于欧、曾,其论治体悉可见于实用"。③ 其说虽不免粗浅,但明"体"重"用"的价值取向相当明确。

胡瑗、李觏等人将"诗书史传集"纳入儒道研究的范畴,在一定程度上修正了"文章为道之筌"的传统观念,④但这并不意味着这几位儒学家反对"声律浮华之词"的态度有丝毫改变。究其原因,一方面是文、道对立观念的惯性作用使然。譬如,宋初柳开就曾明确指出:

> 代言文章者,华而不实,取其刻削为工,声律为能。刻削伤于朴,声律薄于德,无朴与德,于仁义礼知信也何?其故在于幼之学焉,无其天之性也,自不足于道也。以用而补之,苟悦其耳目之玩,君子不由矣。⑤

穆修在《答乔适书》中也指出以诗赋取士是对"古道"、"古文"的妨害,其文曰:

> 盖古道息绝,不行于时已久,今世士子,习尚浅近,非章句声偶之辞不置耳目,浮轨滥辙,相迹而奔,靡有异途焉。其间独敢以古文语

---

① 赵善璙《自警编》卷四,文渊阁四库全书本,875 册,272 页上。
② 柳开《应责》,《全宋文》(6),367 页。
③ 《四库全书总目》卷一五三《盱江集》提要,1316 页上。
④ 柳开《上王学士第三书》,《全宋文》(6),284 页。
⑤ 柳开《上王学士第三书》,《全宋文》(6),283 页。标点有改动。

者,则与语怪者同也。众又排诉之,罪毁之,不目以为迂则指以为惑,谓之背时远名、阔于富贵。先进则莫有誉之者,同侪则莫有附之者。①

在他看来,在名利富贵的诱惑下,天下士子舍"古道"而弃"古文",专攻章句声偶之辞,乃是必然之事。正因如此,穆修才"羞为礼部格诗赋"而欲"独为古文"了。② 孙复、石介不仅完全继承了上述观念,且凭借其任教太学的机会,进一步强化"俪辞"害道之说。复有《寄范天章书一》云:

> 复窃尝观于今之士人,能尽知舜、禹、文、武、周公、孔子之道者鲜矣。何哉?国家踵隋唐之制,专以辞赋取人,故天下之士,皆奔走致力于声病对偶之间,探索圣贤之闻奥者,百无一二。向非挺然特立、不徇世俗之士,则孰克舍于彼而取于此乎?③

而石介《怪说中》更将"杨亿之道"视为儒"道"的死敌,称其"穷妍极态,缀风月,弄花草,淫巧侈丽,浮华纂组,刓锼圣人之经,破碎圣人之言,离析圣人之意,蠹伤圣人之道",④必欲除之而后快。至此,"道学"与"时文"的对立可谓登峰造极。另一方面,像孙、胡、李这样的"草泽"硕儒,身心精力全部集中于经学探索,其议论撰述均属学术范畴。而长期从教的职业特点,更要求其语言表述更趋适用,直朴而质实。倘施以丽藻,形诸偶对,则非其所能。因此,他们对偶俪"时文"的挞伐似乎更隐含着某种职业的本能。李觏在《答黄著作书》中声称:"今之学者,谁不为文?大抵摹勒孟子,劫掠昌黎。若为文之道止此而已,则但诵得古文十数篇,拆南补北,染旧作新,尽可为名士矣,何工拙之辨哉?"⑤如果不能从职业习尚的角度加以考虑,像这样轻视文章"名士"的说法便很难理解。

不管是受传统观念的惯性制约,还是身为人师的职业本能,"三先生"

---

① 穆修《答乔适书》,《全宋文》(16),20页。
② 苏舜钦《哀穆先生文》,《全宋文》(41),137页。
③ 孙复《寄范天章书一》,《全宋文》(19),289—290页。
④ 《徂徕石先生文集》,62页。
⑤ 李觏《答黄著作书》,《全宋文》(42),25页。

及李觏等人不善"章句声偶之辞"乃是不争的事实。为了厘清与害道"时文"的界限,他们有意作"古文",明"古道",以求其"用"。需要说明的是,仁宗时期"道学之儒"和"文章之士"对"古文"的理解各有不同。前者将此等同于"古圣人之文章",即"圣人作经籍,以至书传记录存于简册,皆告于后之人者也"。① 他们对"古文"的要求是能"古其理,高其意,随言短长,应变作制,同古人之行事"。② 说到底,就是用不加修饰的散体语言说"理"论"道"。后者则希望达到"其文谨严,辞约而理精",③"简而有法,博学强记,通知今古"的高超境界。④ 为了追求"简古",他们或"用意史学,以所闻见拟之",⑤或融骈入散,以增强艺术美感。两者都强调"法古",但审美追求却南辕北辙。

严格说来,像胡瑗诸《口义》,孙复《春秋尊王发微》,李觏《礼论》、《易论》、《删定易图序论》及《明堂定制图序》等学术著作,与文学史家所称之"古文"作品例属两类,不可混淆。而欲了解"三先生"及李觏等人与学术品格相表里的创作心态和艺术追求,其考察重点无疑是诗、赋、序、传、碑、记等非学术之作。其可瞩目者约有以下数端。

首先,孙、石、李觏之文章均以议论见长,且好"张大其说"。譬如,贾谊才高而沉沦至终的遭遇,汉唐文人普遍给予同情。李商隐《贾生》诗云:"宣室求贤访逐臣,贾生才调更无伦。可怜夜半虚前席,不问苍生问鬼神。"但此事到孙复笔下,却有了新的解读。其《书贾谊传后》云:

> 读《汉书》者,靡不尤文帝、伟贾生也。吾观贾生宣室对鬼神之事,窃谓汉世多言神怪者,由贾生启之于前,而公孙卿之徒寖之于后也。且怪力乱神,圣人之所不语,贾生何得极其神怪虚无之言,使文帝为之前席? 若以为辩,斯则辩矣,然于世主何所补哉?⑥

---

① 柳开《名系》,《全宋文》(6),368 页。
② 柳开《应责》,《全宋文》(6),367 页。
③ 《范仲淹全集》卷八《尹师鲁河南集序》,158 页。
④ 《欧阳修全集》卷二八《尹师鲁墓志铭》,432 页。
⑤ 邵伯温《邵氏闻见录》卷八,中华书局,1983 年,81—82 页。
⑥ 孙复《书贾谊传后》,《全宋文》(19),297 页。

从道学的角度看,以怪力乱神指责贾谊似乎在理,但孙氏所言却难免"自异以惊世"之嫌。朱熹谓其议论虽"平正",但仍嫌"粗疏,未尽精妙",①着眼点或即在此。同样的情形,在李觏的"古文"作品中也时有体现。如其《广潜书九》云:

> 善贼者,必搏人之亲爱而质之,攻之则并杀,纵之则幸而生,孰忍以其货故而血所爱也。善赃者,必诱时之贵仕而质之,饰情以为廉,借力以为勤。一钓而得举,则负其势而驰。攻之则连坐,纵之则幸而免,孰敢以其民故而病贵臣也?举一人而刳剔亿万人,其罪在此不在彼也。戒之!戒之!无为贼子所质。②

宦途人生或"兼济"或"独善",而像李觏所云"贼"且"赃"者毕竟不多;倘执此偏激之论以观天下,则难免会有些"欲以劫人之听"的"矫激"味道。当然,议论"粗大"的作品也并非一无是处,如朱熹所云:"往时李太伯作《袁州学记》,说崇《诗》、《书》,尚节义,文字虽粗,其说振厉,使人读之森然,可以激懦夫之气。"③清人蔡世远《古文雅正》卷一○选录此文,评曰:"欧、曾、王《学记》叙三代之学甚详,此独点明一笔,从忠孝大节发明,朱子谓其'从大处起议论'者也,而词旨严炼,锋锷迫人,有振衣千仞之概,比欧、曾、王,应突过之。"④从发明"道学"、振厉人心的角度讲,李觏文章的价值的确不容否认。

较之上述三公,石介则"健甚",其文章更显"刚介",⑤这一点酷似柳开。介有《赠张绩禹功》诗云:"嗟吁河东没,斯文乃屯否。汩汩三十年,淫哇满人耳。粤从景祐后,大儒复倡始。文人如麻立,枞枞攒战骑。徂徕山磊砢,生民实顽鄙。容貌不动人,心胆无有比。不度蹄涔微,直欲触鲸鲤。

---

① 《朱子语类》卷一二九,3091 页。
② 《广潜书》九,《全宋文》(42),253—254 页。
③ 《朱子语类》卷一二二,2957 页。
④ 蔡世远《古文雅正》卷一〇,文渊阁四库全书本,1476 册,186 页上。
⑤ 《朱子语类》卷一二九,3091 页。

有慕韩愈节,有肩柳开志。"①其《过魏东郊》诗复云:"堂堂柳先生,生下如猛虎……六经皆自晓,不看注与疏。述作慕仲淹,文章肩韩愈。下唐二百年,先生固独步。"②其此公所以能不惧"万亿千人之众反攻",③力排佛老及杨亿,其胆识和做法与柳开一脉相承。王士禛《池北偶谈》卷一七《徂徕集》条称:"守道最折服者柳仲涂,最诋諆者杨文公大年,观《魏东郊》诗、《怪说》可见。"④《居易录》卷一一复谓杨亿"警策绝少,文皆骈体,大抵五季已来风气如此。而石守道作《怪说》三篇刺之,张皇其词,亦过矣。介最推柳仲涂,至拟之周、孔,尤妄"。⑤此说可谓不易之论。

当儒学久衰、佛老浸淫之际,孙复、李觏及石介等当代名儒为振兴儒道而张大议论,其严辞锷锋虽然超越常态,矫枉过正的意图却非常明确。学术与文章血脉相通,互为表里;在那些略嫌粗疏的文章中,却蕴涵着"庆历之学"的精髓。

其次,孙复等"道学之儒"在诗文创作中强调"根柢经术",醇质务实,多数作品囿于理道,缺少灵动变化,美感不足。譬如,孙复《谕学》诗云:

> 冥观天地何云为,茫茫万物争蕃滋。羽毛鳞介各异趣,披攘攫搏纷相随。人亦其间一物尔,饿食渴饮无休时。苟非道义充其腹,何异鸟兽安须眉。人生在学勤始至,不勤求至无由期。孟轲荀卿扬雄氏,当时未必皆生知。因其钻仰久不已,遂入圣域争先驰。既学便当穷远大,勿事声病淫哇辞。斯文下衰吁已久,勉思驾说扶颠危。击暗驰声明大道,身与姬孔为藩篱。⑥

虽为诗作,却与论道散文无异。文学史家向来盛称其"古文"成就,以为继柳开、穆修追复"古格"之后,孙复与尹洙各有建树。若从骈、散对立的角

---

① 《徂徕石先生文集》,17页。
② 《徂徕石先生文集》,20页。
③ 《徂徕石先生文集》卷五《怪说下》,63页。
④ 《池北偶谈》,中华书局,1982年,408页。
⑤ 《居易录》,文渊阁四库全书本,869册,434页下。
⑥ 《全宋诗》(3),北京大学出版社,1998年,1986—1987页。

度看此说或许有理，然孙氏"古文"直似讲经，文学审美价值实逊于尹洙。如其景祐五年（1038）所撰《通道堂记》，全文三百八十余字，而所谓"尧、舜、禹、汤、文、武、周公、孔子、孟轲、荀卿、扬雄、王通、韩愈之道"者，竟重复了六次。类似的情形在《寄范天章书一》、《上孔给事书》及《兖州邹县建孟庙记》等文中反复出现，乏味至极。《孙明复小集》所收《尧权议》、《文王论》、《董仲舒论》、《书汉元帝赞后》等文，大抵均以论"道"为主，几乎没有任何艺术成分。四库馆臣谓"复之文根柢经术，谨严峭洁，卓然为儒者之言。与欧、苏、曾、王千变万化、务极文章之能事者，又别为一格"，①这一说法客观而公允。石介从学于复，而"所谓尧、舜、禹、汤、文、武、周公、孔子、孟轲、扬雄、韩愈氏者，未尝一日不诵于口"，②这一点酷似其师。和孙复相比，石介更以"古文"名家，欧阳修称其"貌厚而气完，学笃而志大"，"其斥佛、老、时文则有《怪说》、《中国论》，曰去此三者，然后可以有为。其戒奸臣、宦女则有《唐鉴》，曰吾非为一世监也。其余喜怒哀乐，必见于文。其辞博辩雄伟，而忧思深远"。③味其所评，似较"师鲁为文章，简而有法"还要更高一些。④不过介之文章，构思怪诞，语言僻涩，这一点也和他"健甚，硬做"的学术品格相表里。除《庆历圣德颂》迂阔矫激、轻狂僻涩，可为"太学体"之范文外，其余文章怪诞、流荡的特点也极其鲜明。如《责素餐》云：

> 狗当吾户，猫捕吾鼠，鸡知天时，有功于人，食人之食可矣。犀、象、麋、鹿、鹦鹉、鹰鹫，无功于人而食人之食，孟子所谓"率兽而食人"也。噫！无功而食，禽兽犹不可，彼素餐尸禄，将狗、猫、鸡之不若乎！⑤

寥寥数语，骂尽天下素餐尸禄之人。宋人陈埴尝云："危言危行，似非中庸

---

① 《四库全书总目》卷一五二《孙明复小集》提要，1312页上。
② 《欧阳修全集》三四《徂徕石先生墓志铭》，506页。
③ 《欧阳修全集》三四《徂徕石先生墓志铭》，506—507页。
④ 《欧阳修全集》二八《尹师鲁墓志铭》，432页。
⑤ 《徂徕石先生文集》卷八《责素餐》，89—90页。

之道,何圣人舍中庸而从危峻?"①石介的文风迂阔狂怪,显然偏离了中庸之道。

李觏文章亦"得之经中",②他自编文稿为十二卷,自谓凡"妖淫刻饰,尤无用者,虽传在人口,皆所弗取"。③ 今传《直讲李先生文集》中,绝大多数文字着眼于儒经"义理",例属学术文章,虽"明白好看",④但毕竟缺乏艺术美感。有个别文章,偶能借他人之事述自我之情,稍稍展现一介寒儒的无奈和愤懑,还值得一读。如《延平集序》云:

世俗见孔子不用而作经,乃言圣贤得志则在行事,不在书也。噫!孔子诚不用矣,尧、舜、禹、汤时,圣贤有不得志者乎?奚其为典、谟、训、诰哉?成王、周公时,有不得志者乎?奚其为雅、颂哉?心之志,志之言,言之文,若冻馁然,孰谓得志而不衣食哉?⑤

此序虽为建安宋贯而作,但自述心志的用意非常明显。李觏的杂文普遍短小,偶尔也有一两篇写得平正明白、清新流畅。如《原文》曰:

利可言乎?曰:人非利不生,曷为不可言?欲可言乎?曰:欲者人之情,曷为不可言?言而不以礼,是贪与淫,罪矣。不贪不淫而曰不可言,无乃贼人之生,反人之情?世俗之不喜儒以此。孟子谓"何必曰利",激也,焉有仁义而不利者乎?其书数称汤、武将以七十里、百里而王天下,利岂小哉?孔子七十,所欲不踰矩,非无欲也。于《诗》则道男女之时,容貌之美,悲感念望,以见一国之风,其顺人也至矣。学者大抵雷同,古之所是则谓之是,古之所非则谓之非,诘其所以是非之状,或不能知。古人之言,岂一端而已矣?夫子于管仲三归

---

① 陈埴《木钟集》卷一,文渊阁四库全书本,703 册,580 页下。
② 《朱子语类》卷一三九,3307 页。
③ 《直讲李先生文集·自序》,四部丛刊缩印本。
④ 《朱子语类》卷一三〇,3117 页。
⑤ 李觏《延平集序》,《全宋文》(42),40 页。

具官则小之,合诸侯、正天下则仁之,不以过掩功也。韩愈有取于墨翟、庄周,而学者乃疑。噫!夫二子皆妄言耶?今之所谓贤士大夫,其超然异于二子者邪?抑有同于二子而不自知者邪?何訾彼之甚也?①

像这样议论平正、语言简古,且不囿于道学说教的文章,在胡瑗和孙复那里确实很难读到。就"古文"水平而言,李觏"文格次于欧、曾",②但像《太学议》之论官学制度,《常语》上、中、下讨论古之法度及圣人理道,征引得当,情理兼通,在当日草泽硕儒中并不多见。

古人云:"道学之文以理胜,而病其不文。理胜而不至不文,则其理亦可传,固不必以一格绳古人矣。"③如果从"泛文学"的角度加以考量,则安定、泰山及李觏等人根于经术的文章也应被视为"古文"。至于理过其辞、缺少变化的不足,既是"抗心希古,学有本原"的学术熏陶所使然,④同时也与遒文丽藻乃害道"淫辞"的道学偏见密切相关。至于某些文章议论"粗大",迂阔"矫激",则不应简单归咎于其作者"自异以惊世"的个性修养,当日学者矫枉过正的学术自觉或许更值得瞩目。

从"宋初三先生"及李觏身上,可以体察到北宋儒学、教育及道学家之"古文"演变转型的多元轨迹。如果说从"弃传从经"到"疑经"、"疑圣",是宋儒在学理上企图超越汉、唐学术,进行儒学新建的第一步,那么胡瑗、李觏等人以"有体、有用、有文"为遵旨的训育实践,则为"圣人之道"赋予了新的时代内涵。胡瑗以经术教授诸生,分立二斋,以治经、治事为两途,创建了黜浮华、崇实用的人才培养模式,史称有宋师道之立,实自瑗始。孙复、李觏虽无功名,一旦受范公荐举,入太学为直讲,则能明圣学,立师道,兢兢业业。正是这三位"草泽"书生,在"创通经义"和"革新政令"两方面,

---

① 李觏《原文》,《全宋文》(42),293 页。
② 《四库全书总目》卷一五三《盱江集》提要,1316 页上。
③ 《四库全书总目》卷一六八《环谷集》提要,1461 页上。
④ 宋庠《授陈尧佐光禄大夫……加食邑实封制》,《全宋文》(20),259 页。

为开创"宋学"精神导夫先路。石守道虽因写作《庆历圣德颂》及造就"太学体"文风而备受指责,但其《怪说》及《中国论》等文章所展示的儒道实践情怀及"刚介"品格,对北宋中期政治文化及赋颂文学的变革与发展,也曾产生过里程碑式的作用和影响。文学史家大多着眼于孙复、石介及李觏等人的"古文"作品,以为其风采韵味远不及欧阳及尹洙等人。其实,道学之儒和文章之士各有偏善,所谓各领风骚,不可强同。

# 第七章　范欧"以同而异"的学术内涵及人格表达

**本章提要**：范仲淹和欧阳修齐名并称，均被视为北宋"疑经"思潮及"古文运动"的先驱和领袖，却很少有人注意到他们之间实际存在的学术分歧和人格差异。事实上，他们在学术上各有传承，治学理念与方法多有不同；范仲淹"崇古"、"尊经"，欧阳修"疑传"、"疑经"。他们虽皆"有志于当世"，且共同主张"君子有党"论，然范公沉稳持重，强调"师古"，故改革举措往往有"复古"过当之嫌；相对而言，欧公激越慷慨，少受"复古"理念约束，其革新措施更能体现"变通"精神。在诗文创作方面，范仲淹以律赋名家，常醉心于骈辞俪句；欧阳修则不好"四六"，专事"古文"。范、欧二公既能在学术、政事及诗文创作等方面相得益彰，又能保持"君子不苟同"的个性差异，其"同中之异"，无疑体现着"庆历"文化开放多元的时代特点。

范仲淹和欧阳修齐名并称，表面上缘自"庆历新政"，即所谓"范、欧兴庆历之文治"者；[①]但内涵所及又往往涉及道德文章等诸多层面，譬如李觏即云："范公、欧阳，盖为贾谊、刘向之事业，穷高致远，未易量也。"[②]无论视角如何变化，以求同为指向的价值判断总是清晰而稳定的。但从另一角度看，像范、欧那样的圣贤人物，往往不乏独特鲜明的个性差异；所谓"君子以同而异"，"如伯夷、柳下惠、伊尹三子所趋不同，而其归则一"的情

---

① 刘克庄《除宗簿谢丞相启》，《全宋文》(328)，上海辞书出版社、安徽教育出版社，2006年，69页。
② 李觏《答李观书》，《全宋文》(42)，22页。

形,①在他们身上同样存在。长期以来,由于研究者未能从材料细节入手考察比较,许多泛说式的结论遂未能得到有效辨析。譬如,多数学者以为范、欧乃"疑经"思潮之先驱;而在与"儒学复兴"相表里的北宋"古文运动"中,他们同心协力,以矫"昆体"流弊。凡此种种,貌似合理,其实隐含着许多误解。本文以为,欲准确把握"范、欧"异同,就必须从学术、政事及文章等各方面详加分析,舍此则无以信也。

## 一、相得益彰的学术传承

北宋自建国以来波澜迭起的儒学复兴历程,至庆历诸贤而告一段落。所谓"唐及国初,学者不敢议孔安国、郑康成"的汉唐训释之学,②逐渐被"疑传"、"疑经"之学所代替,从死记硬背中解放出来的一代学人,就此拉开了重建儒学体系的序幕。按照一般的理解,范、欧既身处同一时代,且共同抱有"知古"、"明道"、"致用"的儒道理想,其引领"疑古"思潮,应为必然之事。然而,仔细阅读相关的史书文集,方知类似的理解并不完全符合事实,甚者还有臆断之嫌。

范、欧儒学思想确有不少相同或近似之处,譬如,他们都强调将"知古明道"的学术探索和"务实致用"的治世实践相结合,充分张扬儒道固有的实践精神。范仲淹自称"生四民中,识书学文,为衣冠礼乐之士,研精覃思,粗闻圣人之道,知忠孝可以奉上,仁义可以施下,功名可存于不朽,文章可贻于无穷,莫不感激而兴,慨然有益天下之心,垂千古之志"。③ 而真正有志于天下者,就应该做到"不以物喜,不以己悲,居庙堂之高则忧其民,处江湖之远则忧其君","先天下之忧而忧,后天下之乐而乐"。朱熹曾说:"且如一个范文正公,自做秀才时便以天下为己任,无一事不理会过。一旦仁宗大用之,便做出许多事业。"④四库馆臣亦称范仲淹"贯通经术,明

---

① 《朱子语类》卷七二,中华书局,1986年,1829页。
② 《困学纪闻》(全校本)卷八《经说》引陆游语,上海古籍出版社,2008年,1095页。
③ 《范仲淹全集》卷九《上张右丞书》,凤凰出版社,2004年,181页。
④ 《朱子语类》卷一九二,3087页。

达政体","行求无愧于圣贤,学求有济于天下,古之所谓大儒者,有体有用,不过如此"。① 是知范公之学为后人所重者,首在"体用"。无独有偶,欧阳修同样把"致用"放在首位,他在《送徐无党南归序》中明确指出:"其所以为圣贤者,修之于身,施之于事,见之于言,是三者,所以能不朽而存也。"而《与张秀才棐第二书》复云:"君子之于学也务为道,为道必求知古,知古明道,而后履之以身,施之于事,而又见于文章而发之,以信后世。"在他看来,只有把"研穷六经之旨"与"究切当世之务"有机结合起来,② 才能真正有益于当世。史称其"多谈吏事",后学或"疑之,且曰:'学者之见先生,莫不以道德文章为欲闻者。今先生多教人吏事,所未谕也。'公曰:'不然。吾子皆时才,异日临事,当自知之。大抵文学止于润身,政事可以及物。'"③ 凡此种种,正显示着欧阳与范公学以致用的相同境界。

不过,范、欧学术各有传承,其理念与方法难免会有所差异。兹就以下两点略事比较。

先说"尊经"和"疑经"。范仲淹虽为苏州才俊,但"少长北地",④ 其经学修养实来自中原旧学,治学理念仍较传统。他早岁而孤,随母改适长山朱氏,"因冒其姓名,与朱氏兄弟俱举学究"。⑤ 后入应天府学,习"睢阳戚氏"之学,是故黄宗羲《宋元学案》卷三《高平学案》特将范氏学术本源推溯至戚同文。戚同文乃楚州隐君,当晋末丧乱之时,追随邑人杨悫,初"授《礼记》,随即成诵,日讽一卷","不终岁,毕诵五经"。后"筑室聚徒,请益之人不远千里而至",⑥ 遂成"应天府书院"之基础。对范仲淹来说,不管是初"举学究",还是师从戚氏,所习皆为汉唐之学;其方法以记诵为主,乃是确信无疑的事。后世学者未加深究,笼统假设,以为范仲淹与欧阳修等人同属"疑经"先驱,殊不知范仲淹对此早已有过明确无误的告白。其《说春秋序》云:

---

① 《四库全书总目》卷一五二《文正集》提要,中华书局,1965年,1311页下。
② 《欧阳修全集》卷一五一《答陆伸一通》,中华书局,2001年,2501页。
③ 吴曾《能改斋漫录》卷一三"欧阳公多谈吏事"条,丛书集成初编本,291册,342—343页。
④ 《范仲淹全集》卷二《岁寒堂三题序》,35页。
⑤ 司马光《涑水记闻》卷一〇,中华书局,1989年,181页。
⑥ 《宋史》卷四五七《戚同文传》,中华书局,1985年,13418页。

圣人之为《春秋》也,因东鲁之文,追西周之制,褒贬大举,赏罚尽在。谨圣帝明皇之法,峻乱臣贼子之防。其间华衮贻荣,萧斧示辱,一字之下,百王不刊。游、夏既无补于前,公、穀盖有失于后。虽丘明之《传》颇多冰释,而素王之言尚或天远。不讲不议,其无津涯。今褒博者流,咸志于道。以天命之正性,修王佐之异材,不深《春秋》,吾未信也。三《传》房公有元凯之癖,兼仲舒之学,丈席之际,精义入神。吾辈方扣圣门,宜循师道,碎属词比事之教,洞尊王黜霸之经。由此登太山而知高,入宗庙而见美,升堂睹奥,必有人焉,君子哉无废!①

按:房君即京房,汉元帝时人,著有《易传》;杜预字元凯。仲淹所谓"吾辈方扣圣门,宜循师道,碎属词比事之教,洞尊王黜霸之经"者,正为其不废"汉唐"、不事"疑经"之铁案。除此而外,范仲淹在《周易》学上的态度,也与"疑传"、"疑经"者大相径庭。他解释卦象、爻辞的"深意"时虽有"随义而发"的智慧表达,但所有的发挥和议论都立足于象、辞本身。如《易义》释咸《卦》云:"阴进而阳降,上下交感之时也,与泰《卦》近焉。然则泰《卦》三阴进于上,三阳降于下,极于交而泰矣,故曰'万物通'。咸《卦》阴进而未尽达也,阳降而未尽下也,感而未至于泰矣,故曰'万物生'而犹未通也。'圣人感人心而天下和平',是感之无穷而能至乎泰者也。感而不至,其道乃消,故至腾口,薄可知也。"②除了卦、爻辞等本经内容,范氏《易》学还非常重视《说卦》、《文言》等训释典籍。如其《四德说》云:"《易》有《说卦》,所以明其象而示其教也。卦有四德,曰'元亨利贞'。虽《文言》具载其端,后之学者或未畅其义,故愚远取诸天,近取诸物,复广其说焉。"③显然,这种在《说卦》、《文言》基础上"复广其说"的治《易》方法,并不属于"疑经"的范畴。

欧阳修之学术不知传自何人,或谓其"天资近道,稍加以学,遂有所

---

① 《范仲淹全集》卷八,163—164页。
② 《范仲淹全集》卷七《易义》,120页。
③ 《范仲淹全集》卷八,161页。

得",①这种说法显然不能令人信服。在笔者看来,作为庐陵才俊,其雅善质疑的学术胆识,或与南方文化灵活智慧、求变求新的传统品质密切相关。客观说来,北宋中期汹涌而至的"疑古"思潮,确以其《诗本义》、《易童子问》以及其它谈古论道的文章而导其先波。首先,他从整体上怀疑传世经典的可靠性,认为"自秦之焚书,六经尽矣。至汉而出者,皆其残脱颠倒,或传之老师昏耄之说,或取之冢墓屋壁之间,是以学者不明,异说纷起",②似乎缺乏稳定不变的经典特质。复就细部而论,欧阳修对汉、唐以来的传疏解说都深加质疑。譬如《诗经》为"六经"之首,自唐以来解说者莫敢议毛、郑笺注,至《诗本义》出,情形遂为之一变。陈振孙《直斋书录解题》卷二称此书"先为论,以辨毛、郑之失,然后断以己见","大意以为毛、郑之已善者皆不改,不得已乃易之,非乐求异于先儒也"。③ 四库馆臣则称:"自唐以来,说《诗》者莫敢议毛、郑,虽老师宿儒,亦谨守小序。至宋而新义日增,旧说俱废,推原所始,实发于修。然修之言曰:'后之学者因迹先世之所传,而较得失,或有之矣。若使徒抱焚余残脱之经,伥伥于去圣人千百年后,不见先儒中间之说,而欲特立一家之学者,果有能哉?吾未之信也。'又曰:'先儒于经不能无失,而所得固已多矣。尽其说而理有不通,然后得以论正之。'是修作是书,本出于和气平心,以意逆志,故其立论未尝轻议二家,而亦不曲徇二家。其所训释,往往得诗人之本志"。④ 再如,在《春秋》学方面,欧公明确否定三《传》,谓:"孔子,圣人也,万世取信一人而已。若公羊高、穀梁赤、左氏而多闻矣,其传不能无失者也。孔子之于经,三子之于传,有所不同,则学者宁舍经而从传,不信孔子而信三子,甚哉其惑也!"⑤由"三传"而及其它,欧公遂否定所有传统的训释文字,以为能"不惑传注,不为曲说以乱经,其言简易,明于诸侯大夫功罪,以考时之盛衰,而推见王道之治乱,得于经之本义"者,⑥方显高明。相同的学

---

① 《宋元学案》卷四《庐陵学案序录》,中华书局,1986年,181页。
② 《欧阳修全集》卷四八《问进士策三首》,673页。
③ 《直斋书录解题》卷二《诗本义》提要,上海古籍出版社,1987年,36页。
④ 《四库全书总目》卷一五《毛诗本义》提要,121页中。
⑤ 《欧阳修全集》卷一八《春秋论上》,305页。
⑥ 《欧阳修全集》卷三〇《孙明复先生墓志铭》,458页。

术理念,在欧阳《易》学中也得以体现。其《易童子问》上、下卷设为问答,所涉才数十事,然自始至终"专言《系辞》、《文言》、《说卦》而下皆非圣人所作"。① 在欧公看来,《系辞》、《文言》、《说卦》等"十翼",本质上皆属《易》之"传",其可疑情形与《春秋》三《传》一般无二。不仅如此,《易童子问》在阐发"经"之"本义"时,甚至连卦、爻辞本身都提出了质疑,如曰:

童子问曰:"《乾》,元亨利贞,何谓也?"曰:"众辞淆乱,质诸圣。《彖》者,圣人之言也。"童子曰:"然则《乾》无四德,而《文言》非圣人之书乎?"曰:"是鲁穆姜之言也,在襄公之九年。"②

从"疑传"到"疑经",在北宋儒学发展史上无疑有着划时代的意义和价值。欧公之后,效法者便接踵而至,"疑古"之风遂盛。宋人对此有两种评价,其侧重点各有差异。非之者如司马光等基于对现实的考量,认为此风蔓延,积习堪忧,谓"新进后生,未知臧否,口传耳剽,翕然成风。至有读《易》未识卦、爻,已谓'十翼'非孔子之言;读《礼》未知篇数,已谓《周官》为战国之书;读《诗》未尽《周南》、《召南》,已谓毛、郑为章句之学;读《春秋》未知十二公,已谓三《传》可束之高阁。循守注疏者,谓之腐儒;穿凿臆说者,谓之精义"。而要改变这种状况,就必须对"僻经妄说"严加惩戒,以免"疑误后学,败乱风俗"。③ 是之者如朱熹等,非常重视欧阳修为开拓新儒学研究而采取的理念和方法,认为"欧公之学虽于道体犹有欠阙,然其用力于文字之间,而沂其波流以求圣贤之意,则于《易》、于《诗》、于《周礼》、于《春秋》皆尝反复穷究,以订先儒之缪。而《本论》之篇,推明性善之说,以为息邪距诐之本,其贤于当世之号为宗工巨儒,而不免于祖尚浮虚、信惑妖妄者又远甚。其于《史记》善善恶恶,如唐《六臣传》之属,又能深究国家所以废兴存亡之几,而为天下后世深切著明之永鉴者,固非一端"。④ 上述两说

---

① 《直斋书录解题》卷一《春秋论上》提要,11 页。
② 《欧阳修全集》卷七六,1107 页。
③ 司马光《论风俗札子》,《全宋文》(55),191 页。
④ 《朱子全书·晦庵先生朱文公文集》卷三八《答周益公》,上海古籍出版社、安徽教育出版社,2002 年,1690—1961 页。

虽得失互见,却能从不同角度说明欧阳修作为"宋学"先声的功绩和影响。

再说"崇古"与"通变"。范仲淹尝云:"某天不赋智,昧于几微,而但信圣人之书,师古人之行。"①的确,这一点在他"有体有用"的儒学实践过程中表现得非常充分。如其《上资政晏侍郎书》针对"仲淹迂阔,务名无实"的指责,②说:"若以某邀名为过,则圣人崇名教而天下始劝。庄叟云'为善无近名',乃道家自全之说,岂治天下者之意乎? 名教不崇,则为人君者谓尧舜不足慕,桀纣不足畏;为人臣者谓八元不足尚,四凶不足耻。天下岂复有善人乎? 人不爱名,则圣人之权去矣。经曰'立身扬名',又曰'善不积不足以成名',又曰'耻没世而名不称',又曰'荣名以为宝'。是则教化之道无先于名,三古圣贤何尝不著于名乎? 某患邀之未至尔。"③书启奏疏文字,引经据典以彰显才学,本是宋人寻常做法,但像范公这样征引繁复、恰切自然者并不多见。大抵惟有将"信圣人之书"的学术自觉与"师古人之行"的人格理想合而为一时,才能做到融通古今,切中事理。事实上,范仲淹的确是一位虔诚的"师古"楷模。"庆历新政"期间,此公曾上疏,备述周朝三公、六卿之职任,及其于汉、唐以后之沿革,希望朝廷能够"详议"并"施行"。④ 从表面上看,这份奏议的用意不过是为了精简朝廷机构,明确各曹职事,属于"新政"理想的一个组成部分。然细绎其构想依据,则分明与《尚书》、《周礼》等儒学典籍密切相关。疏文有云:"《尚书》孔安国注曰:'冢宰第一,召公领之。司徒第二,芮伯为之。宗伯第三,彤伯为之。司马第四,毕公领之。'此周时三公各兼一卿之职。"⑤假使没有以"师古"为指向的明确判断,像这种"古为今用"的职官构想的确是很难理解的。类似的好尚和理念,在范公所著《帝王好尚论》、《近名论》、《明堂赋》、《四民诗》、《岁寒堂三题》以及《咏史五首》、《尧庙》等各体诗文中,均能得到明确的佐证,文烦不赘。

---

① 《范仲淹全集》卷一〇《上资政晏侍郎书》,202 页。
② 陈邦瞻《宋史纪事本末》卷二九《庆历党议》,中华书局,1977 年,231 页。
③ 《范仲淹全集》卷一〇《上资政晏侍郎书》,203 页。
④ 《范仲淹全集·奏议》卷上《再奏乞两府兼判》,504 页。
⑤ 《范仲淹全集·奏议》卷上《再奏乞两府兼判》,507 页。

欧阳修对待古人古事的态度,恰好与范公相反。他不仅怀疑"经"、"传"的价值,且明确反对"述三皇太古之道"的思想和做法。① 譬如,同样是《周礼》,在欧公看来,表面上"为书备矣。其天地万物之统,制礼作乐,建国君民,养生事死,禁非道善,所以为治之法皆有条理。三代之政美矣,而周之治迹所以比二代而尤详见于后世者,《周礼》著之故也"。实际上则颇多"可疑"之处,如"六官之属略见于经者五万余人,而里闾县鄙之长、军师卒伍之徒不与焉。王畿千里之地,为田几井,容民几家?王官、王族之国邑几数?民之贡赋几何?而又容五万人者于其间,其人耕而赋乎?如其不耕而赋,则何以给之?夫为治者,故若是之烦乎?"正因为有如此多的疑问,欧公才明确提出"《周礼》之经,其失安在?宜于今者,其理安从"的问题,②希望学而用之者能谨慎思考,既不盲从,更不可生搬硬套。由于心不"师古",故欧公对所有儒家经典的理解都更能近情近理,譬如,他认为孔、孟之书,"不过于教人树桑麻、畜鸡豚,以为养生送死为王道之本","其事乃世人之甚易知而近者,盖切于事实而已";而"今学者不探本之,乃乐诞者之言,思混沌于古初,以无形为至道者",③乃是背本而求末,无益于修身和济世。所有这些,均表达着欧阳修有别于范公的学术理念;而后世学人多以为其对新儒学之建立,颇具启迪意义。

宋人俞文豹尝谓范、欧诸公虽"无道学之名",却"有道学之实",④信然也。仁宗时代,儒学变革已成潮流,范、欧作为学坛领袖,在理念与方法上各自发挥、有同有异是很自然的事。他们共同倡导"知古明道"、"务实致用"的儒道精神,却在如何判断儒家经典的时代价值以及汉唐学术的得失方面出现了分歧。这种分歧既包涵着南、北学术得失互见的传统因素,更与范公沉稳而欧公慷慨的个性差异密切相关。前者已如上述,而后者尚需详加钩沉,另事讨论。

---

① 《欧阳修全集》卷一七《与张秀才棐第二书》,977 页。
② 《欧阳修全集》卷四八《问进士策三首》,673—674 页。
③ 《欧阳修全集》卷六七《与张秀才棐第二书》,978—979 页。
④ 俞文豹《吹剑录外集》,文渊阁四库全书本,865 册,476 页上。

## 二、和而不同的处世理念

在传统儒学逐步向新宋学转变的复杂过渡期,以儒道为基础的多元价值取向同时并存,而士人对"履道"方式的选择也颇为自由。当然,在内涵隐微的学术理念和立身处世的具体方式之间,情感与人格的中介作用不可或缺。朱熹所谓"圣贤有作,立言垂训,以著明之,巨细精粗,无所不备。而读其书者必当讲明究索,以存诸心、行诸身而见诸事业,然后可以尽人之职,而立乎天地之间"者,① 即此之谓也。以范、欧为例,其学术见解有同有异,得失互见;而以之形诸"政事",关乎"人情",其情形之异同颇有可瞩目者。

考察范、欧二公性情人格及处世方式之相同点似较为容易。除在"庆历新政"期间的默契合作外,他们还共同主张"君子有党"论,并在与吕夷简等人的斗争中同声相应。所有这些,看似与道学无关,实际则体现着"有志于当世"的人格自觉。②

在北宋政治史上,"君子有党"论的提出有着划时代的意义。庆历三年(1043),晏殊、贾昌朝、韩琦、范仲淹、富弼同时执政,欧阳修、蔡襄、王素、余靖并为谏官,"于是谤毁稍行,而朋党之论浸闻上矣"。③ 面对"自古及今帝王最恶者是朋党"的险恶处境,④范、欧等人非但不避嫌退缩,反而以"君子之朋"自居。次年四月,范公在回答仁宗提问时明确指出:"'方以类聚,物以群分',自古以来,邪正在朝,未尝不各为一党,不可禁也,在圣鉴辨之耳。诚使君子相朋为善,其于国家何害?"⑤此后不久,欧阳修撰《朋党论》,强调"小人无朋,惟君子则有之",在他看来"小人所好者禄利也,所贪者财货也,当其同利之时,暂相党引,以为朋者,伪也",而"为人君者,但

---

① 《答周益公》,1690 页。
② 叶适《习学记言》卷四七,文渊阁四库全书本,849 册,777 页上。
③ 《宋史》卷三一四《范仲淹传》,10275 页。
④ 李绛《对宪宗论朋党》,《全唐文》卷六四五,中华书局,1990 年,2891 页中。
⑤ 《涑水记闻》卷一〇,185 页。

当退小人之伪朋,用君子之真朋,则天下治矣"。① 范公就《周易·系辞传》而引申,欧公则据《论语·里仁》所谓"君子喻于义,小人喻于利"者而成说,两人所据经典各不相同,但奋不顾身,"拨乱反正,施教行化,兴天下之利,除天下之害,以经纶当世之务"的心志与勇气却完全一致。②

正因为范、欧两人对"朋党"成因及其功能有着如此深刻的理解,其指斥弹劾敌党领袖吕夷简才不遗余力。早在景祐三年(1036)五月,范仲淹即上《百官图》,指斥宰相吕夷简用人以私,且言"汉成帝信张禹,不疑舅家,故终有王莽之乱。臣恐今日朝廷亦有张禹坏陛下家法",不可不早辨也"。③ 庆历三年(1043)九月,欧阳修复谓"吕夷简为陛下宰相,而致四郊多垒,百姓内困,贤愚倒置,纪纲大隳,二十余年间,坏乱天下。人臣大富贵,夷简享之而去,天下大忧患,留与陛下当之。夷简罪恶满盈,事迹彰著,然而偶不败亡者,盖其在位之日,专夺主权,胁制中外,人皆畏之,不敢发摘"。④ 虽说庆历两党之间的对垒纷争仍属"国是"范畴,但范、欧两人既有"同道相合"的学理基础,更不乏"君子之真朋"的人格自觉。而要从根本上理解他们共同捍卫"君子之真朋"的深层动因,就必须首先了解其"明体达用"的儒道理想以及"明辨笃行"的行为理念。

然而,对于这场以"履道"、"致用"为基础的"党议"事案,有人却妄加猜度,将其归结为世俗恩怨,甚至还出现了范、欧欲与吕夷简"解仇"之说。张邦基《墨庄漫录》卷八"欧阳文忠公四事"条云:

> 欧阳文忠公,本朝第一等人也。其前言往行,见于国史、墓碑及文集诸书中详矣。予复得四事于公之曾孙当世望之,云尝载于《泷冈阡表》。泷冈阡,盖欧阳氏松楸垅名也。今不传于世,惜其遗没,因识于此。……三云:公自言学道三十年,所得者平生无怨恶尔。公初以范希文事得罪于吕相,坐党人,远贬三峡,流落累年。比吕公罢相,公

---

① 《欧阳修全集》卷一七《朋党论》,297 页。
② 胡瑗《周易口义》卷二,文渊阁四库全书本,8 册,204 页下。
③ 李焘《续资治通鉴长编》(以下简称《长编》)卷一一八,中华书局,1992 年,2784 页。
④ 《长编》卷一四三,3444 页。

始被进擢。后为范公作《神道碑》,言西事,吕公擢用希文,盛称二人之贤,能释私憾而共力于国家。希文子纯仁大以为不然,刻石时,辄削去此一节,云:"我父至死,未尝解仇。"公亦叹曰:"我亦得罪于吕丞相者。惟其言公,所以信于后世也。吾尝闻范公自言,平生无怨恶于一人,兼其与吕公解仇书,见在范集中,岂有父自言无怨恶于一人,而其子不使解仇于地下! 父子之性,相远如此。"①

今按:欧阳修"四岁而孤,母郑氏守节自誓,亲教修读书,家贫至以荻画地学书。比成人,举进士,两试国子监,一试礼部,皆第一,遂中甲科"。② 郑氏出自江南名族,欧公后显贵,特为《泷冈阡表》一文以陈其深情。此文现存欧公集中,非"不传于世"者也。《漫录》之谬,由此可知。至于范、欧与吕氏"解仇"之事,乃无据妄说,断不可信。一则庆历两党非为私怨而结仇,即范公所谓"臣向所论盖国事,于夷简何憾也"。③ 二则欧阳修《范公神道碑》既已谓仲淹"论时政阙失,而大臣权幸,多忌恶之",便再无可能盛称范、吕之贤,"能释私憾,而共力于国家"。至于吕夷简"请超迁"仲淹为龙图阁直学士、陕西经略安抚副使之举,能否让范、欧感恩戴德,释憾"解仇",也值得怀疑。其如朱熹所云,夷简为相时"举措之不合众心","又恶忠贤之异己,必力排之,使不能容于朝廷而后已",其晚节"知天下之公议不可以终拂,亦以老病将归,而不复有所畏忌,又虑夫天下之事或终至于危乱,不可如何,而彼众贤之排去者,或将起而复用,则其罪必归于我,而并及于吾之子孙,是以宁捐故怨,以为收之桑榆之计"。④ 笔者无意评价吕夷简为相之贤与不肖,却有理由相信范、欧二公对"君子小人之道"的理解不会轻易改变。

范、欧在"政事"和"人情"方面的相同表现有目共睹,事例之多,实难赘述。相对而言,他们之间"君子不苟同"的细微差异则较难把握。⑤ 今略

---

① 《墨庄漫录》卷八,中华书局,2002年,224—226页。
② 《东都事略》卷七二《欧阳修传》,文渊阁四库全书本,132册,18页中。
③ 《全唐文》卷一二七,1154页下。
④ 《答周益公》,1685—1686页。
⑤ 李心传《丙子学易编》,文渊阁四库全书本,17册,786页下。

举数事,简述其"同中之异",以期能稍补前贤所未及。

如前所述,范公之学以"师古"为重,由此延及性情人格及施政理念,则往往表现出"复古"过当的问题,甚至连《答手诏条陈十事疏》那样的"新政"蓝本,也难免给人留下这样的印象。如其第五条论"均公田",曰:"臣闻《易》曰:'天地养万物,圣人养贤以及万民。'此言圣人养民之时,必先养贤。养贤之方,必先厚禄。厚禄然后可以责廉隅,安职业也。"从这一理念出发,他认为"复前代职田之制",可以"使中常之士自可守节,婚嫁以时,丧葬以礼,皆国恩也。能守节者,始可制奸赃之吏,镇豪猾之人。法乃不私,民则无枉"。① 客观说来,在"富者有赀可以买田,贵者有力可以占田",②"贫富无定势,田宅无定主。有钱则买,无钱则卖"的自由经济条件下,③欲恢复"职田之制"实际上已无可能。且仁宗时代"朝廷大有三冗,小有三费,以困天下之财",④若所有官员均能占享"职田",则朝廷财税入不敷出的窘迫状况势必会更加严重。由此可见,"均公田"的"新政"设置,确实难脱"复古"过当、脱离现实之嫌。大约一年之后,即庆历四年(1044)八月,仲淹又上疏建议曰:"周制,三公分兼六官之职,汉以三公分部六卿,唐以宰相分判六曹。今中书,古天官冢宰也;枢密院,古夏官司马也。四官散于群有司,无三公兼领之重。而二府惟进拟差除,循资级,议赏罚,检用条例而已。上非三公论道之任,下无六卿佐王之职,非法治也。"⑤因此请从周、汉之制,行"三公"、"六卿"之任。面对"复古"倾向如此鲜明的"新政"建议,就连他的同党章得象等"皆以为不可",因而久议之后"卒不果行"。毫无疑问,范仲淹"以天下为己任"的胸襟与胆识令人景仰,而"庆历新政"有关"裁削幸滥,考核官吏"的种种举措,也确实收到了"任子之恩薄,磨勘之法密,侥幸者益不便"的良好效果。⑥ 但我们也必须认识到,"新政"本身在某些环节上"复古"过当的缺陷,最容易授人以柄;而"新政"失

---

① 《范仲淹全集·奏议》卷上,480—481 页。
② 马端临《文献通考》卷二《田赋考二》,浙江古籍出版社,1988 年,43 页上。
③ 袁采《袁氏世范》卷下,文渊阁四库全书本,232 册,212 页下。
④ 《宋史》卷二八四《宋祁传》,9594 页。
⑤ 《范仲淹全集·补编》卷二《宋太师中书令兼尚书令魏国公文正公传》,1087—1088 页。
⑥ 《四库全书总目》卷五五《政府奏议》提要,496 页上。

败的部分原因或在于此。宋神宗尝论曰:"范仲淹欲修学校贡举法,乃教人以唐人赋体《动静交相养赋》为法,假使作得《动静交相养赋》,不知何用?且法既不善,即不获施行,复何所憾!仲淹无学术,故措置止如此而已。"①话虽说得重了些,但个中理路还是值得思考。

比较而言,欧阳修的革新主张则很少受到"复古"理念的约束。譬如,其庆历四年所上《详定贡举条状》,先直陈"时弊"曰:"取士之方必求其实,用人之术当尽其材。今教不本于学校,士不察于乡里,则不能核名实。有司束以声病,学者专于记诵,则不足尽人材。"为了从根本上改变这种名实不符的"取士"弊端,他建议"使士皆土著,而教之于学校,然后州县察其履行,则学者修饬矣;故为学制合保荐送之法。夫上之所好,下之所趋也。今先举策论,则文辞者留心于治乱矣;简其程序,则闳博者得以驰骋矣;问以大义,则执经者不专于记诵矣。故为先策论过落,简诗赋考式,问诸科大义之法,此数者其大要也。"②由于事不法古,所有关于"取士之方"的考量都能从现实出发,而革弊建议遂为有的放矢,清晰而简捷。欧阳与范公学有偏善,其施于政事者亦有此差异,这原本就是自然而然的事。

有一人一事,最能反映范、欧做人理念与处世风格的不同。庆历四年四月,石介作《庆历圣德诗》,盛赞章得象、晏殊、贾昌朝、范仲淹、富弼及欧阳修,而指斥夏竦等人为"妖魅"、"大奸",字里行间透露着"党同伐异"的过激情绪。对此,范仲淹极为不满,以为其指言忠邪,褒贬失当,难免会造成政局混乱,故曰"为此鬼怪辈坏事也"。③ 此外,就范公深谋远虑、与人为善的胸襟与作风来看,其不满石介的过激与轻率,乃是极其自然的事。据《邵氏闻见录》卷八载:"庆历三年,范文正公作参知政事,富文忠公作枢密副使,时盗起京西,掠商、邓、均、房,光化知军弃城走。奏至,二公同对上前,富公乞取知军者行军法,范公曰:'光化无城郭,无甲兵,知军所以弃城。乞薄其罪。'仁宗可之。罢朝至政事堂,富公怒甚,谓范公曰:'六丈要作佛耶?'范公笑曰:'人何用作佛,某之所言有理,少定为君言之。'富公益

---

① 《长编》卷二七五,6732 页。
② 《欧阳修全集》卷一〇四《详定贡举条状》,1594 页。
③ 《宋史纪事本末》卷二九《庆历党议》,241 页。

不乐。范公从容曰:'上春秋鼎盛,岂可教之杀人? 至手滑,吾辈首领皆不保矣!'富公闻之汗下,起立以谢曰:'非某所及也。'富公素以父事范公云。"①这一事案的确透露出范公谋事谋身的沉稳与宽容。

面对同一事件,欧阳修所持的态度则与范公截然相反。他从"君子之真朋"的角度加以考量,并赞赏有加。其《重读徂徕集》诗曰:"惟彼不可朽,名声文行然。谗诬不须辨,亦止百年间。百年后来者,憎爱不相缘。公议然后出,自然见媸妍。孔孟困一生,毁逐遭百端。后世苟不公,至今无圣贤。所以忠义士,恃此死不难。当子病方革,谤辞正腾喧。众人皆欲杀,圣主独保全。已埋犹不信,仅免斲其棺。此事古未有,每思辄长叹。我欲犯众怒,为子记此冤。下纾冥冥忿,仰叫昭昭天。书于苍翠石,立彼崔嵬巅。"②庆历政坛上"同声相应,同气相求"的两位贤达,对石介惊世骇俗的诗篇评价如此悬殊,绝非偶然。大抵范公所虑始终在天下国家,其虽为"国是"而争,却很少伤及人情,所谓"范公之心,则其正大光明固无宿怨,而惓惓之义实在国家",③"平生无怨恶于一人"者也。欧公在"党议"过程中意气风发,既移书斥责高若讷"不复知人间有羞耻事",④再著《朋党论》以申"君子小人之辨",时时体现出"君子之朋"的自信与慷慨。且石介所倡导的"忠邪之辨"与欧阳修"君子有党"、"小人无朋"的理论一脉相承,相得益彰。因此,其盛赞石介之诗,亦为情理所必然。

简而言之,范、欧二公"有志于当世"的圣贤品格高度一致,以"君子小人之辨"为基础的"朋党"理念也基本相同。他们在"政事"、"人情"方面所展示的不同风采,既和"崇古"与"变通"的意向分歧密切相关,同时也隐含着沉稳持重与激越慷慨的个体人格差异。所谓"君子和而不同",正是如此。

## 三、文风变革的两种取向

迄今为止,有关范、欧文学思想及诗文风格的讨论,鲜有能述其同而

---

① 邵伯温《邵氏闻见录》卷八,中华书局,1983年,79页。
② 《欧阳修全集》卷三,46页。
③ 《答周益公》,1686页。
④ 《宋史》卷二八八《高若讷传》,9684—9685页。

论其异者。文学史家在确认范仲淹与欧阳修、尹洙、苏舜钦、石介等人同属一个文学集团的前提下,便理所当然地以为范公也是对抗"昆体"、反对"时文"的生力军。同时,由于唐宋"古文运动"承担着"文以载道"的双重使命,因此凡是对"儒学复兴"有所贡献的人们,几乎都被划入了"古文"家的行列。这种做法虽有其客观合理性,但部分叙述的确存在偏颇与不足。譬如,像范仲淹那样既主张"尊经"、"复古",变革文风,同时又醉心于骈偶俪文者,其诗文作品中表达的艺术取向即与欧阳修、尹洙等人不尽相同。假使能超越传统文学史观念的束缚,则有关范、欧文学思想及创作实践的异同,或许可以从以下层面得到初步的确认。

必须承认,范、欧在诗文变革的对象及任务方面的确持有某些相同或近似的观点。譬如,范公以为"五代以还,斯文大剥。悲哀为主,风流不归";①欧阳修也坚称五代"衰世之士气力卑弱,言浅意陋,不足以起其文"。② 类似的论述还有不少,不烦赘引。大抵在他们看来,从晚唐五代到宋初三朝,儒道缺失与文辞衰陋的问题积久难返,而"革弊复古"则成为当代圣贤的不二选择。不过,面对以"复古"为基础的变革途径,范、欧两人却无法超越由各自学术理念的束缚,思路和做法往往大异其趣。

首先,仁宗时代"道学之儒"与"文章之士"开始分化,③前者有孙复、石介、刘敞、李觏等硕学鸿儒,他们大多受到范仲淹的奖拔与提携,形兼师友;后者则有尹洙、韩琦、梅尧臣、苏舜钦等诗文大家,欧阳修与之品谈切磨,兼收并取,最终成长为一代文宗。范、欧在文学理念上的第一层差异当根源于此。

范仲淹"为学好明经术",④这一点与孙复、李觏等人颇为近似。四库馆臣尝谓孙复文章"根柢经术,谨严峭洁,卓然为儒者之言,与欧、苏、曾、王千变万化,务极文章之能事者,又别为一格"。⑤ 朱子则称刘敞"每作文

---

① 《范仲淹全集》卷八《唐异诗序》,160 页。
② 《欧阳修全集》卷九一《进新修唐书表》,1341 页。
③ 《四库全书总目》卷一八七《文章正宗》提要,1699 页中。
④ 富弼《范文正公仲淹墓志铭》,《范仲淹全集·范文正公褒贤集》卷二,948 页。
⑤ 《四库全书总目》卷一五二《孙明复小集》提要,1312 页上。

多法古,绝相似。有几件文字学《礼记》,《春秋说》学《公》、《穀》";①复云:"刘侍读书气平文缓,乃自经术中来,比之苏公,诚有高古之趣。但亦觉词多理寡,苦无甚发明耳。大抵古人文字,要当随其所长取之,难以一时所见遽定品目也。"②从这些议论中不难看出,为文"多法古",议论"自经术中来",乃是"道学之儒"作文著论的基本特点。在这一点上,范仲淹与孙复、刘敞等人有着内在的一致性。其《南京书院题名记》云:"讲议乎经,咏思乎文。经以明道,若太阳之御六合焉;文以通理,若四时之妙万物焉。"换言之,在"经义"与"文章"之间有一个相互契合的媒介,那就是"理道";假使不明"理道",文章价值便无从谈起。范仲淹特别厌恶"为学者不根乎经籍,从政者罕议乎教化,故文章柔靡,风俗巧伪"的浮躁作风,③主张文学作者应达到"通《易》之神明,得《诗》之风化,洞《春秋》褒贬之法,达礼乐制作之情,善言二帝三王之书,博涉九流百家之说",④用精诚之心"歌周、孔之仁义,能久泽于吾民"者。⑤ 严格说来,这种以"根柢经术"为首务的文学理念乃是"尊经"、"复古"及"致用"思想的扩展和延续;所谓范仲淹"贯通经术,明达政体,凡所论著一一皆有本之言",⑥实为确论。

欧阳修在"通经学古"方面虽可与范公相伯仲,但对"明道"的理解却颇有差异。在他看来,"道"并不是什么"混蒙虚无"的东西,它是"易知而可法"的普遍准则。⑦ 假使"学道未至"而"溺于所止",⑧便很容易沦为"诞者"。作为"文章之士",他明确反对"舍近取远,务高言而鲜事实","思混沌于古初,以无形为至道"的怪诞做法,⑨以为文学作者应"才识兼通,然后其文博辩而深切,中于时病而不为空言"。⑩ 在《荐布衣苏洵状》中,他盛赞

---

① 《朱子语类》卷一三九,3313页。
② 《朱子全书·晦庵先生朱文公文集》卷六四《答巩仲至》,3110页。
③ 《范仲淹全集》卷一〇《上时相议制举书》,208—209页。
④ 《范仲淹全集》卷八《南京书院题名记》,166页。
⑤ 《范仲淹全集》卷六《太子宾客谢公梦读史诗序》,155页。
⑥ 《四库全书总目》卷一八七《文章正宗》提要,1699页中。
⑦ 《欧阳修全集》卷六七《与张秀才棐第二书》,978页。
⑧ 《欧阳修全集》卷四七《答吴充秀才书》,664页。
⑨ 《与张秀才棐第二书》,978页。
⑩ 《欧阳修全集》卷六八《与黄校书论文章书》,988页。

苏洵"论议精于物理而善识变权，文章不为空言而期于有用"，所著文章"博于古而宜于今，实有用之言"。① 显然，能"中于时病"、"期于有用"，才是他关注的重点，同时也是"革新"的方向。为了彰显自己重在"致用"的文学观，以及强调文学作品不同于"经术"的功能与特点，他甚至声称："文章系乎治乱之说，未易谈，况乎愚昧，恶能当此！"②至此，欧阳修对诗文革新与"复古"、"明道"的关系体认，以及与范公之间的见解分歧，已明确清晰，判然可知矣。

其次，北宋中期有关"文章之学"的争论主要集中在两个层面，一是怎样评价杨、刘"崑体"，二是如何面对骈、散之争。从表面上看，范、欧既肯定杨亿"崑体"的艺术成就，也对"古文"作者赞赏有加；若详加考察，便不难发现他们在体制偏好和审美取向方面仍有差异。就业绩而言，范仲淹以律赋名家，欧阳修乃"古文"圣手；所谓"同中之异"，在他们身上也有相当清晰的体现。

所谓"时文"和"古文"的争论自北宋建国起就始终存在，延及范、欧之时，已经呈现出彼此调和的倾向。譬如，范仲淹一方面积极评价"古文"辞约理精、有功于"道"，称柳开及其门人"能师经探道，有文于天下"，尹洙"从穆伯长游，力为古文"，"其文谨严，辞约而理精，章奏疏议，大见风采，士林方耸慕焉。遽得欧阳永叔，从而大振之，由是天下之文一变而古，其深有功于道"；③另一方面又充分肯定"时文"激扬颂声、宣导王泽的时代功绩，以为"皇朝龙兴，颂声来复。大雅君子，当抗心于三代"，④并再三强调说："愿此周召风，达我尧舜知。致之讽谏路，升之诰命司。二雅正得失，五典陈雍熙。颂声格九庙，王泽及四夷。自然天下文，不复迷宗师。"⑤作为当代政坛的革新派领袖，他真诚地希望"斯文也，既格乎雅颂之致；斯乐也，亦达乎韶夏之和"。⑥ 事实上，类似的表述早在杨亿《承天节颂并序》及

---

① 《欧阳修全集》卷一一二，1698 页。
② 《与黄校书论文章书》，988 页。
③ 《范仲淹全集》卷八《尹师鲁河南集序》，158 页。
④ 《范仲淹全集》卷八《唐异诗序》，160 页。
⑤ 《范仲淹全集》卷一《谢黄总太博见示文集》，25 页。
⑥ 《范仲淹全集》卷四《赋林衡鉴序》，453 页。

《温州聂从事云堂集序》中就已经有过,范仲淹有意无意地重复,充分说明他们对"时文"价值的判断是颇为相同的。

类似的情形在欧阳修那里同样存在。自宋元以降,不少学者都将欧阳修变革"文体"的历史功绩与"矫西崑"联系在一起。譬如,叶梦得《石林诗话》卷上云:"欧阳文忠公诗始矫'崑体',专以气格为主,故其言多平易疏畅。"①朱熹《宋名臣言行录前集》卷一〇引《家塾记》称:"天圣以来,穆伯长、尹师鲁、苏子美、欧阳永叔始倡为古文,以变西崑体,学者翕然从之。"②元人刘埙《隐居通议》卷一四《南丰先生学问》条亦云:"杨、刘崑体固不足道。欧、苏一变,文始趋古,其论君道、国政、民情、兵略,无不造妙。"③尽管各家之说稍有差异,但将欧阳修诗文革新的艺术功绩首归于力矫"崑体",则是众口一词。然而,就事实来看,欧公不仅没有直接反对过"西崑体"诗文,而且对"崑体"领袖杨亿还表达过真诚的尊重。其《归田录》卷一称:"杨大年每欲作文,则与门人宾客饮、博、投壶、弈棋,语笑喧哗,而不妨构思。以小方纸细书,挥翰如飞,文不加点,每盈一幅则命门人传录,门人疲于应命,顷刻之际,成数千言,真一代之文豪也。"④《六一诗话》复云:"杨大年与钱、刘数公唱和。自《西崑集》出,时人争效之,诗体一变。……盖其雄文博学,笔力有余,故无施而不可,非如前世号诗人者,区区于风云草木之类,为许洞所困者也。"⑤是知,所谓欧阳修反对"崑体"之说,实难成立。不仅如此,作为"古文"冠冕,欧阳修对"时文"所持的态度也不像人们所理解的那样截然对立,难以调和。他曾经自述说,年少时"天下学者杨、刘之作,号为时文,能者取科第,擅名声,以夸荣当世";⑥复云:"夫时文虽曰浮巧,然其为功,亦不易也。仆天姿不好而强为之,故比时人之为者尤不工。然已足以取禄仕而窃名誉者,顺时故也。"⑦或许正因为有了这样的宽容和

---

① 《历代诗话》(上),中华书局,1981年,405页。
② 《宋名臣言行录前集》卷一〇,文渊阁四库全书本,153册,394页下。
③ 《隐居通议》卷一四,文渊阁四库全书本,286册,753页上。
④ 《欧阳修全集》卷一二六,1923页。
⑤ 《欧阳修全集》卷一二八,1955页。
⑥ 《欧阳修全集》卷七三《记旧本韩文后》,1056页。
⑦ 《欧阳修全集》卷四七《与荆南乐秀才书》,661页。

理解,其《醉翁亭记》、《亳州谢上表》等著名作品,才能自觉采用骈偶句式,获得"赋体"般的审美效果。

当然,在价值考量时调和"时文"和"古文",并不等于在创作实践中也能兼攻而并重。范仲淹虽兼有骈、散之作,整体还是以律赋的水平为高。欧公时有骈语,但主要成就仍在"古文"方面。范、欧两人在文章体制上的专擅与偏好,从一个侧面反映着"学术"、"政事"理念与"文章"趣味之间的复杂关系;范公"尊经"、"崇古"而不专"古文",欧公"疑经"、"通变"却厌倦"时文",这里面所蕴含的选择意向绝不像"古文"对"古道"那样简单,其深刻复杂的情理结构,的确需要文学史研究者认真解读,细细体味。

欧阳修在"古文"创作中取得的成就和地位,及其所谓"今世人所谓四六者,非修所好"①的明确态度,均属文学常识,无须赘述。不过,若将其"学术"与"文章"合而为一,并与后世学者的相关评价综合考量,还有可能得到许多别样的启示。譬如朱熹尝云:"欧公之学,虽于道体犹有欠阙,然其用力于文字之间,而沂其波流,以求圣贤之意,则于《易》、于《诗》、于《周礼》、于《春秋》皆尝反复穷究,以订先儒之缪。而《本论》之篇,推明性善之说,以为息邪距诐之本;其贤于当世之号为宗工巨儒而不免于祖尚浮虚、信惑妖妄者,又远甚。其于《史记》善善恶恶,如唐《六臣传》之属,又能深究国家所以废兴存亡之几,而为天下后世深切著明之永鉴者,固非一端。其它文说,虽或出于游戏翰墨之余,然亦随事多所发明,而词气蔼然,宽平深厚,精切的当,真韩公所谓仁义之人者,恐亦未可谓其全不学道,而直以燕、许、杨、刘之等期之也。"②朱子的着眼点是在"道体",但他有意无意间却将欧公"文字"放在了"燕、许、杨、刘"的对立面。这种思路,很容易让人想到石介式的偏狭与绝对。

范仲淹雅好赋体,尤其是律赋,这从他天圣五年正月亲手编纂《赋林衡鉴》即能得到明确的体认。此书虽然亡佚不传,但《序》文尚在,借此可略窥其幽奥。据范公自述,编纂《赋林衡鉴》的首要意图是让科场举子了解律赋"规格",使之能够"权人之轻重,辨己之妍媸"。同时更望使天下贤

---

① 邵博《邵氏闻见后录》卷一六,中华书局,1983 年,124 页。
② 《答周益公》,1961 页。

俊在尊经重道、博古通今的同时,能重新回归汉、唐古赋的传统,从而提升律赋创作的内涵和质量。书中所收律赋凡百余篇,多为唐人旧作。为了方便"友朋"模仿自修,又细分为"叙事"、"颂德"、"纪功"、"赞序"、"缘情"、"明道"、"祖述"、"论理"、"咏物"、"述咏"、"引类"、"指事"、"析微"、"体物"、"假象"、"旁喻"、"叙体"、"总数"、"双关"、"变态"等二十门,"区而辩之,律体大备"。毫无疑问,通过品鉴和选编,律赋创作水平必然会得到极大提高。范公律赋今传三十五篇,比田锡十一篇、王禹偁十九篇、夏竦十二篇、宋祁二十四篇、文彦博十八篇都要多。范公向来反对"非穷途而悲,非乱世而怨。华车有寒苦之述,白社为骄奢之语。学步不至,效颦则多,以至靡靡增华,愔愔相滥。仰不主乎规谏,俯不主乎劝诫"的浮靡做派,① 故其赋作首重于"言志"。吴处厚《青箱杂记》卷一〇载:

> 范文正公作《金在镕赋》云:"倪令区别妍媸,愿为轩鉴;若使削平祸乱,请就干将。"则公负将相器业,文武全才,亦见于此赋矣。公又为《水车赋》,其末云:"方今圣人在上,五日一风,十日一雨,则斯车也,吾其不取。"意谓水车唯施于旱岁,岁不旱则无所施。则公之用舍进退,亦见于此赋矣。盖公在宝元、康定间,遇边鄙震耸,则骤加进擢,及后晏静,则置而不用,斯亦与水车何异。②

李调元《赋话》卷五亦云:

> 宋范仲淹《用天下心为心赋》,中一段云:"于是审民之好恶,察政之否臧,有疾苦必为之去,有灾害必为之防。苟诚意从乎亿姓,则风化行乎八荒。如天听卑兮惟大,若水善下兮孰当!彼惧烦苛,我则崇简易之道;彼患穷夭,我则修富寿之方。"此中大有经济,不知费几许学问,才得到此境界,勿以为平易而忽之。③

---

① 《范仲淹全集》卷八《唐异诗序》,160页。
② 《青箱杂记》卷一〇,中华书局,1985年,111—112页。
③ 《赋话》卷五,丛书集成初编本,2622册,39页。

类似的情形在《天骥呈才赋》、《临川羡鱼赋》及《用天下心为心赋》等作品中反复呈现,所谓忧乐先及天下的圣贤情怀历历在目。更值得注意的是,范公用赋体说理,以俪句"明道",在扩大律赋题材范围的同时,却少了几分香草美人之思,山水林泉之乐,其审美韵味难免遽减,甚至淡化。

　　北宋中期求变求新的思潮风起云涌,不可遏止。"庆历新政"的发生不仅标志着士大夫"有志于天下国家"的政治主体意识全面成熟,更意味着一个以怀疑、解构为主题的儒学时代已经到来。文学领域有关"古文"和"时文"的争论,此时也旁涉到与"学术"、"政事"等密切相关的诸多层面。"范、欧"二公既为友朋相善,复以同道相得,在治学、仕宦以及诗文创作方面均能相得益彰;至于其"君子不苟同"的人格差异,乃是"庆历"文化开放多元特点的集中体现。所言或谬,尚祈方家有以正焉。

# 第八章　欧阳修《尹师鲁墓志》引发质疑的逻辑与史实

**本章提要**：墓铭文字既要面对"朋友门生故吏与孝子用心常异"的情感寄托，更需坚守"所纪事皆录实有稽据"的信史原则，其撰述过程往往牵涉到经学、史学与"古文"创作关联互动的深层逻辑。欧阳修《尹师鲁墓志铭》所引发的争议，既隐约反映出欧、尹等人"以同而异"的史学取向，更集中体现着欧公"意主文章"而"于情事或不能详备"的著史风格。《尹志》在称述尹洙"倡道"功绩方面颇有"所惜"，盖与尹、欧之间的学术分歧密切相关。尹氏着意效法《春秋》之"微言大义"，并倡言国家应"以明经为上第"，其经学理念与欧阳修、孙复、石介等人"弃传从经"、"以己意言经"者背道而驰。至于师鲁文章"简而有法"的评述，既是欧公"每夸政事，不夸文章"的惯常做法，更隐约透露出此公不肯就"古文"一事少让于尹洙的微妙心态，其深刻复杂的人格动因及精神内涵更值得深究。

北宋经史之学与诗文创作之间的关联与互动，既有表里相济的规律性呈现，也有"君子以同而异"的个案式表达。庆历时期，由《尹师鲁墓志铭》（以下简称"《尹志》"）而引发的种种争议即属于后者。欧阳修以文坛领袖和尹洙挚友的身份撰写《尹志》，其用心之深固无可疑。然而《尹志》面世前后，不仅遭到尹材等"后生小子"的辩列和排拒，更让范仲淹、韩琦、孔嗣宗等名公硕儒心生质疑。面对种种责难，欧阳修特撰《论尹师鲁墓志》详加论辩，以为《尹志》"用意特深而语简"，其典实深切之旨，料非"无识"且"不考文之轻重"者所易晓，倘"死者有知，必受此文"。[①] 所谓"文章

---

① 《欧阳修全集》卷七二《论尹师鲁墓志》，中华书局，2001年，1045页。

千古事,得失寸心知"(杜甫《偶题》),更何况墓志作者还要面对"朋友门生故吏与孝子用心常异"①的难题。大抵自欧公自辩之后,有关《尹志》得失的讨论便戛然而止。后世学者虽间有疑惑,但总体认为欧公"出于对文友的敬意,追慕尹洙简古的文风,用精炼准确的语言,评述亡友一生的行事和业绩",无可深责,且其文"关乎传记写作的'信史'原则",②值得尊重。

然而,范、韩、孔诸公并非"无识"之辈,他们和尹洙同样以道义相切劘,且有着相同或近似的"古文"创作理念,其对《尹志》内容的质疑未必完全没有依据。欧、尹同为"多元主体",他们在经史研究领域"和而不同",方法和理念上存在着明显差异。而在"古文"艺术探索发展的特定历程中,他们形兼师友,各有创获,审美趣味却不尽一致。所有这些,都能通过人格情感的中介作用,直接影响欧阳修撰写《尹志》的立场和角度。换言之,看似简单的墓志背后,实际隐含着经史之学与北宋"古文"关联互动的内在逻辑,值得深思。

## 一、尹、欧之间不可忽视的"史法"分歧

有关《尹志》得失的意见分歧,首先围绕其"史法"意向而展开。范仲淹称《尹志》"词意高妙,固可传于来代,然后书事实处,亦恐不满人意",③可谓深中肯綮。然而,所谓"书事实处"不能令人满意究竟所指何事?欧公坚持己见"不许人改"的基本理由又是什么?这些问题似乎都需要后人谨慎解读,详加分析。本文以为,《尹志》本身既是以特定方式隐约反映欧、尹两人"以同而异"的史学取向,更是超越墓志撰写的一般规范,具体展示欧阳修"意主文章"而"于情事或不能详备"的著史风格。④看似简单的文辞纷争,实则隐含着不容忽视的史学问题。

墓铭文字例属私史,其肇兴之始虽在齐梁以前,但直到隋唐之世,在

---

① 《欧阳修全集》卷七〇《与杜欣论祁公墓志书》,1020—1021 页。
② 王水照《欧阳修所作范〈碑〉尹〈志〉被拒之因发覆》,《江西社会科学》,2007 年 9 期。
③ 《范仲淹全集》,凤凰出版社,2004 年,613 页。
④ 《四库全书总目》卷四六《旧五代史》提要,中华书局,1965 年,411 页中。

## 第八章 欧阳修《尹师鲁墓志》引发质疑的逻辑与史实

重谱牒而轻墓铭的士风制约下,真正具有史学价值且能传之久远的大家名作少之又少。"自唐之亡,而谱牒与之俱尽",①那种"官之选举必由于簿状,家之婚姻必由于谱系"的社会结构也被彻底颠覆。② 在此情形下,借墓铭文字以缵述祖考,彰显墓主德业,便成了北宋士人的时尚选择。不过正如司马光所说,"凡刊琢金石,自非声名足以服天下,文章足以传后世,虽强颜为之,后人必随而弃之"。③ 正因为如此,庆历七年(1047)当尹洙病势渐危时,范仲淹才中夜赴驿探望,并与之当面商定撰写墓志和墓表的人选,曰:"足下平生节行用心,待与韩公、欧公各做文字,垂于不朽。"尹洙亦心领神会,"举手扣头",④表示认可与感谢。

范仲淹特邀欧阳修撰写《尹志》,可谓适得其人。作为史学巨擘,欧阳修撰有《新唐书》与《新五代史》两部史学巨著,更以继往开来的胆识开启了北宋谱牒之学探索发展的新途径。《新唐书·宰相世系表》之外,《欧阳氏谱图》的编撰更为两宋士人自制"族谱"树立了成功的榜样。在传统"谱牒"散坠无存的情况下,此举对望族子弟崇重"宗族"、提高"阀阅"地位有着重大而积极的现实意义,故自苏洵而后,效法者应声接踵,渐成潮流。与此同时,他在师法韩愈以史法作墓志方面也进行了积极的探索。欧阳修认为"须慎重,要传久远,不斗速也。苟粗能传述于后,亦不必行",关键在于"所纪事,皆录实,有稽据",⑤要能经得住推敲。《欧阳修全集》现存墓刻文章近百篇,除《尹志》与《文正范公神道碑铭》引发争议外,其余篇什均能体现重实录、有稽据的撰述宗旨。上述成就之外,欧阳修与尹洙相交有年,深知其道德文章之美。当尹氏谢世之际,范公特请欧公为撰墓志,其知人之明、用情之深、嘱托之重,可想而知。

不过,从另一角度看,欧公史学所蕴含的某些理念与方法,从北宋起

---

① 顾炎武《顾亭林诗文集·文集》卷五《裴村记》,中华书局,1959年,101页。
② 郑樵《通志》卷二五《氏族略第一·氏族序》,浙江古籍出版社,1988年,439页上。
③ 司马光《答孙察长官书》,《全宋文》(56),上海辞书出版社、安徽教育出版社,2006年,40页。
④ 《范仲淹全集·范文正公尺牍》卷中《与韩魏公》,613页。
⑤ 《欧阳修全集》卷七〇《与杜欣论祁公墓志书》,1020—1021页。

就一直存在争议。例如,他秉承"事则增于前,其文则省于旧"①的原则,主持完成了《新唐书》的编写。又以薛居正《旧五代史》"繁猥失实",特加修订,撰成《新五代史》。欧公尝以《新五代史》与《春秋》相提并论,曰:"吾用《春秋》之法,师其意不袭其文。"复曰:"昔孔子作《春秋》,因乱世而立治法;余述《本纪》,以治法而正乱君,此其志也。"②其自负之情溢于言表。然而,自两书面世以来,质疑与驳难者即代不乏人。宋人吴缜撰《新唐书纠谬》及《五代史记纂误》两书以纠欧公之疏舛,虽事涉嫌隙,作风轻率,但所举抵牾阙误诸端亦属客观。四库馆臣也称欧公两书"义存褒贬,而考证则往往疏舛",③《新唐书》"意主文章而疏于考证,抵牾踬驳,本自不少",④而《新五代史》"刊削旧史之文,意主断制,不肯以纪载丛碎,自贬其体,故其词极工,而于情事或不能详备"。⑤清人钱大昕还指出:"《唐书·宰相世系表》虽详赡可喜,然纪近事则有征,溯远胄则多舛,由于信谱牒而无实事求是之识也。"⑥其实,同样的情形在《欧阳氏谱图序》中也有所体现。如《序》文称"欧阳氏之先,本出于夏禹之苗裔。自帝少康封其庶子于会稽,使守禹祀,传二十余世至允常。允常之子曰勾践,是为越王"云云,⑦所涉史实即颇难稽考。可知颜师古所谓"家自为说,事非经典,苟引先贤,妄相假托"的私谱之弊,⑧在《欧阳氏谱图》中亦未能或免。

尹洙在史学上的建树虽不及欧公,但他精通"春秋笔法",严于褒贬,同样有名于当世。与欧公所不同的是,他的史学著述绝没有"意主文章而疏于考证"的偏颇与失误。四库馆臣尝考《五代春秋》或与《新五代史》同时面世,但前者不仅"体用编年,与修书例异",且叙事"简该有体","笔削颇为不苟,多得谨严之遗意,知其《春秋》之学深"。⑨可谓的评。若取《河

---

① 《新唐书》卷末《进唐书表》,中华书局,1975 年,6472 页。
② 朱熹《宋名臣言行录·后集》卷二,文渊阁四库全书本,449 册,164 页上。
③ 《四库全书总目》卷四六《五代史记纂误》提要,412 页中。
④ 《四库全书总目》卷四六《新唐书纠谬》提要,411 页上。
⑤ 《四库全书总目》卷四六《旧五代史》提要,411 页中。
⑥ 钱大昕《十驾斋养新录》卷一二,江苏古籍出版社,2000 年,245 页。
⑦ 《欧阳修全集》卷七四《欧阳氏谱图序》,1066 页。
⑧ 《汉书》卷七五《眭弘传》注,中华书局,1962,3153 页。
⑨ 《四库全书总目》卷四八《五代春秋》提要,432 页中。

南集》中所载《叙燕》、《谢公行状》(谢涛)、《李公行状》(李允)、《王公神道碑铭并序》(王曙)及《刘公墓表》(刘景山)等文与《五代春秋》比较对读,则知其撰史风格简古谨严,考证翔实;其墓铭文字也没有"溯远冑则多舛"的疏漏和不足。欧阳修奉撰《尹志》而忽略其史学建树,其审视取舍的角度,应该与此密切相关。

此外,《尹志》被拒的关键人物,是治史态度与欧阳修绝不相同的"后生小子"尹材。据《邵氏闻见录》卷一九载:"司马温公初居洛,问士于康节,对曰:'有尹材字处初、张云卿字伯纯、田述古字明之,三人皆贤俊。'后处初、明之得进于温公门下,独伯纪未见。……三君子既受知温公,公入相元祐,处初、明之以遗逸命,伯纯以累举特恩,同除学官。"①既能得邵雍称誉,又为司马光门人,尹材之道德文章必有可观。尹材师从司马光,其史学见解与欧公大异其趣,这一点毋庸置疑。面对欧公所撰《尹志》,《资治通鉴》于五代史部分"专据薛《史》而不取欧《史》"②的学术分歧,必然会影响到尹材的判断。当然,作为"孝子"的尹材,或许还有更加细致而缜密的分析和思考,对此下文还将具体讨论。

明确了尹洙、欧阳修及尹材等人史学取向上的内在差异,不仅欧阳修曾与尹洙相约分撰《五代史》却最终无果一事可以得到合乎情理的解释,即对分析造成《尹志》得失的学术动因也不无裨益。应该说,范公所谓《尹志》"词意高妙",然"书事实处,亦恐不满人意"的偏颇与不足,正是欧公史学"意主文章而疏于考证"的风格重现。如果说《尹志》得失与尹、欧之间"和而不同"的史学追求密切相关,那么尹材排拒《尹志》的决定背后,则更凸显出以欧阳修和司马光为领袖的两大史学流派之间的意见分歧。看似偶然的墓志纷争,其实隐含着不容忽视的学术逻辑。

为了更加全面地揭示《尹志》被疑的历史真相,还有许多被忽视的细节需要梳理。事实上,《尹志》文辞在世态和人情两方面引起的反应是欧阳修始料未及的。例如,范仲淹作为《尹志》事件的枢纽,其心理矛盾与情感纠结便根源于此。面对"永叔书意,不许人改"的决然姿态,他一面担心

---

① 邵伯温《邵氏闻见录》卷一九,中华书局,1983年,209页。
② 《四库全书总目》卷四六《旧五代史》提要,411页中。

"他人为之虽备,却恐其文不传于后",另一方面又致信挚友韩琦,希望能有所补救,曰:"或有未尽事,请明公于《墓表》中书之,亦不遗其美。又不可太高,恐为人攻剥,则反有损师鲁之名也。"①韩琦接信后悉心照办,其深切严谨之情态充分体现在《尹公墓表》文字中,展卷品读,令人动容。

在《尹志》事案中,还有一位史学理念与欧公非常近似的重要人物孙甫,他撰写了尹洙《行状》。甫字之翰,举天圣八年(1030)进士,官至天章阁待制兼侍读。此公在修史体例上尚"编年"而轻"纪传",以为"编年体正而文简",更具"古史体法"。② 他有鉴于"刘昫《唐书》猥杂失体,改用编年法,著《唐史记》七十五卷,其间善恶分明,可为龟鉴者,复著论以明焉。甫没,《唐史记》宣取留禁中,世遂不得见。"今有《唐史论断》三卷传世,四库馆臣以为"甫生平以气节自负,故所论或不免稍失之偏激。然于治乱得失之故,指陈凿凿,实足为考镜之资"。③ 约而言之,孙甫不仅在撰史理念上与欧阳修颇为近似,两人对待尹洙的态度也呈现着不约而同的一致性。孙甫所撰尹洙《行状》未能传世,但由韩琦《与文正范公论师鲁行状书》可知,其文与欧公所撰一样,"所载事又有与闻见殊不相合者",俱令人"大以为疑"。正因为如此,当韩琦看到《行状》和《尹志》均受到尹洙贤侄尹材的辩驳时,才深叹"某之疑者,于是释然无所恨,而喜尹氏有人矣"。面对两篇不尽如人意的墓铭文字,韩琦在困惑之余,还是希望欧阳修能有所改易。他说:

> 某忆公前书道,师鲁将亡时,公亟往而谓曰:"师鲁平生节行,当请欧阳永叔与相知者为文字,垂于不朽。"师鲁举手叩头曰:"尽矣,某复何言。"某又尝接师鲁言,以为天下相知之深者,无如之翰,则于纪述之际宜如何哉。今所误书,若不先由之翰刊正,遂寄永叔。彼果能斥其说,皆以实书之,则《行状》与《墓铭》二文相戾,不独惑于今世,且惑后世,是岂公许死者之意,果可不朽邪?之翰果尽相知之,诚不负

---

① 《范仲淹全集·范文正公尺牍》卷中,613页。
② 孙甫《唐史论断序》,《全宋文》(25),211页。
③ 《唐史论断目录》,文渊阁四库全书本,685册,643页上。

## 第八章 欧阳修《尹师鲁墓志》引发质疑的逻辑与史实

良友邪?呜呼!师鲁有经济之才,生不得尽所蕴,谪非其罪,而死又为平生相知者所诬,以恶书之,是必不瞑于地下矣,实善人之重不幸也!且前贤《行状》,必求故人故吏为之者,不徒详其家世事迹而已,亦欲掩疵扬善,以安孝子之心,况无假于掩而反诬之乎?夫生则卖友以买直,死则加恶以避党,此固庸人之不忍为,岂之翰之心哉!但恐不知其详耳。然不知其详而轻书之,以贻今世后世之惑,使师鲁不瞑于地下,为交友者不得无过。今闻之翰领江南漕,必已离安陆,愿公不以千里之远,速以《行状》附还,使详尹侄之说,悉刊其误,然后以寄永叔,必能推而广之,使师鲁之行实传之光显,垂于无穷,则公之许死者,是谓践其言。①

然而,当欧阳修收到范仲淹来信及孙甫所撰《行状》后,不仅略无纳言修改之意,且对尹材的驳难表示出极大的不满。他在给范仲淹的信中写道:

> 师鲁拜之翰为兄,与尹材乃父执也,为其诸父作《行状》。之翰平生与师鲁厚善而无怨恶,必不故意有所裁贬,不过文字不工,或人所见不同。材当作书叙感,然后以所疑请问,而反条疏驳难。又所驳多不当,如之翰言"器使"二字,乃驳云非为人所使。至如《论语》言"君使臣以礼",岂亦不可乎?其轻易皆此类。后生小子,但见其叔平生好论议,遂欲仿效,既学问未精,故所论浅末,不知其叔平生潜心经史,老方有成,其自少所与商较切磨,皆一时贤士,非一日而成也。率然狂妄,甚可怪。修在扬州,极不平之,亦曾作书拜闻。明公若爱师鲁,愿与戒勖此子。仲尼曰:"由也兼人,故退之。"无使陷于轻率也。师鲁功业无隐晦者,修考之翰《行状》无不是处,不知稚圭大骂之翰,罪其何处?此又不谕也。②

---

① 韩琦《与文正范公论师鲁行状书》,《全宋文》(39),300—301页。
② [日本]东英寿《新见九十六篇欧阳修散佚书简辑存稿》,《中华文史论丛》2012年1期。

欧公以长者身份,谓尹材的"学问未精,故所论浅末",其所驳论"率然狂妄",并要求范公"戒勖此子","无使陷于轻率"。而有关韩琦对孙甫所撰《行状》的种种质疑,他颇不以为然,更不愿再行商榷。在此情形下,欲令欧公"刊正"《尹志》之失,显然不太可能。

然而,面对朋友孝子如此广泛的质疑,欧阳修最终还是选择了直面以对,于是便有了《论尹师鲁墓志》的种种辨释。不过,该文所论显然没有使相关士人尽释所惑。河南人孔嗣宗于尹洙去世两年后,即皇祐元年(1049)还致信欧阳修表达疑惑,即其显例。孔氏书信未能传世,但从欧公的答辞中亦可窥见其所质。欧公曰:

> 尹君《志》文,前所辨释详矣。某于师鲁岂有所惜,而待门生亲友勤勤然以书之邪? 幸无他疑也。
>
> 东方学生皆自石守道诱倡,此人专以教学为己任,于东诸生有大功。与师鲁同时人也,亦负谤而死。若言师鲁倡道,则当举天下言之,石遂见掩,于义可乎? 若分限方域而言之则不苟,故此事难言之也。①

从两封信笺不难看出,孔嗣宗等门生亲友怀疑欧公对尹洙的评述或"有所惜",其表现之一便是忽略了"师鲁倡道"的功绩。

那么,《尹志》本身是否果真存在"于情事或不能详备"的问题? 今取韩琦《尹公墓表》及《欧阳修全集》所载其它墓铭文字详加比照,深感范、韩诸公所说或许不无道理。概而言之,其可疑之处约有以下数端。

其一,据《尹公墓表》载,尹洙天圣二年登进士第,殁于庆历七年四月十日。欧公所撰他人《墓志铭》及《神道碑铭》等,于登第及病殁之年均能详加记载,独于尹师鲁《墓志》缺此两项,似不合《墓志》撰写规范,令人困惑。

其二,北宋以后,凡请撰《墓志》者皆"欲论譔其祖考之美,垂之无

---

① 《欧阳修全集》卷一五〇《答孔嗣宗》,2483—2484 页。

穷",①故"详其家世事迹"至关重要。《欧阳修全集》自卷二〇至卷三八收录《墓志》《墓表》及《行状》等近百篇,其中述及"家世"者约九十篇,未述"家世"者仅欧庆、李仲芳、周尧卿、张汝士、胡瑗、尹仲宣、薛质夫、蔡高、孙复及尹洙等十人而已。欧庆等九人,或一人独显而世次无考,或家族谱系另见别志,缺述之情皆无可深责。但《尹志》未述尹氏世系,仅曰:"余共师鲁兄弟交,尝铭其父之墓矣,故不复次其世家焉。"尹氏一族固为寻常人家,自洙、源显名,始跻身望族。是故,韩琦《尹公墓表》述之曰:"曾祖谊,以道晦乱世,不仕。祖文化,始以材行兴其家,官至都官郎中,赠刑部侍郎。父仲宣,举明经,累长郡邑,廉恕明决,所至以循吏称,终虞部员外郎;以公贵,赠工部郎中。刑部葬其父河南,今为河南人。"②这段文字或即范公所谓"未尽事"而请韩琦于《墓表》中予以补书者。

其三,《尹志》有关尹洙仕历行实及著述情况的叙述远不及《墓表》详实,个别文字甚至还不够客观准确,如云:"师鲁当天下无事时独喜论兵,为《叙燕》《息戍》二篇行于世。"韩琦《墓表》即对此有所改易,曰:"时天下无事,政阙不讲,以兵言者为妄人。公乃著《叙燕》《息戍》等十数篇以斥时弊,时人服其有经世之才。"检《河南集》所载,除《叙燕》《息戍》外,尚有《述享》《审断》《原刑》《敦学》《矫察》《考绩》《广谏》《攻守策头问耿传》《悯忠》《辨诬》等杂议时弊的文章,是知《墓表》所述远比《尹志》客观详实。

其四,尹洙撰有《五代春秋》,且其《河南集》在辞世之前已经成编。此外,欧公尝与尹洙分撰《五代史》,并已阅读其部分手稿。欧阳修《与尹师鲁第二书》曰:"师鲁所撰,在京师时不曾细看,路中昨来细读,乃大好。师鲁素以史笔自负,果然。河东一传大妙,修本所取法此传,为此外亦有繁简未中,愿师鲁删之,则尽妙也。正史更不分五史,而通为纪传,今欲将《梁纪》并汉、周,修且试撰次,唐、晋师鲁为之,如前岁之议。其它列传约略,且将逐代功臣随纪各自撰传,待续次尽,将五代列传姓名写出,分而为

---

① 司马光《答孙察长官书》,《全宋文》(56),40页。
② 韩琦《尹公墓表》,《全宋文》(40),80页。

二,分手作传,不知如此于师鲁意如何?吾辈弃于时,聊欲因此粗伸其心,少希后世之名。如修者幸与师鲁相依,若成此书,亦是荣事。"①相约分撰《五代史记》,于师鲁为平生大事,于欧公则关乎挚友情分。《尹志》既对分撰史书之事讳莫如深,又只字未提《五代春秋》与《河南集》,不仅在情理上难以理解,且不合墓铭文字的撰写规范。陆游《老学庵笔记》尝云:"晏尚书景初作一士大夫墓志,以示朱希真,希真曰:'甚妙,但似欠四字。'然不敢以告。景初苦问之,希真指'有文集十卷'字下曰:'此处欠。'又问:'欠何字?'曰:'当增不行于世四字。'景初遂增'藏于家'三字,实用希真意也。"②按:晏敦复字景初,殊之曾孙。其所撰墓志对墓主文集的刊行状况未作明确交代,都被视为不够严谨。由此及彼,则欧公奉撰《尹志》而阙述墓主著述的失误,实不待智者而辨矣。

毫无疑问,对欧公早已详加辨释的墓铭文字再次提出质疑,其学术动机本身就很容易招致"率然狂妄"的责难。但如果不能揭示欧阳修、尹洙、孙甫及尹材等人在史学上"和而不同"的见解分歧,则《尹志》被疑、甚至遭拒的深层原因便很难得到合乎情理的解释。若仅仅着眼于尹、欧诸公乃政见相契的文学挚友,以为欧公所撰必为"信史",便是笃信权威,为尊者讳;稳妥之余,极有可能错失追寻历史真相的可能。我们不想讳言《尹志》"书事"细节的得与失,也不曾否认"朋友门生故吏与孝子用心常异"的情感分歧,所有思考均以尊重当日圣贤的人格境界为前提。墓铭文字性兼"文"、"史",而像《尹志》那样的大家名作,则更能体现着当代史学与"古文"创作相互关联的某些深层思致,其或有不足,亦成典范。

## 二、有关"倡道"功绩的不同理解和评价

尹洙以博通六经、乐善疾恶而名震天下。欧公撰《尹志》,述其学曰:"博学强记,通知今古,长于《春秋》。"措辞虽不失恰切,但与《欧阳修全集》所存孙复、孙甫、石介、刘敞诸公墓志有关学术成就的评述文字相比,显然

---

① 《欧阳修全集》卷六九《与尹师鲁第二书》,1000 页。
② 陆游《老学庵笔记》卷一,中华书局,1979 年,9 页。

太过简略。所以如此,表面上是欧阳修认为尹洙"倡道"的功绩无可称述,其深层原因则较为复杂。从现有资料来看,在儒学教育和治学方法等方面,尹洙的观点与欧公不尽相同;其倡言国家应"以明经为上第"的学术出发点,与当日众贤执意"弃传从经"、①乃至"以己意言经"的学术革新颇显不同。②

长期以来,宋代学术研究"求同"者颇多而"辨异"者殊少;尤其是面对欧阳修、范仲淹、尹洙、孙复、胡瑗、石介等道学理念基本相同的研究对象时,情形则更加如此。其实,"求同"不难。例如,师鲁尝曰:"夫古人行事之著者,今而称之曰功名;古人立言之著者,今而称之曰文章。盖其用也,行事泽当时以利后世,世传焉,从而为功名;其处也,立言矫当时法后世,世传焉,从而为文章。行事、立言不与功名、文章期,而卒与俱焉。后之人欲功名之著,忘其所以为功名;欲文章之传,忘其所以为文章。故虽得其欲,而戾于道者有焉。如有志于古,当置所谓文章、功名,务求古之道可也。"③相同的意思,在欧公文章中表达得更加充分,其曰:"君子之于学也务为道,为道必求知古,知古明道,而后履之以身,施之于事,而又见于文章而发之,以信后世";④"其所以为圣贤者,修之于身,施之于事,见之于言,是三者所以能不朽而存也。"⑤简而言之,以"求同"为指向的讨论,在充分揭示时贤"履道"自觉的同时,已经淡化乃至遮蔽了他们或隐或现的细微差异。就《尹志》而言,需要厘清的问题主要有以下两点。

其一,孔嗣宗以后生晚辈,对《尹志》没有彰显"师鲁倡道"的功绩提出质疑,欧公解释说:石介"专以教学为己任,于东诸生有大功","若言师鲁倡道,则当举天下言之,石遂见掩,于义可乎?"此乃长者之言耳。然而,针对石介在太学的教学活动,欧阳修和尹师鲁所持态度却并不相同。

石介从事学校教育的经历,实际开始于景祐元年(1034)提举应天府书院时。陈植锷先生《石介事迹著作编年》据石介《去二画本记》及《上南

---

① 《四库全书总目》卷二六"春秋类"小序,210 页上。
② 陈振孙《直斋书录解题》卷三《七经小传》解题,上海古籍出版社,82 页。
③ 尹洙《志古堂记》,《全宋文》(28),33 页。
④ 《欧阳修全集》卷六七《与张秀才棐第二书》,978 页。
⑤ 《欧阳修全集》卷四四《送徐无党南归序》,631 页。

京夏尚书启》两文,断定"石介在为南京留守推官之前,确曾做过一段时间的学官"。宝元二年(1039)至庆历元年(1041),石介居丧期间,于徂徕山下开门聚徒,以《易》讲授诸生,鲁人号曰徂徕先生。庆历二年六月服除,入为国子监直讲;太学始建,即以直集贤院兼国子监直讲为太学首任行政主管。

有关石介执教太学的真实情状,欧阳修《读徂徕集》叙述颇详,其诗云:"昨者来太学,青衫踏朝靴。陈诗颂圣德,厥声续猗那。羔雁聘黄晞,晞惊走邻家。施为可怪骇,世俗安委蛇。谤口由此起,中之若飞梭。……生徒日盈门,饥坐列雁鹅。弦诵聒邻里,唐虞赓咏歌。"欧诗所谓"羔雁聘黄晞,晞惊走邻家"的本事,《宋史》卷四五八《黄晞传》也有记载,曰:"黄晞字景微,建安人,少通经,聚书数千卷,学者多从之游,自号'聱隅子',著《歔欷琐微论》十卷,以谓'聱隅'者,枿物之名;'歔欷'者,叹声;'琐微'者,述辞也。石介在太学,遣诸生以礼聘召,晞走匿邻家不出。枢密使韩琦表荐之,以为太学助教致仕,受命一夕卒。"①石介的教学方法虽"可怪骇",却也经受住了科举考试的检验。从学弟子"常续最高第,骞游各名科",②即为明证。

欧阳修对石介"教学"、"倡道"的功绩赞赏有加。除上举《读徂徕集》诗外,复撰《徂徕石先生墓志铭》曰:"先生自闲居徂徕,后官于南京,常以经术教授。及在太学,益以师道自居,门人弟子从之者甚众。太学之兴,自先生始。"③但相比之下,与石介同时的尹洙却对此另有一番议论。其《敦学》一文曰:

> 今太学生徒,博士授经,发明章句,究极义训,亦志于禄仕而已。及其与郡国所贡士并校其术,顾所得经义,讫不一施,反不若闾里诵习者,则师道之不行宜矣。若俾肄业太学者,异其科试,唯以明经为上第,则承学之士,孰不从于师氏哉?……《周官》师氏掌教国子,盖

---

① 《宋史》卷四五八《黄晞传》,13441 页。
② 《欧阳修全集》卷三《读徂徕集》,43 页。
③ 《欧阳修全集》卷三四,506 页。

公卿大夫子也,今祭酒实其任。谓由门调者,宜籍于师氏,策以经义,始得补吏。优其高第,其未至,则勖学者益劝,仕者能世其家矣。①

师鲁以为太学博士"发明章句,究极义训"的教育,实际体现着违背"师道"的功利化倾向,其实学效果甚至还不及闾里诸生"诵习"经传之所得。因此,他倡言"以明经为上第",让"勖学者益劝",使"师道"回归本位。

富弼尝有《哭尹舍人词并序》云:"始君为学,遭世乖离。掠取章句,属为文词。经有仁义,曾非所治。史有褒贬,亦弗以思。君顾而叹,嫉时之为。钩抉六籍,潜心以稽。上下百世,指掌而窥。功不苟进,习无匪彝。今则亡矣,使所学不能信于人而用于时,吾是以哭之。"②尹洙没有经学著作传世,其"钩抉六籍,潜心以稽。上下百世,指掌而窥"的学术风采亦无由考察,但他"教学"的出发点既不同于传统的"汉唐训释之学",也有别于"弃传从经"的经义诠释,体现着为学求道的个性特点,这一点毋庸置疑。因其学术独树一帜,不合"主流",故而"不能信于人"。富弼以此哭之,实不难理解。

其次,尹洙虽"长于《春秋》",但他更侧重对"《春秋》笔法"的体悟和运用,而不是直接超越汉唐传笺,对儒学"经义"作出"断以己见"的新解释。③这一点与欧阳修及"宋初三先生"等有所不同。

欧阳修《诗本义》、《易童子问》等经学著作开启了两宋儒学"新义日增,旧说几废"的新纪元。④ 大抵与之同时,孙复著《春秋尊王发微》,欧公誉之曰:"不惑传注,不为曲说以乱经,其言简易,明于诸侯大夫功罪,以考时之盛衰,而推见王道之治乱,得于经之本义为多。"⑤石介师从孙氏,在"弃传从经"的同时还对汉唐训释之学进行了彻底批判。如东汉经学大师郑玄"遍注诸经,立言百万,集汉学之大成",⑥其注疏文字向来和儒学典籍

---

① 《全宋文》(28),15页。
② 《全宋文》(29),68页。
③ 《四库全书总目》卷一五《毛诗本义》提要,121页中。
④ 《四库全书总目》卷一五《毛诗本义》提要,121页中。
⑤ 《欧阳修全集》卷三〇《孙明复先生墓志铭》,458页。
⑥ 皮锡瑞《经学历史》,中华书局,1959年,127页。

一起受到尊重,宋人至有"宁道孔圣误,讳言郑、服非"之说。① 石介撰《忧勤非损寿论》,却以"康成之妄也如此"一句全盘否定了郑氏为《礼记·文王世子》所作的注释,且曰:"如康成之言,其害深矣!"②为了给儒学探索赋予新的时代内涵,他们明确提出"君子之于学也务为道,为道必求知古,知古明道,而后履之以身,施之于事,而又见于文章而发之,以信后世";③同时强调将"研穷六经之旨"与"究切当世之务"④有机结合起来。钱穆先生曾经指出:"言宋学之兴,必推本于安定、泰山。"⑤其判断理由即在于此。

尹洙《河南集》所存,没有直接论及学术的文章,但其有别于上述诸贤的治学理念与方法却不难考察和确认。前人颇称尹师鲁深于《春秋》,却未能具体展示其评断依据。其实,《五代春秋》之编年体例既已师法《春秋》,纪事风格亦"简核有体",⑥此乃显证,毋庸置疑。

先就纪事文字而言,《五代春秋》于梁太祖开平二年载:"正月,晋王克用薨。三月,壬申,帝幸东都,征潞州。丁丑,次泽州,晋人还师。四月,丙午,帝还东都。五月,晋人救潞州,破夹城,遂改泽州。六月,戊申,淮南张灏弑其君渥,吴人诛张灏。秦人来寇雍州,同州刘知俊败秦师于幕谷。八月,晋人来侵晋州。九月,丁丑,帝西征,次陕州。十月,丁巳,帝还东都。楚人克朗州,杀雷彦恭。"⑦文中有关"薨"、"幸"、"征"、"克"、"次"、"侵"、"弑"、"杀"等单音节动词的用法,与《春秋》古籍绝无二致。模仿如此深细,令人叹服。

其实,《五代春秋》"笔削不苟",正是作者自觉效法"《春秋》笔法"的结果。所谓"《春秋》笔法",实际包含"书法不隐"与"为尊者讳"两重含义,尹洙不仅能够准确体味孔子褒贬善恶的"微言大义",并能在《五代春秋》中加以贯彻。如后唐同光四年正月载:"皇子继岌害郭崇韬于蜀。帝杀弟存

---

① 晁说之《元符三年应诏封事》,《全宋文》(129),408页。
② 石介《徂徕石先生文集》卷一一,中华书局,1984年,121页。
③ 《欧阳修全集》卷六七《与张秀才棐第二书》,978页。
④ 《欧阳修全集》卷一五一《答陆伸》,2501页。
⑤ 钱穆《中国近三百年学术史·引论》,商务印书馆,1997年,2页。
⑥ 《河南集》卷首提要,文渊阁四库全书本,1090册,2页上。
⑦ 《河南集》卷二六《五代春秋》,140页上。

义及李继麟。"按：郭崇韬乃庄宗功臣，梁、唐夹河对垒及后唐灭梁之际屡建奇功，累官至枢密使。灭蜀之役，庄宗"以继岌为西南面行营都统，崇韬为招讨使，军政皆决崇韬"。① 功成之后，却遭到魏王继岌和宦官李从袭等人的勾结陷害，被矫诏杀死，五个儿子亦皆遇害。不久，庄宗"异母弟、鄜州节度使存乂伏诛。存乂，郭崇韬之子婿也，故亦及于祸。是日，以河中节度使、守太师兼尚书令、西平王李继麟为滑州节度使，寻令朱守殷以兵围其第，诛之，亦夷其族。"②唐庄宗宠信阉寺，而郭崇韬被杀乃后宫刘皇后与宦官、皇子勾结构祸所致。尹洙对此书曰"害"，即"书法不隐"之意。再如，后晋高祖石敬瑭于天福元年（936）举兵叛后唐，并求援于契丹，议割燕、云等十六州于契丹，契丹主耶律德光遂立石敬瑭为大晋皇帝，约为父子之国，改元为天福。《五代春秋》以晋高祖系"正统"帝王之故，对此讳而不书，仅于天福元年十一月记曰："帝在太原宫，降制，改元。闰月庚辰，帝至京师，以幽州及雁门以北地赂少帝。"所谓"为尊者讳"的撰述要旨，在此得到了充分体现。仅此两例，便知尹洙于"《春秋》笔法"是何等用心了。

　　仁宗时代，尹师鲁深细品读《春秋》经文，自觉运用"《春秋》笔法"的治学理念可谓独树一帜。若欲旁求近似者，恐怕也只有范仲淹堪为知音。范公有《说春秋序》云："三《传》，房君有元凯之癖，兼仲舒之学，丈席之际，精义入神。吾辈方扣圣门，宜循师道，碎属词比事之教，洞尊王黜霸之经，由此登太山而知高，入宗庙而见美。升堂睹奥，必有人焉君子哉，无废。"③按：房君即京房，杜预字元凯。尹洙治《春秋》虽不涉传笺，但《春秋》之"微言大义"在《左氏》、《公羊》及《穀梁》三《传》中得以阐幽发微。从这个角度讲，师鲁与范公于《春秋》之学隐然相通。

　　概而言之，欧阳修、孙复及石介诸公弃传疑经，不从笺注，在治学理念上竭力反对"述三皇太古之道，舍近取远"。④ 尹洙则不仅尊重"汉唐训释之学"，不疑传笺，且明确倡言"以明经为上第"，使"师道"回归固有本位。

---

① 《新五代史》卷二四《郭崇韬传》，中华书局，1974年，250页。
② 《旧五代史》卷三四《庄宗纪》，中华书局，1976年，468页。
③ 《范仲淹全集》卷八，163—164页。
④ 《欧阳修全集》卷六七《与张秀才棐第二书》，978页。

其所撰《五代春秋》,不仅编年体例和纪事风格效法《春秋》,且能在人物和事件的叙述中自觉体现"微言大义",充分彰显其褒贬善恶的圣贤态度。如此显著的学术差异,或许是导致《尹志》在叙述墓主学术成就时略"有所惜"的深层原因。当然,学术各求专擅,文章关乎人情,两者之间隐微复杂的内在关系向无确解。正所谓"《诗》无达诂,《易》无达占,《春秋》无达辞",①有关《尹志》牵涉学术的讨论视此而然。

## 三、难以定谳的文学史公案

赵宋"古文"探索与儒学发展同步,尹洙在这一领域的个性化求索,同样具有变易时俗的重要价值。欧阳修于《尹志》但谓"师鲁为文章,简而有法",颇遭质疑,时贤以为"师鲁文章不合只著一句道了"。② 文学史家对此所持议论,往往集中在欧公与尹洙"古文"创作的贡献差异,却很少注意到欧阳修墓铭文字的惯常作法,更没有人深切分析作者隐约幽微的撰写心态。其实,从"古文"作品折射人情人性的角度讲,《尹志》能够启发后世学人思考的因素或许更多。

凡人之为文各有习性,即便"一代文章冠冕"③欧阳修亦莫能外。范镇尝云:"欧阳永叔每夸政事,不夸文章。"④其实,同样的价值取向在欧阳修所撰墓铭文字中也得到了充分体现。通观《全集》所存,凡推称墓主"文章"字数较多者不过陈尧佐、张汝士、胡瑗、谢绛、郑平、孙复、王洙、孙甫、石介、苏洵、刘敞、江休复等人而已;通常的做法是只以寥寥数字简述"文章"。如《阎公神道碑铭》谓阎象"颇习子、史,为文辞";⑤《石曼卿墓表》曰"其为文章,劲健称其意气";⑥《薛公墓志铭》称薛奎"平生所为文章四十

---

① 《春秋繁露义证》卷三《精华第五》,董仲舒撰,苏舆义证,中华书局,1992年,95页。
② 《欧阳修全集》卷七二《论尹师鲁墓志》,1045页。
③ 罗大经《鹤林玉露》卷一甲编,中华书局,1983年,265页。
④ 范镇《东斋记事·补遗》,中华书局,1980年,47页。
⑤ 《欧阳修全集》卷二〇,320页。
⑥ 《欧阳修全集》卷二四,374页。

卷,直而有气,如其为人";①《梅公墓志铭》谓梅询"好学有文,尤喜为诗";②《杨公墓志铭》称杨偕"少师事种放学问,为文章长于议论";③《尹君墓志铭》谓尹源"论议文章,博学强记,皆有以过人";④《苏君墓志铭》称苏舜钦"少好古,工为文章";⑤《吴公墓志铭》谓吴育"有文集五十卷,尤长于论议";⑥《蔡公墓志铭》称蔡襄"为文章,清遒粹美,有文集若干卷"。⑦ 凡此等等,不胜枚举。就表象来看,对墓主"文章"不加详述,似乎只是欧公撰写墓铭文章的一种习惯,实则隐含着"文章止于润身,政事可以及物"的价值判断。⑧《尹志》谓师鲁文章"简而有法",其思路和作法亦或如此。

不过,欧公既能借撰写墓铭之机,盛赞谢绛、孙复、石介、苏洵等人的"文章"成就,却不能对尹洙倡导"古文"的功绩多加褒扬,或许还有更为复杂的心理原因,对此还需另作详察。明人杨慎《丹铅总录》卷一〇"大颠"条尝云:"或曰:'晦翁必欲以大颠书为韩之真,何也?'予曰:'此殆难言也,可以意喻。昔欧公不以始倡古文许尹师鲁,评者谓如善弈者常留一着。欧公之于尹师鲁,留一着也。然则朱子之于韩公,亦犹欧阳之于师鲁乎?'"⑨从这一说法中明确得到一种信息,那就是以文坛领袖自居的欧公,不愿尹洙与之争功掠美。

当代文学史家每每将"简而有法"的文章评价归结于繁简问题,讨论过程则偏重"简古"而忽视"有法",却很少有人质疑这一说法本身的内在逻辑是否严谨。事实上,早在南宋时期,以"非圣人之书不可观,无益之诗文不作可也"⑩自励的进士黄震就曾经指出,欧阳修"《论尹师鲁墓志》,谓述其文曰'简而有法',惟《春秋》可当;述其学曰'通知古今',惟孔孟可当。

---

① 《欧阳修全集》卷二六,404 页。
② 《欧阳修全集》卷二七,415 页。
③ 《欧阳修全集》卷二九,440 页。
④ 《欧阳修全集》卷三〇,451 页。
⑤ 《欧阳修全集》卷三〇,455 页。
⑥ 《欧阳修全集》卷三三,489 页。
⑦ 《欧阳修全集》卷三五,522 页。
⑧ 《宋史》卷三一九《欧阳修传》,10378 页。
⑨ 《丹铅总录》卷一〇,文渊阁四库全书本,855 册,423 页下—424 页上。
⑩ 《宋史》卷四三八《黄震传》,12994 页。

愚意文简有法,各随其宜,岂必《春秋》;通知古今,各随其分,岂必孔孟。未闻文王谥文,而孔文子不可谓之文也。公与师鲁平生交而故为讥贬,何哉?俄又云:'然在师鲁犹为末事。'若果末事,何必《春秋》然后可当,孔、孟然后可当?愚恐其首尾又自背驰也"。① 如此质疑有根有据,深刻准确,不容忽视。事实上,宋人墓志以"简而有法"四字称述墓主文章,乃是寻常做法。李光撰《左承议郎吴君墓志铭》谓吴升"下笔为文,简而有法",②楼钥撰《宝谟阁待制献简孙公神道碑》称孙逢吉文章"简而有法,不为绮丽之习"等,③皆其例也。今按:尹洙深于《春秋》之学,其"简古"文风乃习效使然。至于"有法"之说未知所本。韩愈《进学解》尝云:"周《诰》殷《盘》,佶屈聱牙。《春秋》谨严,《左氏》浮夸。《易》奇而法,《诗》正而葩。"④欧阳修效韩氏为"古文",对这一概括应不陌生。《尹志》将"《易》奇而法"之说,移诸深于《春秋》之尹洙,即便不是变乱韩愈之说,在学理逻辑上也有所不通。

此外,《尹志》有关师鲁"文章"的评价,还牵涉到另外两件公案。其一,欧阳修学"古文"于尹洙之事是否可信。其二,在北宋"古文"艺术渐告成熟的探索历程中,尹洙的贡献和地位究竟应该作何评价。

有关第一桩公案的记载,最早见释文莹《湘山野录》卷中。该书成于熙宁中,文莹尝"持苏子美书荐"谒欧公,且有"蒙诗见送"之情,⑤故其记载应较可信。其文曰:

> 钱思公镇洛,所辟僚属尽一时俊彦。时河南以陪都之要,驿舍常阙,公大创一馆,榜曰"临辕"。既成,命谢希深、尹师鲁、欧阳公三人者各撰一记,曰:"奉诸君三日期,后日攀请水榭小饮,希示及。"三子相掎角以成其文,文就,出之相较。希深之文仅五百字,欧公之文五百余字,独师鲁止用三百八十余字而成,语简事备,复典重有法。欧、

---

① 《黄氏日抄》卷六一,文渊阁四库全书本,708 册,523 页下—524 页上。
② 《全宋文》(154),251 页。
③ 《全宋文》(265),336 页。
④ 《全唐文》卷五五八,上海古籍出版社,1990 年,2501 页。
⑤ 《湘山野录》卷上,中华书局,1984 年,15 页。

谢二公缩袖曰:"止以师鲁之作纳丞相可也,吾二人者当匿之。"丞相果召,独师鲁献文,二公辞以他事。思公曰:"何见忽之深,已砻三石奉候。"不得已,俱纳之。然欧公终未伏在师鲁之下,独载酒往之,通夕讲摩。师鲁曰:"大抵文字所忌者,格弱字冗。诸君文格诚高,然少未至者,格弱字冗尔。"永叔奋然持此说别作一记,更减师鲁文廿字而成之,尤完粹有法。师鲁谓人曰:"欧九真一日千里也。"①

此外,《爱日斋丛抄》卷四载:"董弅《闲燕常谈记》:世传欧阳公作《醉翁亭记》成,以示尹师鲁,自谓'古无此体'。师鲁曰'古已有之'。公愕然。师鲁起,取《周易·杂卦》以示公,公无语,果如其说。"②事实上,尹洙对"指导"欧公的"古文"写作,从来都是知无不言。如《河南集》卷一〇有《答河北都转运欧阳永叔龙图书二首》,其一云:"见河东使还所奏罢下等科率一事,不谓留意文业,乃得详尽至是。昔柳公见韩文公所作《毛颖传》,叹称不已。韩之文无不商者,颇怪柳何独如此为异。见永叔所作奏记,把玩骇叹者累日,盖非意之所期乃尔。益知柳言为过。相别累年,辄此称道,谅复见俞也。"③该《书》将欧公河东使还后所作的《乞免浮客及下等人户差科札子》与韩愈《毛颖传》相提并论,以为二者皆类似俳语,不够简直深切,"非意之所期乃尔"。柳宗元读《毛颖传》,虽"怪"其文似"俳",却盛赞曰:"凡古今是非六艺百家大小穿穴用而不遗者,《毛颖》之功也。韩子穷古书,好斯文,嘉颖之能尽其意,故奋而为之传,以发其郁积,而学者得以励,其有益于世欤?"④尹洙不以为然,故曰"柳言为过"。假如不是师友之间有切磋之益,像这样随意率直的批评话语是很难理解的。

曾巩尝为《尹公亭记》云:"尹公有行义文学,长于辨论,一时与之游者皆世之闻人,而人人自以为不能及。"⑤其所谓"人人"者,必然不舍欧公。应该说,在北宋文人的心目中,欧公从尹洙学"古文"乃是众所周知的事。

---

① 《湘山野录》卷中,38页。
② 叶寘《爱日斋丛抄》卷四,文渊阁四库全书本,854册,674页下。
③ 《河南集》卷一〇,48页。
④ 柳宗元《读韩愈所著毛颖传后题》,《全唐文》卷五八六,2623页下。
⑤ 《曾巩集》,中华书局,1984年,299页。

或许正因为如此，苏辙于崇宁五年（1106）撰写《欧阳文忠公神道碑》时才说：公"比成人，将举进士，为一时偶俪之文，已绝出伦辈。翰林学士胥公时在汉阳，见而奇之，曰：'子必有名于世。'馆之门下。公从之京师，两试国子监，一试礼部，皆第一人。遂中甲科，补西京留守推官。始从尹师鲁游，为古文议论当世事，迭相师友。与梅圣俞游，为歌诗相倡和，遂以文章名冠天下"。① 其说客观得体，故能得到当代名公硕儒的普遍赞同。客观说来，欧阳修在转益多师中自造辉煌，最终成就"一代文章宗师"，②乃是极其自然的事。

第二桩公案即有关"作古文自师鲁始"的争论。严格说来，在欧阳修《论尹师鲁墓志》面世之前，这一论题并不存在。范仲淹《尹师鲁河南集序》最早推称尹洙文章，曰："洛阳尹师鲁，少有高识，不逐时辈。从穆伯长游，力为古文。而师鲁深于《春秋》，故其文谨严，辞约而理精。章奏疏议，大见风采，士林方耸慕焉。遽得欧阳永叔，从而大振之，由是天下之文一变而古，而其深有功于道欤？"此后，韩琦撰《尹公墓表》复云："文章自唐衰，历五代，日沦浅俗，寖以大敝。本朝柳公仲涂始以古道发明之，后卒不能振。天圣初，公独与穆参军伯长矫时所尚，力以古文为主。次得欧阳永叔，以雄词鼓动之，于是后学大悟，文风一变，使我宋之文章，将踰唐汉而蹴三代者，公之功为最多。"③很显然，范、富以为有宋"古文"始倡于柳开，然其道"卒不能振"。天圣以后，尹洙"从穆伯长游，力为古文"，矫振时风，颇为有力。而"欧阳永叔从而大振之"，遂将"古文"创作推进到了"将踰唐汉而蹴三代"的全新境界。其说着眼于北宋"古文"演进发展的全过程，对柳、穆、尹、欧均给予了恰切公允的评价。四库馆臣所谓"有宋古文，修为巨擘，而洙实开其先，故所作具有原本。自修文盛行，洙名转为所掩。宋之史官遂谓洙才不足以望修，殊非公论矣"。④ 此说客观公允，值得重视。

欧阳修《论尹师鲁墓志》曰："若作古文自师鲁始，则前有穆修、郑条辈

---

① 《苏辙集·栾城后集》卷二三，中华书局，1990年，1129页。
② 《黄氏日抄》卷五〇，336页上。
③ 韩琦《尹公墓表》，《全宋文》(40)，80页。
④ 《四库全书总目》卷一五二《河南集》提要，1308页中。

及有大宋先达甚多，不敢断自师鲁始也。"复云"若谓近年古文自师鲁始，则范公祭文已言之矣。"前一句着眼于宋代"古文"探索积累的漫长过程，语意清晰，逻辑严密，令人信服。后一句谓范公祭文称"近年古文自师鲁始"，对此不宜重复再言；可否之间，态度似较为模糊。今按：范仲淹《祭尹师鲁舍人文》云："为学之初，时文方丽。子师何人，独有古意。韩柳宗经，班马序事。众莫子知，子特弗移。是非乃定，英俊乃随。圣朝之文，与唐等夷。系子之功，多士所推。"①所谓"圣朝之文，与唐等夷。系子之功，多士所推"云云，确有将有宋"古文"创拓之功奉归尹洙的意思。类似的说法在富弼《哭尹舍人词》中亦有体现，其词云："始君作文，世重淫丽。诸家舛殊，大道破碎。漫漶费词，不立根柢。号类啸朋，争相教慹。上翔公卿，下典书制。君于厥时，了不为意。独倡古道，以救其敝。时俊化之，识文之诣。"②由此不难看出，所谓"作古文自师鲁始"的既有说法，确实令欧公深感困惑。

其实，范、富诸公的说法仅仅是为了表达对已故挚友的崇敬，欧公奉撰《尹志》亦可效其姿态，施以称誉之辞。然而，时为文坛领袖的欧阳修却另有"所惜"，所谓"简而有法"的"古文"评价，表明其不愿少让于师鲁也。就人情心态而言，自赵宋有国之后，伴随着"汉唐训释之学"的衰微以及"义理"阐释模式的确立，众多儒学大师渴望成为"宋之夫子"。③ 他们一方面通过"学术"、"文章"展示着非凡的自信，另一方面又流露出惟我独尊的微妙心态；此风所系，即便自信超逸如欧阳修者，也难以或免。早在宝元二年（1039）谢绛谢世之时，欧阳修在寄答梅尧臣的诗作中就已经声称："文会忝予盟，诗坛推子将。"④其时尹洙尚在，欧公便已自封为文坛盟主，其"夫子"心态固不难觉察。既讳言从尹洙学"古文"事，谓"举进士及第，官于洛阳。而尹师鲁之徒皆在，遂相与作为古文"，⑤复于《论尹师鲁墓志》中有意掂出"作古文自师鲁始"一说，并力辨其非，欧公胸中究有何种深衷

---

① 《范仲淹全集》卷一一《祭尹师鲁舍人文》，242页。
② 富弼《哭尹舍人词》，《全宋文》（29），68页。
③ 柳开《答臧丙第三书》，《全宋文》（6），297页。
④ 《欧阳修全集》卷五三《答梅圣俞寺丞见寄》，745页。
⑤ 《欧阳修全集》卷七三《记旧本韩文后》，1056页。

隐情，实不难得到清晰而准确的理解。简言之，欧公可以避苏轼而"放出一头地"，①却不肯就"古文"一事少让于尹洙。这种隐约而微妙的"夫子"心态，既不自欧公始，亦非其专擅独有；其深刻复杂的人格动因及精神内涵，已经超越了《尹志》本身，当别加讨论。

有关《尹志》见疑见弃的深层原因或许还不止这些，所谓视角不同，所见必殊。要之，墓铭文字亦属"古文"，其撰写过程必然会受到史学、经学乃至"古文"创作理念的深层影响。欧阳修与尹洙形兼师友，都力主将"知古明道"与修身、行事、立言的儒道实践相结合，通过诗文创作体现"道义之乐"。而与此同时，其治学方法和"古文"特点等，又充分体现着"君子不苟同"的显著差异。欧公以朋友之谊撰写《尹志》，其用心之深、寄意之诚固不可轻疑；然其叙事文字中所隐含的良苦用心，深切简短的评价话语间所呈现的自我判断，最终却未能得到同时挚友及"后生小子"的认同，甚至招致后世学人的质疑和责难。假使不能从经史之学制约"古文"创作的多重角度去分析把握个中缘由，则相关解读的学理局限在所难免。本文不敢奢望任何结论，倘能以此引发学界友朋对同类议题研究的重视，则幸莫大焉。

---

① 《苏辙集·栾城后集》卷二三《亡兄子瞻端明墓志铭》，1118 页。

# 第九章　再论东坡散文的哲学底蕴

**本章提要**：东坡散文在思想内涵、行文逻辑、语言风格及审美取向等方面均与其哲学理念深度契合。相对于那些"随物赋形"、如万斛泉涌的"记"体文章，作者通过策、论、叙、传等呈现更多的哲理思考，他否定"性之善恶"，尊重物理人情，反对悖情之礼。苏公散文的超逸之气源于"胸中廓然无一物"而能与山川草木鱼虫同其所乐的超逸人格，而以"辞达"为止境的艺术实践则与其尊重"自然之理"、"以无心应万物之变"的哲理追求密切相关。虽说由"道"而"文"的内在逻辑隐秘难求，但东坡散文以鲜活生动的艺术形象，充分展示出"物我一体"、"神与物游"的哲人风采；其醉梦纷纭的情性表白，随心所欲的"众妙"展示，均让人体会到"道与艺俱化"的清超境界。

在文学审美方面，苏轼散文雄奇壮阔自成一格的艺术成就早已被确认无疑，论者以为其接踵韩愈、柳宗元，直可与欧阳修媲美争衡。如李塗《文章精义》曰："韩如海，柳如泉，欧如澜，苏如潮。"[①]应该说，在不受道学文艺观影响的情况下，东坡散文所呈现的水平与境界绝对令人神往。然而，苏轼毕竟不是单纯的文学家，其思想探索的深度和影响力同样引人瞩目。即使在远贬黄州、儋州和虔州的艰难岁月里，他依然尽心竭力，从事《苏氏易传》、《书传》和《论语传》的撰述，自谓"但抚视《易》、《书》、《论语》

---

① 《文则·文章精义》，人民文学出版社，1960年，62页。

三书,即觉此生不虚过"。① 其所撰《论语传》已佚;《东坡书传》十三卷虽"究心经世之学,明于事势,而又长于议论,故其诠解经义,于治乱兴亡之故,披抉明畅,较他经独为擅长",②但总体上仍以名物考证和史实辨析为主。比较而言,《苏氏易传》最为学界所推重,其独树一帜的思想体系,不仅彰显着苏氏之学博贯经典、融通百家的特点与成就,同时也为后世学人分析解读苏轼的人格和文格提供了核心依据。从学术研究与散文创作关联互动的角度讲,苏轼文章的哲学底蕴在很大程度上与《苏氏易传》表里相关,深度契合,两者之间充分彰显着"体用不二"的内在逻辑。

## 一、从"天一为水"到"无心而一"

清人沈德潜称苏轼文章"一泻千里,纯以气胜",③诚为确论。不过,作为思想家的苏轼,其文中之"气"绝不仅仅是"居天下之广居,立天下之正位,行天下之大道。得志与民由之,不得志独行其道。富贵不能淫,贫贱不能移,威武不能屈"的"浩然之气",④更包涵着"天地之精所以生物者,莫贵于人"的自信与张扬。⑤ 他继承了欧阳修"我所谓文,必与道俱"的创作理念,⑥并以超尘绝俗的智慧和勇气,以"水"言"道",借"水"喻"文",将作文之事看作"随物赋形"、行止自如的生命体验。

文学即人学,但不同作家对人的内涵理解却不尽相同。苏轼笔下的人并非指普通的芸芸众生,而是与天地同生,绝对自足亦绝对自由的本体性存在。他始成于"水",近似于"道"。

---

① 《苏轼文集》卷五七《答苏伯固》,中华书局,1986年,1741页。另:同集卷四八《黄州上文潞公书》云:"到黄州,无所用心,辄复覃思于《易》、《论语》,端居深念,若有所得,遂因先子之学,作《易传》九卷。又自以意作《论语说》五卷。"1380页;卷五一《与滕达道》称:"某闲废无所用心,专治经书。一二年间,欲了却《论语》、《书》、《易》,舍弟亦了却《春秋》、《诗》。"1482页。
② 《四库全书总目》卷一一《东坡书传》提要,中华书局,1965年,90页中。
③ 《唐宋八家文读本·凡例》,清乾隆十五年刻本。
④ 《孟子注疏》卷六上《公孙丑章句上》,阮元校刻《十三经注疏》本,中华书局,1980年,2685页下。
⑤ 《春秋繁露义证》卷一三,董仲舒撰,苏舆义证,中华书局,1992年,354页。
⑥ 《苏轼文集》卷六三《祭欧阳文忠公夫人文》,1956页。

在苏轼看来，每个人的诞生和宇宙的生成一样，都源自于水，而水又是最近似于"道"的具体物象。早在二十四岁撰写《滟滪堆赋并叙》时他已有所感悟，曰："天下之至信者，唯水而已。江河之大与海之深，而可以意揣。唯其不自为形，而因物以赋形，是故千变万化而有必然之理。"作者站立瞿塘峡口，不仅感受到"掀腾勃怒，万夫不敢前"的滟滪之险，也看到了江水循城而东，"滔滔汩汩，相与入峡，安行而不敢怒"的平和与安宁，且由此感叹道："物固有以安而生变兮，亦有以用危而求安。得吾说而推之兮，亦足以知物理之固然。"①原本简单的江水，经过哲人的联想升华，竟凸显出"至信"、"因物以赋形"以及"千变万化而有必然之理"的特性。像这样从事物表象中抽绎出普遍性哲理的艺术构思，恐怕只有才识超绝的苏轼才能完成。

同样是以水言"道"，《赤壁赋》所抒写的则是灵魂消融于天地之间的空灵与爽朗。作者在"清风徐来，水波不兴"、"白露横江，水光接天"的清虚与宁静中悉心体会动与静、变与不变、瞬间与永恒的幽思妙理。江水流淌古今，"逝者如斯，而未尝往也"；明月浸润寰宇，"盈虚者如彼，而卒莫消长也"；其动静变化皆缘于造物者的无穷智慧，是"自然之理"的完美呈现。人居天地之间，既属转瞬即逝的匆匆过客，又是与万物相始终的永恒存在："盖将自其变者而观之，则天地曾不能以一瞬。自其不变者而观之，则物与我皆无尽也。"即使像曹孟德那样"舳舻千里，旌旗蔽空，酾酒临江，横槊赋诗"的雄豪壮举，也难免湮没在历史风烟中，更何况"吾与子渔樵于江渚之上，侣鱼虾而友麋鹿。驾一叶之扁舟，举匏尊以相属。寄蜉蝣于天地，渺沧海之一粟"，须臾之间的蒙冤受屈，又何足挂怀。假使物我相融，了无间隙，那么自我生命中凌虚纵情的一瞬也弥足珍贵。所谓"纵一苇之所如，凌万顷之茫然。浩浩乎如冯虚御风，而不知其所止，飘飘乎如遗世独立，羽化而登仙"，充分彰显着心灵自由的奇妙快感。更何况"天地之间，物各有主"，江上清风，山间明月，"取之无禁，用之不竭"，只要与自然造化同在，个体生命即获永恒。② 其如庄子所云："自其异者视之，肝胆楚

---

① 《苏轼文集》卷一《滟滪堆赋并叙》，1页。
② 《苏轼文集》卷一《赤壁赋》，5—6页。

越也;自其同者观之,万物皆一也。"①东坡泛舟赤壁时的这段遐想,既是借水言"道"的绝妙篇章,更让人感受到"物我一体"的精神自觉。

如果说《滟滪堆赋》和《赤壁赋》所揭示的"自然之理"还有一种"百川日夜游,物我相随去"的质朴情韵,②那么像《天庆观乳泉赋》那样,给水赋予"物之终始"的特殊意涵,则是受到了《周易》《尚书》等古代典籍的启发,彻底上升到对"宇宙本体"的终极关切,具有很强的逻辑思辨意味。其文曰:

> 阴阳之相化,天一为水。六者其壮,而一者其稺也。夫物老死于坤,而萌芽于复。故水者,物之终始也。意水之在人寰也,如山川之蓄云,草木之含滋,漠然无形而为往来之气也。为气者水之生,而有形者其死也。……今夫水之在天地之间者,下则为江湖井泉,上则为雨露霜雪,皆同一味之甘。是以变化往来,有逝而无竭。故海洲之泉必甘,而海云之雨不咸者,如泾渭之不相乱,河济之不相涉也。若夫四海之水,与凡出盐之泉,皆天地之死气也。故能杀而不能生,能槁而不能浃也,岂不然哉?③

相同的哲思理念在《续养生论》中再次被提及,曰:"阴阳之始交,天一为水。凡人之始造形,皆水也。"④今按:《周易·系辞传》以"天一、地二、天三、地四、天五、地六、天七、地八、天九、地十"为"天地之数",⑤《尚书·洪范》谓"五行:一曰水,二曰火,三曰木,四曰金,五曰土。水曰润下,火曰炎上",皆"自然之常性"。⑥ 所谓"天一为水",乃上述两者之对应组合。毫无疑问,《天庆观乳泉赋》和《续养生论》等散文作品,能够从宇宙本体的角度,充分揭示"阴阳相化"、"天一为水"与"人之始造形"之间的"层级"关

---

① 《庄子集释》卷二下《内篇·德充符》,郭庆藩集释,中华书局,1961年,190页。
② 《苏轼诗集》卷二二《初秋寄子由》,中华书局,1982年,1169页。
③ 《苏轼文集》卷一《天庆观乳泉赋》,15页。
④ 《苏轼文集》卷六四《续养生论》,1984页。
⑤ 《苏氏易传》卷七《系辞传上》,丛书集成初编本,393册,164页。
⑥ 《尚书正义》卷一二《洪范》,阮元校刻《十三经注疏》本,188页中。

系,这不仅提高了"人"的本体地位,更为文学作者深入考察人的自然本性提供了不同以往的新视角。

虽然说熟读《易》《书》乃学者本分,但对于普通读者而言,借赋、论文章阐发哲理,必然会给人造成曲折隐微的玄妙感。然而,以苏公之博雅高才,既深知《易》《书》之精义微旨,又有着"山川之有云雾,草木之有华实,充满勃郁,而见于外"的超绝才情,①其在有意无意之间将二者结合起来,以哲理润雄文,表达超尘绝俗、俯视六合的超绝之气,乃人情艺术之必然。当然,若欲真正了解苏轼关于"阴阳"和"水"的哲理阐释,还须从《苏氏易传》开始入手。如该书卷七《系辞传上》释文曰:

阴阳果何物哉?虽有娄旷之聪明,未有得其仿佛者也。阴阳交,然后生物,物生然后有象,象立而阴阳隐矣。凡可见者皆物也,非阴阳也。然谓阴阳为无有,可乎?虽至愚知其不然也。物何自生哉?是故指生物而谓之阴阳,与不见阴阳之仿佛而谓之无有者,皆惑也。圣人知道之难言也,故借阴阳以言之,曰"一阴一阳之谓道"。一阴一阳者,阴阳未交而物未生之谓也。喻道之似,莫密于此者矣。阴阳一交而生物,其始为水。水者,有无之际也,始离于无而入于有矣。老子识之,故其言曰"上善若水"。又曰"水几于道"。圣人之德,虽可以名言,而不囿于一物,若水之无常形。此善之上者,几于道矣,而非道也。若夫水之未生,阴阳之未交,廓然无一物,而不可谓之无有,此真道之似也。②

这段文字深刻阐述了"阴阳交,然后生物"的哲学原理,并明确指出"阴阳"不可见,"凡可见者皆物也,非阴阳也"。在苏轼看来,所谓"一阴一阳之谓道",乃是指"阴阳未交而物未生"时的状态;"阴阳一交而生物,其始为水",则呈现着从"无"到"有"的转化过程。而"水"作为具象之物,其"无常形"的特点最近乎"道"。在此,苏公引用了《老子》第八章

---

① 《苏轼文集》卷一〇《南行前集叙》,323 页。
② 《苏氏易传》卷七,159 页。

"上善若水"和"水几于道"的表述,由此展示出他以儒为本,兼通释老的姿态和主张。

不管是水的自然表象中所蕴涵的"必然之理",还是"水几于道"的古老命题,在物我相遇的瞬间似乎都能得到顿悟和理解,这便是自觉的思想家所特有的艺术修为。《赤壁赋》及《续养生论》等文借水言"道",将哲理思辨与情景描写有机结合起来,充分展示着"独与天地精神往来而不敖倪于万物","上与造物者游,而下与外死生无终始者为友"的精神情怀,①其廓然超绝的雄姿和气势,绝非河南程氏等局促于"天理"者所能企及。

除了本体性的"人",苏轼散文的另一个议论焦点是"道"。他一方面坚称"道不可求",另一方面则认为人与道可以自然地合为一体,故曰:"君子之于道,至于一而不二,如手之自用,则亦莫知其所以然而然矣。"②

为了说明"道可致而不可求"的深刻道理,苏轼以"眇者不识日"及"南方多没人"为喻,撰《日喻》一文曰:

> 生而眇者不识日,问之有目者。或告之曰:"日之状如铜盘。"扣盘而得其声。他日闻钟,以为日也。或告之曰:"日之光如烛。"扪烛而得其形。他日揣籥,以为日也。日之与钟、籥亦远矣,而眇者不知其异,以其未尝见而求之人也。道之难见也甚于日,而人之未达也,无以异于眇。……故世之言道者,或即其所见而名之,或莫之见而意之,皆求道之过也。然则道卒不可求欤?苏子曰:"道可致而不可求。"何谓致?孙武曰:"善战者致人,不致于人。"子夏曰:"百工居肆以成其事,君子学以致其道。"莫之求而自至,斯以为致也欤?南方多没人,日与水居也,七岁而能涉,十岁而能浮,十五而能浮没矣。夫没者,岂苟然哉,必将有得于水之道者。日与水居,则十五而得其道。生不识水,则虽壮,见舟而畏之。故北方之勇者,问于没人,而求其所以没,以其言试之河,未有不溺者也。故凡不学而务求道,皆北方之

---

① 《庄子集释》卷一〇下《杂篇·天下》,1098—1099页。
② 《苏氏易传》卷一《乾》彖传注,丛书集成初编本,392册,4页。

学没者也。①

此文仅四百字,但举例精当,说理透辟。作者先以盲人"识"日的过程为例,说明"道"之难见。接着又用潜水一事来比喻,称南方人从小习于水性,自涉而浮,由浮而潜,故能得"没水"之道,而北方勇士生不识水,虽教之以潜水之法,也很难奏效。从这两个事例中可以看出,世间之言道者,或"即其所见而名之",或"莫之见而意之",均属谬误。所谓"道可致",即"不求而自至",就像南方人习水性、善潜水那样。像这样深入浅出、取譬成说的论道之作,在宋人文集中尚不多见。

万事万物各有其道,而"道"之所存,往往与技巧、习性等可见因素密切相关。如元符元年三月,苏轼为广州道士何德顺新建"众妙堂"作记,其文曰:

> 眉山道士张易简教小学,常百人,予幼时亦与焉。……谪居海南,一日梦至其处,见张道士如平昔,汛治庭宇,若有所待者,曰:"老先生且至。"其徒有诵《老子》者曰:"玄之又玄,众妙之门。"予曰:"妙一而已,容有众乎?"道士笑曰:"一已陋矣,何妙之有。若审妙也,虽众可也。"因指洒水薙草者曰:"是各一妙也。"予复视之,则二人者手若风雨,而步中规矩,盖焕然雾除,霍然云散。予惊叹曰:"妙盖至此乎!庖丁之理解,郢人之鼻斲,信矣!"二人者释技而上,曰:"子未睹真妙,庖、郢非其人也。是技与道相半,习与空相会,非无挟而径造者也。子亦见夫蜩与鸡乎?夫蜩登木而号,不知止也。夫鸡俯首而啄,不知仰也。其固也如此。然至蜕与伏也,则无视无听,无饥无渴,默化于荒忽之中,候伺于毫发之间,虽圣知不及也。是岂技与习之助乎?"②

---

① 《苏轼文集》卷六四《日喻》,1980—1981 页。
② 《苏轼文集》卷一一《众妙堂记》,361—362 页。

从手若风雨的洒水薙草者,到俯仰自若,"无视无听,无饥无渴,默化于荒忽之中,候伺于毫发之间"的蜩与鸡,均体现着"技与道相半,习与空相会"的"自然之理";所谓"众妙"所在,更是"道可致而不可求"的生动写照。

"道"为何物?这是古代所有思想家都难以回避的问题。苏轼对"道"的理解和苏辙《老子解》一般无二,他们都信从《道德经》所谓"道之为物,唯恍唯惚;惚兮恍兮,其中有象;恍兮惚兮,其中有物;窈兮冥兮,其中有精"的说法,以为"道非有无,故以恍惚言之。然极其运而成象,著而成物,未有不出于恍惚者也",具体说来,"方无有之未定,恍惚而不可见;及夫有无之交,则见其窈冥深眇,虽未成形,而精存乎其中矣"。① 结合前文所引"若夫水之未生,阴阳之未交,廓然无一物,而不可谓之无有,此真道之似也"的论述,可知苏轼所谓"道",即指超越"有无"和"阴阳"的宇宙形成原理。既然是本质原理,通过学习加以体会和理解即可,孜孜以求强为说解便没有必要。《日喻》及《众妙堂记》所揭示的深刻哲理即在于此。

"无心"二字是苏轼散文中最常见的字眼,它们反映出作者对消除自我意识、与自然万物合为一体的强烈渴望。而在苏轼看来,人在"无心"的状态下最容易体会到事物变化的"必然之理",也最容易体会到与万物融为一体的自在与超逸。

苏轼曾就陶渊明《无弦琴》"但得琴中趣,何劳弦上声"两句提出质疑,以为"渊明非达者也。五音六律,不害为达,苟为不然,无琴可也,何独弦乎?"② 其实,此所谓"达"者,即是"无心"。为了更清晰地说明"无心"之境,他取譬于水和鉴,曰:"物之无心者必一,水与鉴是也;水、鉴惟无心,故应万物之变。"③ 这里的"一",就是指世间万物皆循其"道"、各呈其妙的充实和无限。换句话说,只有"无心"者,才能使自己融入天地万物,并充分体会自然变化的神妙和奇异。为了达到"无心而一"的境界,苏轼特别强调"静"的重要。其《江子静字叙》中他如是说:"夫人之动,以静为主。神以静舍,心以静充,志以静宁,虑以静明,其静有道,得己则静,逐物则动。以

---

① 苏辙《老子解》卷二,丛书集成初编本,537册,20—21页。
② 《苏轼文集》卷六五《渊明非达》,2029页。
③ 《苏轼文集》卷六《书义·终始惟一时乃日新》,168页。

一人之身,昼夜之气,呼吸出入,未尝异也。然而或存或亡者,是其动静殊也。"①《静常斋记》亦云:

> 虚而一,直而正,万物之生芸芸,此独漠然而自定,吾其命之曰静。泛而出,渺而藏,万物之逝滔滔,此独且然而不忘,吾其命之曰常。无古无今,无生无死,无终无始,无后无先,无我无人,无能无否,无离无著,无证无修。即是以观,非愚则痴。舍是以求,非病则狂。昏昏默默,了不可得。混混沌沌,茫不可论。虽有至人,亦不可闻,闻为真闻,亦不可知,知为真知。是犹在闻知之域,而不足以仿佛。②

严格说来,这种在虚静中体会自我超脱的做法,与禅宗所谓"静而达之"以及道家强调的"虚明应物"并无二致。不过,在现实之中,那种飘飘欲仙的醉酒状态似乎更近"无心"之妙。如苏公尝为韩琦撰《醉白堂记》曰:"方其寓形于一醉也,齐得丧,忘祸福,混贵贱,等贤愚,同乎万物,而与造物者游,非独自比于乐天而已。"③这种议论,实可与庄子《齐物论》、《逍遥游》等比较对读,难怪朱熹要说"苏氏兄弟乃以仪、秦、老、佛合为一人,其为学者心术之祸最为酷烈,而世莫之知也"。④

值得注意的是,苏轼对于"无心"之境的认识并非一蹴而就,而是伴随人生历程渐趋成熟,这一点在他的散文作品中体现得非常清楚。譬如,他二十七岁任凤翔军事推官时所作《喜雨亭记》,称不知该将三场喜雨之赐归功于谁,曰:"使天而雨珠,寒者不得以为襦。使天而雨玉,饥者不得以为粟。一雨三日,系谁之力。民曰太守,太守不有。归之天子,天子曰不然。归之造物,造物不自以为功。归之太空,太空冥冥。"⑤《御选唐宋文醇》卷四四选录此文,评曰:"天固妙万物而不有者也,轼故曰造物不自以

---

① 《苏轼文集》卷一〇,332页。
② 《苏轼文集》卷一一,363—364页。
③ 《苏轼文集》卷一一,345页。
④ 《朱子全书·晦庵先生朱文公文集》卷四六《答詹元善》,上海古籍出版社、安徽教育出版社,2002年,2136页。
⑤ 《苏轼文集》卷一一,349页。

为功,归之太空也。虽然妙万物而不有,万物是以大有,人人不自有其善,天下于是大善,而岂区区焉,斤斤焉,饰貌矜情,以谐媚君父,矫诬上天云尔哉!轼斯记也,几于道矣。"① 不过,此时的苏轼虽然具有超越现实、驰骋宇宙的胸怀,但离"无心"之境尚有距离。当他四十岁撰《醉白堂记》于密州时,由融通老庄而终达"无心"的基本思致已颇为明确。晚年的苏轼远贬海南,在孤独、寂寞与艰难困苦之中依然保持美感,其哲学思想也渐臻系统和成熟。在贫病交加的艰苦岁月里,苏轼不仅修改完成了由苏洵草创的《易传》,完整提出了"无心而一"的哲学思想,曰:"易简者,一之谓也。凡有心者,虽欲一,不可得也。不一则无信矣,夫无信者,岂不难知难从哉? 乾、坤惟无心,故一,一故有信,信故物知之也易,而从之也不难。"② 同样的哲理思考,在《众妙堂记》等文章中得到了淋漓尽致的表达。若与《苏氏易传》比较对读,这两篇六十三岁时所撰的文章,真可谓物我两忘,超逸通透,尽显哲人睿智。

苏轼所谓"天一为水,凡人之始造形,皆水也",以及"无心而一"能"应万物之变"的思想,很容易让人联想到南宋心学家的相似论述。如陆九渊从小立志"须大做一个人",③他声称"吾心即是宇宙","宇宙内事,是己分内事;己分内事,是宇宙内事"。④ 其后学则进一步发明"本心",杨简称"斯心即天之所以清明也,即地之所以博厚也,即日月之所以明,四时之所以行,万物之所以生也,即古今圣贤之所以同也";⑤袁燮则以"鉴"喻"心",谓"此鉴此心,昭晰无疑。鉴揭于斯,中涵万象。物自不逃,初非鉴往。人心至神,无体无方。有如斯鉴,应而不藏"。⑥ 要之,他们在读书和践履中洞悟"本心",进而将"吾心"和"宇宙"消融合一,使心灵变得透彻充盈,气象万千。陆氏"心学"与苏轼的"无心"之论遥相呼应,彼此暗通,绝非偶然。所谓"敬义立而德不孤"(《周易·坤·文言》),非虚言也。

---

① 《御选唐宋文醇》卷四四,文渊阁四库全书本,1447册,756页上、下。
② 《苏氏易传》卷七,154页。
③ 《陆九渊集》卷三五《语录下》,中华书局,1980年,439页。
④ 《陆九渊集》卷二二《杂说》,273页。
⑤ 《达庵记》卷二,《全宋文》(275),上海辞书出版社、安徽教育出版社,2006年,405页。
⑥ 《全宋诗》(50),北京大学出版社,1998年,30985、31010页。

## 二、"胸中廓然无一物"方可得情性之乐

苏轼散文关乎"性情"与"善恶"等热点论题者为数不少,只可惜此类文章既不被思想史研究者所瞩目,更不在文学史考察的核心范围之内。事实上,相关纷争不仅是蜀学与洛学的焦点,更意味着道学与文学的分野。譬如,欧阳修、苏轼及王安石等人均否定以"天理"为核心的伊洛"性"学,其对人心人情的赞美与肯定一脉相承。也正因如此,他们才能以沉雄激宕、极具情韵的"古文"作品,开启两宋文坛欣欣向荣的新纪元。简而言之,苏学"性"、"情"要义及其制约"为文之道"者约有以下数端。

首先,苏轼否定"性之善恶",以为"性"和"道"一样,都具有不可见性,且难以讨论。其观点和欧阳修、王安石等不约而同,却与河南程氏背道而驰。

嘉祐六年(1061),二十六岁的苏轼在应制科时所呈的《子思论》、《扬雄论》等系列文章中,就明确否定了子思和孟子的"性善"说。他认为有关性之善恶的纷争肇端于孟子,孟子谓"人之性善",荀子谓"人之性恶",而扬雄又提出人性善恶相混,各持一端,难有定论。值得注意的是,"孟子之所谓性善者,皆出于其师子思之书","子思论圣人之道出于天下之所能行,而孟子论天下之人皆可以行圣人之道,此无以异者。而子思取必于圣人之道,孟子取必于天下之人。故夫后世之异议皆出于孟子"。① 换言之,孟子忽视了"圣人"与"天下之人"在"性之善恶"方面的差异,这才是引发后世纷争的根源所在。

在苏氏哲学中,"性"乃是指事物之"所同",如树木"得土而后生,雨露风气之所养,畅然而遂茂者,是木之所同也,性也","而至于坚者为毂,柔者为轮,大者为楹,小者为桷"等个体差异,则属于"才"的范畴,不可与"性"混为一谈。"太古之初,本非有善恶之论,②唯天下之所同安者,圣人

---

① 《苏轼文集》卷三《子思论》,95 页。
② 《苏轼文集》卷四《扬雄论》,110 页。

指以为善,而一人之所独乐者,则名以为恶",①那时,善、恶之别仅在"同安"与"独乐"之间。复就根本而言,"善"的产生根源于"道","阴阳交而生物,道与物接而生善。物生而阴阳隐,善立而道不见矣"。但相对于"性","善"只是一种效能,他举例说,"性之于善,犹火之能熟物也。吾未尝见火,而指天下之熟物以为火,可乎? 夫熟物,则火之效也"。② 要之,"道"和"性"均难知难见,可知可见者,唯有"善"与"才"而已。

当然,"性"本身的不可见性,并不能完全消弭属于效能范畴的善、恶之别,因此苏轼以为:"古之君子,患性之难见也,故以可见者言性。夫以可见者言性,皆性之似也。君子日修其善,以消其不善。不善者日消,有不可得而消者焉。小人日修其不善,以消其善。善者日消,亦有不可得而消者焉。夫不可得而消者,尧舜不能加焉,桀纣不能亡焉,是岂非性也哉?"③虽说以"可见者言性",继而"日修其善",在思维逻辑上多少带有一点自我说服和自我满足的意味,但趋善避恶的德性修炼确需这样一种自"效能"反哺"本质"的过程。

苏轼对"性之善恶"的系统论述,很容易让人联想到欧阳修和王安石。欧公《答李诩第二书》云:"性者,与身俱生而人之所皆有也。为君子者,修身治人而已,性之善恶不必究也。使性果善邪,身不可以不修,人不可以不治;使性果恶邪,身不可以不修,人不可以不治。不修其身,虽君子而为小人,《书》曰'惟圣罔念作狂'是也;能修其身,虽小人而为君子,《书》曰'惟狂克念作圣'是也。"④荆公则曰:"世有论者曰'性善情恶',是徒识性情之名而不知性情之实也。喜、怒、哀、乐、好、恶欲未发于外而存于心,性也;喜、怒、哀、乐、好、恶欲发于外而见于行,情也。性者情之本,情者性之用,故吾曰性情一也。"⑤复云:"性生乎情,有情然后善恶形焉,而性不可以善恶言也。"⑥由此可知,苏轼的观点不仅和欧阳修"同声相应",更与王安

---

① 《扬雄论》,111页。
② 《苏氏易传》卷七,159页。
③ 《苏氏易传》卷一,3页。
④ 《欧阳修全集》卷四七,670页。
⑤ 《王荆公文集笺注》卷三〇《性情》,巴蜀书社,2005年,1062页。
⑥ 《王荆公文集笺注》卷三一《原性》,1089页。

石"同气相求"。

与欧、苏、王各家不同,河南程氏不仅肯定"性"有善恶,且将二者对立起来。他们把儒家的伦理纲常理解为绝对准则,谓之"天理",而视"理"在人身上的表现为"性",故曰"性即理"。在二程看来,"道"、"理"、"性"、"命"固为一事,只不过角度不同,称谓各异。"天之付与之谓命,禀之在我之谓性,见于事业之谓理","在天为命,在义为理,在人为性,主于身为心,其实一也"。① 在这种理念的支配下,程颐反复强调善、恶之间的永恒对立,曰:"'道二,仁与不仁而已',自然理如此。道无无对,有阴则有阳,有善则有恶,有是则有非。"②复云:"天下有一个善,一个恶。去善即是恶,去恶即是善。譬如门,不出便入,岂出入外更别有一事也?"③既然如此,那么通过心性修养来提高人的"内圣"功夫,便成为避恶趋善的必然选择。

消除了性有善恶的成见,就能以平和坦荡的包容心态平静对待所遇之事物,并从中体会到喜乐、祸福、美恶等价值判断的丰富内涵。苏轼在《上曾丞相书》中曾说:"轼不佞,自为学至今,十有五年。以为凡学之难者,难于无私。无私之难者,难于通万物之理。故不通乎万物之理,虽欲无私,不可得也。已好则好之,已恶则恶之,以是自信则惑也。是故幽居默处而观万物之变,尽其自然之理,而断之于中。其所不然者,虽古之所谓贤人之说,亦有所不取。"④客观说来,尊重"自然之理",不将一己好恶强加于人,的确构成了东坡文章的思想基调。如《超然台记》曰:

> 凡物皆有可观。苟有可观,皆有可乐,非必怪奇玮丽者也。铺糟啜漓皆可以醉,果蔬草木皆可以饱。推此类也,吾安往而不乐。夫所为求福而辞祸者,以福可喜而祸可悲也。人之所欲无穷,而物之可以足吾欲者有尽。美恶之辨战乎中,而去取之择交乎前,则可乐者常少,而可悲者常多。是谓求祸而辞福。夫求祸而辞福,岂人之情也

---

① 《二程集》,中华书局,1981年,91、204页。
② 《二程遗书》卷一五,上海古籍出版社,2000年,199页。
③ 《二程遗书》卷一八,233页。
④ 《苏轼文集》卷四八《上曾丞相书》,1379页。

哉。物有以盖之矣。彼游于物之内,而不游于物之外。物非有大小也,自其内而观之,未有不高且大者也。彼挟其高大以临我,则我常眩乱反复,如隙中之观斗,又乌知胜负之所在。是以美恶横生,而忧乐出焉,可不大哀乎。①

在不预设善恶标准的前提下,以"通万物之理"的无私心态接物处世,便可体会到凡物皆有可观,亦有可乐。所谓祸福、悲喜、美恶等不同感受,乃是"人之所欲无穷,而物之可以足吾欲者有尽"的自然结果。只有超然物外,不以"欲"度物,方能深刻领悟到"凡物皆有可观",亦"皆有可乐"的无穷奥妙。宋徽宗建中靖国元年(1101),谪居海南达五年之久的苏轼度岭北归,在给苏辙的短信中如是说:"吾兄弟俱老矣,当以时自娱,此外万端皆不足介怀。所谓自娱者,亦非世俗之乐,但胸中廓然无一物。即天壤之内,山川草木鱼虫之类,皆是供吾家乐事也。"②此虽劫后达语,却令人肃然起敬。

虽说求福辞祸、近美远恶的种种心态都是人的欲望使然,但"美恶之辨"与"去取之择"依然在所难免。为此,苏轼进一步提出"君子"应"寓意于物"而不是"留意于物"。其《宝绘堂记》云:

> 君子可以寓意于物,而不可以留意于物。寓意于物,虽微物足以为乐,虽尤物不足以为病。留意于物,虽微物足以为病,虽尤物不足以为乐。老子曰:"五色令人目盲,五音令人耳聋,五味令人口爽,驰骋田猎令人心发狂。"然圣人未尝废此四者,亦聊以寓意焉耳。……凡物之可喜,足以悦人而不足以移人者,莫若书与画。然至其留意而不释,则其祸有不可胜言者。③

所谓"寓意于物"乃是一种无私的审美境界,而"留意于物"则是难以释怀的占有欲。苏轼以为"留意而不释"者,其祸"不可胜言",其说不仅实指书

---

① 《苏轼文集》卷一一,351 页。
② 《苏轼文集》卷六〇《与子由弟》,1839 页。
③ 《苏轼文集》卷一一,356 页。

画,亦可推而广之,在物我关系上呈现出更加普遍的意义。类似的情形在《醉白堂记》、《墨君堂记》、《放鹤亭记》及《凌虚台记》等传世名作中均有完美体现,这些作品或雅或谐,时隐时显,均能体现众"善"之妙。

否定"性之善恶",须以尊重"自然之理"为前提。东坡集中除了那些辞采飞扬的"记"体文章,其策、论、叙、传之文亦能摒弃时人成见,切中事情,以酣畅淋漓的议论彰显学人本色。如果说《物不可以苟合论》等学术文章在表达方式和为文气势上已经大别于"口义"、"语录"等道学文字,那么像《续欧阳子朋党论》、《范文正公文集序》、《六一居士集序》、《送水丘秀才序》那样情理兼通的优美散文则更能体现平和睿智的哲理思致。当然,在物我关系上持有包容开放的态度,并通过优美文章加以阐述的,绝不仅仅是苏轼一人。换言之,正因为欧阳修、苏轼和王安石均反对"去善即是恶,去恶即是善"的道学理念,绝不以非此即彼、简单刻薄的思维方式去理解人性善恶,方能多方面展示"寓意于物"的无穷乐趣,进而造就"古文"创作的极盛局面。

其次,苏轼颇重人情,以为"六经之道,惟其近于人情,是以久传而不废"。① 在他看来,凡是合理有效的伦理道德以及朝廷制度,甚至包括家国礼仪的设计,都应符合人之常情。为此,他蔑视那些违背人情的"腐儒"说教,称"不情者,君子之所甚恶也。虽若孝弟者,犹所不与。以德报怨,行之美者也。然孔子不取者,以其不情也"。② 在这一方面,苏轼和欧阳修、王安石之间也保持着内涵丰富的一致性。

洛、蜀之学的对立,首先体现在"人情"二字上。程颢自"体贴"出"天理"二字,③便将它和"人欲"对立起来,称"'人心惟危',人欲也;'道心惟微',天理也"。④ 朱熹对此讲得更透,说:"圣贤千言万语,只是教人明天理,灭人欲。"⑤为了从根源上论述儒家经典不悖"人情",苏轼于嘉祐六年(1061)撰有《诗论》、《礼论》、《春秋论》、《中庸论》、《扬雄论》及《论郑伯克

---

① 《苏轼文集》卷二《诗论》,55 页。
② 《苏轼文集》卷六五《直不疑买金偿亡》,2016 页。
③ 《二程外书》卷一二,文渊阁四库全书本,698 册,337 页下。
④ 《二程遗书》卷一一,173 页。
⑤ 《朱子语类》卷一二,中华书局,1986 年,207 页。

段于鄢隐元年》等系列文章。其《中庸论中》曰：

> 夫圣人之道，自本而观之，则皆出于人情。不循其本，而逆观之于其末，则以为圣人有所勉强力行，而非人情之所乐者。……今夫五常之教，惟礼为若强人者，何则？人情莫不好逸豫而恶劳苦，今吾必也使之不敢箕踞，而磬折百拜以为礼；人情莫不乐富贵而羞贫贱，今吾必也使之不敢自尊，而卑让退抑以为礼……此礼之所以为强人而观之于其末者之过也。盍亦反其本而思之？①

苏轼并不反对"礼"，只是不赞成其中"强人"的部分。而在程颐等道学家看来，"情"即"人欲"，"礼"乃"天理"，两者之间根本没有调和共存的余地。在两种"礼"学观的对立，最终导致程颐与苏轼构怨难解。史称"颐在经筵，多用古礼，苏轼谓其不近人情，深嫉之，每加玩侮"。② 而苏轼《杭州召还乞郡状》亦云："臣又素疾程颐之奸，未尝假以色词，故颐之党人，无不侧目。"③ 此所谓"奸"，即"不近人情"。严格说来，对传统礼仪的尊重绝不应以排斥现实人情为代价；若将"人欲"绝对化，且给予"古礼"宗教般的地位，其过高的道德原则无疑会超出一般人所能达到和坚持的程度，给人以奸佞感。

有关"礼"与"情"的关系，苏轼的讲述颇为质朴。他明确指出："圣人岂有以异乎人哉？不知其好恶之情，而不求其言之喜怒，是所谓大惑也。"④认为圣人制"礼"初衷，是担心有人"桀猾变诈而难治也，是故制礼以反其初"，但绝不是"不知箕踞而坐，不揖而食，便于人情，而适于四体之安也"。因此，他坚决反对后世学人肆意曲解圣贤本意，强迫人们"习为迂阔难行之节，宽衣博带，佩玉履舄，所以回翔容与而不可以驰骤。上自朝廷，而下至于民，其所以视听其耳目者，莫不近于迂阔"。⑤ 他反复强调"礼以

---

① 《苏轼文集》卷二，61—62页。
② 《宋史纪事本末》卷四五，中华书局，1977年，439页。
③ 《苏轼文集》卷三二，913页。
④ 《苏轼文集》卷二《春秋论》，58页。
⑤ 《苏轼文集》卷三《秦始皇帝论》，79页。

养人为本",曰:"夫礼之初,缘诸人情,因其所安者,而为之节文,凡人情之所安而有节者,举皆礼也,则是礼未始有定论也。然而不可以出于人情之所不安,则亦未始无定论也。执其无定以为定论,则涂之人皆可以为礼。今儒者之论则不然,以为礼者,圣人之所独尊,而天下之事最难成者也。牵于繁文,而拘于小说,有毫毛之差,则终身以为不可。论明堂者,惑于《考工》《吕令》之说,议郊庙者,泥于郑氏、王肃之学。纷纷交错者,累岁而不决。或因而遂罢,未尝有一人果断而决行之。此皆论之太详而畏之太甚之过也。"①毫无疑问,像这样视繁文缛节为"迂阔",重点强调制礼"缘诸人情"的礼学观,肯定会令"多用古礼"的程颐以及追随者感到厌烦,甚至被视为异端邪说。

相对于这些通俗的说解,真正将人情提高到哲学层面加以论述和肯定的还是《苏氏易传》,其文曰:"情者性之动也。泝而上至于命,沿而下至于情,无非性者。性之与情,非有善恶之别也。方其散而有为,则谓之情耳。命之与性,非有天人之辨也,至其一而无我,则谓之命耳。其于《易》也,卦以言其性,爻以言其情,情以为'利',性以为'贞',其言也互见之,故人莫之明也。"②在这个上泝下沿的理论结构中,"性"与"命"均处在"无我"而难知的状态,而没有善恶之别的"情"则是"有为"而可知的。换言之,从人的自然本性中生发出来的"情",终将成为"生生之道"中最具变化特点的基本要素。

大抵与否定"性之善恶"一样,欧阳修、苏轼和王安石等人有关"情"与"礼"的立场也基本一致。作为文坛巨擘,他们将人情要素纳入"圣贤之道"的讨论范畴,无疑会缩短"道"与现实的距离,使儒道精神更为人间化。早在庆历时代,欧阳修就明确指出,孔孟之言"不过于教人树桑麻、畜鸡豚,以为养生送死,为王道之本","其事乃世人之甚易知而近者,盖切于事实而已"。③ 即便是被奉为儒家经典的《诗经》,也是"触事感物,文之以言,

---

① 《苏轼文集》卷二《礼以养人为本论》,49页。
② 《苏氏易传》卷一《乾》彖传注,4页。
③ 《欧阳修全集》卷六七《与张秀才棐第二书》,979页。

美者善之,恶者刺之,以发其揄扬怨愤于口,道其哀乐喜怒于心"而已,①其"本义"即在于哀乐喜怒的人情判断。而在"礼"和"情"的关系问题上,欧公也把"人情"放在首位,称:"圣人之于人情也,一本于仁义,故能两得而两遂。此所以异乎众人而为圣人也。……呜呼！圣人之以人情而制礼也,顺适其性而为之节文尔。"②这些论述,显然得到了其崇拜者苏轼的赞同。此外,王安石的"礼"学思想虽然更侧重于制度的系统性论述,但他并没有将"礼"和人情对立看待,称:"善教者浃于民心,而耳目无闻焉,以道抚民者也。不善教者施于民之耳目,而求浃于心,以道强民者也。抚之为言,犹山薮之抚毛羽,川泽之抚鳞介也。岂有制哉？自然然耳。"③其所谓"浃于民心"者,是指让民众从心理情感上透彻理解,其核心意涵与欧、苏二公亦相契合。

否定"性之善恶"与尊重物理人情,既是苏轼哲学的重要内涵,也是东坡文章妙绝古今的思想动因。其所为"胸中廓然无一物"的超逸境界,既是家学传承的必然结果,又呈现出与性理之学相抗衡的思想自觉。苏轼自谓:"先公清德绝识,高文博学,非独今世所无,古人亦罕有能兼者,岂世间混混生死流转之人哉？其超然世表,如千佛之所云必矣。"④复云:"近时士人多学谈理空性,以追世好,然不足深取。"⑤从这些朋友间看似随意的表白中,实不难体察到某种根深蒂固的排斥与坚守。"性"、"情"之说虽属哲学范畴,但欧阳修、苏轼及王安石诸公有关"性无善恶"、以"情"为本的反道学理念,的确为文章创作注入了鲜活的思想动力。如果说"文以气胜"是永恒的法则,那么"东坡之文如长江大河,一泻千里,至其混浩流转曲折变化之妙,则无复可以名状"的磅礴气势,⑥无疑来自"胸中廓然无一物"而能与"山川草木鱼虫"同其所乐的超逸情怀。

---

① 欧阳修《诗本义》,文渊阁四库全书本,70 册,290 页下。
② 《欧阳修全集》卷一二三《濮议·为后或问下》,1873 页。
③ 《王荆公文集笺注》卷三二《原教》,1102 页。
④ 《苏轼文集》卷五〇《与范元长》,1460 页。
⑤ 《苏轼文集》卷四九《答刘巨济书》,1433 页。
⑥ 黄震《黄氏日抄》卷六二,文渊阁四库全书本,708 册,551 页下。

## 三、"随物赋形"的"辞达"境界

苏轼的散文创作在构思特点、行文风格及审美取向等各方面均与其哲学理念深度契合,既体现着艺术创作本身的"必然之理",更彰显着以"情"为本、"随物赋形"的个性特点。其传世之作或超逸奔放,或淡远深邃,要之皆能"可口出常言",[①]将"物我一体"的生命体验真实呈现于读者面前。从某种角度看,东坡散文乃是其哲学思想的艺术实践,更是其审美人格的外化和张扬。

将文章创作视为个体生命的自然需求,强调"神与物游",准确把握描写对象本身的形貌特征及运动奥妙,及其在作者心灵上可能引发的种种感触,这是东坡文章立意构思的基本出发点。

不刻意为文,只在思想异常成熟、情感积累极为充分时才宣之于外,这是苏轼为文的首要秘诀。公撰《南行前集叙》云:

> 夫昔之为文者,非能为之为工,乃不能不为之为工也。山川之有云雾,草木之有华实,充满勃郁而见于外,夫虽欲无有,其可得耶!自少闻家君之论文,以为古之圣人有所不能自已而作者。故轼与弟辙为文至多,而未尝敢有作文之意。[②]

其所谓"能为之"者,即刻意为文,假意而杜撰;而"不能不为之"者,乃是指性情所至,渴望在文章中宣泄表达。两者之间的差异不仅在"情"之真伪,更在于作者是否已达到"神与物游"的境界。像他们父子那样,在秀美山川、朴陋风俗及前贤遗迹等诸多外物的触发下心有所感,形诸咏叹者,绝非勉强为文,而是"充满勃郁而见于外"的自然之作。

在苏轼心中,最理想的创作应该是"道"与"艺"在"神交"状态下的完美结合,如《赤壁赋》所云"惟江上之清风,与山间之明月,耳得之而为声,

---

[①] 周紫芝《竹坡诗话》,文渊阁四库全书本,1480册,674页上。
[②] 《苏轼文集》卷一〇,323页。

目遇之而成色",没有丝毫的矫揉造作。至于"道"、"艺"结合的具体过程,其在《书李伯时山庄图后》中如此描述:"居士之在山也,不留于一物,故其神与万物交,其智与百工通。虽然,有道有艺,有道而不艺,则物虽形于心,不形于手。吾尝见居士作华严相,皆以意造,而与佛合。佛菩萨言之,居士画之,若出一人,况自画其所见者乎。"① 按照苏公的理解,"其神与万物交"方能知"道","其智与百工通"始可有"艺",唯有将二者紧密结合在一起,经过心领神会的实践和体验,才能达到既能"形于心",亦可"形于手"的默契效果。绘画如此,作文又何尝有异。

苏公散文大多呈现着"道与艺俱化"的奇绝神韵,② 尝曰:"某平生无快意事,惟作文章,意之所到,则笔力曲折,无不尽意。"③ 复云:"吾文如万斛泉源,不择地皆可出,在平地滔滔汩汩,虽一日千里无难。及其与石山曲折,随物赋形,而不可知也。所可知者,常行于所当行,常止于不可不止,如是而已矣。"④ 苏辙亦称乃兄自贬黄州后,"杜门深居,驰骋翰墨,其文一变,如川之方至,而辙瞠然不能及矣"。⑤ 平心而论,东坡传世名作如《赤壁赋》、《雪堂记》、《放鹤亭记》、《超然台记》及《石钟山记》等,在情景描写中融入哲理幽思,文与道俱,情景交融,确有一种"独与天地精神往来而不敖倪于万物"(《庄子·天下》)的自在神韵。还有许多以景物描写为主的文章,亦能体现"物我一体"、"文与道俱"的构思特点。如《凌虚台记》叙述太守陈公营筑台池及取名"凌虚"之始末,本属平常,但作者神游古今,俯仰物华,沉浸于"物之废兴成毁相寻于无穷"的哲理思考,文章主题遂得升华。文末由"台犹不足恃以长久"推及"人事之得丧",⑥ 情与理会,感慨遂深。《黄州安国寺记》乃作者自述文字,时年四十四岁的苏轼得罪被贬,寓居黄州安国寺,在此焚香默坐,深自省察。经过五年的清修,终于达到了"物我相忘,身心皆空,求罪垢所从生而不可得。一念清净,染污自落,表

---

① 《苏轼文集》卷七〇,2211页。
② 王应麟《困学纪闻》卷四,上海古籍出版社 2008 年,552 页。
③ 《春渚纪闻》卷六,中华书局,1983 年,84 页。
④ 《苏轼文集》卷六六《自评文》,1986 年,2069 页。
⑤ 《苏辙集·栾城后集》卷二二,中华书局,1990 年,1127 页。
⑥ 《苏轼文集》卷一一《凌虚台记》,350 页。

里翛然,无所附丽"的超逸境界,重获精神自由。元丰五年(1082)苏轼四十七岁,其年乃于黄州之东坡拾瓦砾、刈野草,以筑雪堂,并撰《雪堂记》。其文以主客问答的方式,自陈"散人之道",曰:"夫禹之行水,庖丁之投刀,避众碍而散其智者也。是故以至柔驰至刚,故石有时以泐。以至刚遇至柔,故未尝见全牛也。予能散也,物固不能缚,不能散也,物固不能释。"①所谓刚柔相济的智慧原出于老子,其关键修养即在于顺乎自然。苏轼于贬谪之际筑此堂,为此记,以明心志,其从容达观的超然情怀溢于言表。除此而外,更值得注意的是,即便像《石钟山记》那样纯粹的山水游记之作,也能通过对水声石韵的意趣考察,将知与实践、知与行的哲理思考自觉熔铸其中。所有这些妙绝古今的优美散文,只有凭借"物我一体"的精神体验,通过"道与艺俱"、"随物赋形"的艺术创造,才能如此完美地呈现在读者面前,通透放旷,令人沉醉。

东坡散文奔腾放逸,波澜层出,学者景仰不啻如泰山北斗。不过,所有这些似乎都是自然天成,毫无藻饰与雕琢之迹,其如苏公所言,唯有"辞达"而已。"辞达"二字看似简单,实则体现着文学创作的"自然之理",是"以无心应万物之变"的艺术体现。

孔子曰"辞达而已矣",孔安国注释说:"凡事莫过于实,辞达则足矣,不烦文艳之辞。"②苏轼自幼接受家学熏陶,文章风格质朴无华,正如其《谢梅龙图书》所云:"轼长于草野,不学时文,词语甚朴,无所藻饰。"③这样的文风,在他四十岁通判密州时仍未有任何变化,所谓"余性不慎语言,与人无亲疏,辄输写腑脏,有所不尽,如茹物不下,必吐出乃已",④即为显证。不过,苏轼心目中的"辞达"似乎并不仅仅是"词语甚朴无所藻饰"那样简单,其深层意涵在《与谢民师推官书》中表达得更为全面准确。其文曰:

所示书教及诗赋杂文,观之熟矣。大略如行云流水,初无定质,

---

① 《苏轼文集》卷一二《雪堂记》,410 页。
② 《论语注疏》卷一五《卫灵公第十五》,阮元校刻《十三经注疏》本,中华书局,1980 年,5471 页下。
③ 《苏轼文集》卷四九,1425 页。
④ 《苏轼文集》卷一一《密州通判厅题名记》,376 页。

> 但常行于所当行,常止于不可不止,文理自然,姿态横生。孔子曰:"言之不文,行之不远。"又曰:"辞达而已矣。"夫言止于达意,即疑若不文,是大不然。求物之妙,如系风捕影,能使是物了然于心者,盖千万人而不一遇也。而况能使了然于口与手者乎?是之谓辞达。辞至于能达,则文不可胜用矣。扬雄好为艰深之词,以文浅易之说,若正言之,则人人知之矣。此正所谓雕虫篆刻者,其《太玄》、《法言》皆是类也。而独悔于赋,何哉?终身雕虫,而独变其音节,便谓之经,可乎?屈原作《离骚经》,盖风雅之再变者,虽与日月争光可也。可以其似赋而谓之雕虫乎?使贾谊见孔子,升堂有余矣,而乃以赋鄙之,至与司马相如同科!雄之陋,如此比者甚众。①

按照苏轼的说法,"辞达"的基本要求是"言止于达意",若能做到行止自如、"文理自然",即为佳篇。进而言之,"辞达"的本质还在于"求物之妙",为文者须对此"了然于心",且"了然于口与手",方能写出充实勃郁、"姿态横生"的优美文章。此外,苏轼将"雕琢"置于"辞达"的对立面,确认扬雄以"艰深之词"饰"浅易之说"的《太玄》和《法言》,便是"雕虫篆刻"的代表作,而他"独变其音节"的"雕虫"辞赋,却很难与屈原、贾谊等人的圣贤名作相提并论。苏轼否定"性之善恶",其说与扬雄所谓"善恶想混"者背道而驰,此乃人所共知者。此谓扬子文章"雕虫篆刻",有悖"辞达"之意,则是由"道"及文,引而伸之;苏轼有关"辞至于能达,则文不可胜用"的观点,通过对扬雄之文的批判更得以强化。

苏轼常以"辞达"二字激励后学,如《与王庠书》曰:"前后所示著述文字,皆有古作者风力,大略能道意所欲言者。孔子曰:'辞达而已矣。'辞至于达,止矣,不可以有加矣。"②其《答虔倅俞括》亦称:"孔子曰:'辞达而已矣。'物固有是理,患不知之,知之患不能达之于口与手。所谓文者,能达是而已。文人之盛,莫如近世,然私所敬慕者,独陆宣公一人。"③有人认

---

① 《苏轼文集》卷四九,1418—1419页。
② 《苏轼文集》卷四九,1422页。
③ 《苏轼文集》卷五九,1793页。

为,苏轼之"辞达"仅仅指一种自由畅意的抒写方式,其内涵与孔子所言颇有差异。如清人潘德舆尝曰:"'辞达而已矣',千古文章之大法也。东坡尝拈此示人,然以东坡诗文观之,其所谓达,第取气之滔滔流行,能畅其意而已。孔子之所谓'达',不止如是也。盖'达'者,理义心术,人事物状,深微难见,而辞能阐之,斯谓之达。达则天地万物之性情可见矣,此其易易事,而徒以滔滔流行之气当之乎?"①其实,苏轼将"求物之妙"视为"辞达"的基础和前提,其"能达"本身,既有对"理义心术"的透彻感悟,也有对"人事物状"的深细理解。苏公文集中能够体现"辞达"境界者,当数"论"、"策"、"义"、"序"等论说文章,而其"记"、"传"、"碑铭"等叙事之作,亦能各尽其妙,师法后世。苏轼将贾谊、陆贽视为"辞达"的典范。元祐八年(1093)曾与吕希哲、吴安诗、丰稷、赵彦若、范祖禹、顾临等人合奏,称陆贽文章"论深切于事情,言不离于道德","聚古今之精英,实治乱之龟鉴",以为哲宗若能将贽集"置之坐隅,如见贽面,反复熟读,如与贽言。必能发圣性之高明,成治功于岁月"。② 由此可知,潘氏所论偶失偏颇,或非真知"辞达"之义者也。

东坡散文的最高审美境界是"任性逍遥,随缘放旷",③这与他始终坚持的"无心而一"以"应万物之变"的哲学思想表里相关。驰游幻景,醉酒忘形,这两种看似异样的主题,却正好为苏轼抒发超旷之情提供了可能。

苏轼以忠义之心、雄豪之才而屡遭贬谪,坎坷以死,但他在艰难困苦中却始终保持超逸本色。其在《答黄鲁直书》盛赞鲁直文章,称"观其文以求其为人,必轻外物而自重者","意其超逸绝尘,独立万物之表,驭风骑气,以与造物者游,非独今世之君子所不能用,虽如轼之放浪自弃,与世阔疏者,亦莫得而友也"。④ 师友之间的推赏,最能见出不加掩饰的审美追求,而这种追求必将转化为散文创作的内在动力。譬如,苏公尝作《睡乡记》云:"睡乡之境,盖与齐州接,而齐州之民无知者。其政甚淳,其俗甚

---

① 《养一斋诗话》卷二,中华书局,2010 年,37 页。
② 《苏轼文集》卷三六《乞校正陆贽奏议上进札子》,1012 页。
③ 《苏轼文集》卷六〇《与子由弟》,1834 页。
④ 《苏轼文集》卷五二,1531—1532 页。

均,其土平夷广大,无东西南北,其人安恬舒适,无疾痛札疠。昏然不生七情,茫然不交万事,荡然不知天地日月。不丝不谷,佚卧而自足,不舟不车,极意而远游。冬而绨,夏而纩,不知其有寒暑。得而悲,失而喜,不知其有利害。以谓凡其所目见者皆妄也。"①文中叙述睡乡之盛衰始末,自黄帝、尧、舜、禹、汤、武王、周公直至穆王、孔子、庄周,仿佛真有其事,令人遐想。其主旨源自庄周,所谓"若夫不刻意而高,无仁义而修,无功名而治,无江海而闲,不道引而寿,无不忘也,无不有也,澹然无极而众美从之。此天地之道,圣人之德也"。② 作者之核心立意虽在澹泊无为,而其构思设想却凌跨古今,昂扬舒畅。透过虚拟梦境,将原本抽象玄妙的思想理念娓娓道来,亦真亦幻,颇具美感。由此,读者很容易联想到《胜相院经藏记》中那几句佛偈:"譬如梦中人,未尝知是梦。既知是梦已,所梦即变灭。见我不见梦,因以我为觉。不知真觉者,觉梦两无有。"③

其实,东坡集中像这样奇异绝世的境界还有不少,如《放鹤亭记》称云龙山人张天骥所居之草堂,"春夏之交,草木际天。秋冬雪月,千里一色。风雨晦明之间,俯仰百变",且谓其所驯之鹤"清远闲放,超然于尘垢之外"。④ 山人闲散,以驯鹤为乐,此事固属平常,但苏轼借题发挥,以抒超然物外之至乐,实可谓匠心独运。再如,其绍圣三年(1096)所作《和陶桃花源并引》,谓蜀青城山老人村"道极险远,生不识盐酰,而溪中多枸杞,根如龙蛇,饮其水,故寿";另有在颍州时所梦之仇池,"人物与俗间无异,而山川清远,有足乐者"。⑤凡此,皆可与桃源相媲美。假使没有独立旷远"与造物者游"的思想境界,像这样任性而超绝的虚幻构思,恐怕很难设想。

如果说宛如梦境的遐思颇能彰显东坡超逸绝尘的天才气质,那么引觞期醉的表白则更可见出其任性随缘的疏旷与超然。苏公对酒有着天然的亲切感,而"醉乡"一词也频频出现在他的诗文作品中。他喜欢"尽三江

---

① 《苏轼文集》卷一一,372页。
② 《庄子集释》卷六上《外篇·刻意》,537页。
③ 《苏轼文集》卷一二《胜相院经藏记》,389页。
④ 《苏轼文集》卷一一,360页。
⑤ 《苏轼诗集》卷四〇,2196—2197页。

## 第九章 再论东坡散文的哲学底蕴

于一吸,吞鱼龙之神奸。醉梦纷纭,始如氂蛮"那样的酣畅豪饮,①也不放过携酒与鱼游赤壁之下,或与宾客僚吏会饮放鹤亭中的悠闲浅酌。他渴望那种"暂托物以排意"的"酒隐"境界,以为隐于酒者"引壶觞以自娱,期隐身于一醉",可真切体会遗世独立、羽化登仙的精神快感;也只有他们,才能达到"酣羲皇之真味,反太初之至乐。烹混沌以调羹,竭沧溟而反爵"的高妙境界。②

当然,苏轼也没有忘记将饮酒之事提升到哲学层面加以讨论。在他看来,酒醪发酵本身即富含"妙理",其"浑盎盎以无声,始从味入;杳冥冥其似道,径得天真。伊人之生,以酒为命。常因既醉之适,方识此心之正。稻米无知,岂解穷理;曲糵有毒,安能发性。乃知神物之自然,盖与天工而相并。得时行道,我则师齐相之饮醇;远害全身,我则学徐公之中圣……惟此君独游万物之表,盖天下不可一日而无。在醉常醒,孰是狂人之药;得意忘味,始知至道之腴"。③ 酒醪的自然发酵,隐含着难以知晓的"道"和"理",更体现着"与天工而相并"的自然之"性"。饮酒者虽有"得时行道"与"远害全身"的不同选择,但酒有"至道",故不可一日而无。这段文字,很容易让人联想到《续养生论》中有关"阴阳之始交,天一为水"的议论;抑或说,从酿酒过程中也能够体会到"上善若水"般的天地自然之道。

必须承认,不能全面了解《苏氏易传》等学术论著的思想内涵,就很难深入把握东坡散文的人格与文格特点。张栻尝云"艺者所以养吾德性而已",朱熹以为其理解有失偏颇,故曰:"盖艺虽末节,然亦事理之当然,莫不各有自然之则焉。"④显然,在文章各有"自然之理"与"自然之则"一点上,朱子与东坡的观点默然相合。不过,在朱熹看来,苏轼的学术和文章终究是分离的,如曰:"东坡解《易》大体最不好。然他却会作文,识句法,解文释义,必有长处。"复云:"今东坡之言曰'吾所谓文,必与道俱',则是

---

① 《苏轼文集》卷一《洞庭春色赋并引》,11页。
② 《苏轼文集》卷一《酒隐赋并叙》,20页。
③ 《苏轼文集》卷一《浊醪有妙理赋》,21页。
④ 《朱子全书·晦庵先生朱文公文集》卷三一,1367页。

文自文,而道自道,待作文时,旋去讨个道来,入放里面,此是它大病处。"①撒开洛、蜀之学根深蒂固的见解分歧,单就东坡文章的艺术得失而论,其"随物赋形"的构思特点,以"辞达"为止境的行文风格,以及任性逍遥、超逸绝尘的审美追求,均与道、性、情、理的哲学思想息息相通。虽说由"道"而"文"的内在逻辑隐秘难求,但苏轼散文借鲜活生动的艺术形象,充分展示出"物我一体"、"神与物游"的哲人风采;其醉梦纷纭的情性表白,随心所欲的"众妙"展示,均让人体会到"道与艺俱化"的清超境界。

---

① 《朱子语类》卷一三九,3319 页。

# 第十章 论《濂洛风雅》的道统观及诗学理念

**本章提要**：元初金履祥和清代张伯行各自选编的同名诗集《濂洛风雅》，体现着两种截然不同的"道统"观。前者由"婺学"溯源至"濂洛"，"世系"表达较为开放，透露着宋末元初道学宗派多元并存的历史真实。后者专尊"程朱"之学，其选编目次则体现着"道统"之争的最终结果。就诗学建树而言，金氏所编在体式分类与选编标准等方面得失互见，但诗派意识始终清晰，将义理分析和诗艺技巧相结合的点滴讨论亦不乏可取之处。相比之下，张伯行重在彰显"程朱"一脉的道统之正，彻底抛弃了"濂洛诗派"的诗学概念，所编诗集不过是《濂洛关闽书》等道学著作的附庸或补充而已。两部《濂洛风雅》既有道学属性，也是诗歌选集，其不同于"诗人之诗"的独特品质，无疑为后世学人兼顾道学和诗艺两途的学术探索提供了不可轻视的文本依据。

兰溪金履祥于元成宗元贞二年（1296）编成的《濂洛风雅》是一部主题鲜明的宋代理学诗选集。该集卷首精心绘制"濂洛诗派图"，清晰展示出四十八位诗家的"世系"源流。金氏的选编既有强化"道学之诗与诗人之诗千秋楚越"的显著意图，[1]同时更彰显着"以诗立制"、"欲挽千古诗人归此一辙"的诗学指向。[2] 晚金氏四百余年，即清康熙时代，以张扬"道统"为己任的河南学人张伯行又重编了一部道学诗选，亦题为《濂洛风雅》。该书不仅只字未提金履祥，其选辑宗旨也迥然不同于金氏原编。由于道学

---

[1] 《四库全书总目》卷一九一《濂洛风雅》提要，中华书局1965年，1737页上。
[2] 《四库全书总目》卷一六五《仁山集》提要，1419页中。

和诗艺分属两途,程、朱等道学家始终认为作诗"害道",属于"无用之赘言",①后世文学史家亦称理学诗乃诗家"旁门",②甚至责为"宋诗之一厄",③故两部诗集自面世以来颇遭冷遇,一直处在无人问津的状态。近年来,随着文学史研究视野的不断拓展,有学者开始注意到两书所蕴涵的艺术理念、创作范式、审美特点及语言风格等。④ 然迄今为止,所有讨论均未涉及到以"濂洛"名派的学理依据,以及与之相关的体式分类和选编意趣等深层问题,甚至连金氏以此书"谱婺学"的基本事实都无人关注。⑤ 事实上,若不厘清这些基本问题,有关《濂洛风雅》乃至两宋道学诗的分析讨论,便有可能被简化为单纯的诗艺分析,而选编者以诗明"道"、藉诗尊"派"的核心要义却很容易被束之高阁。

## 一、濂洛诗派与道统纷争

有关"道统"的话题本来属于思想史研究的范畴,但金履祥将道学宗派与诗派"世系"混同为一的创新做法,已经触及"统系"纷争,故不可不察。严格说来,"濂洛诗派图"的本质内涵就是"婺学"的道统观,其开放包容的宗派理念虽不同于朱熹等"道南"一派,但所涉各家均师承有自,源流清晰,属于道学正脉。也正因为如此,金氏《濂洛风雅》在选择性展示宋代道学诗的审美取向和艺术特点方面,才有着不可忽视的独特价值。该集所选诗作,整体呈现着平和醇正、不精声律的艺术特点,许多深涉"心性"、阐发"理趣"的作品齐言叶韵,近乎道学语录,与李、杜、苏、黄等"诗人之诗"判然有别。虽说"濂洛诗派"的诗学理念集中体现着道学家以诗言"道"的群体自觉,但金氏为彰显宗派特点而进行的甄选和编录,更意味着

---

① 程颐《答朱长文书》,《二程集》,中华书局,1981年,601页。
② 刘大勤《师友诗传续录》,文渊阁四库全书本,1483册,896页下。
③ 陈延杰《宋诗之派别》,郑振铎主编《中国文学研究》(上册),《小说月报》第十七卷号外,商务印书馆,1927年。
④ 如:王利民《〈濂洛风雅〉论》,《文学遗产》2006年2期;高云萍《〈濂洛风雅〉与理学诗观》,《江西社会科学》2008年6期。
⑤ 金履祥《濂洛风雅》卷首王崇炳《濂洛风雅序》,丛书集成初编本,1783册。

对"濂洛诗风"的精心诠释。

选编古人诗作以为道学羽翼,这种特殊构想肇端于朱熹。其《答巩仲至》曰:"尝妄欲抄取经史诸书所载韵语,下及《文选》、汉魏古词,以尽乎郭景纯、陶渊明之所作,自为一编,而附于三百篇、《楚辞》之后,以为诗之根本准则。又于其下二等之中,择其近于古者,各为一编,以为之羽翼舆卫。其不合者,则悉去之,不使其接于吾之耳目,而入于吾之胸次。要使方寸之中,无一字世俗言语意思,则其为诗,不期于高远而自高远矣。"①只可惜其设想最终未能实现。及真德秀编《文章正宗》,因为有了刘克庄的帮助才粗有所成。《后村诗话》卷一云:"《文章正宗》初萌芽,西山先生以诗歌一门属予编类,且约以世教民彝为主,如仙释、闺情、宫怨之类皆勿取。予取汉武帝《秋风辞》,西山曰:'文中子亦以此辞为悔心之萌,岂其然乎?'意不欲收。其严如此。然所谓'携佳人兮不能忘'之语,盖指公卿群臣之扈从者,似非为后宫设。凡予所取而西山去之者太半,又增入陶诗甚多,如三谢之类多不入。"②后村的叙述表明,真德秀的删削的确体现着"道学之儒与文章之士各明一义,固不可得而强同"的原则性分歧。③ 顾炎武就曾经指出:"真希元《文章正宗》,其所选诗一扫千古之陋,归之正旨,然病其以理为宗,不得诗人之趣。且如《古诗十九首》,虽非一人之作,而汉代之风略具乎此。今以希元之所删者读之,'不如饮美酒,被服纨与素',何以异乎《唐诗·山有枢》之篇?'良人惟古欢,枉驾惠前绥',盖亦《邶诗·雄雉于飞》之义。'牵牛织女'意仿《大东》,'兔丝女萝'情同《车辖》。十九作中无甚优劣,必以坊淫正俗之旨严为绳削,虽矫昭明之枉,恐失《国风》之义。六代浮华,固当芟落,使徐、庾不得为人,陈、隋不得为代,无乃太甚,岂非执理之过乎!"④其实,在文、道对立的理念制约下,所谓"执理"太过之弊很难避免。不过,刘克庄和真德秀的选编范围自《左传》、《国语》以下至于唐末,尚未涉及宋代作家,选辑两宋道学诗的工作,还要等到宋末元初

---

① 《朱子全书》卷六四,上海古籍出版社、安徽教育出版社,2002年,3099页。
② 《后村诗话》卷一,文渊阁四库全书本,1481册,304页。
③ 《四库全书总目》卷一八七《文章正宗》提要,1699页中。
④ 《日知录集释》卷三"孔子删诗"条,上海古籍出版社,2006年,132页。

的金履祥才能着手进行。

金履祥字吉甫,兰溪人。师事同郡王柏,从登何基之门,遂得以传承朱子之学,事详《元史》卷一八九本传。有关《濂洛风雅》的选编初衷,清人王崇炳曾经有过清晰的叙述,曰:

> 《濂洛风雅》者,仁山先生以风雅谱婺学也。吾婺之学,宗文公,祖二程,濂溪则其所自出也。以龟山为程门嫡嗣,而吕、谢、游、尹则支。以勉斋为朱门嫡嗣,而西山、北溪、执堂则支。由黄而何而王,则世嫡相传,直接濂洛程门之诗以共祖收,朱门之诗以同宗收,非是族也,则皆不录,恐乱宗也。①

由此可知,金氏的选编宗旨首先在于"宗文公,祖二程",至于"由黄(幹)而何(基)而王(柏)"的相关作者,乃是婺学中"直接濂洛程门之诗"者,必须入选。金履祥的选录看似严谨有序,但深究起来,其诗派命名与作者"世系"说明等方面仍有可疑,简而言之,约有以下数端。

首先,既为"谱婺学"而成集,不祖东莱吕氏而以"濂洛"名派,名实不符,容易造成误解。《宋史》卷四三四《吕祖谦传》曰:"祖谦之学本之家庭,有中原文献之传。长从林之奇、汪应辰、胡宪游,既又友张栻、朱熹,讲索益精。"复云:"祖谦学以关、洛为宗,而旁稽载籍,不见涯涘。心平气和,不立崖异,一时英伟卓荦之士皆归心焉。"②元人苏天爵为柳贯《待制集》作序云:"尝考南渡之初,一二大贤既以其学作新其徒,吕成公在婺,学者亦盛。"③明人王祎《送胡先生序》亦称:"尚论吾婺学术之懿,宋南渡以还,东莱吕成公……吕公以圣贤之学自任,上继道统之重。"④客观说来,吕祖谦开婺学之先的功绩和地位确实不可否认。若以吕祖谦为该派之宗,然后正本清源,追溯至"濂洛"各家,其"谱婺学"的效果无疑将更加清晰,更为

---

① 金履祥《濂洛风雅》卷首。
② 《宋史》卷四三四,中华书局,1985年,12872、12874页。
③ 柳贯《待制集》卷首,文渊阁四库全书本,1210册,183页下。
④ 王祎《王忠文集》卷七,文渊阁四库全书本,1226册,145页上。

显著。

其次,"濂洛诗派图"将周敦颐排在首位,奉为该派始祖,而将邵雍、张载、程颢、程颐四子并列于周氏之后,视为濂溪传人。这样的"世系"表达虽然承袭了朱熹《伊洛渊源录》以及《宋史》道学、儒林诸传的固有思致,但毕竟有悖"周、程、张、邵五子并时而生,又皆知交相好"的历史真实,①不够严谨准确。

邵雍、张载在学术上均与周敦颐无涉。程颢撰《邵康节先生墓志铭》、范祖禹撰《康节先生传》,只字不提周敦颐。全祖望也颇为肯定地说:"康节之学,别为一家。"②和邵雍一样,张载之学也以自得为主,授受线索并不清晰。吕大临《横渠先生行状》述其治学经历颇详,曰"少孤自立,无所不学",十八岁后乃听从范文正公的劝说,勤读《中庸》等儒家典籍,而"先生读其书,虽爱之,犹以为未足也。于是又访诸释、老之书累年,尽究其说,知无所得,反而求之六经"。③《行状》之外,其它史籍有关张载生平的记述,也从未言及从学濂溪之事。再就学术本身来看,邵、张二公独辟蹊径,各有大成。其如程颢所云:"张子厚、邵尧夫,善自开大者也。"④程颐亦称:"世人之学,博闻强识者岂少?其终无有不入禅学者。就其间特立不惑,无如子厚、尧夫。"⑤由此可知,欲将张载、邵雍归为濂溪后学,乃是无稽之谈。

北宋"五子"中,周敦颐与河南"二程"的关系也存有争议。一方面,如吕希哲所云:"二程初从濂溪游,后青出于蓝。"⑥吕本中亦称:"二程始从周茂叔先生,为穷理之学,更自光大。"⑦周、程之间的授受关系似乎难以否认。另一方面,程颐本人在认可"从学"事实的同时,又否认"传道"的结果。他撰写《明道先生行状》时,既称"先生为学:自十五六时,闻汝南周茂

---

① 《宋元学案》卷九《百源学案上》,中华书局,1986年,367页。
② 《宋元学案》卷九《百源学案上》,365页。
③ 《张载集》,中华书局,1978年,381页。
④ 《二程遗书》卷三,上海古籍出版社,2000年,112页。
⑤ 《二程遗书》卷一五,218页。
⑥ 《宋元学案》卷一二《濂溪学案下·附录》,520页。
⑦ 吕本中《童蒙训》卷上,文渊阁四库全书本,698册,517页上。

叔论道,遂厌科举之业,慨然有求道之志",紧接着又谓其从学于濂溪时"未知其要,泛滥于诸家,出入于老、释者几十年",①仿佛那黄金般的十年都白白浪费了。事实上,在程氏看来,伊洛道学的成就绝非授受所得,而是天才颖悟的结果。程颐谓其兄"生千四百年之后,得不传之学于遗经,志将以斯道觉斯民",②复云"自予兄弟昌明道学,世方惊疑",③凡此种种,皆为显证。需要说明的是,后世学人通过具体考察,也确认程氏的自述是可信的。如《宋元学案》卷首《宋元儒学案序录》云:

> 濂溪之门,二程子少尝游焉。其后伊洛所得,实不由于濂溪,是在高弟荥阳吕公已明言之,其孙紫微又申言之,汪玉山亦云然。今观二程子终身不甚推濂溪,并未得与马、邵之列,可以见二吕之言不诬也。晦翁、南轩始确然以为二程子所自出,自是后世宗之,而疑者亦踵相接焉。然虽疑之,而皆未尝考二吕之言以为证,则终无据。予谓濂溪诚入圣人之室,而二程子未尝传其学,则必欲沟而合之,良无庸矣。④

此《序》虽已明确"伊洛所得,实不由于濂溪"的客观事实,却并未从根本上终结"周程授受"的道学话题,⑤究其原因,或与朱熹《伊洛渊源录》的权威影响不无关系。不过,疑惑既存,相关的考察与求证便会持续进行。譬如,日本学者土田健次郎在《道学之形成》一书中就全面考察了二程与周敦颐的关系,提出了两点质疑。其一,程颢、程颐从未言及周敦颐的主要著作《通书》和《太极图说》,而被朱熹视为"濂洛之学"根基的"无极"、"太极"之说,在二程的话语中也不曾出现过;假使"周程授受"关系确实存在,像这样忘却根本的情形便很难得到合理解释。其二,程氏兄弟及程门弟子对周敦颐毫无敬意,或直呼"茂叔",或贬称为"穷禅客",这种冷漠傲

---

① 程颐《明道先生行状》,《二程集》,中华书局,1981年,638页。
② 程颐《明道先生墓表》,《二程集》,640页。
③ 程颐《祭李端伯文》,《二程集》,643页。
④ 《宋元学案》卷首,3页。
⑤ 朱熹《沧洲精舍告先圣文》,《朱子全书》卷八六,4050页。

慢的态度绝非周学传承者所应有。① 平心而论,土田健次郎深细入微的考察,的确表明程氏道学与周敦颐的关系并不像朱熹所说的那样直接和密切。

既然张载和邵雍都不曾与周敦颐发生任何关系,而所谓"周程授受"也不过是朱熹为维护伊洛学派的正统地位而创造的道学神话,那么金履祥以"濂洛"名派,并将周敦颐视为该派鼻祖,就缺乏令人信服的学理依据。

诗派命名既已如此,那么《濂洛风雅》所收四十八位道学诗人的"世系"是否严谨准确呢?

南宋时期逐渐形成的道学世系,以朱熹所撰《伊洛渊源录》影响最大。该书祖述濂溪,推尊"二程",以邵雍、张载为程氏讲友。其后所列四十一人多为程门弟子,其中也不乏先事邵、张而后归程门者。朱熹之名虽因辈分差隔而未列其间,但其师李侗师事罗从彦,罗从彦则为杨时高弟,所谓"道南"一派的传承脉络非常清晰。而与此同时,其他版本的宗派传授谱系也在不断出现。如朱熹《答程允夫》就曾提到:

> 所示宗派,不知何人为之。昔子贡方人,而孔子自谓不暇,盖以学问之道为有急乎此者故也。使此人而知此理,则宜亦有所不暇矣。无见于此,则又何所依据而轻议此道之传乎?若云只据文字所传,则其中差互丛杂,亦不可胜道。今亦未暇泛论,且以耳目所及与前辈所尝论者言之。图内游定夫所传四人,熹识其三,皆未尝见游公,而三公皆师潘子醇,亦不云其出游公之门也。此殆见游公与四人者皆建人,而妄意其为师弟子耳。至于张子韶、喻子才之徒,虽云亲见龟山,然其言论风旨、规摹气象自与龟山大不相似。②

朱子此书语焉不详,但从他的叙述中仍不难看出,这个"不知何人为之"的

---

① [日]土田健次郎《道学之形成》,朱刚译,上海古籍出版社,2010年,119—136页。
② 《答程允夫》,《朱子全书》卷四一,1873—1874页。

宗派世系,主要出自程门弟子中的游酢一脉,而其中人物则多与潘殖(字子醇)、张九成(字子韶)、喻樗(字子才)等有直接关系。今按:游酢与杨时同为程门高足,然游酢早卒,且无"语录"、"口义"之传,故承其学者渐告式微。杨时入闽,开创"道南"一脉,传至朱熹,遂集大成。

此外,宋理宗端平二年(1235)以直秘阁知绍兴府兼浙东安抚使的黄壮猷修补刊行《诸儒鸣道集》,①书中共辑录了濂溪(周敦颐)、涑水(司马光)、横渠(张载)、明道(程颢)、伊川(程颐)、上蔡(谢良佐)、元城(刘安世)、江民表(公望)、龟山(杨时)、潘子醇(殖)、刘彦冲(子翚)、张子韶(九成)等十二家的道学著作,该集在某种意义上也反映了部分学人对道统传承的看法。《鸣道集》所载十二家,除司马光早已被排斥在"伊洛渊源"之外,而刘安世、江公望、潘殖、张子韶诸公也不可能受到朱熹的推重。朱子尝谓刘安世"说《左氏》,不识大体,只是时时见得小可底事,便以为是";②称"籍溪胡先生入都,于其学者吕祖谦得江民表《辨道录》一篇,读之则尽向所削去五十余章者,首尾次序,无一字之差,然后知其为江公所著,而非谢氏之语益以明白。夫江公行谊风节固当世所推高,而陈忠肃公又尝称其论明道先生有足目相应之语,盖亦略知吾道之可尊矣。而其为言若此,岂差之毫厘,则夫千里之缪有所必至而不能已者耶!"③他不满潘殖,以为"潘子淳书,顷亦见之,盖杂佛老而言之者,亦不必观";④厌弃张九成,谓其"近来又为邪说汩乱,使人骇惧。闻洪适在会稽尽取张子韶经解板行,此祸甚酷,不在洪水夷狄猛兽之下,令人寒心"。⑤ 毫无疑问,《诸儒鸣道集》所揭示的道学传承者,许多都没有被纳入"伊洛之学"的正统谱系之中,对此,陈来先生曾评论说:

---

① 此集上海图书馆藏宋刻黄氏修补本。国家图书馆藏影宋抄本,《藏园群书经眼录》卷七著录卷首题曰:"越有《诸儒鸣道集》最佳,年久板腐字漫,摹观者病之,乃命刊工剜蠹填梓,随订日本,锓足其文,令整楷焉。时端平二祀八月吉日郡守闽川黄壮猷书。"
② 《朱子语类》卷八三,中华书局,1986年,2149页。
③ 《谢上蔡语录后记》,《朱子全书》卷七七,3707页。
④ 《答程允夫》,《朱子全书》卷四一,1872页。
⑤ 《答石子重》,《朱子全书》卷四二,1924页。

从后来道学的眼光看,此书表现的学术传承的看法,的确近乎不伦不类,但其对学派源流的见解大体上还是不难看出的。二程出自濂溪,与涑水、横渠为讲友;上蔡、龟山皆程门高足,而元城为涑水门下第一,且元城与龟山关系甚密,江民表列元祐元符党人,可能私淑涑水;刘子翚为洛学私淑,潘殖为刘子翚同调;张九成则出于龟山门下。因此,《鸣道集》所收,皆二程师友门人和再传弟子及私淑者。……朱熹的观点只是一家之言,事实上,按照《宋元学案》,朱熹、张栻和吕祖谦都是二程三传、涑水三传、龟山再传、元城再传。涑水一派本来与程学有亲缘的关系;即使是朱熹深恶痛绝的张子韶,不但亲出龟山门下,而且吕祖谦亦属横浦再传。因此,《鸣道集》取舍的原则基本上是以程学为主干。①

《濂洛风雅》不收司马光、刘安世、江公望、潘殖、喻樗及张九成等人的诗作,说明金履祥对上述六人的学术评价与朱熹近似或相同。而在金氏选录的道学诗人中,除周敦颐、程颢、程颐、张载、邵雍、游酢、杨时、吕大临、尹焞、吕希哲、张绎、谢良佐、胡安国等十三人名列《伊洛渊源录》外,他如罗从彦、陈瓘、邹浩、徐叟(徐存)、吕居仁、曾几、胡寅、胡宏、刘子翚、李侗、朱松、林之奇、朱熹、吕祖谦、张栻、黄榦、陈淳、徐侨、杨与立、刘炎、赵蕃、方士繇、范念德、曾极、真德秀、李仲贯(李道传)、巩丰、时澜、蔡元定、蔡渊、叶采、刘圻、何基、王柏、王偁等三十五人都是新入道学谱系,其传承关系如"濂洛诗派"所示。客观说来,《濂洛风雅》的选录范围也有局限性,在当日并存的几大道学宗派中,它仅仅照顾到杨时所传的"闽学"和以吕祖谦为先导的"婺学",而对张栻开创的"湖湘学派"以及陆九渊建立的"江西学派"几未涉及。② 事实上,张栻"湖南一派,在当时为最盛",③"象山之学,先立乎其大者,本乎孟子,足以砭末俗口耳支离之学",④二者在道学探

---

① 陈来《中国近世思想史研究》,商务印书馆,2003年,20—21页。
② 有关南宋道学学派的划分及命名,详见陈淳《北溪大全集》卷三《答西蜀史社诸友序文》,文渊阁四库全书本,1168册,760页下。
③ 《宋元学案》卷五〇《南轩学案》,1611页。
④ 《宋元学案》卷五八《象山学案》,1884页。

索方面各有建树,且与闽学、婺学之间亦有讨论辩析之助。既然"朱子平生所交友最著者敬夫、东莱、象山三先生而已",①金履祥独重东莱而轻忽敬夫、象山,其偏颇之处即不待智者而辨。

《濂洛风雅》入选作者的姓氏、字号、谥号与籍贯等均如卷首《姓名目次》所示,其中"徐叟字存诚,号逸平"及"李仲贯字道传,号果州,官兵部"两条记述有误。此外,第六卷录程蒙斋《省过》一首,其人不在《姓名目次》中,检讨未得,故而不论。

先说徐氏。南宋人袁甫尝为《徐逸平集序》云:"学有渊源,人有传授。逸平徐公,自言其学得于萧先生,萧先生得于龟山杨先生,盖出于伊洛之学者也。观逸平所著书,渊源传授,概可知矣。"②《宋元学案》卷二五《龟山学案》所记"徐存"者,即此公也。朱彝尊《经义考》卷一五二辑录徐存《中庸解》,考引《浙江通志》曰:"徐存字诚叟,江山人。从杨龟山游,隐居教授,学者称为逸平先生。"

再论李氏。《宋史》卷四三六《李道传》传云:"字贯之,隆州井研人。父舜臣,尝为宗正寺主簿。道传少庄重,稍长读河南程氏书,玩索义理,至忘寝食,虽处暗室,整襟危坐,肃如也。擢庆元二年进士第。……除兵部郎官,辞未就。监察御史李楠觇当路指意,乞授以节镇蜀,遂出知果州。至九江,得疾卒,年四十八,诏特转一官致仕,谥文节。道传自蜀来东南,虽不及登朱熹之门,而访求所尝从学者与讲习,尽得遗书读之。笃于践履,气节卓然。"③据《宋元学案》卷三〇《刘李诸儒学案》载,李舜臣三子,曰性传、道传、心传;同书卷四八《晦翁学案》列李道传为朱子门人。

自古以来"道学之儒与文章之士各明一义,固不可得而强同也",④然道学家以诗言志,抒写情性,发明体用,亦有可称道者。从这个角度看,金氏以道学名家而选编《濂洛风雅》固其宜也。至于说以"濂洛"名派是否合理,其作者"世系"所反映的道学宗派意识与南宋时期曾经有过的其它道

---

① 朱轼《史传三编》卷六《张栻传论》,文渊阁四库全书本,459册,103页上。
② 袁甫《徐逸平集序》,《全宋文》(323),上海辞书出版社、安徽教育出版社,2006年,419页。
③ 《宋史》卷四三六《李道传传》,中华书局,1985年,12945—12948页。
④ 《四库全书总目》卷一八七《文章正宗》提要,1699页中。

学传承谱系究竟有何异同,以及该集入选作者的学派分布有无偏颇等问题,既牵涉到两宋道学研究的敏感议题,同时也制约着金氏《濂洛风雅》作为首部道学诗选集的意义和价值。明确了这些基础和前提,再来展开相关的文学话题,或许会更加稳妥。

## 二、体式分类及选诗标准

金履祥选编《濂洛风雅》时"但以师友渊源为统纪而未分类例",体式分类工作则是由其私淑弟子即该集锓梓者齐芳书舍的主人唐良瑞具体完成的。① 唐氏序曰:

> 窃以为今之诗,非风雅之体,而濂洛渊源诸公之诗,则固风雅之遗也。第风雅有正有变,有小有大,虽颂亦有周、鲁之异体,则今日风雅之编不可不以类分也。于是断取诗、铭、箴、诫、赞、咏四言者,为风雅之正体;其楚辞、歌操、乐府、韵语,则风雅之变体;其五、七言古风,则风雅之再变;其绝句、律诗,则又风雅之三变也。类聚而观之,条理明整,意味悠长。

风雅正变之说始于《诗大序》,郑玄《诗谱序》、朱熹《诗经集传序》等皆袭其说,而所谓正、变的分别均不离《诗经》本身。道学家称自家所作为风雅之遗,已属附会;至于以四言为"正",以杂言为"变",目五、七言古风为"再变",称绝句、律诗为"三变",则更是凿空妄言,牵强之甚。金氏既以"风雅"名集,其私淑弟子遂有"正变"之论。值得注意的是,《诗经》乃诗歌总集,而《濂洛风雅》所收则不限于诗,若不详加分辨,笼统解说,便很容易造成误解。

是集前两卷都标有"古体"字样,所收篇章却多非诗作,而是以赋、铭、箴、诫、辞、赞、操、题辞和祭文等为主。文学作品的体式分类有章可循,以

---

① 丛书集成初编本卷首有《唐序》,然《四库全书总目》卷一九一《濂洛风雅》提要作"韩良瑞",疑误。唐良瑞生平事迹不详。

昭明《文选》为例，赋类独立成编，按不同主题分为十九卷，它如辞、颂、赞、箴、铭、诔、吊文、祭文等各成一类，标注准确而清晰。上述体式在吕祖谦《宋文鉴》、熊节《性理群书句解》以及祝穆选编的《古今事文类聚》等诗文集中亦各有类属，不与诗歌混为一谈。

金履祥既以"濂洛渊源诸公之诗"为集，又选录箴、铭、诫、赞等其它体式的作品，其做法似欠严谨。更有甚者，他还有意割裂原作，选取齐言段落，冒为"古体"诗作。如程颢《邵康节先生墓志铭》原本由"志"、"铭"两部分组成，金氏将"铭"文析出，题为《邵康节铭》，云："呜呼先生，志豪力雄。阔步长趋，凌高厉空。探幽索隐，曲畅旁通。在古或难，先生从容。有问有观，以饫以丰。天不慭遗，哲人之凶。鸣皋在南，伊流在东。有宁一宫，先生所终。"①没有《志》文的叙述与说明，这段《铭》文便令人费解。有些铭文篇幅虽短，但"志"、"铭"结合的体式特点也不容忽视。如朱熹《求放心斋铭》前有志曰："番阳程正思作求放心斋，汪子卿、祝汝玉既为之铭，新安朱熹掇其遗意，复为作此。"其铭曰："天地变化，其心孔仁。成之在我，则主于身。其主伊何，神明不测。发挥万变，立此人极。晷刻放之，千里其奔。非诚曷有？非敬曷存？孰放孰求？孰亡孰有？诎伸在臂，反复惟手。防微谨独，兹守之常。切问近思，曰惟以相之。"②为了选取四言铭文，使之成为单独成篇的"古体"诗，金氏不仅省去了散体志文，且将最后一句由五言改为四言。这种做法看似严谨，实则弄巧成拙，得不偿失。

有些文字虽为齐言，但其固有的体制归属仍须尊重。如朱熹《小学题辞》，③《晦庵集》卷七六列在"序"类，置《律吕新书序》之后，显然与诗体无涉。至于横渠所撰东、西两《铭》，议论艰深玄奥，即便是道学名家也常有不同理解。《伊洛渊源录》卷六载，明道先生尝曰："《西铭》，颢得此意，只是须得他子厚有如此笔力，他人无缘做得，孟子以后，未有人及此。得此文字，省多少言语，且教他人读书，要之仁孝之理备于此，须臾而不于此，

---

① 此据《二程文集》卷四，文渊阁四库全书本，1345册，613页下。《濂洛风雅》卷一题为《邵康节铭》，且误"志豪力雄"为"志力豪雄"。
② 此据《朱子全书》卷八五，3992页。《濂洛风雅》卷一题为《求放心斋铭》，末句则改为"曰惟以相"，省去"之"字。
③ 金履祥《濂洛风雅》卷一，4页。

则便不仁不孝也。孟子之后,只有《原道》一篇,其间言语固多病,然大要尽近理。若《西铭》,则是《原道》之宗祖也。"①就体式特点而论,"铭"乃镌刻文字,其纪事者先以散句叙述原委,后著韵语以美之,如班固《封燕然山铭》、梁陆倕《石阙铭》等。其状物或述志者,则直以韵语为之,如后汉崔瑗《座右铭》、西晋张载《剑阁铭》等,②但这种韵语例不称诗。横渠两《铭》原书于学堂双牖,"右书订顽,左书砭愚",程颐见之,以为容易引起争端,故建议改曰《东铭》、《西铭》。③ 其文既非齐言,亦不叶韵,完全属于"古文"范畴。与此相类似的作品,还有程门高弟张绎所撰的《座右铭》,其文曰:"凡语必忠信,凡行必笃敬。饮食必慎节,字画必楷正。容貌必端庄,衣冠必肃整。步履必安详,居处必正静。作事必谋始,出言必顾行。常德必固持,然诺必重应。见善如己出,见恶如己病。凡此十四者,我皆未深省。书此当座隅,朝夕视为警。"④如此文字,仅仅是笃志自励的行为守则而已。《濂洛风雅》不辨体式,选录诸《铭》,目之为"诗",令人匪夷所思。事实上,同书所选朱熹《张敬夫画像赞》、真德秀《夜气箴》等作品也存在同样的困惑,而这些困惑绝不是"风雅正变"之说能够解释得清楚的。

客观说来,类似的体式紊乱现象,绝非偶失详察,更不是选编者昧于诗文体性之辨。大抵在道学家看来,优秀的作品首先须根乎仁义,发于道德,以醇雅风致彰显楷模价值,充分发挥其敦伦纪、砺名节、正人心、厚风俗的教化作用。与这种涵畅道德的选编意图相比,辨别体式的重要性自然退居其次。明确了这一点,就不难理解《濂洛风雅》忽略赋、铭、箴、赞的体式特点,将其选入诗集的用意和立场。

《濂洛风雅》的选编标准到底是什么,其选录诗作能否代表相关作者的最高水平,这也是读者需要了解的重要问题。约略言之,其可瞩目者或有以下数端。

其一,充分考虑入选作者在道学"世系"中的宗派归属及师承关系,这

---

① 朱熹《伊洛渊源录》卷六,中华书局 1985 年,58 页。
② 四文见《文选》卷五六,上海古籍出版社,1986 年,2406—2422 页。
③ 《二程外书》卷一一,文渊阁四库全书本,698 册,333 页上。
④ 金履祥《濂洛风雅》卷三,29 页。

是确保"濂洛诗派"能够成立的基本前提,也是金履祥选编此集的目的所在。其选录者并不一定是名流大家,但一定是"濂洛之学"的有序传承者。部分作者如尹焞、张绎、罗从彦、徐存、李道传、刘子翚、陈淳、李侗、徐侨、杨与立、刘炎、范念德等,学术地位既不很高,传世作品才寥寥数首,甚者仅一首而已,但为了彰显"诗派"源流,特予选录。对此前文已有论述,无需赘言。

其二,金氏所选并非"离真失正、反害于道"的"诗人之诗",①他要抄录传诵的是那些"可以正人心,可以敦风俗,可以考古论世",能"使人洗心涤虑"的"扶道"之作。② 除了邵雍《君子吟》、朱熹《求放心斋铭》、《尊德性斋铭》、《敬恕斋铭》以及张栻《风雩亭辞》等直接而清晰的言道文字,许多酬寄诗作也是将发明义理、涵畅道德放在首位。如张载《集义斋》诗曰:"小斋新创得新名,大笔标题字势轻。养勇所期肩孟子,动心那肯诧齐卿。川流有本源源听,月入容光处处明。此道几人能仿佛,浪言徒遗俗儒惊。"金履祥释云:"诗凡二首,恐学者未易看,今录其一。'川流有本源源听',谓集义为浩然之本也;'月入容光处处明',谓知言又集义之本也。心通乎道,然后能辨是非,则事事合义。"③姑且不论金氏的解释能否契合横渠诗意,但此条所透露的选录信息是非常清晰的。事实上,《濂洛风雅》所选诗作,绝大多数都呈现着引《周易》、《左传》、《大学》、《中庸》等儒学典籍为作诗之本的倾向,如张绎《寄友人》曰:

> 有客厌事事,洁身山之幽。寒暑不相贷,乃有卒岁忧。有生此有事,简之成赘疣。澄江本无浪,不如信虚舟。六经乃道要,毋以利心求。一朝与理会,万境真天游。伊水正清泠,子行无滞留。西风昨夜至,送子驰中流。落月洒残梦,已着古渡头。我病强送君,是行良难俦。异时青门下,谁识东陵侯。④

---

① 程颐《答朱长文书》,《二程外集》卷八,丛书集成初编本,1832册,123页。
② 金履祥《濂洛风雅》卷首戴镐序。
③ 金履祥《濂洛风雅》卷六,93页。
④ 金履祥《濂洛风雅》卷三,29页。

此诗中"寒暑不相贷,乃有卒岁忧"两句,很容易让人想到程颐对《周易》"咸·九四"之爻辞"憧憧往来,朋从尔思"的解释,即"若往来憧憧然,用其私心以感物","日月相推而明生,寒暑相推而岁成,功用由是而成"。① 而"澄江本无浪,不如信虚舟"两句,又似乎是在改写程颐"乘木济川而以虚舟也,舟虚则无沉覆之患"的《易》学解释。② "六经乃道要,毋以利心求。一朝与理会,万境真天游"四句,强调的是一种"默识心通"、"脱然贯通"的"自得"境界,③而"伊水正清冷"以下是说伊洛乃道学正宗,往而求学当急驰中流,有所成就。按:张绎乃程颐高弟,"颐尝言'吾晚得二士',谓绎与尹焞也"。④ 其为程学张目实属必然。

值得注意的是,两宋时期巨匠鸿儒之间以学问为谈资的往来酬答,已经造就了一种不可小觑的诗学风气,而"濂洛诗派"的特点与灵魂,也正是在这种氛围中逐渐形成的。譬如,张栻和朱熹之间进行的道学论辩,在他们的诗作中也有所体现,朱子有《酬敬夫赠言并以为别》两诗之二云:

> 昔我抱冰炭,从君识乾坤。始知太极蕴,要眇难名论。谓有宁有迹,谓无复何存。惟应酬酢处,特达见本根。万化自此流,千圣同兹源。旷然远莫御,惕若神不繁。云何学力微,未胜物欲昏。涓涓始欲达,已被黄流吞。岂知一寸胶,救此千丈浑。勉哉共无斁,此语期相敦。⑤

张栻有《岳顶上封寺有怀元晦》诗则曰:"忆昔朱夫子,登临冰雪中。剧谈无俗调,得句有新功。别去雁横浦,重来月满空。遥怜今夕意,清梦倘相

---

① 《伊川易传》卷三,文渊阁四库全书本,9册,276页下。
② 《伊川易传》卷四,389页上。
③ 《论语·述而》云:"子曰:默而识之,学而不厌,诲人不倦,何有于我哉!"《孟子·离娄下》称:"君子深造之以道,欲其自得之也。"程颐也强调进修之术"莫先于正心诚意。诚意在致知,致知在格物……积习既多,然后脱然自有贯通处。"见《二程遗书》卷一八,文渊阁四库全书本,698册,151页上。
④ 《宋史》卷四二八《张绎传》,12733页。
⑤ 金履祥《濂洛风雅》卷三,33页。

同。"①真德秀尝读朱诗,论曰:"以二诗观之,则其往复而深相契者,太极之旨也。"②张诗所谓"谈无俗调,得句有新功"者,正谓此也。

不过,这种直接吟诵道学义理或畅言悟道之乐的诗篇,终究还是少了几分情趣,其中的精义微旨或许只有道学中人才能充分理解,而普通的文学大众是很难接受的。刘克庄尝云:"近世贵理学而贱诗赋,间有篇咏,率是语录、讲义之押韵者耳。"③后村的评价虽然有些刻薄,但道学诗形同"讲义"的情形也的确存在。无论"濂洛诗派"诸作者持有何种理念,以诗言"道"的客观效果总不及"口义"及"语类"等特定手段。换言之,金履祥及其后学对"濂洛诗派"的审美评价或许太过理想化了。

其三,《濂洛风雅》对诗作风格的选择近乎严苛,它不仅始终坚持着平淡淳厚、自然古雅的审美趣味,更把轻忽声律视为道学诗的固有本色。在这种偏狭理念的制约下,该集所选既不能充分反映"濂洛诗派"的诗艺取向,更容易让人对两宋道学诗人的整体水平产生误解。

列入"濂洛诗派图"的道学诗人中,以诗歌获誉者为数不少,其诗作风格也并不一致。譬如,邵康节诗源出白居易,"晚年绝意世事,不复以文字为长,意所欲言,自抒胸臆,原脱然于诗法之外",④自是一体。朱熹诗被推为"南宋一大家",⑤方回《恢大山西山小稿序》概述两宋诗家曰:"宋苏、梅、欧、苏、王介甫、黄、陈、晁、张、僧道潜、觉范,以至南渡吕居仁、陈去非,而乾、淳诸人,朱文公诗第一,尤、萧、杨、陆、范,亦老杜之派也。是派至韩南涧父子、赵章泉而止。"⑥《瀛奎律髓》卷一于朱子《登定王台》诗后注云:"朱文公诗迫近后山,此诗尾句,虽后山亦只如此。乾道二年丁亥,文公访南轩于长沙所赋。用事命意,定格下字,悉如律令,杂老杜、后山集中可也。"⑦既然与杜甫、欧、苏诸公一脉相承,就不能只看到他言理说道的淳雅

---

① 金履祥《濂洛风雅》卷四,61页。
② 真德秀《西山读书记》卷三一,文渊阁四库全书本,706册,122页上。
③ 周密《癸辛杂识续集》卷下"押韵语录"条,中华书局,1988年,207页。
④ 《四库全书总目》卷一五三《击壤集》提要,1322页上。
⑤ 李重华《贞一斋诗说》,续修四库全书本,1701册,179页下。
⑥ 《桐江续集》卷三三,文渊阁四库全书本,1193册,683页下。
⑦ 《瀛奎律髓汇评》卷一,上海古籍出版社,2005年,19页。

神态。前人曾明确指出:"止采朱子诗之有性理字面者,其余好诗俱删去",并不可取,因为"流连景物止以一二语见性情,及寄托全在言外者其诗更妙"。① 此说客观公允,正可补金氏之偏。

此外,图中所列茶山先生曾几,在传承刘安世、胡安国学术的同时,亦工吟咏。方回尝谓"茶山诗学山谷,往往逼真","读茶山诗如冠冕佩玉,有司马立朝之意。用'江西'格,参老杜法,而未尝粗做大卖。陆放翁出其门,而其诗自在中唐晚唐之间,不主'江西',间或用一、二格,富也、豪也、对偶也、哀感也,皆茶山之所无。而茶山要为独高,未可及也"。复云:"茶山诗,观其格已高人一头地,观其用字着语句,殆锻炼不一时也。"②很显然,曾公诗格既不同于康节,亦有别于朱子,其艺术成就已经远远超越了金氏所理解的道学诗范畴。

在南宋诗坛上,还有一位与曾茶山相似的人物,即章泉先生赵蕃。蕃字昌父,他先后受学于刘清之和朱熹,并受到真德秀等名儒硕学的赞赏,其道学修养可想而知。就诗艺特点而言,赵蕃与杨万里颇为近似,属于江西一脉。刘克庄《瓜圃集序》云:"近岁诗人惟赵章泉五言有陶、阮意。"③绍熙进士刘宰则美之曰:"貌恭气和,无月下敲推之势;神清骨耸,非山头瘦苦之容。一笑诗成,万象春风。"④赵蕃在道学方面似无传授,却将诗艺传给了涧泉先生韩淲,是故有"二泉"之称。假使不能对上述作者进行全面细致的考察,仅仅依据"濂洛诗派图"的勾画,将他们与二程、杨时、胡安国等人同样看待,其错缪颠倒在所难免。

金履祥尝曰:"莫把律诗较声病,圣贤工夫不此如。"⑤这种轻忽诗律的道学观念在《濂洛风雅》的选编过程中也得到了充分体现。此集凡六卷,前五卷皆为"古体"、"古风",声律要求颇为宽松。第六卷虽为"七言律诗",但所选诗作如邵雍《仁者吟》、《闲行吟》、《先天吟》、《安乐窝中自贻》、

---

① 李光地《榕村语录》卷三〇,中华书局 1995 年,541 页。
② 《瀛奎律髓汇评》卷一六,609、604 页;卷一八,719 页。
③ 《瓜圃集序》,《全宋文》(329),81 页。
④ 《赵章泉赞》,《全宋文》(300),174 页。
⑤ 《作深衣小传王希夷有绝句索和韵》,《全宋诗》(68),北京大学出版社,1998 年,42589 页。

《观易吟》、《观物吟》、《首尾吟》以及邹浩《再谪居能仁寺》、徐侨《即事》等诗,平仄偶对率然随意,自怡有余而警策不足,很难算作的格律诗。道学之诗重在"务本",所谓天籁自鸣亦是学人本色,这一点原本不难理解,但若是将诗律锻炼有意排斥在"圣贤工夫"之外,且以此作为选编标准,其偏颇之处殆不足辨。

作为第一部道学诗集,《濂洛风雅》体现着不同以往的诗学理念。看似紊乱的诗文体式选择,却透露着"风雅正变"的道学指向。虽说为彰显特定道学宗派而进行的作家作品选择多有偏颇,重"古体"、轻"近体"、过分追求古朴自然的审美意向也不能全面反映两宋道学家诗歌创作的实际水平和多元成就,但金履祥以超越前贤的胸襟和眼光,第一次全面揭示"道学之诗"有别于"诗人之诗"的艺术特质,其创拓之功仍不容忽视。至于此集所呈现的文学史研究价值以及利弊得失,则需要以道学与文学的关联互动为前提展开讨论,我们相信,这将是宋代文学研究者寻幽探胜的又一个学术契机。

## 三、张伯行重编的目的与得失

金履祥所编《濂洛风雅》自面世之日起便遭遇冷落,元、明两代仅有吴师道、胡翰等寥寥数人偶尔提及,[①]且未见评述。逾四百年后,河南仪封人张伯行于清康熙四十七年(1708)重新编辑道学诗作,选周敦颐、程颢、程颐、张载、邵雍、游酢、尹焞、杨时、罗从彦、李侗、朱熹、张栻、真德秀等十三位宋代大儒及元儒鲁公衡、明儒薛瑄、胡居仁、罗钦顺等十七人的诗作,取名《濂洛风雅》,对此,四库馆臣颇存疑惑,以为"金履祥先有《濂洛风雅》,伯行是书,仍其旧名,而一字不及履祥,不可解也"。[②] 当代学者对此则别有议论,以为"清代张伯行继金履祥之后,删繁就简,辑《濂洛风雅》九

---

① 参吴师道《敬乡录》卷一四《嵊县平籴仓记》,文渊阁四库全书本,451册,405页上;胡翰《胡仲子集》卷八《朱文公书虞帝庙乐歌跋》,文渊阁四库全书本,1229册,98页下。
② 《四库全书总目》卷一九四《濂洛风雅》九卷提要,1773页下。

卷"。① 然而,问题果真如此简单,还是另有缘故? 四库馆臣的疑问究竟该如何解答? 所有这些,不仅涉及两本《濂洛风雅》的得失评判,更关乎道学内部对"濂洛之学"传承谱系的重新认定,实不可轻率而论。

首先,金履祥的选编的目的在于"以风雅谱婺学",其"濂洛诗派图"所呈现的宗派"世系"本身就缺乏"正统"性,该集长期遭遇冷落的原因即在于此。明清以来,随着"程朱之学"正统地位的逐步确立,谱述"濂洛"的风气也日渐其盛,就连乾隆皇帝都要"披览周、程、张、朱之书,时书其诗文以赐群臣"。② 在此背景下,张伯行通过重编《濂洛风雅》充分彰显程朱一脉的道统之正,就有了充足而现实的理由。

张伯行字孝先,康熙二十四年进士,官至礼部尚书,谥清恪。他一生致力于"程朱"道学统系的研究,有《道统录》二卷、《道南源委》六卷、《伊洛渊源续录》二十卷、《濂洛关闽书》十九卷及《二程语录》十八卷等传世。从这些著述中不难看出,在道统论方面,张伯行始终坚守着朱熹后学的既有观点,而与金履祥等迥然有别。譬如,其《道统录》卷上所列由伏羲、神农、黄帝、唐尧、虞舜、夏禹、商汤、文王、武王、周公、孔子、颜子、曾子、子思、孟子等组成的古道统谱系,就与黄榦《圣贤道统传授总叙说》完全一致。③ 其卷下以周濂溪、程颢、程颐、张载和朱熹五人为道统所系,又以杨时、罗从彦、李侗、谢良佐、尹焞等五人附录其后,④这也与朱熹后学黄大任的说法基本一致。黄氏于咸淳六年(1270)撰《豫章先生遗稿跋》云:

> 濂洛接洙泗之正传,盖汉唐数百年之所未有。考亭(朱熹)集濂洛之大成,所传闻者龟山(杨时),所闻者豫章(罗从彦),所见者延平(李侗),三先生皆剑津人,一脉相传,又他邦之所未见。⑤

---

① 王利民《濂洛风雅论》。
② 张伯行《道统录序》,《道统录》卷首,丛书集成初编本,3338 册,第 2 页。
③ 黄榦《圣贤道统传授总叙说》,《全宋文》(288),350 页。
④ 《道统录》二卷,丛书集成初编本,3338、3339 册。
⑤ 罗从彦《豫章文集》卷一六《附录下》,文渊阁四库全书本,1135 册,774 页下。

比较之下，《道统录》多了谢良佐与尹焞。谢氏与游酢、吕大临、杨时等合称"四先生"，①其《上蔡语录》和尹焞所撰《孟子解》均为朱熹所重，张伯行将他们纳入道学统系，实际有着非常充足的学理依据。

不过，在张伯行所述统系及新编《濂洛风雅》中少了游酢、吕大临及吕希哲等程门高弟，就连朱熹的老师刘子翚也难觅踪迹，其去取之间究竟隐含何种理由，值得深究。

如前文所述，南宋时期有多种道学宗派图争相面世，"闽学"、"婺学"、"湘派"及"江西学派"各有传承，各派之间平等论辩，均未以"道学正统"自居，这种自由宽松的情形一直延续到元代初年，即金履祥所处的时代。以程氏一脉为道统正传，是朱熹《伊洛渊源录》的发明创作，"宋人谈道学宗派，自此书始，而宋人分道学门户，亦自此书始"。② 然而，程朱之学正统地位的确立，还要经历一个漫长而复杂的过程。就世系而言，《伊洛渊源录》原本述及吕大临、吕希哲、谢良佐、游酢和张绎等人的道学成就，但随着思辨的深入，朱熹对上述诸公的看法也悄然改变。譬如，在他看来，"程门高弟如谢上蔡、游定夫、杨龟山辈，下稍皆入禅学去"，"游定夫之说，多入于释氏"，"谢上蔡自禅门来，其说亦有差"。③ 像这样学术并不纯粹的人，不入"正统"之列，似乎也在情理之中。《伊洛渊源录》所列其他人物，吕大临先师张载，后入程门，然"解经不尽用其师说"；④吕希哲遍从孙复、石介、王安石、明道、横渠等贤哲游，其学"大抵以知言为先，自得为本，躬行为实，不尚虚言，不为异行。其读书平直简要，不主一门"。⑤ 对于他们，朱子严加甄别，并最终排斥在了"伊洛"统系之外。

张氏《濂洛风雅》变易金氏旧辙，不取刘子翚诗作，此事看似简单，实则牵涉复杂，值得深究。刘子翚与刘勉之、胡宪同为朱子启蒙之师，有《圣传论》一书专论道统，其目为："尧舜（一）、禹（仁）、汤（学）、文王（力）、周公（谦牧）、孔子（生死）、颜子（复）、曾子（孝）、子思（中）、孟子（自得）。"刘子

---

① 《宋史》卷三四〇《吕大临传》，10848 页。
② 《四库全书总目》卷五七《伊洛渊源录》提要，519 页中。
③ 《朱子语类》卷一〇一，2556、2555 页。
④ 《郡斋读书志校证》卷四《吕与叔论语解》提要，上海古籍出版社，1990 年，138 页。
⑤ 朱轼《史传三编》卷四，文渊阁四库全书本，459 册，71 页下。

翬不仅认为往圣所传各有所异,且进一步指出:"书论人心道心,本之惟精惟一,此相传之密旨也。"复云:"圣贤相传一道也。前乎尧舜传有自来,后有孔孟传固不泯,韩子谓轲死不得其传,言何峻哉!达如尧舜禹唐,穷如孔孟,人类超拔,固难俪也。道果不传乎?曾、颜,传道者也。轲死千余年,果无曾、颜乎?……荜门圭宝,密契圣心,如相受授,故恐无世无之。孤圣人之道,绝学者之志,韩子之言何峻哉!"①此说可瞩目者,一是圣道之传代不乏人,韩愈所谓轲死之后道不得其传的说法太过武断,言下之意,程氏所谓"生千四百年之后,得不传之学于遗经"者,②亦嫌虚妄。二是"圣贤相传一道也……荜门圭宝,密契圣心,如相受授"的道统受授之说,启发了朱熹,使之最终能概括提炼出"人心惟危,道心惟微,惟精惟一,允执厥中"的十六字心传,③二者之间传承发展的内在轨迹清晰可见。然而,朱熹对此却讳莫如深,谓"屏山只要说释子道流皆得其传耳",④复云屏山初好佛,后"归家读儒书,以为与佛合,故作《圣传论》"。⑤ 对此,陈来先生委婉指出:"朱子此说或有依据,但《圣传论》不曾说释老亦得圣人之传,其禅学影响并不明显。"⑥其实,刘子翬有关圣道授受"无世无之"的说法,从根本上否定了程氏独得"遗经"的合理性,也间接影响到"濂洛"正统地位的确立,此乃症结所在。张伯行既撰《道统录》及《道南源委》等书,对此已心知肚明,《濂洛风雅》不选刘子翬诗作,其深微用意当如是观。

张氏《濂洛风雅》选录邵雍诗作,似乎与《道统录》、《濂洛关闽书》等书所表达的"道统"观有所差异。早在南宋时期,朱熹就认为"近世言象数者必宗邵氏,而邵氏之学出于希夷",⑦复云:"康节之学不似濂溪、二程",其"意思微似《庄》、《老》"。⑧ 正因为有如此明确的评说与判断,朱门后学才

---

① 见《诸儒鸣道集》卷七〇《圣传论》"尧舜"、"孟子"两节,上海图书馆藏宋端平中黄壮猷修补本。
② 程颐《明道先生墓表》,《二程文集》卷一一,丛书集成初编本,1833册,168页。
③ 《四书章句集注·中庸章句序》,新编诸子集成本,中华书局,1983年,14页。
④ 《朱子语类》卷九六,2476页。
⑤ 《朱子语类》卷一〇四,2619页。
⑥ 《中国近世思想史研究》,18页。
⑦ 《书麻衣心易后》,《朱子全书》卷八一,3833页。
⑧ 《朱子语类》卷七一,1794页,同书卷八七,2259页。

认定康节之学不属圣道正传,而将其从濂洛关闽学派中隔离出来,张氏《道统录》也是如此。不过,朱熹《伊洛渊源录》既述康节之事,《濂洛风雅》选录邵诗,情理逻辑亦通。

其次,张伯行重编《濂洛风雅》的根本用意并不是为了凸显"濂洛诗派"的存在,所谓濂洛关闽诸公之间的"师友渊源"以及"一脉之传"的道学宗派,①才是他用心关注的焦点。换言之,该集不过是《濂洛关闽书》的辅助资料,而不是严格意义上的诗派诗选。蔡世远《序》称张氏"以人传其诗","一以濂洛诸君子为宗,自濂洛下迄罗整庵,既订其文集若语录,刊而行之矣,兹又汇其诗,订为一集以行世",②虽言不经意,却明确揭示了它类似"语录"的道学价值与独特属性。在张伯行看来:"夫今之所谓儒先礼仪之书,无过濂洛关闽元明诸子。然幸能诗,诗俱在。其体制不一,工拙亦殊,而卒归于雅正,有前代作者之风,无鄙殆不宣之气,淫滥诙谪、冶游闲放之习,不奸于中。盖其所存者正,所发者顺,故能广大清明,各遣其极。……知其体源意匠,无异于古之诗人,而大反其淫昏鄙俗、浮诞惰纵,以笃于礼而精于义。"③简言之,《濂洛风雅》可与"儒先礼仪之书"相表里,其敦厚风俗、涵养道德的功用价值,与文集、语录等非韵语文字并无不同。

与金履祥所编的《濂洛风雅》相比,张伯行"以人传诗"的对象选择虽不过十七人,却绵延宋、元、明三代。由于他抛弃了"濂洛诗派"的概念,故该集没有"诗派图",也不设"世系"说明;而该书按师友关系依次编录的体例安排,也与《濂洛关闽书》颇为近似。

再次,就选编水平而言,金、张两书虽互有得失,但金氏能兼顾道学与诗派两端,其境界眼光实非张氏所能及。张伯行不将辞、颂、赞、箴、铭、诔及吊文等阑入诗集之中,体式选择仅限于五、七言古体、律绝以及少量的排律,这表达着对诗体的尊重。而与此同时,其选录诗作的代表性却稍嫌不足。譬如,杨时十五岁时作《初夏侍长上郊行分韵得偕字》一诗云:"讲习岂无乐,钻磨未有涯。书非贵口诵,学必到心斋。酒可陶吾性,诗堪述

---

① 张伯行《濂洛风雅·凡例》,丛书集成初编本,1784册。
② 张伯行《濂洛风雅》卷首《蔡序》。
③ 张伯行《濂洛风雅》卷首《张序》。

所怀。谁言曾点志,吾得与之偕。"①此诗从研修之乐说到陶冶性情,最后以"吾与点也"作结,怡然自得,真切生动,向来受到道学诗家的推崇。金履祥予以选录,张氏却付之阙如。再如,张载《圣心》一诗颇负盛名,曰:"圣心难用浅心求,圣学须专礼法修。千五百年无孔子,尽因通变老优游。"此诗入选《宋文鉴》,阮阅《诗话总龟·后集》卷七及金履祥《濂洛风雅》卷五等反复征引,金氏释曰:"横渠先生尝曰:'载所以使学者先学礼者,只为学礼,则便除去了世俗一副尝习缠绕之境。延蔓之物,解缠绕即上去。苟能去了一副当世习便自然脱洒也。又学礼则可以守得定。'明道先生曰:'子厚以礼教学者最善,使学者先有所据守。'"②张伯行此编仅录张载七言绝句五首,而《圣心》未入。类似的情形还有很多,不烦赘述。要之,张氏重道统而轻诗学,其取舍之间难免偏颇疏漏。

两部书名相同的道学诗集,价值取向却判然有别。张伯行所编比金氏晚四百年,其时"程朱"一派的道学正统地位业已巩固,所谓"濂洛渊源"也基本固定在周敦颐、二程、张载、游酢、尹焞、杨时、罗从彦、李侗、朱熹、张栻、真德秀等数人范围,吕祖谦、胡安国、蔡元定等硕学鸿儒已非"正统"所系。与此同时,所谓"濂洛风雅"的实际内涵已经蜕变为《濂洛关闽书》等道学著作的附庸或补充。明确了上述两点,清人所谓"金履祥先有《濂洛风雅》,伯行是书仍其旧名,而一字不及履祥,不可解也"的困惑也就不难解释了。

"濂洛诗派"可以凭借其独特的思想价值和艺术取向,成为文学史研究的对象,这原本不是问题。但应该承认,《濂洛风雅》特有的两栖属性的确令研究者感到困惑。若站在道学的立场上,"以濂洛之理责李杜,李杜不能争,天下亦不敢代为李杜争",而在文学史家看来,"天下学为诗者终宗李杜,不宗濂洛",③亦有其内在必然性。怎样才能有效突破道学与文学分属两途的观念约束,使道学诗文研究更趋深细和严谨,这无疑是一种艰难的使命。

---

① 金履祥《濂洛风雅》卷四,60页。
② 金履祥《濂洛风雅》卷五,67页。
③ 《四库全书总目》卷一九一《濂洛风雅》提要,1737页上。

# 第十一章　宋代理学诗的审美逻辑

**本章提要**：理学诗是宋代学人思辨智慧的艺术表达。两宋鸿儒将儒学"义理"视为主体审美的对象存在，在"以求诚为本，躬行实践为事"的儒学探索中获得自在体验和精神满足。与此同时，他们将诗歌创作视为"明理"、"修身"的有效手段，充分发挥"与道同机"、"觉世唤醒"的主体自觉，多层次展示"笃学力行"的实践智慧。"为诗好说理"的艺术传统可以追溯至魏晋玄言诗及隋唐以后的佛理道情诗，而宋代理学诗整体呈现着"理趣"横生、自由清雅的艺术境象，文学史家应该尊重其有别于"诗人之诗"的价值与特点。

两宋理学家以高古雅正的诗作率意阐发"博学审问慎思明辨笃行"的儒学智慧，①从容抒写"格物致知诚意正心修身"的主体感悟，②为诗歌艺术的多元探索贡献良多。然而，文学史家却忽略了"道学之诗与诗人之诗千秋楚越"的特点与差异，③或谓理学诗乃诗家"旁门"，④或责为"宋诗之一厄"，⑤持论不免偏颇。从创作主体的角度看，能够将探求"义理"、发挥"仁心"的学术探索表象为美，无疑是情感浸润、理想引领和自我欣赏的必然结果，它所体现的审美逻辑与"诗人之诗"判然有别。事实上，理学诗的

---

① 《礼记正义》卷五三《中庸》，阮元校刻《十三经注疏》本，中华书局，1980年，1632页上。
② 《朱子语类》卷一四"或问明明德"条，中华书局，1986年，264页。
③ 《四库全书总目》卷一九一《濂洛风雅》提要，中华书局，1965年，1737页上。
④ 刘大勤《师友诗传续录》，文渊阁四库全书本，1483册，896页下。
⑤ 陈延杰《宋诗之派别》，郑振铎主编《中国文学研究》上册，《小说月报》第十七卷号外，商务印书馆，1927年。

创作与两宋学人诉诸"个人生命的体验或心的唤醒,而遥契经典之道"的经典诠释向度表里相关,①其内在思致不仅与魏晋玄学激发玄言诗创作的情形颇为近似,且很容易让人联想到隋唐五代以来绵延不绝的佛理道情之作。客观说来,理学诗的功用并不仅仅是阐发"义理"和"圣心",它所展示的精神修炼与自我超越的情感历程,以及借山川草木、风雨阴晴等自然境象所表达的澄彻心境,或许更具美感。

## 一、以诗言道的审美逻辑

自古以来,任何学术探索的时间和空间想象力都可以将相关的研究对象表象为美,所谓"天地有大美而不言",圣人"原天地之美而达万物之理",②"大乐与天地同和"等等便是如此。③ 从这个意义上说,宋代理学作为主体审美的对象存在是应该肯定的。当然,美感的产生须以情感进入心理结构为前提,假使没有自由快乐的价值判断和审美体验,邵雍、程颢及朱熹等人思致幽眇、高古清劲的理学诗便难以产生。或谓"作诗以说理最难","义从玄出而诗兼玄义,遂为理境极致"。④ 其实,两宋作家情兼"义理"、道契"吾心"的理学诗更应作如是观。

从哲学角度看,理学家的"主体"特性毋庸置疑;但就以审美体验为基础的诗歌创作而言,同样的特性能否得到确认却是一个久讼未决的学术难题。

争论的发生源于理学家们重"道"轻文的自我表白。如元祐六年邢恕撰《康节先生伊川击壤集后序》称:"先生之学,以先天地为宗,以皇极经世为业,揭而为图,萃而成书。其论世尚友,乃直以尧舜之事而为之师;其发为文章者,盖特先生之遗余;至其形于咏歌,声而成诗者,则又其文章之余。"⑤程颐的观点也与之差似,《二程遗书》卷一八载:

---

① 黄俊杰《中国经典诠释传统·通论篇》,华东师范大学出版社,2008年,314页。
② 《庄子集释·知北游》,中华书局,1961年,735页。
③ 《礼记正义》卷三七,《十三经注疏》(下),1530页上。
④ 《马一浮诗话》,学林出版社,1999年,87页。
⑤ 《全宋文》(84),上海辞书出版社、安徽教育出版社,2006年,40页。

> 问:"作文害道否?"曰:"害也。凡为文,不专意则不工,若专意则志局于此,又安能与天地同其大也?《书》云'玩物丧志',为文亦玩物也。吕与叔有诗云:'学如元凯方成癖,文似相如始类俳。独立孔门无一事,只输颜氏得心斋。'此诗甚好。古之学者惟务养性情,其他则不学。今为文者专务章句,悦人耳目。既务悦人,非俳优而何?"①

文章尚且有"害道"之虞,更何况诗歌乃"文章之余"。若以此类议论为据,否定理学家的文学主体性,似乎是顺理成章的事。

不过,邢恕与程颐等所鄙薄的诗和文,是指那些"离真失正、反害于道"的文士之作,如称李、杜之诗最为"无用之赘言"。② 而对"道学之文"及"道学之诗",③理学家们则别有一副心肠。如朱熹以为"即文以讲道,则文与道两得而一以贯之,否则亦将两失之矣",④而"大意主乎学问以明理,则自然发为好文章,诗亦然"。⑤ 无独有偶,晚于朱子三十八岁的魏了翁在《邵氏击壤集序》中亦盛赞邵雍的诗文作品,曰:"邵子平生之书,其心术之精微在《皇极经世》,其宣寄情意在《击壤集》。凡立乎皇王帝霸之兴替,春秋冬夏之代谢,阴阳五行之运化,风云月露之雾霭,山川草木之荣悴,惟意所驱,周流贯彻,融液摆落,盖左右逢原,略无毫发凝滞倚著之意。"⑥由此不难看出,在理学家们眼中,只要有"明理"之用,能够宣寄探求圣人微旨的"情意",这样的诗作便值得肯定。既明乎此,则两宋理学诗久盛不衰的人格动力,以及相关作者的"主体"特性即不难得到理解和确认。

与"诗人之诗"的抒情言志不同,理学家们诗歌创作的出发点乃在阐发儒学"义理",这与他们"为天地立心,为生民立道,为去圣继绝学,为万世开太平"的人格指向深度契合,⑦故其津津乐道的并不是凡情俗欲,而是

---

① 《二程遗书》,上海古籍出版社,2000年,290—291页。
② 程颐《答朱长文书》,《全宋文》(80),40页。
③ 《四库全书总目》卷一六八《环谷集》提要,1461页上。
④ 朱熹《与汪尚书》,《全宋文》(245),47页。
⑤ 《朱子语类》卷一三九,3307页。
⑥ 《全宋文》(310),14页。
⑦ 《张载集》,中华书局,1978年版,第376页。

"理"、"道"、"智"、"心"等奥旨微义；即便是那些吟咏性情的比兴之作，也往往言浅意深，充满人生哲理。其如王崇炳《濂洛风雅序》所云："夫惟圣人，声入心通，鸟鸣虫语，皆发天机而契性真，童歌牧唱，皆风雅也。大贤以下，必慎所感。古之学者，弦绳之音不离于手，歌咏之声不离于耳，胸中斯须不和不乐，则鄙诈之心久之；斯须不庄不敬，则慢易之心久之。陶练性情，涵养德器，莫善于诗。"①的确，这些诗歌所表达的理性智慧值得肯定。但就诗歌创作而言，所谓"心性"、"理道"是否具有审美价值，却仍然是一个需要讨论的问题。

从价值哲学的角度看，对任何事物的价值判断首先取决于人的物质或精神需求，凡是有价值的人或事，都与人的需求满足息息相关。假使非形象、非艺术的事物也能激发人的情感，让人获得精神上的愉悦和满足，那么这种事物本身所蕴含的美感是不应被否定的。譬如，数学家可以将抽象的公式、定义或曲线表象为美，天文学家可以将已经掌握的天体运动规律表象为美。同样的道理，宋代理学家也可以将他们"格物致知"以"穷理"、"尽性"的儒学探索表象为美。虽说与"诗人之诗"相比，理学诗的确少了些风骚情韵，但任何人却不能因此否定其客观存在的审美逻辑。譬如，当邵雍闲咏"意亦心所至，言须耳所闻。谁能天地外，别有好乾坤"时，②其言意之间所蕴含的生命主体意识及超逸情态清晰可见；而当张载称"圣心难用浅心求，圣学须专礼法修。千五百年无孔子，尽因通变老优游"时，③谁都无法否认他以恢复和倡导古礼仪制为己任的人格自觉。可以设想，宋代硕儒超越汉唐笺释之学，以"六经注我"的方式阐释对儒道"义理"的全新理解和体悟，其"以求诚为本，以躬行实践为事"的自由探索不仅充满快乐，④更深具美感。而从理学研究中获得的精神满足，最终促使他们将情感体验外化为艺术形式，成为审美和抒情的主体。

变化、差异和多样性是美的规律。审美主体的经验不同，审美客体的

---

① 《濂洛风雅序》，金履祥《濂洛风雅》卷首，丛书集成初编本，1783 册。
② 《心耳吟》，《全宋诗》(7)，北京大学出版社，1998 年，4573 页。
③ 《圣心》，《全宋诗》(9)，6281 页。
④ 《宋元学案》卷六九《迪功陈克斋先生文蔚》，中华书局，1986 年，2320 页。

形式及内涵各有差异,美感的产生与表达便会呈现出千差万别的状态。宋代理学诗用朴素雅洁的语言、"修身以道"的真诚,①以及"期于己成,亦以成物"的强烈渴望,②营造着自己的审美特质。

首先,以形而上的"性理"或"圣心"为美,这是理学诗不同于"诗人之诗"的显著特征。邵雍有《天意》云:"天意无他只自然,自然之外更无天。不欺谁怕居暗室,绝利须求在一源。未吃力时犹有说,到收功处更何言。圣人能事人难继,无价明珠止在渊。"在作者看来,"自然之理"即"天意",凡人若能诚实不欺,绝其功利之心,深究义理,洞见本源,方能造圣人之极致。张载有《集义斋》诗曰:"小斋新创得新名,大笔标题字势轻。养勇所期肩孟子,动心那肯诧齐卿。川流有本源源听,月入容光处处明。此道几人能仿佛,浪言徒遗俗儒惊。"金履祥释云:"'川流有本源源听',谓集义为浩然之本也;'月入容光处处明',谓知言又集义之本也。心通乎道,然后能辨是非,则事事合义。"③这两首诗均为言"道"讲学之作,从构思过程中几乎看不出情感介入的痕迹,但作者陶醉其间且冥然有所感悟的审美事实却明显存在。

另有一些自述求"道"之乐的诗作,亦可与邵、张两诗比较对读。如杨时十五岁时作《初夏侍长上郊行分韵得偕字》云:"讲习岂无乐,钻磨未有涯。书非贵口诵,学必到心斋。酒可陶吾性,诗堪述所怀。谁言曾点志,吾得与之偕。"④从研修之乐到陶冶性情,最后以"吾与点也"的典故作结,作者怡然自得的情态真切而生动。蔡元定尝有《次晦翁韵》诗曰:"屈指抠衣十七年,自怜须鬓已皤然。久知轩冕真无分,但觉西山若有缘。下学功夫惭未到,先天事业敢轻传。只今已饱咽下瘾,更乞清溪理钓船。"⑤蔡元定之学得之朱熹,相从讲授越四十年。李清馥《闽中理学渊源考》卷二五载:"真文忠公撰《九峰墓表》云:聘君以师事文公,而文公顾曰:'季通,吾老友也。'凡性与天道之妙,他弟子不得闻者,必以语季通焉。异篇奥传,

---

① 黎立武《中庸分章》,丛书集成初编本,480册,9页。
② 《梁漱溟全集》卷七,山东人民出版社,1993年,159页。
③ 金履祥《濂洛风雅》卷六,93页。
④ 金履祥《濂洛风雅》卷四,60页。按:一作陆九渊诗。
⑤ 金履祥《濂洛风雅》卷六,104页。

微辞邃义,多先令讨究,而后亲折衷之,故尝辑其问答之辞曰《翁季录》者,盖引以自匹也。"①两位作者,前者方为蒙童,后者已成泰斗,其性情意态虽各自有别,但由拜师学道而得的人格自信和精神满足却略无差异。其能如此,皆以乐"道"故也。

将"性理"探索的过程与精神境界表象为美,这在习惯了诗以情意为主,讲究情与景会、情境交融的诗文批评家看来,绝非当行做派。如周密《癸辛杂识续集》卷下"押韵语录"条载:"刘后村尝为吴恕斋作文集序云:近世贵理学而贱诗赋,间有篇咏,率是语录、讲义之押韵者耳。"②此说与黄伯思同调,后者尝谓:"魏正始中务谈玄胜,及晋度江,尤宗佛理,故郭景纯始合道家之言而韵之,孙兴公许玄度转相祖尚,又加以三世之辞,而诗骚之体尽矣。"③所谓"语录讲义之押韵者"与"合道家之言而韵之",所涉对象虽然不同,但将思辨智慧排斥在审美范畴之外的做法却完全一致。令人欣慰的是,近人对此已有反思,如钱锺书《谈艺录》"随园论诗中理语"条即称:"窃谓理趣之旨,极为精微,前人仅引其端,未竟厥绪。高彪《清诫》已以诗言理。此后有两大宗。一则为晋宋之玄学。如孙兴公诗……二则为宋明之道学。尧夫之《打乖》、《观物》,晦庵之《斋居感兴》;定山、白沙,诗名尤著。"④其评程颢《秋日偶成》诗为"理趣好注脚。有形之外,无兆可求,不落迹象,难著文字;直须冥漠冲虚者结为风云变态,缩虚入实,即小见大。具此手眼,方许诗中言理。"⑤能够正面分析以诗说理的内在逻辑,并充分肯定理学诗中的"理趣"之美,这首先是一种审美观念的进步。

其次,充分发挥"主体"自觉,多层次展示"践履"的智慧,是理学诗别具价值的审美内涵。

大约从最能包涵学者生命主体意识的"横渠四句"开始,两宋理学家们便逐步确定了自己的"主体"地位,这一点在他们的诗作中也有体现。如朱熹《感兴》诗云:"人心妙不测,出入乘气机。凝冰亦焦火,渊沦复天

---

① 《闽中理学渊源考》卷二五,文渊阁四库全书本,460册,320页下—321页上。
② 《癸辛杂识》,中华书局,1988年,207页。
③ 《东观余论》卷下,文渊阁四库全书本,850册,354页下。
④ 《谈艺录》,中华书局,1984年,224—225页。
⑤ 《谈艺录》,229页。

飞。至人秉元化,动静体无违。珠藏泽自媚,玉韫山含辉。神光烛九垓,玄思彻万微。尘编今寥落乎,叹息将安归。"①此诗论人心出入之机,很容易让人联想到他对《大学》第一条纲领"在明明德"的解释,曰:"明,明之也。明德者,人之所得乎天,而虚灵不昧,以具众理而应万事者也。但为气禀所拘,物欲所蔽,则有时而昏,然其本体之明则有未尝息者,故学者当因其所发而遂明之,以复其初也。"②不管作诗,还是解释《大学》要义,朱子反复强调的都是"本体之明"。正因为他是以"主体"立场去阐释"人心"与"物欲"之间的复杂关系,故其所论实际已经包含了"心统性情"的理论内涵。类似的情形还有许多,如杨时《遣怀》诗云:"君子虽自严,至洁宜若污。昭昭揭日月,所向将猬如。天地一穽中,逼仄身亦孤。游世在虚己,浩荡与时俱。灵府有天游,环中真道枢。"③真德秀《登南岳山》曰:"烟霞本成癖,况复游名山。举手招白云,欲纳怀袖间。咄哉亦痴绝,有著即名贪。振衣遇长风,浩浩天地宽。"④所有这些超然物外、侧身于天地之间的性情展示,都让人感受到作者自我超越、自我实现的灵性与自觉。

　　实践智慧乃是宋学家探求的核心论题,同时也是理学诗最重要的审美内涵。孔子曰:"好学近乎知,力行近乎仁,知耻近乎勇。知斯三者,则知所以修身;知所以修身,则知所以治人;知所以治人,则知所以治天下国家矣。"⑤所谓"知"即智慧,也就是经验的传承。宋代理学家把"知"与"行"紧密联系在一起,重点强调"道之体用"。如朱熹说"道之体用,盈于天地之间,古先圣人既深得之,而虑后世之不能以达此,于是立言垂教",后人"当熟读其书,精求其义,考之吾心,以求其实,参之事物,以验其归,则日用之间,讽诵思存,应务接物,无一事之不切于己矣"。⑥说到底,就是要通过文本解读,还原儒学经典中的理性智慧和历史经验,并铭记于心,付诸

---

① 张伯行《濂洛风雅》卷五,丛书集成初编本,1784册,56页。
② 朱熹《四书章句集注》,中华书局,2011年,4页。
③ 张伯行《濂洛风雅》卷四,1784册,37页。
④ 张伯行《濂洛风雅》卷七,1785册,121页。
⑤ 《礼记正义》卷五二《中庸》,1629页下。
⑥ 《答许生》,《朱子全书》,23册,上海古籍出版社、安徽教育出版社,2002年,2875页。

实践。后人所谓"穷理以致知,反躬以践实"者,①便是指这种情形。

理学诗对"践履"智慧的歌咏与宣示非常充分。如程颢《送吕晦叔赴河阳》云:"晓日都门飐旆旌,晓风铙吹入三城。知公再为苍生起,不是寻常刺史行。"又《赠司马君实》云:"二龙闲卧洛波清,今日都门独饯行。愿得贤人均出处,始知深意在苍生。"胡文定对此解释说:"圣人志在天下国家,与常人志在功名全别。孟子传圣人之道,故曰'予岂若是小丈夫然哉!谏于其君而不受,则悻悻然见于其面,去则穷日之力。'且看圣人气象则别。明道先生却是如此。元丰中,有诏起吕申公、司马温公。温公不起。明道作诗送吕申公,又诗寄温公,其意直是眷眷在天下国家。虽然如此,于去就又却极分明,不放过一步。作台官时,言新法者皆得责,明道独除提刑,辞不受;改除签判乃止。"②程氏送吕夷简、寄司马光的诗作,实际彰显着理学家对"践履"的高度重视。严格说来,他们不仅将"笃行"看作"博学"、"慎思"、"明辨"的目的,且以此作为衡量其德业成败的焦点。如朱熹《涑水先生》一诗盛赞司马光"笃学力行,清修苦节。有德有言,有功有烈",③王士禛谓"此数语略尽温公平生,恐伊川尚欠一半在",④其意以为伊川"实践"之功不若涑水。正因为如此,歌咏"操行"便成了两宋理学诗的寻常主题。如张栻撰《顾斋铭》曰:"人之立身,言行为大。惟言易出,惟行易怠。伊昔君子,聿思其艰。……确乎其言,惟实是对。于其操行,则顾厥言。须臾弗践,则为己愆。履薄临深,战兢自持。确乎其行,惟实是依。"⑤很显然,在"言"与"行"之间,"确乎其行"似乎更加重要。类似的诗作虽然酷似说教,但它体现着理学家"以实践为宗旨"的价值取向,⑥故亦属合理。

相对于那些注重形象"兴趣"、"透彻玲珑,不可凑泊"的风骚之作,理学诗人以"性理"、"圣心"为美,多层次展示儒学实践智慧的创作模式殊为

---

① 《高子遗书》卷一〇,高攀龙撰,陈正龙编,文渊阁四库全书本,1292册,622页上。
② 朱熹《伊洛渊源录》卷三,文渊阁四库全书本,448册,433页上。
③ 金履祥《濂洛风雅》卷一,9页。
④ 《居易录》卷八,文渊阁四库全书本,869册,406页下。
⑤ 金履祥《濂洛风雅》卷一,13页。
⑥ 《宋元学案》卷七三,2449页。

独特。但当近乎虔诚的学术情感进入审美过程之后,所有那些求真向善的渴望以及为此而进行的艰难探索都被转化为审美对象。理学家以"主体"身份,在情感中介的引领下,从对象世界中寻求美感,并最终以诗的形式展示出来,这无疑是一种成功。理学诗创作过程中所蕴含的独特审美逻辑,恰好体现了美的变化、差异和多样性。

## 二、谈理之诗的艺术流变

学术探索与诗文创作虽属两途,然名儒硕学往往能文善诗,两者之间血脉互通,相得益彰。"宋学"之于理学诗,便是如此。客观说来,"道学宗师于书无所不通,于文无所不能"的学养积淀,①很容易使他们视为"余事"的诗歌创作深陷"理路"、落为"言筌",甚至呈现出重"理"寡"情"、形同说教的非审美景象。不过,若谓"为诗好说理"的文学风尚肇自宋儒,②其说则不够客观周延。究其根本,或与嘉定进士熊节所编《性理群书句解》,以及宋末元初金履祥辑成《濂洛风雅》等特定事案密切相关。自那时起,学界有关理学诗艺术特点的讨论基本局限于宋元以后,溯本探源以求流变轨迹者鲜有其人。其实,举凡魏晋玄学家所为"玄言诗",唐释寒山、皎然、贯休、齐己等所作禅理诗,五代杜光庭、郑邀所传道情诗等,均为两宋理学诗创作的艺术先导。为了避免将理学诗视为"宋学"附庸的简单化解读,任何关乎同类诗作艺术流变的学理考察都值得尝试。

宋代理学诗或侧重阐发"义理",或兼顾吟咏情性,两种情形虽稍有差异,但艺术渊源均传承有绪。

先看阐发"义理"之作。必须承认,以类似学术理性的思维方式,在诗歌作品中阐发玄学或释、道思想,构筑或古雅、或浅淡的审美诗境,这种"理"、"道"先行的艺术传统古已有之。两宋理学家"以诗人比兴之体,发圣贤义理之秘",③不过是将论题范畴重新加以确定。邵雍所谓"行笔因调

---

① 方回《桐江续集》卷三二《送罗寿可诗序》,文渊阁四库全书本,1193 册,662 页下。
② 刘大勤《师友诗传续录》,文渊阁四库全书本,1483 册,896 页下。
③ 真德秀《咏古诗序》,《全宋文》(313),149 页。

性,成诗为写心。诗扬心造化,笔发性园林"者便是如此。①

两宋理学诗的艺术源头至少可以追溯至魏晋时代,当日作者如阮籍、嵇康、郭璞、孙绰、卢谌等以玄学及佛理入诗,重"理"轻"辞",宛如"讲义"。其如刘勰所云:"自中朝贵玄,江左称盛,因谈余气,流成文体。是以世极迍邅,而辞意夷泰;诗必柱下之旨归,赋乃漆园之义疏。故知文变染乎世情,兴废系乎时序,原始以要终,虽百世可知也。"②大抵"中朝贵玄"之风蔓延至江左,逐渐影响到诗歌创作,是从郭璞等人开始的。璞撰《游仙诗》曰:"京华游侠窟,山林隐遁栖。朱门何足荣?未若托蓬莱。临源挹清波,陵冈掇丹荑。灵溪可潜盘,安事登云梯。漆园有傲吏,莱氏有逸妻。进则保龙见,退则触藩羝。高蹈风尘外,长揖谢夷齐。"③此诗既引《周易》之《乾卦·九二》爻辞"见龙在田"及《大壮·上六》爻辞"羝羊触藩,不能退,不能遂,无攸利",更引《庄子》"漆吏"、"莱妻"等典故,谈玄说理的味道颇为浓重。郭璞精通《易》学,形诸歌咏,其诗作整体呈现着"好经术,博学有高才"的学识修养,④字里行间流露出超逸清雅的人格追求,这一点直可与两宋诸贤隔代相望。

玄言诗艺术特点的成熟,实有待何晏、王弼、阮籍、嵇康、孙绰、许询及卢谌等人的探索与实践。钟嵘所谓"永嘉时,贵黄老,稍尚虚谈。于时篇什,理过其辞,淡乎寡味。爰及江表,微波尚传,孙绰、许询、桓、庾诸公诗,皆平典似《道德论》,建安风力尽矣",⑤便是指王弼、阮籍等人沾沾自喜的玄言诗。篇幅所限,兹以孙绰、卢谌为例略加说明。

史载绰"博学善属文,少与高阳许询俱有高尚之志",⑥尝著《喻道论》以述其学,曰:"缠束世教之内,肆观周孔之迹,谓至德穷于尧舜,微言尽乎《老》《易》。焉复睹夫方外之妙趣,寰中之玄照乎。……夫佛也者,体道者也。道也者,导物者也。应感顺通,无为而无不为者也。无为,故虚寂自

---

① 《无苦吟》,《全宋诗》(7),4637 页。
② 《时序》,《增订文心雕龙校注》卷九,中华书局,2012 年,538 页。
③ 《文选》(3),上海古籍出版社,1986 年,1019 页。
④ 《晋書》卷七二《郭璞传》,中华书局,1974 年,1899 页。
⑤ 《诗品》,何文焕辑《历代诗话》(上),中华书局,1981 年,3 页。
⑥ 《晋书》卷五六《孙绰传》,1544 页。

然；无不为，故神化万物。……周孔即佛，佛即周孔。……周孔救极弊，佛教明其本耳。其为首尾，其致不殊。"①由此不难看出，孙绰所理解的玄学，是合《易》《老》《庄》与佛为一体的，而这种玄之又玄的学术理念，在他的诗作中也有所呈现。如《与庾冰》云："浩浩元化，五运迭迭。昏明相错，否泰时用。数钟大过，乾象摧栋。惠怀凌构，神銮不控。"又《答许询》曰："仰观大造，俯览时物。机过患生，吉凶相拂。智以利昏，识由情屈。野有寒枯，朝有炎郁。失则震惊，得必充诎。"②前者讲说《周易》精髓，后者宣扬"老庄"要义，绝无半点真情逸韵，两诗"理过其辞，淡乎寡味"，直可作论学之文看待，只不过四言的形式，字句更显齐整，且多了几个韵脚而已。

复如卢谌，《晋书》本传谓其"清敏有理思，好老庄，善属文"，③是知其学识心性与孙绰近似。谌尝为刘琨从事，有《赠刘琨》诗云："纤质实微，冲飙斯值。谁谓言精，致在赏意。不见得鱼，亦忘厥饵。遗其形骸，寄之深识。""先民颐意，潜山隐几。仰熙丹崖，俯澡绿水。无求于和，自附众美。慷慨遐踪，有愧高旨。""爰造异论，肝胆楚越。惟同大观，万涂一辙。死生既齐，荣辱奚别。处其玄根，廓焉靡结。"④所谓齐生死，遗形骸，超越荣辱，潜求中和等，均系玄理，酬赠之诗缺乏真情抚慰，即所谓"平典似道德论"者，这显然与诗歌吟咏性情、感发人心的艺术功能背道而驰。

宋代学人对玄言诗的艺术得失有着清醒的认识和评价，却很少注意到玄言诗与理学诗之间的艺术联系。如王应麟说："《文心雕龙》谓：'江左篇制，溺乎玄风。'《续晋阳秋》曰：'正始中，王、何好庄、老；至过江，佛理尤盛。郭璞五言，始会合道家之言而韵之，许询、孙绰转相祖尚，而《诗》、《骚》之体尽矣。'"⑤殊不知，理学诗阐发"圣人义理"与玄言诗演绎玄学及佛理，艺术取向同出一辙，并无二致。

隋唐以降，佛理道情逐渐成为方外诗家的重要题材，相关作品虽不像玄言诗那样寡淡乏味，但许多直接描写佛、道义理或劝人修善、修仙的诗

---

① 《全上古三代秦汉三国六朝文》(2)，严可均校辑，中华书局，1958年，1811页上—下。
② 《先秦汉魏晋南北朝诗》(中)，逯钦立辑校，中华书局，1983年，898—899页。
③ 《晋书》卷四四《卢谌传》，1259页。
④ 《先秦汉魏晋南北朝诗》(中)，882页。
⑤ 《困学纪闻》(全校本)卷一三，上海古籍出版社，2008年，1557—1558页。

作，大多"理胜其辞"，与抒情言志的"诗人之诗"大异其趣。例如唐人寒山诗解读禅宗顿悟之说，曰："众星罗列夜明深，岩点独灯月未沉。圆满光华不磨莹，挂在青天是我心。"顿悟之后便似明月当空，不再有半点迷惑。项楚先生引《金刚顶一切如来真实摄大乘现证大教王经》卷上"我已见自心，清净如满月，离诸烦恼垢，能执所执等。诸佛皆告言，汝心本如是，为客尘所翳，菩提心为净。汝观净月轮，得证菩提心"等语以解此诗，①足见其与讲经说法无疑。此外，寒山诗还向世人讲述着六道轮回、三世因果的佛学教义，曰："可畏轮回苦，往复似翻尘。蚁巡环未息，六道乱纷纷。改头换面孔，不离旧时人。速了黑暗狱，无令心性昏。"②为了成就"功德"、"真心"，他劝人戒"嗔"，曰："嗔是心中火，能烧功德林，欲行菩萨道，忍辱护真心。"③毫无疑问，像这种为宣扬佛法而创作的诗歌，毫无情感寄托，有的只是不厌其烦的说教。此外，寒山集中还有一些直接描写庄严法相、宣扬佛国理想的诗篇，如曰："我见转轮王，千子常围绕。十善化四天，庄严多七宝。七宝镇随身，庄严甚妙好。一朝福报尽，犹若栖芦鸟。还作牛领虫，六趣受业道。况复诸凡夫，无常岂长保。生死如旋火，轮回似麻稻。不解早觉悟，为人枉虚老。"④假使没有青灯古佛的修持经历，像这样飘渺庄严的佛国事理恐难设想。四库馆臣谓寒山诗"大抵佛语、菩萨语也。今观所作，皆信手拈弄，全作禅门偈语，不可复以诗格绳之，而机趣横溢，多足以资劝戒"，⑤信然也。

类似的情形在皎然、贯休等诗僧的作品中亦时时得见，只是议论水平稍逊于寒山。如皎然《戏呈吴冯》曰："世人不知心是道，只言道在他方妙。还如瞽者望长安，长安在西向东笑。"⑥贯休《道情偈》云："草木亦有性，与我将不别。我若似草木，成道无时节。世人不会道，向道却嗔道。伤嗟此

---

① 《众星罗列夜明深》，《寒山诗注（附拾得诗注）》，项楚注，中华书局 2000 年，519 页。
② 《可畏轮回苦》，《寒山诗注（附拾得诗注）》，547 页。
③ 《嗔是心中火》，《寒山诗注（附拾得诗注）》，238 页。
④ 《我见转轮王》，《寒山诗注（附拾得诗注）》，683 页。
⑤ 《四库全书总目》卷一四九《寒山子诗集》提要，1277 页中。
⑥ 《戏呈吴冯》，《全唐诗》卷八一七，上海古籍出版社，1986 年，2001 页中。

辈人,宝山不得宝。"①《楞严经》云:"如是乃至大地草木,蠕动含灵,本元真如,即是如来成佛真体。"此即休诗所本。朱国桢《涌幢小品》尝曰:"佛语衍为寒山诗,儒语衍为《击壤集》,此圣人平易近人、觉世唤醒之妙用。"②读两宋理学诗者,对此确宜深加瞩目。

再谈吟咏情性之诗。程颢有《游月陂》诗云:"月陂堤上四徘徊,北有中天百尺台。万物已随秋气改,一樽聊为晚凉开。水心云影闲相照,林下泉声静自来。世事无端何足计,但逢佳日约重陪。"此诗为酬和康节而作,字里行间透露着其心体之高明,超乎天地万物之上,不为外物所累的怡然情态。与之相仿佛者还有《秋日偶成》云:"寥寥天气已高秋,更倚凌虚百尺楼。世上利名群蠛蠓,古来兴废几浮沤。退居陋巷颜回乐,不见长安李白愁。两事到头须有得,我心处处自优游。"③诗人借颜回、李白之事以述"利名"之惑,理深辞婉,值得玩味,虽吟咏情性之作,亦不乏从容闲雅之致。

不过,像程氏这样借山水风云等自然物象委婉抒写理性智慧的诗作,在魏晋及隋唐时代已屡见不鲜。魏晋之际,阮籍、嵇康为玄言诗创作道夫先路,其诗"飘忽峻佚,言无端涯,其旨开于庄周"。④《晋书·阮籍传》称其"志气宏放,傲然独得,任性不羁","博览群籍,尤好《庄》、《老》。嗜酒能啸,善弹琴。当其得意,忽忘形骸",⑤真可谓名士风流。虽说其《咏怀》之作出于《小雅》,但崇尚玄理的味道依然十分浓厚。如曰:"混元生两仪,四象运衡玑。皦日布炎精,素月垂景辉。晷度有昭回,哀哉人命微。飘若风尘逝,忽若庆云晞。修龄适余愿,光宠非己威。安期步天路,松子与世违。焉得凌霄翼,飘飘登云湄。嗟哉尼父志,何为居九夷。"⑥诗句多述《易》、《庄》中事,而"幽思"、"感慨"之情溢于言表,这便是早期玄言诗的艺术风貌。钟嵘《诗品》谓阮籍"《咏怀》之作,可以陶性灵,发幽思。言在耳目之

---

① 胡大浚《贯休诗歌系年笺注》,中华书局,2011年,329页。
② 《涌幢小品》卷一八,续修四库全书本,1173册,191页上。
③ 《全宋诗》(12),8237页。
④ 《刘师培中古文学论集》,刘师培撰,中国社会科学出版社,1997年,264页。
⑤ 《晋书》卷四九《阮籍传》,1359页。
⑥ 《咏怀诗》,《先秦汉魏晋南北朝诗》(上),504页。

内,情寄八荒之表。洋洋乎会于《风》、《雅》,使人忘其鄙近,自致远大,颇多感慨之词。厥旨渊放,归趣难求"。① 的确,与孙绰、卢谌相比,阮籍的玄言诗仍然保持着正始之音的清幽和雅正。

同样是在说理诗中抒发"情性",嵇康的做法就要深切得多。如其《四言赠兄秀才入军诗》云:"息徒兰圃,秣马华山。流磻平皋,垂纶长川。目送归鸿,手挥五弦。俯仰自得,游心太玄。嘉彼钓叟,得鱼忘筌。郢人逝矣,谁可尽言。"又:"流俗难悟,逐物不还。至人远鉴,归之自然。万物为一,四海同宅。与彼共之,予何所惜。生若浮寄,暂见忽终。世故纷纭,弃之八戒。泽雉虽饥,不愿园林。安能服御,劳形苦心。身贵名贱,荣辱何在。贵得肆志,纵心无悔。"②晁公武谓嵇康"博览该通,长好《庄》、《老》,属文玄远";③王楙称康诗"词旨玄远,率根于理",④观其诗作,知二公所论殆非虚美。

以诗说禅者同样需要借助自然物象,精心展示"修持净戒"、"六根解脱"的心路历程。寒山诗曰:"吾心似秋月,碧潭清皎洁。无物堪比伦,教我如何说。"⑤诗句描摹的清超境界,或许只有禅悟之人方能体会得到。不过,以象喻心、借物说禅,往往会引发歧义,寒山此诗亦未能幸免。《五灯会元》卷一六"长芦和禅师法嗣"条载:"临安府灵隐惠淳圆智禅师,上堂:'吾心似秋月,碧潭清皎洁。'乃喝曰:'寒山子话堕了也。诸禅德,皎洁无尘,岂中秋之月可比? 虚明绝待,非照世之珠可伦。独露乾坤,光吞万象,普天匝地,耀古腾今。且道是个甚么?'良久曰:'此夜一轮满,清光何处无!'"⑥洪迈《容斋四笔》卷四"老杜寒山诗"条则进一步解释说:"人亦有言,既似秋月、碧潭,乃以为无物堪比,何也? 盖其意谓若无二物比伦,当如何说耳。读者当以是求之。"⑦其实,当物象幻化为心灵的投影时,任何

---

① 《诗品》,《历代诗话》(上),8 页。
② 《先秦汉魏晋南北朝诗》(上),483—484 页。
③ 《郡斋读书志校证》,晁公武撰,孙猛校证,上海古籍出版社,1990 年,814 页。
④ 《野客丛书》卷八,宋王楙撰,丛书集成初编本,304 册,79 页。
⑤ 《吾心似秋月》,《寒山诗注(附拾得诗注)》,137 页。
⑥ 《五灯会元》卷一六,中华书局,1984 年,1097 页。
⑦ 《容斋随笔》,上海古籍出版社,1996 年,661 页。

理性的解释都显得多余。《寒山集》中这样的诗作还有很多,如曰:"大海水无边,鱼龙万万千。递互相食啖,兀兀痴肉团。为心不了绝,妄想起如烟。性月澄澄朗,廓尔照无边。"①又曰:"碧涧泉水清,寒山月华白。默知神自明,观空境逾寂。"②所谓佛法无边,为"觉悟"众生而进行的说解总是充满智慧。

如果说释氏弟子借物说禅的"情性"表达较为隐晦,颇费参悟,那么像杜光庭、郑遨那样宣扬道情的诗作则张扬直率,其议论高处往往迥绝嚣尘。如郑遨《思山咏》曰:"因卖丹砂下白云,鹿裘惟惹九衢尘。不如将耳入山去,万是千非愁杀人。"又《偶题》云:"似鹤如云一个身,不忧家国不忧贫。拟将枕上日高睡,卖与世间荣贵人。"③类似的诗作虽浅率爽朗,但以诗论道的创作取向却与两宋理学诗默然相契。

从哲学层面讲,魏晋玄学和宋代理学都曾吸取《周易》、"老庄"及佛教思想的智慧,破旧立新,以构筑新的理论体系。两者之间无论学术内涵,还是为相关人群提供自我超越与自我实现的方向指引,都有许多相同或近似之处。也正因为如此,作为人格情感的外化形态,玄言诗和理学诗在艺术上呈现出一脉相承的思致与特点,亦属必然。不过,两宋学人"六经注我"、"格物致知"的学养功夫及实践自觉远高于魏晋文人;其说"理"之诗既传承了魏晋玄言诗的风致特点,同时也吸收了隋唐以来佛理道情诗的艺术智慧,将"义理"阐释与心灵体验结合起来,从而呈现出"理"与"物"、"性"与"情"相得益彰的淳朴和谐之美。

## 三、天道自然中的理趣和美感

两宋理学的基本要义乃在通过天地万物和历史现象的抽象还原,探寻人与社会、人与自然之间统一和谐"相感相应"的新途径。为了把抽象的"理"、"道"、"心"、"性"说得通俗和直观一些,不少理学家选择了以诗说

---

① 《大海水无边》,《寒山诗注(附拾得诗注)》,580页。
② 《碧涧泉水清》,《寒山诗注(附拾得诗注)》,222页。
③ 《全唐诗》卷八五五,2094页中、下。

"道",通过山川草木等自然境象描述表达"道不远人"的沉思与感悟。邵雍自称"《击壤集》,伊川翁自乐之诗也。非唯自乐,又能乐时,与万物之自得也",①即此之谓也。也正因为如此,理学诗在选"象"造"境"上才更具自身特点。它所描述的物象须要和作者心迹的微妙呈现相匹配,而所造之"境"也往往隐含"理"、"心"等哲理幽思,境外造境,心外生境。这一点与传统"诗人之诗"追求"兴趣"者颇为不同。大体说来,理学诗多涉"理趣",自然超诣,其境象营造大多呈现着古雅和谐的艺术美感。

首先,追寻"理趣"是理学诗自别于杜诗等"闲言语"的必然选择,②同时也彰显着其不同于"诗人之诗"的重要内涵。

邵雍在避世隐迹中深悟"观物达理"之趣,其《龙门道中》曰:"物理人情自可明,何尝戚戚向平生。卷舒在我有成算,用舍随时无定名。满目云山俱是乐,一毫荣辱不须惊。侯门见说深如海,三十年前掉臂行。"在他看来,只要明白物理人情,人生便无戚戚之感,舒卷以道,用舍随心,俗世间的荣辱得失不可与云山之乐相提并论,侯门富贵面前当扬臂而行,不屑一顾。看似随意的旅途遐想,却能将"观物达理"的道理阐述得清晰透彻。范祖禹有《资中》诗云:"风定江澄境象闲,水清波影倒云山。渔舟荡漾清光里,白鹭惊飞杳霭间。"同为行旅之诗,前者重在阐述"物理人情",后者只醉心于悠闲"境象"。类似的诗篇在《击壤集》中还有很多,如《小圃睡起》云:"门外似深山,天真信可还。轩裳奔走外,日月往来间。有水园亭活,无风草木闲。春禽破幽梦,枝上语绵蛮。"小小园圃,逍遥闲人,无轩裳奔走之劳,有草木禽鸣之乐。看似平常的世外隐逸场景,却蕴含着"天道自然"的性理情趣。邵集中有《首尾吟》一百三十五首,首句皆曰"尧夫非是爱吟诗",以明其为言"理"论"道"而作的创作意旨。如曰:"尧夫非是爱吟诗,诗是尧夫喜老时。明着衣冠为士子,高谈仁义作男儿。敢于世上明开眼,肯向人间浪皱眉。六十七年无事客,尧夫非是爱吟诗。"康节公自谓平生修身穷理,所见高,所处泰,不为物欲所扰,此等议论绝无半点虚饰骄矜的意思。晁公武谓邵雍"遂于《易》数。始为学,至二十年不施枕榻睡,

---

① 《伊川击壤集序》,《全宋文》(46),52 页。
② 《二程遗书》卷一八《伊川先生语四》,上海古籍出版社,2000 年版,291 页。

其精思如此。歌诗盖其余事,亦颇切理",①可谓深知其人其诗者也。后人或谓康节公"不复以文字为长,意所欲言,自抒胸臆,原脱然于诗法之外",②殊不知在平淡无奇的诗句背后,却蕴含着深邃博远的哲理与智慧。所谓"理趣"之妙,即在于此。

朱熹的《斋居感兴》二十首在彰显"理趣"方面也颇具代表性。郑方坤《全闽诗话》卷四云:"朱晦翁既以道学倡天下,涵造义理,言无虚文。少喜作诗,晚年居建安,乃作《斋居感兴》二十篇,以反其习。自序其意,断断乎皆有益于学,而非风云月露之词也。"③其实,从诗艺角度看,借"义理"深化"兴象",语言平正通达,无雕镂纤琐之习,才是这组诗歌的特点所在。譬如,其中一篇借牛山之木屡遭摧残的情状,来说明仁义之心所当保养的道理,曰:"哀哉牛山木,斧斤日击寻。岂无萌蘖生,牛羊复来侵。恭惟皇上帝,降此仁义心。物欲互攻夺,孤根孰能任。反躬良其背,肃容正冠襟。保养方自此,何年秀穹林。"④仁义之心势如山木,在物欲促使下难免受到侵害。如果不是借物说理,要讲清这个抽象的道理恐怕还真不容易。

诗中"理趣"的最高境界是"理"在其中而无迹可求,如《韵语阳秋》卷三云:"东坡拈出陶渊明谈理之诗,前后有三:一曰'采菊东篱下,悠然见南山'。二曰'笑傲东轩下,聊复得此生'。三曰'客养千金躯,临化消其宝'。皆以为知道之言。盖摘章绘句,嘲弄风月,虽工亦何补。若睹道者,出语自然超诣,非常人能蹈其轨辙也。"⑤宋代理学诗能达此境者为数不多。按照前人的说法,程颢《秋日偶成》之二最有"理趣",其诗云:

> 闲来无事不从容,睡觉东窗日已红。万物静观皆自得,四时佳兴与人同。道通天地有形外,思入风云变态中。富贵不淫贫贱乐,男儿到此是豪雄。⑥

---

① 《郡斋读书志校证》卷一九《邵尧夫击壤集》提要,1041 页。
② 《四库全书总目》卷一五二《击壤集》提要,1322 页上。
③ 《全闽诗话》卷四,续修四库全书本,1702 册,166 页上。
④ 《全宋诗》(44),27545 页。
⑤ 《韵语阳秋》卷三,何文焕辑《历代诗话》(下),507 页。
⑥ 《全宋诗》(12),8237 页。

熊氏释曰:"此篇形容心体高明,超乎天地万物之上,外物不足为累。"①朱熹则云:"看他胸中直是好,与曾点底事一般,言穷理精深,虽风云变态之理,无不到。"②其实,类似的诗作还有不少,只是未能详加梳理罢了。譬如,韦斋先生朱松有《吟梅花下赠客》诗云:"忆挽梅稍与君别,终年梦挂南台月。天涯溪上一尊酒,依旧风枝舞香雪。高情绝艳两无言,玉笛冰滩自幽咽。却怜造物太多事,更要和鼎调人舌。浮生踪迹风光里,鼠壤珠宫熟优劣。且当醉倒此花前,犹胜相思寄愁绝。"③史载松晚年"屏居建溪之上,日以讨寻旧学为事,手抄口诵,不懈益虔。盖玩心于义理之微而放意于尘垢之外,有以自乐,澹如也"。④ 由诗及人,便不难想见其抱道自乐的清旷与闲雅。其子朱熹虽不曾接受耳提面命的教诲,但心性所系,悠然相通。熹有《水口行舟》诗云:"昨夜扁舟雨一蓑,满江风浪夜如何。今朝试揭孤篷看,依旧青山绿树多。"熊刚大解释说:"青山绿树不改旧观,盖一夜之雨,满江风浪,正犹人欲之波涨溢,而青山绿树不改旧观,明人欲净尽而天理著明,学者详味,自有深长之意。"⑤从即景言怀、彰显"理趣"的角度看,此诗境界真可与乃父相仿佛。

需要说明的是,"理趣"的呈现绝不仅仅是"睹道"那么简单,它既是理学家独特审美过程的形象化展示,同时也是"性"、"理"之美的丰富与升华。假使作者对其所涉及的审美对象缺乏足够了解,所谓"理趣"之美也将无从谈起。

其次,理学诗重"言志之功"、轻诗艺"工拙"的创作取向与"诗人之诗"判然有别。应该说,理学诗的诗意是"默契造化,与道同机"的灵魂展示,⑥是创作主体"平易近人,觉世唤醒"的自觉追求。

金履祥曾直言不讳:"莫把律诗较声病,圣贤工夫不此如。"⑦两宋道学

---

① 《性理群书句解》卷四,熊节编,熊刚大注,文渊阁四库全书本,709册,129页上。
② 金履祥《濂洛风雅》卷六,91页。
③ 金履祥《濂洛风雅》卷四,52页。
④ 朱熹《朱公行状》《全宋文》(252),328页。
⑤ 《性理群书句解》卷四,文渊阁四库全书本,709册,129页上。
⑥ 韩拙《山水纯全集》,文渊阁四库全书本,813册,322页下。
⑦ 《作深衣小传王希夷有绝句索和韵》,《全宋诗》(68),42589页。

诗往往轻忽格律,率意而成,自谓天籁自鸣,出入风雅。在众多名家中,康节诗最负盛名,其《安乐窝中好打乖吟》诗尤其为学人所重,诗云:"安乐窝中好打乖,打乖年纪合挨排。重寒盛暑多闭户,轻暖初凉时出街。风月煎催亲笔砚,莺花引惹傍樽罍。问君何故能如此,祇被才能养不才。"①此诗吟咏性情,以安贫乐道为人生最超逸境界,在孤独、寂寞与艰难困苦中彰显美感;其俯仰天地、洞观苍穹的主体生命意识,由此得到充分体现。因此,自面世以来,酬和之作不绝于耳。如程颢和诗云:"打乖非是要安身,道大方能混世尘。陋巷一生颜氏乐,清风千古伯夷贫。客求墨妙多携卷,天为诗豪剩借春。尽把笑谈亲俗子,德容犹足畏乡人。"复云:"圣贤事业本经纶,肯为巢由继后尘。三币未回伊尹志,万钟难换子舆贫。且因经世藏千古,已占西轩度十春。时止时行皆有命,先生不是打乖人。"②相对于康节诗的空灵和随意,程诗则多了几分真诚与凝重。颢撰《邵尧夫先生墓志铭》曰:"先生少时,自雄其材,慷慨有大志。既学,力慕高远,谓先王之事为可必致。及其学益老,德益邵,玩心高明,观天地之运化,阴阳之消长,以达乎万物之变,然后颓然其顺,浩然其归。"③或许唯有如此渊厚的学养积淀,才能做到"吟咏情性"而不"累于性情",④尽情展示心灵自由的快感,造就"笑谈亲俗"的自在诗境。

虽然说要把理学诗写得像《击壤集》那样自然超诣绝非易事,但以真率之语抒写心性理气,将思辨智慧融入境象描写之中,仍是大多数理学诗人的自觉追求。如朱子门生刘炎尝撰《王刚仲惠诗醉笔聊和》诗云:"君不见,山泽之癯蒙野服,如彼隰桑还自沃。又不见,侯门公子贵且骄,饱豢膏粱犹未足。人生贵贱不难分,唯有圣贤无等伦。朝为涂人暮为禹,穷崖断壑看回春。君方妙龄截不住,万里飞黄又腾世。王良造父不得施,耳侧风声未为邃。我思古人爱其宇,青苹堂兮杜若庑。芰荷可裳菊可餐,肯介纤埃与尘土。是中非声亦非色,安得与君一凭轼。鹍鹏变化不可量,要指天

---

① 《全宋诗》(7),4544 页。
② 《全宋诗》(12),8236 页。
③ 《邵尧夫先生墓志铭》,《全宋文》(79),360 页。
④ 《伊川击壤集序》,《全宋文》(46),52 页。

地为一息。悠悠此道谁能将,从知可玩不可望。慎勿随风学飘絮,春光骀荡成飞扬。"①像这样等贵贱、一贫富的"圣贤"心迹,很难与"打乖"之思相仿佛,但数引《庄子》典故,淡化了儒学说教,使诗思陡增了几分灵动与张扬之美。再如,鲁斋先生王柏《和立斋踏月歌》云:"我观天壤间,何处无此月。对月两心同,正自欠此客。月清人更清,心景两相迎。平生负此约,鬓影今星星。我有一要言,愿与月同盟。清光无晦蚀,与德时时新。"②柏之学术上承朱熹,以明道为己任,故诗中所谓"心"者,与陆九渊等所谓"心即理"尚有不同,大约只是在观天踏月之时思及"人心道心"而已。诗虽朴拙,但胸次非俗。

不管诗艺水平如何,怎样才能心潜万象超然物外,将"心性之理"融会于情境抒写之中,让言"理"之诗呈现出自然雅洁、气韵流转的风采和神韵,这是两宋鸿儒必须面对的新课题。虽说除邵雍和朱熹两家外,很少有人达到情与"理"会、自然超诣的水平,但理学诗探索前行的方向的确在此。

第三,理学诗在语言表达上追求简淡古雅,体式选择以"古风"为主,这在一定程度上制约着选"象"造"境"的艺术效果。

理学诗所能呈现的最高审美境界是与"天机"、"性真"默然相契,像光风霁月般自然洒落。当理学初兴之时,"道学之诗"与"诗人之诗"在语言和体式上的差异尚不显著,故濂溪之诗仍妙于情韵。黄庭坚尝谓周敦颐"人品甚高,胸中洒落如光风霁月",且盛赞其诗曰:"溪毛秀兮水清,可饭羹兮濯缨,不渔民利兮又何有于名。弦琴兮觞酒,写溪声兮延五老以为寿。蝉蜕尘埃兮玉雪自清,听潺湲兮鉴澄明。激贪兮敦薄,非青苹白鸥兮谁与同乐。"③山谷乃"江西诗祖",不崇理学,他所激赏的是濂溪诗中清超澄明的精神境界。周氏强调"养心",特重孟子"养心莫善于寡欲"之说,以为"养心不止于寡而存耳,盖寡焉以至于无。无,则诚立明通。诚立,贤

---

① 金履祥《濂洛风雅》卷四,52页。
② 金履祥《濂洛风雅》卷三,46页。
③ 《全宋诗》(17),11589页。

也;明通,圣也。是圣贤非性生,必养心而至之"。① 而其所作诗多蕴含着闲雅超逸的"君子"气格。如《书春陵门扉》云:"有风还自掩,无事昼常关。开阖从方便,乾坤在此间。"又《同石守游》曰:"朝市谁知世外游,杉松影里入吟幽。争名逐利千绳缚,度水登山万事休。野鸟不惊如得伴,白云无语似相留。傍人莫笑凭栏久,为恋林居作退谋。"②如此清新悠雅的诗作,直可为"养心"、"寡欲"之注脚。应该说,在选"象"造"境"方面,濂溪诗与《爱莲说》一样,完全可以成为宋代理学诗的楷模。

至性理之说渐盛、名公硕儒辈出之后,说"理"之诗大多崇尚"自然"、"平淡",要求语言表达既能"真味发溢",又"却与寻常好吟者不同"。③ 在此方面,《击壤集》的典型示范价值固不待言,而其他作者或诙谐、或直率的"理趣"表达亦时有可观。吕本中有《牧牛儿》云:"牧牛儿,放牛莫放涧水西。涧水流急牛苦饥。放牛只放青草畔,牛卧得草儿亦懒。儿懒随牛莫着鞭,几年力作无荒田。雨调风顺租税了,儿但放牛相对眠。"④此诗与邵康节《牧童》同一趣味,邵诗云:"随行笠与蓑,未始散天和。暖戏荒城侧,寒偎古冢阿。数声牛背笛,一曲陇头歌。应是无心问,朝廷事若何。"⑤诙谐本色之中不乏真心真性,所谓"人心道心"视此而然。

儒家以为"道不远人",故言"理"之诗往往高古清劲,不事雕饰。如张栻《喜闻定叟弟归》曰:"吾弟三年别,归舟半月程。瘦肥应似旧,欢喜定如兄。秋日联鸿影,凉窗听雨声。人间团聚乐,身外总云轻。"朱松《微雨》云:"端居身百忧,况乃贫病俱。天公颇相爱,相爱雨我蔬。药区晓晴新,日薄生意苏。卫生固未必,一饱行可图。故园天一涯,茆荆谁为锄。峥嵘岁云晚,此念当何如。"⑥虽然不离"心性",但其诗明白如话,字里行间蕴含着坦荡从容的"真味"。

语言之外,体式选择也是影响理学诗"境象"呈现的重要因素。宋代

---

① 《养心亭说》,《全宋文》(49),279 页。
② 《全宋诗》(8),5065、5062 页。
③ 《朱子语类》卷一四〇,3333 页。
④ 金履祥《濂洛风雅》卷四,50 页。
⑤ 《全宋诗》(28),18111 页。
⑥ 金履祥《濂洛风雅》卷三,31 页。

理学诗以"古体"为主，有四言之"铭"、"箴"、"赞"、"辞"及杂言之"古乐府"；"古风"则有五、六、七言。相对来说，近体律绝所占的比重较轻，且鲜有超逸之作。客观说来，四言"古体"与五七言"古风"所能容纳的"境象"信息毕竟有限，"意在言外"的感悟空间也时有不足。譬如，朱熹的理学诗素以"雅正明洁"著称，被推为"南宋一大家"，①但诗中境象如长风、云岭、清月、雨雪、残竹、树影、烟水、秋声等只能满足"明理"、"自然"的基本需求。如其《知郡傅丈载酒幞被过熹于九日山夜泛小舟弄月剧饮》云："扁舟转空阔，烟水浩将平。月色中流满，秋声两岸生。杯深同醉极，啸罢独魂惊。归去空山黑，西南河汉倾。"②又《敬义堂题》云："高台巨榜意何如，住此知非小丈夫。浩气扩充无内外，肯夸心月夜同孤。"③此类诗作所呈现的种种"物象"和"心象"都无法满足"境外造境"的审美需求。有一些"明理"味道较浅的诗作也是如此，如《游密庵得空字》诗云："欲觅仙洲路，须乘万里风。饮泉云出岫，卧岭月流空。永夜深无寐，悲歌莫与同。起来残树影，清绝小楼东。"④虽说能将"道学之诗"写得如此清雅已属不易，但体式所限，毕竟少了些情与理通、意出言外的幽远韵致。

理学诗的艺术境象整体呈现着"理趣"横生、自由清雅的审美特点。它区别于"闲言语"的核心要义，是以"与道同机"的主体智慧，借平淡自然的诗歌语言，实现"觉世唤醒"的创作目的。而对于言外之"境"的品鉴与解读，则有赖于读者的"心性"修养；艺术审美本身就意味着美感的丰富与升华，与"宋学"表里相关的理学诗就更是如此。不过，以诗言"道"者往往"义理"先行，而不较"工拙"、偏好"古风"的创作理念，更制约着选"象"造"境"的内涵与空间，对此也毋庸讳言。

要之，理学诗的创作是两宋鸿儒思辨智慧的艺术表达。虽说"为诗好说理"的艺术传统可以追溯至魏晋时代的玄言诗，以及隋唐以来的佛理道情之作，但将儒学"义理"作为主体审美的对象存在，却不是一件容易理解

---

① 李重华《贞一斋诗说》，续修四库全书本，1701册，179页下。
② 金履祥《濂洛风雅》卷四，61页。
③ 金履祥《濂洛风雅》卷五，78页。
④ 《全宋诗》(44)，27620页。

的事。客观说来,两宋学人"以求诚为本,躬行实践为事"的儒学探索不仅充满快乐,也很容易获得更深层次的精神满足。他们视理学诗创作为"明理"、"修身"的有效手段,并在超逸自在的情感引领下,充分发挥"与道同机"、"觉世唤醒"的"主体"自觉,多层次展示"笃学力行"的实践智慧。所有这些努力,不仅使相关作者成为审美和抒情的主体,同时也使理学诗整体呈现着"理趣"横生、自然清雅的和谐韵致。当然,道学诗在语言、体式及选"象"造"境"等方面均有别于"诗人之诗",文学史家倘以此为据否定理学诗丰富而独特的诗学价值,其偏颇之处固不待智者深辨。

# 第十二章　南宋心学家的雄奇境界

**本章提要**：以"存心、养心、求放心"为要旨的心学探索,为南宋理学诗的创作注入了新的活力。陆九渊及其后学以诗言"心",其雄姿英发的精神气质,直率透彻的学理表达,与"濂洛"诸公"以诗人比兴之体,发圣人义理之秘"者迥然有别。他们在读书和践履中洞悟"本心",进而将"吾心"和"宇宙"消融合一,使心灵变得透彻充盈,气象万千。这种超逸自觉的人格特点,不仅培养了心学家善感善思的灵明诗性,同时也使其言"心"之作呈现出雄劲宏阔的气象和神韵。随着心学探索的不断深化,相关诗作讴歌"人欲",祈盼"德政",有效拓展和丰富了理学诗的题材范围和"情性"内涵。陆九渊等人在诗学理念与创作取向上也不同于"濂洛"诸公,他们充分尊重楚骚、汉赋以及陶渊明、"李杜"及黄庭坚等历代名公的诗艺成就,兼收并取,熔铸创新;心学诗以其缤纷妍美的意象组合,敷陈铺叙的叙事方式,充分彰显出"心"、"理"、"情"贯通交融的超迈境界。南宋心学家的诗艺实践,使言理之诗呈现出前所未有的俊逸风姿。

两宋理学的发展至孝宗乾道、淳熙年间渐臻鼎盛,其时朱熹和陆九渊各领风骚,双峰并峙。前者集理学之大成,将"格物致知"的义理解析推至化境;后者虽学无师承,却能凭借得天独厚的才性智慧,在读书和践履中洞悟孔孟之道的精髓,创立了久盛不衰的心学学派。有关朱熹和陆九渊两家难以调和的学术分歧,以及"理"、"心"之辨的风云际会,早已成为两宋学术史研究的热点话题;而与之相关的诗风差异,迄今却未能得到应有的重视与考察。事实上,朱熹等理学家广大精微、虔诚宁静的风仪,陆九渊等心学家英气勃发、超迈独绝的雄姿,均以诗作方式得以呈现。两者之间风格迥异,气韵悬殊,彰显着学术精神与诗歌境界深相契合的必然逻辑。尤其是以"三陆"、杨简、袁燮、舒璘等为代表的心学家诗作,讴歌"本心",张扬"心即理"的思辨智慧,①凸显"人生天地之间,灵于万物,贵于万物,与天地并而为三极"的主体自信,②其超凡脱俗的雄劲气象超越"濂洛"各家,在名家辈出的南宋诗坛别具一格。

## 一、理、心之间的诗语对话

理学思想的传习与流播,深刻制约着两宋学人的价值判断和审美取向。理学家既能从锲而不舍的"义理"探索中获得自在体验和精神满足,也能借助理趣横生自由清雅的诗歌作品,充分彰显"觉世唤醒"的主体自觉,③以及"笃学力行"的实践智慧。④ 如果说文学史最深刻的意义在于"研究人的灵魂,是灵魂的历史",⑤那么理学关涉世道人心及诗歌创作的种种隐情,则为两宋诗学研究增添了颇具挑战意味的新命题。

自"周、程、张、邵五子并时而生,又皆知交相好"的仁宗时代开始,⑥寓道于诗、辨析"义理"的理学诗就渐臻繁盛。从邵雍《打乖》、《观物》,张载《芭蕉》,程颢《偶成》,直到朱熹《感兴》等,无不呈现出理趣横生、自在清雅的独特风采。而这些诗歌的基本内涵均与"濂洛之学"相表里,即将"理"看作自然与社会的最高原则,强调通过"格物致知"以达到"明理"、"修身"的目的。这种客观唯心主义哲学的核心理念是"性即理"。⑦ 不过,随着陆九渊等心学家步入学坛,情形便有了很大改变。他们直接传承孟子"学问

---

① 《陆九渊集》卷二二《杂说》,中华书局,1980年,273页。
② 《陆九渊集》卷二《与王顺伯》,17页。
③ 朱国桢《涌幢小品》卷一八,续修四库全书本,1173册,191页上。
④ 朱熹《涑水先生》,金履祥《濂洛风雅》卷一,丛书集成初编本,1783册,9页。
⑤ 《十九世纪的文学主流·引言》,勃兰克斯著,张道真等译,人民文学出版社,1980年,1页。
⑥ 《宋元学案》卷九《百源学案》上,黄百家案语,中华书局,1986年,367页。
⑦ 《二程集·遗书》卷二二上,中华书局,1981年,292页。

之道无他,求其放心而已矣"的思想,①声称"人孰无心,道不外索","古人教人,不过存心、养心、求放心。此心之明,人所固有",只需善加"保养",避免"戕贼"即可。② 陆九龄尝以诗述其学曰:

> 提孩知爱长知钦,古圣相传只此心。大抵有基方筑室,未闻无址忽成岑。留情传注翻榛塞,着意精微转陆沉。珍重友朋相切琢,须知至乐在于今。③

此诗开头便说,以"爱"和"钦"为核心的"本心",经古圣相传,就像是大厦的基础,最为紧要。接着先指斥汉唐以来的"传注"之学宛如榛莽阻塞理路,紧接着又说程、朱等人"致广大"、"求精微"的学术探索已经深陷沉沦。其弟陆九渊亦有诗云:

> 墟墓兴哀宗庙钦,斯人千古不磨心。涓流滴到沧溟水,拳石崇成泰华岑。易简工夫终久大,支离事业竟浮沉。欲知自下升高处,真伪先须辨只今。④

相对于乃兄之作,陆九渊诗在说理上似乎更显透彻。他说废墟古墓容易引发哀叹,社稷宗庙则令人肃然起敬,而这哀叹与敬意便是千古以来未曾磨灭的"本心"。为学之道恰如涓流汇集渐成沧溟,似拳石高垒成就泰山巍峨;简易纯正、直指"本心"的学问才是永恒大业,而那种读书穷理、探求微言大义的"支离事业"未免浮沉不定。由此不难看出,陆氏心学理念一开始便与程、朱等理学家背道而驰。

上引两诗作于宋孝宗淳熙二年四月,时吕祖谦在江西信州铅山之鹅湖寺召集朱熹、二陆、刘子澄、朱彦道、朱济道以及临川太守赵景明及其兄

---

① 《孟子注疏》卷一一《告子上》,阮元校刻《十三经注疏》本,中华书局,1980年,2752页下。
② 《陆九渊集》卷五《与舒西美》,64页。
③ 《陆九渊集》卷三四《语录上》,427页。
④ 《陆九渊集》卷三四《语录上》,427—428页。

赵景昭等讨论"学术异同"。经过三天的激烈论辩,陆九渊和他的心学获得完胜,①而南宋学坛"理学"与"心学"并驾齐驱的新格局也从此形成。

鹅湖雅集期间,陆氏兄弟雄姿英发的批判精神令朱熹深感"不怿",这是因为陆氏有关"心即理"和"发明本心"的学术理念已经背离濂洛之学,呈现出主观唯心主义的鲜明特点。事实上,此次雅集前后,陆氏兄弟就已然认定"伊川之言与孔孟不类",②且明确宣称"学苟知本,六经皆我注脚"。③ 对此,朱熹在给张栻的信中表达了深切的担忧,称"子寿兄弟气象甚好,其病却是尽废讲学而专务践履,却于践履之中要人提撕省察,悟得本心,此为病之大者。要其操持谨质,表里不二,实有以过人者。惜乎其自信太过,规模窄狭,不复取人之善,将流于异学而不自知耳"。④ 所谓"废讲学",即是放弃"格物致知"的学养功夫。而在朱熹看来,所谓在践履中"悟得本心"的做法,是从根本上忽略了主观(心)与客观(理)的差别,陆氏兄弟越是自信,其学就越容易"流于异学"。

虽说心学开创之初遭受质疑是很自然的事,但陆氏兄弟以诗论道的锋芒此前的确不曾多见。他们直承孟子心说,所谓"我善养吾浩然之气","其为气也至大至刚,以直养而无害,则塞于天地之间"的修养功夫便自然蕴涵于诗作之中。⑤ 三年之后,陆氏兄弟再访铅山,朱熹作诗酬和道:

> 德义风流夙所钦,别离三载更关心。偶扶藜杖出寒谷,又枉篮舆度远岑。旧学商量加邃密,新知培养转深沉。却愁说到无言处,不信人间有古今。⑥

此诗前六句乃谦和寒暄之辞,七、八两句则隐约透露出对陆氏心学发展走

---

① 《陆九渊集》卷三六《年谱》,490 页。
② 吴杰《象山集序》,文渊阁四库全书本,1156 册,240 页上。
③ 《陆九渊集》卷三四《语录上》,395 页。
④ 《答张敬夫》,《全宋文》(245),上海辞书出版社、安徽教育出版社,2006 年,90 页。
⑤ 《孟子注疏》卷三《公孙丑章句上》,2685 页下。
⑥ 《鹅湖寺和陆子寿》,《全宋诗》(44),北京大学出版社,1998 年,27546 页。

向的担忧,颇具深意。朱熹坚从程颐"涵养须用敬,进学在致知"的治学之道,①他委婉告诫陆氏兄弟,若不"格物"以"尽穷天下之理",②仅仅空悟"是心",恐怕最终也难辨古今。

撇开为学途径的差异不说,单就诗境而论,朱子的虔敬豁达、深邃超逸与陆氏兄弟的澄澈清明、挺然峻拔的确形成了鲜明对比。个中反差,既为不同学养所造就,也集中体现着两种学术人格的内涵和魅力。朱、陆两家以道德文章并为一代宗师,而所谓君子不隐、身与道俱的坦荡与真诚,俨然已经超越诗作本身,成为圣贤人格的象征。

"心即理"的哲学命题在陆氏后学的诗作中同样得到了淋漓尽致的表达。如象山弟子杨简尝作《送黄文叔侍郎赴三山》诗云:

某信人心即大道,先圣遗言兹可考。心之精神是谓圣,诏告昭昭复嚆嚆。如何后学尚滋疑,职由起意而支离。自此滥觞至滔裏,毋惑怀玉不自知。何思何虑心思灵,不识不知洞光明。意萌微动雪沾水,泯然无际澄且清。侍郎日用所自有,总是本原非左右。举而措之于三山,的然民仰如父母。鉴明水止烛丝厘,变化云为奇复奇。斯妙可言不可思,矧可倾耳有听之。然而皋禹尚兢业,不作好恶生枝叶。圣贤相与告戒尚有斯,某也何敢不于侍郎之前献此诗。③

杨氏传承陆学,更为"心"赋予了本体性的意义。如《杨氏易传》卷五《履·初九》云:"孔子曰:'心之精神是谓圣。'深明此心之即道也。明此心者,自寂然,自变化,自无外慕,素有质义,有本义。"④据此理解上引之诗,则诗意明畅,宛如自注。杨简希望黄侍郎能秉承澄清之心,视三山之民如父母,像皋、禹那样兢兢业业,不以自己的好恶而横生枝节。寄赠酬答之外,《慈湖遗书》中还有不少诗作直接阐述心学义理,如《石鱼楼》曰:

---

① 《二程集·遗书》卷一八,188页。
② 《朱子语类》卷一八,中华书局,1986年,397页。
③ 《全宋诗》(48),30082页。
④ 《杨氏易传》卷五,文渊阁四库全书本,14册,54页上。

> 多谢天公意已勤,四时换样示吾人。碧桃红杏分明了,绿艾红榴次第陈。秋雁声中休卤莽,雪梅枝上莫因循。机关踏着元非彼,正是吾家固有身。
>
> 个里包坤更括乾,精神微动便纷然。桃红柳绿春无迹,鱼跃鸢飞妙不传。菱浪岂缘风衮衮,荷珠不为露涓涓。分明是了何言否,此事难容郑氏笺。①

按杨简《达庵记》云:"斯心即天之所以清明也,即地之所以博厚也,即日月之所以明、四时之所以行、万物之所以生也。即古今圣贤之所以同也。"②其文与《石鱼楼》诗均言"心"外无物,四季更替,花开花落,即是"本心",二者之间可互为释注。

此外,杨简的部分诗作还艺术地表达了"此心无体,虚明洞照,如鉴万象,毕见其中,而无所藏"的观点,③他以"鉴"喻"心",认为万象万理不过是鉴中之象而已。如《熙光》曰:"兢业初无蹊径,缉熙本有光明。自觉自知自信,何思何虑何营。镜里人情喜怒,空中云气纡萦。孔训于仁用力,箕畴王道平平。"又《偶作》云:"心里虚明着太空,乾坤日月总包笼。从来个片闲田地,难定西南与北东。"④从表面看,杨简的这些诗作对"心"的诠释已经与佛家所谓"不识本心,学法无益。识心见性,即悟大意"的玄旨非常契合,⑤但实际上那只是心学极端化发展的一种表象,而不是"心"、"佛"相契的已成结果。杨简视佛学为虚妄,尝以诗讥之曰:"可笑禅流错用心,或思或罢两追寻。穷年费煞精神后,陷入泥途转转深。"⑥是知,后人所谓"象山之学,实流为禅,专以觉悟训学者。以我之觉,期子之觉,而诋斥濂溪周

---

① 《全宋诗》(48),30080 页。
② 《全宋文》(275),405 页。
③ 《昭融记》,《全宋文》(275),406 页。
④ 《全宋诗》(48),30082—30083 页。
⑤ 《坛经校释》,释惠能撰,郭朋校释,中华书局,1983 年,15 页。
⑥ 《偶作》,《全宋诗》(48),30083 页。

子、伊洛程子之学,有禅家呵佛骂祖意",①及称"陆九渊、杨简之学,流入禅宗,充塞仁义。后学未得游、夏十一,而议论即过颜、曾,此吾道大害也"者,②既有曲解心学的故意,更凸显着维护"程朱"理学权威价值的群体自觉。

其实,以"鉴"喻"心"的诗作并非杨简所独有,南宋另一位心学名家袁燮尝撰《以鉴赠赵制置》诗云:"此鉴此心,昭晰无疑。鉴揭于斯,中涵万象。物自不逃,初非鉴往。人心至神,无体无方。有如斯鉴,应而不藏。鉴以尘昏,心以欲翳。欲全其明,盍去其累。"又《览镜》云:"工夫一日不专精,面目尘埃已可憎。何必鉴人明得失,青铜相对即良朋。"③绎其诗意,盖与杨简诸作旨趣相同,只是议论更透彻、更清晰罢了。

袁燮传承象山、慈湖之学,以为"天下无心外之道",④"此道此心,相与为一,如水之寒,如火之热,天性则然,非由外假,造次颠沛,未尝不静,此则吾之本心与天无间者乎"。⑤他将"此道此心"形诸篇咏,不仅旨趣鲜明,更常常显示出"道不远人"的现实情韵。如《赠吴氏甥》诗云:

> 男儿何所急,为学要立志。此志苟坚强,天下无难事。超然贵于物,万善无不备。厥初本高明,有过则昏蔽。但能改其过,辉光照无际。厥初本笃实,有过则虚伪。但能改其过,金玉等精粹。改过贵乎勇,不勇真自弃。有过如坑窜,改过如平地。平地可安行,坑窜宜急避。事亲贵乎孝,事长贵乎弟。是为立身本,奉承无失坠。门户久衰颓,盍作兴起计。是心通神明,勿使形骸累。持之久而纯,百福如川至。⑥

诗作从人性本善的心学理念出发,以细微体贴的长辈口吻,将修身养心之道娓娓道来,理在其中,自然亲切。作者谓男儿天性本来"高明"而"笃

---

① 陈栎《定宇集》卷八《随录》,文渊阁四库全书本,1205 册,273 页上。
② 《明史》卷二八二《何瑭传》,中华书局,1974 年,7256—7257 页。
③ 《全宋诗》(50),30985、31010 页。
④ 《韶州重修学记》,《全宋文》(281),222 页。
⑤ 《静斋记》,《全宋文》(281),232 页。
⑥ 《全宋诗》(50),30993 页。

实",但在成长过程中往往会陷入"昏蔽"与"虚伪"之中;只有建立超然物外、万善俱备的坚强志向,才能以"孝"、"弟"立身,勇于改过,兴家起业。这首劝勉诗作既蕴含着"吾心即道,不假外求,忠信笃实,是为道本"的深微理念,①又显示出诲人不倦的赤子诚心,细读品味,别有一番情味。可以肯定地说,像这样能够将心学一般理念与现实生活相结合的诗歌,其明"心"倡"道"的艺术功效绝对不容忽视。

《絜斋集》存诗不多,但时时透露着崇"道"明"心"的人格自觉。如《题习斋》云:"矧惟君子学,吾道深而宏。欲穷圣贤域,精微故难明";"一心湛不挠,四体明且清。平居寡悔尤,处困心亦亨。谁知人寰中,有此天爵荣。"又《赠史坑冶》云:"吾儒根本在修身,恬淡无为乐性真。此性本无尘可去,去尘犹是未离尘。"②前首诗很容易让人联想到陆九龄有关"古圣相传只此心","着意精微转陆沉"的高论,后者则强调"恬淡无为"的"养心"修身之道。两首诗作着墨虽少,但"存心、养心、求放心"的主旨却表述得非常准确。

陆氏心学与"程朱"理学分庭抗礼,独树一帜,为南宋学术之繁荣贡献良多。二陆、杨简及袁燮诸公以诗言"心",寓道于诗,其价值取向与"濂洛"诸公诗基本一致。但心学家的诗中充溢着"浩然之气",其雄姿英发的精神气质,直率透彻的学理表达,绝非"以诗人比兴之体,发圣贤义理之秘"者可与匹敌。③当然,从艺术审美的角度讲,言"心"论"道"之作所彰显的思辨智慧,毕竟没有透彻玲珑的"兴趣",缺乏言有尽而意无穷的幽远韵致。若能将那种与天地宇宙息息相通的精神灵感直接展示于诗中,或许更具艺术美感。

## 二、心学探索关涉诗歌创作的内在思致

文学史家很少关注心学家的诗艺取向及诗风特点,偶有言及者也往

---

① 真德秀《显谟阁学士致仕赠龙图阁学士开府袁公行状》,《全宋文》(314),38 页。
② 《全宋诗》(50),30996、31006 页。
③ 真德秀《咏古诗序》,《全宋文》(313),149 页。

往与理学家混为一谈。其实,这种看法忽略了"理"、"心"两派的诗学差异,有失准确。

程朱理学从根本上否定诗文的审美功用,故曰"作文害道"。《二程遗书》载:"问:'作文害道否?'曰:'害也。凡为文,不专意则不工,若专意则志局于此,又安能与天地同其大也?《书》云'玩物丧志',为文亦玩物也。……古之学者,惟务养情性,其佗则不学。今为文者,专务章句,悦人耳目。既务悦人,非俳优而何?'曰:'古者学为文否?'曰:'人见《六经》,便以谓圣人亦作文。不知圣人亦摅发胸中所蕴,自成文耳。所谓有德者必有言也。'"①在程氏看来,即便像李白、杜甫那样的诗歌圣手也"不得其要",其所为诗作皆为"无用之赘言"。② 李、杜尚且如此,其余作者更可想而知。

朱熹传承程学,亦将文与道对立看待,以为"这文皆是从道中流出,岂有文反能贯道之理?文是文,道是道,文只如吃饭时下饭耳。若以文贯道,却是把本为末。以末为本,可乎?其后作文者皆是如此"。③从这种偏激的文道观念出发,他批评韩愈"未免裂道与文以为两物,而于其轻重缓急、本末宾主之分又未免于倒悬而逆置之也",且谓欧阳修"终身之言与其行事之实……亦未免于韩氏之病也"。④ 有学者以为,朱熹并不否定"文",轻视"文",相反,他认为文学自身具有很高的价值,文学创作是一项复杂、精妙的事情。⑤但事实上,在通常语境下,朱熹所谓的"文"不过是指儒家"六经"或解经文字而已。他称韩愈"只是要做得言语似六经,便以为传道",⑥谓苏轼"语道学则迷大本,论事实则尚权谋,眩浮华,忘本实,贵通达,贱名检,此其害天理、乱人心、妨道术、败风教,亦岂尽出王氏之下也哉",⑦便是如此。而对那种叙事说理、言情写景的艺术文章,朱熹始终秉

---

① 《二程集·遗书》卷一八,239 页。
② 程颐《答朱长文书》,《二程集·文集》卷九,601 页。
③ 《朱子语类》卷一三九,3305 页。
④ 《读唐志》,《全宋文》(251),348—349 页。
⑤ 莫砺锋《朱熹文学研究》,南京大学出版社,2000 年,116 页。
⑥ 《朱子语类》卷一三七,3260 页。
⑦ 《答汪尚书》,《全宋文》(245),43 页。

持程颐"作文害道"之说，价值取向不曾发生任何改变，自谓"平生最不喜作文，不得已为人所托，乃为之。自有一等人，乐于作诗，不知移以讲学，多少有益"；复云"才要作文章，便是枝叶，害着学问，反两失也"，①即为显证。

相对于程、朱等人割裂文、道，轻视韩、欧的偏狭说教，陆九渊等心学家无疑要豁达得多。《象山语录》载：

> 问作文法，先生曰："读《汉》、《史》、韩、柳、欧、苏、尹师鲁、李淇水文不误。后生惟读书一路，所谓读书，须当明物理，揣事情，论事势。且如读史，须看他所以成，所以败，所以是，所以非处。优游涵泳，久自得力。若如此读得三五卷，胜看三万卷。……《左传》深于韩、柳，未易入，且读苏文可也。"②

《左传》、《史记》和《汉书》等历史典籍，处处蕴涵着古今治乱成败之理；韩、柳、欧、苏、尹洙及李清臣等人的文章，则有"明物理，揣事情，论事势"的精妙价值。所有这些，都值得文章作者悉心品读。如此客观平和的审美判断，虽与程、朱等人判然不同，却和欧阳修、苏轼、黄庭坚等文学巨匠相近。事实上，陆九渊敬重的文学楷模还不止这些，如曰："后生好看《子虚》、《上林》赋，皆以字数多，后来好工夫不及此。"③推崇铺张扬厉之汉代辞赋，这在濂洛一派断难设想。唐代作家除韩、柳外，李白、杜甫也深为象山所敬重。《象山语录》曰：

> 有客论诗，先生诵昌黎《调张籍》一篇云："李杜文章在，光焰万丈长。不知群儿愚，那用故讥伤？蚍蜉撼大树，可笑不自量。云云乞君飞霞佩，与我高颉颃。"且曰："读书不到此，不必言诗。"④

---

① 《朱子语类》卷一〇四，2623页；同书卷一三九，3319页。
② 《陆九渊集》卷三五《语录下》，442页。
③ 《陆九渊集》卷三五《语录下》，466页。
④ 《陆九渊集》卷三四《语录上》，421页。

在陆九渊看来,"李白、杜甫、陶渊明皆有志于吾道",①而杜甫对两宋诗坛的影响更为积极和深远,"杜陵之出,爱君悼时,追蹑《骚》《雅》,而才力宏厚,伟然足以镇浮靡,诗家为之中兴。自此以来,作者相望,至豫章而益大肆其力。包含欲无外,搜抉欲无秘,体制通古今,致思极幽眇,贯穿驰骋,工力精到。一时如陈、徐、韩、吕、三洪、二谢之流,翕然宗之。由是江西遂以诗社名天下,虽未极古之源委,而其植立不凡,斯亦宇宙之奇诡也"。②崇仰杜甫,赞美"江西诗社",其实也就是积极评价两宋诗坛,全面肯定苏、黄等人的人格追求与诗学建树,这一点也与程朱理学背道而驰。朱熹尝云:"近世诸公作诗费工夫,要何用?元祐时有无限事合理会,诸公却尽日唱和而已。今言诗不必作,且道恐分了为学工夫。然到极处,当自知作诗果无益。"③毫无疑问,陆氏心学不同于程朱理学的诗学见解,有效拉近了心学与文学的距离,具有纠偏补正的积极意义。

价值判断的积极与否势必会影响诗歌创作的艺术真诚,进而制约诗作的整体气象和风貌。就心学探索关乎诗歌创作的内在思致而言,其可瞩目者有以下数端。

首先,心学家们将"吾心"与"宇宙"消融合一,使心灵变得透彻充盈,气象万千。其如陆九渊所云:"四方上下曰宇,往古来今曰宙,便是吾心。吾心即是宇宙。""宇宙内事,是己分内事。己分内事,是宇宙内事。"④由此,每一位心学家都意气风发,立志"须大做一个人"。⑤ 与此同时,他们的诗作也充溢着雄劲宏阔的精神气象,呈现出与理学诗截然不同的艺术风貌。陆九渊的第一首诗作题为《大人》,是伴随着"吾心即是宇宙"的原初洞悟而产生的,曰:

从来胆大胸膪宽,虎豹亿万虺龙千,从头收拾一口吞。有时此辈

---

① 《陆九渊集》卷三四《语录上》,410页。
② 《陆九渊集》卷七《与程帅》,103—104页。
③ 《朱子语类》卷一四〇,3333页。
④ 《陆九渊集》卷二二《杂说》,273页。
⑤ 《陆九渊集》卷三五《语录下》,439页。

未妥帖,哮吼大嚼无毫全。朝饮渤澥水,暮宿昆仑巅。莲山以为琴,长河为之弦。万古不传音,吾当为君宣。①

诗歌以吞嚼亿万虎豹虬龙、饮渤澥而宿昆仑的非凡气概,隐约透漏出"天将降大任于斯人"的精神预感。作者欲宣讲的万古不传之音,或许正是"吾心即是宇宙"的惊世宏论。据包显道所记《语录》载,象山有诗云:"仰首攀南斗,翻身倚北辰。举头天外望,无我这般人。"②这种顶天立地的气魄,或许正是心学的境界,同时更是陆九渊心态人格的写照。同样的气势,近似的语调,在象山诗中反复呈现,甚至连伤悼之作也非同凡响。如《挽张正应》曰:

海门昼夜吼奔雷,却立吴山亦壮哉!前殿神仙三岛邃,正门阊阖九天开。玉阶恭授大官赐,象简亲承御墨回。多少箪瓢蓬瓮士,输君留宿两宫来。③

虽为哀悼逝者而假设拟想,但诗中海门雷吼、吴山却立的雄壮气势,身登三岛九天恭授官赐、亲承御墨的超迈豪情,仍让人领略到学人之诗从未有过的壮浪与雄奇。若取朱熹、吕祖谦相同题材的诗作与之对读,其精神气象的差异便清晰可见。如朱熹《挽延平李先生》曰:

河洛传心后,毫厘复易差。淫辞方眩俗,夫子独名家。本本初无二,存存自不邪。谁知经济业,零落旧烟霞。④

吕祖谦《端明汪公挽章》云:

---

① 《陆九渊集》卷二五题《少年作》;同书卷三四《语录上》复云"诵少时自作《大人》诗"云云。
② 《陆九渊集》卷三五《语录下》,459页。
③ 《陆九渊集》卷二五,302页。
④ 《朱子全书·晦庵先生朱文公文集》卷二,上海古籍出版社、安徽教育出版社,2010年,308页。

异时忧世士,太息恨才难。每见公身健,犹令我意宽。雕零竟何极,回复岂无端。此理终难解,天风大隧寒。①

朱、吕二公均为理学泰斗,其深邃庄严、醇雅虔敬的风仪垂范千古;但就挽诗本身而论,琐屑絮叨,平淡无奇,绝难与陆九渊雄劲之作相提并论。

感兴言志,即景抒怀,此乃诗家之常道。虽然程氏早谓之"闲言语",②但在陆氏兄弟、杨简及袁燮等心学家看来,作诗乃是表达情怀的绝佳途径。袁甫尝为《絜斋集后序》云:"我先君子之属辞也,吐自胸中,若不雕镂,而明洁如星河,粹润如金玉,真所谓浑然天成者乎!"③其实,袁燮之诗浑然天成的学养根本亦如象山、慈湖,他既称"心之精神洞彻无间,九州四海靡所不烛",④复谓"道不远人,本心即道。知其道之如是,循而行之,可谓不差矣"。⑤ 以"心之精神"观照万事万物,形诸歌咏,发为诗章,则每每呈现出雄浑劲爽的艺术景象。其《与范总干》、《送黄畴若尚书》、《送姜子谦丞于潜》及《枕上有感呈吕子约》、《和吕子约霜月有感二首》等诗,触物感怀,述学论政,无不酣畅淋漓,自在爽朗。如《上中书陈舍人》诗云:

士方负材业,高价敌璠玙。一朝声称减,碌碌盎盎如。贵名岂不欲,名盛复难居。所以古君子,谨终如厥初。自公到京国,闻望倾万夫。愿言益进德,名与天壤俱。

重明丽宸极,万国熙王春。翘首望德政,从今斯一新。当年羽翼客,休戚一体均。致主欲尧舜,规模戒因循。古来王佐才,宇宙归经纶。期公继前作,百世称伟人。⑥

---

① 金履祥《濂洛风雅》,61—62 页。
② 《二程集·遗书》卷一八,239 页。
③ 《絜斋集后序》,《全宋文》(323),420 页。
④ 《都官郎官上殿札子》,《全宋文》(281),35 页。
⑤ 真德秀《显谟阁学士致仕赠龙图阁学士开府袁公行状》,《全宋文》(314),38 页。
⑥ 《全宋诗》(50),30987—30988 页。

此人此诗,既有超越万物、通贯宇宙的胸襟,更不乏怀才抱道、经邦济世的情怀,所谓"须大做一个人"的精神境界,竟是如此地超迈和从容。

其次,强调洞悟。"以先知而觉后知"的治学方式,① 既养成了心学家发明"本心"的人格自觉,同时也造就了一种善感善思、瞬间彻悟的灵明诗性。

陆九渊从小"洒扫林下,宴坐终日",② 时时陷入沉思冥想之中。梭山先生陆九韶尝云:"子静弟高明,自幼已不同,遇事逐物皆有省发。尝闻鼓声震动窗棂,亦豁然有觉。其进学每如此。"③ 也许正是这种得天独厚的灵明智慧,才为其创建心学提供了原初契机。其他心学中人虽没有陆九渊那样敏于洞悟的天资,但都不乏遇事"豁然有觉"的敏感。譬如因象山"点化"而服膺心学的杨简,听到蚊虫嗡鸣之声,即能敏锐地联想到无关"本心"、令人生厌的种种说教,遂作《夜蚊》诗曰:

> 夜蚊告教一何奇,妙语都捐是与非。偏向耳旁呈雅奏,直来面上发深机。惜哉顽固终难入,多是聋迷听者希。费尽谆谆无领略,更烦明月到窗扉。④

诗人对"夜蚊告教"的厌烦,很容易让人联想到他对"心"的理解,即所谓"此心,人所自有也,不学而能也,不虑而知也。'心之精神是谓圣',果如吾圣人之言也。其有不然者,非其心之罪也"。⑤ 撇开学术论辩的激越心态,单就其触物而发的构思特点而言,该诗所呈现的奇思妙想也远远超越了那些形似"言筌"的理学诗。

当然,心学家的灵明诗性绝非如此简单,其更为动人的景象往往是思绪万千,浮想联翩;许多优美的诗歌是以尽可能多的物象构筑起梦幻迷离

---

① 舒璘《上宋参议启》,《全宋文》(260),166 页。
② 《陆九渊集》卷三六《年谱》,481 页。
③ 《陆九渊集》卷三六《年谱》,482 页。
④ 《全宋诗》(48),30086 页。
⑤ 杨简《申义堂记》,《全宋文》(275),400 页。

的诗境,让所遇所感呈现出千姿百态的"虚灵变化"。① 如杨简《乾道抚琴有作》云:

> 萧萧指下生秋风,渐渐幽响飔寒空。月明夜气清入骨,何处仙佩摇丁东。野鹤惊起舞,流水喧复鸣。一唱三叹意未已,幽幽话出太古情。龙吟虎啸遽神怪,千山万壑风雨晦。海涛震荡林木响,乱撒金盘冰雹碎。和气回春阳,缥缈孤鸾翔。三江五湖烟水阔,波声飗飗鸣渔榔。悲猿临涧欲渡不敢渡,但闻涧下萧飒松风长。闲云曳碧落,势去还回薄。神仙恍惚无定所,微吟似欲止所作。御风一笑归蓬瀛,犹有余音绕寥廓。②

诗人抚琴时,首先联想到秋风幽响、夜月中的仙佩清音,仿佛有野鹤起舞,能够听得见流水呜咽。紧接着便似有虎啸龙吟在千山万壑间回荡,冰雹洒落之声震荡于林海深处。随着激越的琴音渐趋舒缓,"心"的画面亦呈现出阳春气和、孤鸾翱翔、烟水寥廓、渔榔鸣波的谐美与宁静。随后的旋律或似悲猿欲渡时的低回,或如涧底松风般萧瑟,其回环往复的乐音宛如神仙御风,笑归蓬瀛,余音袅袅,萦绕于万籁寥廓。毫无疑问,这种鲜活灵动的诗章既彰显着"心"的"虚灵",更让人领略到由精神洞悟伸展而来的灵明诗性。那种直指灵魂深处的超迈激情,别具美感。

心学家的直觉洞悟和自在联想,既是发明"本心"的有效途径,又为涵养灵明诗性提供了基础和保障。所以如此,首先是因为他们以"存心养性"为首务,以为"心"之大,无所不包。如沈焕所云:"余观人之一心,精诚所达,虽天高地厚,豚鱼细微,金石无情,有感必通。"③其次是涵养"心性"的努力,最终会使人"天资高迈,状貌伟特,语劲而气充,足以祛人鄙吝之习而养人正大之气",④成为顶天立地的自在主体。从"三陆"到杨简等人

---

① 杨简《日本国僧俊芿求书》,《全宋文》(275),90 页。
② 《全宋诗》(48),30085 页。
③ 《净慈寺记》,《全宋文》(272),295 页。
④ 《沈叔晦言行编》,《全宋文》(281),366 页。

莫不如此。袁燮之子袁甫曾盛称舒璘,谓"先生之胸襟,光风霁月也;先生之节操,山高水长也;先生之咏诗,天籁自鸣也;先生之作文,鸢鱼飞跃也。洙泗风雩之气象,先生有焉"。"先生之言曰:'敞床疏席,总是佳趣。栉风沐雨,反为美境。'此先生之学,所以深造自得,而某之所谓真有道之君子也"。① 虽称誉之辞,亦真实可信。

不过,"至灵至神,虚明无体,如日如鉴,万物毕照"的人心,②并不等于灵动敏感的诗性,二者之间的有效契合与融通必须以情感为中介。陆九渊有《疏山道中》云:

> 村静蛙声幽,林芳鸟语警。山樊纷皓葩,陇麦摇青颖。离怀付西江,归心薄东岭。忽忘饥歉忧,翻令发深省。③

很显然,自然美景的诱发和自在情感的介入,方能使作者诗兴勃发,畅抒情怀。同样的情形在袁燮的《咏竹》诗中也得以呈现:

> 野性与俗违,澹然都无营。窗前水苍玉,未能独忘情。对之三伏中,爽气高秋横。数竿亦已好,况此繁阴成。中虚洞无物,节劲老更清。霜雪自凌厉,柯叶长敷荣。物意有相合,人心原自明。僻居寡朋侪,命汝为友生。虽无切磋语,而有清越声。入耳久亦佳,此意不可名。④

面对苍翠清爽的竹林,入耳清音召唤着"野性",在寂寞与孤独中体悟"人心道心"的哲人也因此感受到不可名状的喜悦。假使没有清透明净的情感诱发,就不可能产生这样清新雅逸的诗作。

再次,随着学术思考的不断深化,心学家们赋予"心"更多直观而现实

---

① 《奉化县舒先生祠堂记》,《全宋文》(324),60页。
② 杨简《学者请书一》,《全宋文》(275),83页。
③ 《陆九渊集》卷二五,301页。
④ 《全宋诗》(50),30998页。

的意义。他们的诗作不仅在题材范围和"性情"内涵上有所拓展,其特立高标的人格抒写和情感体验也给当日诗坛带来了冲击。

"心即理"的命题不仅否定了"天理"和"人欲"的对立,且坦然承认"好逸恶劳,人之常情也;男女相悦,亦人之情也"。① 身居高位的杨简、袁燮甚至将"性情"皆善之说与治国理政结合到一起时,明确提出"德政"的标志便在和合人情。在他看来,天子若能"网罗天下正直之士,鳞集于朝,人情翕然",则"治本可立,太平可致";②"顺理而政行",方为"帝王之盛举"。③ 而所有这些与"程朱"理学背道而驰的精神理念,最终都借歌咏之机淋漓尽致地呈现在了世人面前。

关心民瘼,讴歌德政,是心学诗的常见主题。世人大多以为治心学者骛谈高远,对当下俗事略不挂心,及读杨简《富春龙门》、《贺王使君》、《湍水岩祷雨诗》等作,方知心学家忧民勤政,不失赤子之心。简有《伏蒙提举秘书郎中以留题县驿新篇封示恻隐惠爱之意自然着见可谓发情止义无愧古作。道中不得即具申谢之仪,夜还舍,秉烛亟次崇韵,庸见不敢虚辱大赐之诚,非敢为文,某惶恐敬上》云:

> 使者临旧治,盛礼修同年。所道惟政事,握手意留连。车行眼偏瞩,粟畦暨麦阡。父老亟来迎,喜色津津然。我非当世才,亦复见谓贤。临违语益稠,不觉膝自前。更愿所以谂,教我理婚田。④

《嘉定改元久旱得雨诗呈张令君》云:

> 底事焦劳偃室中,耕农皋月未施工。两龙会合千山暗,数日霖零百里同。举手尽称知县雨,何心领略大王风。再生天造奚为报,海有穷时此不穷。

---

① 袁燮《絜斋毛诗经筵讲义》卷二《殷其靁篇》,文渊阁四库全书本,74册,16页上。
② 《轮对陈人君宜纳谏札子》,《全宋文》(281),41页。
③ 《策问革弊》,《全宋文》(281),168页。
④ 《全宋诗》(48),30088页。

两日长忧积满中,感深令祷格天工。欣欣处处人人喜,渺渺茫茫宙宙同。不至伤如无极雅,行当改赋黍离风。邑民颂德千和万,毫楮如何可以穷。①

主旨相同的诗作,在袁燮的《絜斋集》中也有不少,如《丁未之冬营房告成有亭翼然名之曰劝功且为歌训迪有众》、《安边》、《与范总干》、《送治中杨司直》、《送姜子谦丞于潜》等,或直抒忧国忧民之情,或勉励同仁勤政有为,其恻隐惠爱之意形于言表;而像"上医医国岂无方,说论扶持弱必强。屹若中流为砥柱,男儿如此是真刚"那样铿锵有力的诗句,②在偏安已久的孝宗时代宛如绝响。这些诗作虽然无关儒学"义理",却有着弥足珍贵的"人之常情"。心学诗有别于"濂洛"理学诗的"情性"内涵,即可由此得到对比和体认。

必须承认,心学家们既有超凡脱俗的人格追求,同时更不乏深细入微的情感体验。他们的吟唱有时离现实很近,如陆九渊《和杨廷秀送行》曰:"义难阿世非忘世,智不谋身岂误身?逐遇宽恩犹得禄,归冲腊雪自生春。"③杨简《蒙训》曰:"男儿拱手立,女儿敛衣裳。捧盥兼洒扫,将茶及奉汤。言语须低软,依前立正方。兄娣惟恭敬,弟妹常爱慈。饮食先尊长,不敢遽有之。"④以智谋身、遇恩得禄,拱手敛裳、捧盥洒扫,皆为寻常情事,以此入诗,颇近人情。有时则超逸洒脱,别具绰约风姿,如杨简《丙子夏偶书》曰:"风从槐市过来凉,丝竹金英尚在堂。惟有慈湖亲听得,近来吾党亦专芳。如何钻仰徒劳苦,要说精粗与短长。神气风霆俱是教,四时代谢尽彰彰。"⑤袁燮《和治中雪后》曰:"名利那须较有无,登临乐处即吾庐。兴浓不觉朔风劲,景好贪看晴雪余。竟日送青娱座客,先春解冻跃潜鱼。与君不但分风月,水色山光总一如。"⑥杨诗自信张扬,袁诗超逸雅致,不变的

---

① 《全宋诗》(48),30092 页。
② 《赠京尹》,《全宋诗》(50),31007 页。
③ 《陆九渊集》卷二五,302 页。
④ 《蒙训》,《全宋诗》(48),30097 页。
⑤ 《丙子夏偶书》,《全宋诗》(48),30083 页。
⑥ 《和治中雪后》,《全宋诗》(50),31005 页。

是那种绝世独立的人格风采。也许在"濂洛"诸公看来,这些直抒"性情"的诗作乃是"邪意见,闲议论",①但心学家们自有其清晰明净的判断:真诚所在,便是"本心"。

理性思辨的智慧与透彻玲珑的性情抒写之间的确存在隔膜,这一点毋庸讳言。但陆九渊等心学家却从"本心"出发,通过明心见性的"简易功夫",实现了"心"与"心"、"理"、"情"的融合与贯通。他们的探索不仅弥补了程朱理学的缺失与不足,同时也打破了"道学之诗与诗人之诗千秋楚越"的既有格局,②为心学家张扬"性情"开辟了坦途。陆九渊等人的诗作,无论雄劲宏阔超迈从容的精神气象,还是善感多思透彻洞悟的灵明诗境,抑或是真诚坦荡的人格表达以及丰富超逸的情感抒写,都与其渐入化境的学术探索相表里;而那种情理兼得、超迈飒爽的艺术风姿更值得称道。

## 三、心学诗妍丽雄奇的艺术特点

迄今为止,几乎所有文学史家都不曾注意到心学诗有别于理学诗的艺术特点,其实,二者取法不同,胸襟各异,若以"大意主乎学问以明理,则自然发为好文章,诗亦然"之类的道学观点混同看待,③笼统臆说,则必将遮蔽心学家别具特识的诗学见解,更不能揭示心学诗妍丽雄奇的艺术特点。就整体而言,理、心两派在诗艺取向上的对立与分歧主要体现为三点。首先,前人多称"濂洛诸子诗,率皆天籁自鸣,出入《风》、《雅》";④陆九渊则以为"《国风》、《雅》、《颂》固已本于道,风之变也,亦皆发乎情,止乎礼义,此所以与后世异","今若但以古诗为师,一意于道,则后之作者又当左次矣"。⑤ 也就是说,《风》、《雅》、《颂》等先秦诗歌,不应成为永恒的师法对象。其次,程、朱等理学家全面否定李、杜、苏、黄等历代名家的诗艺成就,称之为"闲言语";而象山以为"若乃后世之诗,则亦有当代之英,气禀识

---

① 《朱子全书·晦庵先生朱文公文集》卷三四,1515 页。
② 《四库全书总目》卷一九一《濂洛风雅》提要,1737 页上。
③ 《朱子语类》卷一三九,3307 页。
④ 胡氏《濂洛风雅序》,金履祥《濂洛风雅》卷首。
⑤ 《陆九渊集》卷一七《与沈宰》,220 页。

趣,不同凡流,故其模写物态,陶冶性情,或清或壮,或婉或严,品类不一,而皆条然各成一家,不可与众作浑乱"。① 换言之,无论风格、品类有何不同,只要不同凡流,自成一家,就值得尊重。其三,与朱熹等人追求"平淡自摄"、"真味发溢"的艺术取向不同,②陆九渊等心学家特别强调"字句音节之间皆有律吕,皆诗家所以自异者。曾子固文章如此,而见谓不能诗"。③ 明确上述差异,对分析心学诗至关重要。

虽说由于每个人在才情方面均存在差异,其诗歌创作并不能完全体现某种特定的诗学观,但"三陆"及其后学的诗作,在意象组合、体式选择、语言锤炼以及修辞手法的运用等各方面,却整体呈现着不同于理学诗的风韵与特点。

缤纷妍美、自由灵动的意象组合,让心学家的部分诗作展现出楚骚式的绮丽韵致。如陆九渊《玉芝歌》云:

> 灵华兮英英,芝质兮兰形,琼葩兮瑶实,冰叶兮霜茎。石室兮宛宛,苔菌兮菁菁,荫长松之偃蹇,带飞瀑之琮琤。实青端而黄表,眇中藏而不矜。匪自昭其明德,羌无愧兮畴能。
>
> 淳熙戊申,余居是山。夏初,与二三子相羊瀑流间,得芝草三偶,相比如卦画。成华如兰,玉明冰莹,洞彻照眼,乃悟芝、兰者,非二物也。己酉上巳,复睹瑶芽,迫归拜墙,不及见其华。是日访风练飞雪,始得一华。方掇至案间时,云庵僧适至,且求余言为乡道。余方作是歌,因谓之曰:当为子书之,第持此以往,会当有赏音者。④

古人云:"与善人居,如入芝兰之室,久而不闻其香,即与之化矣;与不善人居,如入鲍鱼之肆,久而不闻其臭,亦与之化矣。丹之所藏者赤,漆之所藏者黑,是以君子必慎其所与处者焉。"⑤此象山诗之寓意也。诗人精心组织

---

① 《陆九渊集》卷一七《与沈宰》,220 页。
② 《朱子语类》卷一四一,3333 页。
③ 《陆九渊集》卷一七《与沈宰》,220 页。
④ 《陆九渊集》卷二五,304 页。
⑤ 《孔子家语疏证》卷四,丛书集成初编本,商务印书馆,507 册,105 页。

"灵华"、"芝兰"、"琼葩"、"瑶实"、"冰叶"、"霜茎"、"石室"、"苔菌"、"松荫"、"飞瀑"等绚烂意象,描绘出一幅冰清玉洁、剔透玲珑的清雅景象,并以此彰显"中藏而不矜"、持"明德"而无愧的超绝人格。毫无疑问,像这样华美的诗章,正是被程颐指斥为"玩物丧志"、"专务章句悦人耳目"的"俳优"之作。① 陆九渊五十岁居象山精舍讲道时,"歌《楚辞》及古诗文,雍容自适",②知其崇尚绮妍的诗艺取向承袭有自。

其实,心学家用华美的意象组合来展示其深邃而豁朗的"本心",乃是学养渗透于诗作的必然结果。杨简《慈湖遗书》所存《广居赋》、《南园赋》、《东山赋》、《蛙乐赋》、《月赋》及《心画赋》等,本就与屈骚汉赋一脉相承,其诗辞采华美,不减其赋。如《内丹歌》云:

> 到今昼夜流光涌,金乌夜照广寒殿。余辉散发缀碧落,稀稠纷纠珠玉溅。冲气祥精腾太虚,舒卷飞浮态累变。映空晓景绿拖蓝,错绮晚凝红染茜。有时震响轰冥濛,有时熠耀盘飞线。有时清润垂冰丝,有时忽舞琼花片。其间秀结成山川,密木繁林飞鸟虫鱼次第现。龙翔凤鸣宝藏兴,绷缊孕瑞生群英。四明之麓鄞之曲,育神含和备五福。③

作者用繁富绚丽的意象组合,描绘成一幅光怪陆离的内丹成炼图,流光溢彩,眩人眼目。它如《明堂礼成诗》、《登石鱼楼》、《明融》、《丹桂》等诗亦与之差似。应该说,这些作品充分体现着作者激越昂扬、生机勃发的"性情"之美。

袁燮诗整体上质朴自然,少有雕饰,但部分咏物之作仍具象山、慈湖风采。如《桂花上侯使君》诗曰:

> 秋雨洗残暑,秋空渺寥廓。秋清入花骨,风致殊洒落。何人剪瑠

---

① 《二程集·遗书》卷一八,239 页。
② 《陆九渊集》卷三六《年谱》,502 页。
③ 《全宋诗》(48),30080 页。

璃,被以宝璎络。英英妙点缀,细细疑纷错。谁知一粟中,十里香喷礴。自便金气爽,不赴东皇约。黄裳得中正,无心羡丹臒。我欲纵幽赏,村醪不堪酌。攀折不辞劳,相对空索寞。风流贤使君,襟怀富丘壑。敬为使君寿,芳菲两相若。①

如此缤纷瑰丽的景象,在《和李左藏离支》、《蜀海棠》等诗作中反复呈现。所谓"惟其君子,终古不磨","俯仰浩然,进退有裕,在己之贵,润身之富,辉光日新,有无穷之闻"的君子风采,②或许就该如此张扬,有这般雄姿。

强调心学诗自楚骚汉赋传承而来的绮妍韵致,并不意味着否定或忽视其艺术内涵的丰富性。事实上,通过诗作充分展示深厚蕴藉的学术修养,以淳雅质朴的语言抒写对圣贤境界的体悟和向往,或许更为普遍。陆九渊尝曰:"人之文章,多似其气质。杜子美诗乃其气质如此。"③杜甫如此,心学家亦莫能外。陆九龄《与僧净璋》诗云:"自从相见白云间,离别尝多会聚难。两度逢迎当汝水,数年隔阔是曹山。客来濯足旁僧怪,病不烹茶侍者闲。不是故人寻旧隐,只应终日闭禅关。"④九龄为乾道五年进士,曾官全州教授,"鹅湖之会"时尝与朱熹发生激辩。《瀛奎律髓》卷四二谓其"文集共有诗十一首",⑤但传世者仅两首而已。此赠僧之诗虽不足呈现学养之深厚,但作者闲雅从容的气质仍隐然可见。陆九龄如此,杨简、袁燮亦各有可观。譬如,罗大经《鹤林玉露》卷五云:"杨慈湖诗云:'山禽说我胸中事,烟柳藏他物外机。'又云:'万里苍茫融妙意,三杯虚白浴天真。'又六言云:'净几横琴晓寒,梅花落在弦间。我欲清吟无句,转烦门外青山。'句意清圆,足视其所养。"⑥四库馆臣在《絜斋集》提要中也明确指出,袁燮的诗文"大抵淳朴质直,不事雕绘,而真气流溢,颇近自然。其剖析义理,敷陈利病,亦极剀切详明,足称词达理举。盖儒者之言,语无枝叶,固

---

① 《全宋诗》(50),30998 页。
② 《陆九渊集》卷九《与杨守》,123 页。
③ 《陆九渊集》卷三四《语录上》,409 页。
④ 《全宋诗》(45),27849 页。
⑤ 《瀛奎律髓汇评》卷四二,上海古籍出版社,2005 年,1531 页。
⑥ 《鹤林玉露》卷五,中华书局,1983 年,321 页。

未可概以平近忽之也"。① 虽说观照角度各有不同,但都在肯定作者淳朴质直的气质,以及心学诗真气流溢的醇雅韵致。

心学诗在体式选择上颇为自由,除四言、五言、七言古体及五言、六言、七言律、绝外,另有连章、乐府、骚体、长律、杂体等。若与金履祥选编《濂洛风雅》相比较,可瞩目者约有两点。其一,"濂洛"之作,温柔敦厚的四言诗占比很重,且多言"理",题为"铭"、"箴"、"赞"、"辞"等。而在心学家的集子中很难见到纯粹的四言诗。在《慈湖遗书》中,四言往往与六言、八言、十言等合用,如《上耿泉生朝》有"瞻彼云台,有那其武。祝阿发迹,中兴元辅"云云,诗后注:"云台十章。三章章四句,一章章六句,四章章五句,一章八句,一章十一句。"《代冯似宗寿楼文昌》有"维山四明,涵奇孕英。或曰降神,为今甫申。倬彼云汉,昭回其文。凤鸣朝阳,决河昆仑。代天而言,粹其德音"云云,后注:"维山五章。一章章十句,二章章八句,二章章六句。"大抵"濂洛"诸公欲体现其"崇敬畏、戒逸欲"的道学修养,②四言之作直效《风》、《雅》,故凡有所作皆不失庄重端雅。心学家性情爽迈,不拘一格,以四言与六言等交替并用,更能彰显变化之妙。即便是像杨简那样效《诗经》为"连章"者,也不全用四言,如《贺王使君》四章,首章四言,后几章则杂用五、六、八言。其二,心学家虽然不屑邵康节之说,以为"尧夫只是个闲道人",③但并不排斥"康节体诗"自由随性的表达方式。如杨简撰《嘉泰昭阳大渊献筑室董孝君祠之西,下有湖焉。某曰溪,以董君慈孝而得名,县又以是名,则是湖宜亦以慈名。作诗曰》,凡六首,前两句皆为"惜也天然一段奇,如何万古罕人知",此种作法即与康节公一脉相承。康节有《窥开吟》十三章,每章前两句均为"物理窥开后,人情照破时";又《首尾吟》一百三十五章,每章首句皆为"尧夫非是爱吟诗",慈湖之作实取法于此。

以赋法为诗,敷陈铺叙,各展雄姿,充分体现了心学家"俯仰浩然,进

---

① 《絜斋集》卷首提要,文渊阁四库全书本,1157册。
② 《札子四》,《全宋文》(312),311页。
③ 《陆九渊集》卷三四《语录上》,426页。

退有裕"的人格最求。① 陆九渊《挽石子重》、《送勾熙载赴浙西盐》皆为儒官而作。石子重有《中庸集解》,朱熹删其繁乱,名以《辑略》。② 勾熙载尝与陆九渊讨论学术,《象山集》卷七有《与勾熙载》。其提举浙西之际,陆子以诗相送,亦有"送君无杂言,当不负所学"之句。两首五言古诗,灼于形势,切于事情,颇具铺排韵致。杨慈湖本就善赋,其五古如《明堂礼成诗》、《登石鱼楼》、《蒙训》,七古如《送黄文叔侍郎赴三山》、《乾道抚琴有作》、《奉檄往哭象山复会葬及归自金溪留宿本县仙乐观归而作是诗》,乐府诗如《偶书》、《慈溪金沙冈歌》等,无论华妍与质朴,皆能敷陈其事,曲尽其妙。陆门学人中,袁燮所为古体诗最善铺叙,四言如《以鉴赠赵制置》、《丁未之冬营房告成有亭翼然名之曰劝功且为歌训迪有众》,五言如《安边》、《与范总干》、《送黄畴若尚书》、《寄武冈使君表兄》、《送李鸣凤使君》、《送治中杨司直》、《送姜子谦丞于潜》、《送赵大冶晦之》、《喜雪谢东林》、《游宝方山》及《题习斋》等,或剖析事理,或委婉陈情,皆似有韵之文。部分诗作状物写景,铺叙情怀,气象氤氲,颇能体现以赋法为诗的从容情味。如《和吕子约霜月有感二首》云:

> 寒松饱霜雪,冉冉翠光湿。万物困波流,砥柱独中立。比德有君子,逸气难拘絷。平生忧世心,如彼救焚急。揭来席未温,冥鸿去何适。劝君且淹留,斯民待安辑。小试活国手,膜理犹可及。

> 顽夫禅作窟,狂士醉为乡。谁知名教中,悠悠滋味长。嗟余学无穷,勺水浅可扬。讲习得益友,丽泽期交相。风月古犹今,时序燠与凉。一笑聊复尔,片心到羲皇。乾坤入吾怀,始信居中央。③

按:吕祖谦之弟祖俭,字子约,与袁燮以道义相磨。和诗略谓祖俭有寒松之德,忧国安民堪为中流砥柱。虽说聚散无常,但仍渴望就所学所思交流

---

① 《陆九渊集》卷九《与杨守二》,123 页。
② 《直斋书录解题》卷二《中庸辑略》解题,上海古籍出版社,1987 年,49 页。
③ 《全宋诗》(50),30994 页。

磋商。不管风月变幻,世事沧桑,你我身居乾坤中央,就该保持"终古不磨"的君子逸气,不做禅窟顽夫,醉乡狂士。古人谓作诗"要力全而不苦涩,要气足而不怒张",①袁燮诸公以赋法为诗,从容淡泊,或许已达此境。

以物喻"心",借有形有质、能引人遐思的自然景物,比喻并阐释抽象难解的心学要义,这是南宋心学诗的惯用手法。如陆九韶《月石》诗云:

> 玉兔爱佳泉,饮泉化为石。规圆立山趾,万古终不息。应厌旧星躔,盈稀多缺夕。自从寄兹踪,表表无晦蚀。光彩虽暂埋,体素得不易。神物岂终潜,早晚照九域。②

陆九韶与九龄、九渊共同创建了心学,他与朱熹论辩,"首言《太极图说》非正",③疑非周敦颐所为,可知其学养之深厚。此诗借亘古就有的泉边月石,比喻万古不息的"本心",所谓"神物岂终潜,早晚照九域"者,盖言其纯粹睿智之学必将敷畅于天下。再如陆九渊《晚春出箭溪》二首云:

> 晴云冉冉薄斜晖,春静衡门半掩扉。风入墙头丹杏晚,高枝频飐乱花飞。
>
> 长蹊窈窕晴沙暖,绿树交加细草香。归去不缘吾兴尽,月明应得更褰裳。④

貌似遣兴之作,其实暗喻涵养"本心"的最佳方法。象山尝谓:"学者不可用心太紧。深山有宝,无心于宝者得之。"⑤门扉半掩时的斜晖,随晚风飘飞的落花,长蹊沙暖、树绿草香中涵蕴的勃勃生机,只有蝉蜕尘埃之中、浮游万物之表者方能体会,而用心太紧,只能适得其反。

---

① 《竹庄诗话》卷一,中华书局,1984年,4页。
② 《全宋诗》(45),27848页。
③ 《陆九渊集》卷三六《年谱》,480页。
④ 《陆九渊集》卷二五,300页。
⑤ 《陆九渊集》卷三四《语录上》,409页。

概而言之，相对于理学家笃实凝厚的凤仪，心学家超迈飒爽的雄姿或许更适合用诗歌来展示。心学诗中缤纷灵动的意象组合，既有传自骚雅的绮妍韵致，更能体现"吾心即是宇宙"的超绝与劲爽。其体式选择灵活自由，简洁明快，不拘常格。陆门才俊以赋法为诗，在敷陈铺叙中彰显"俯仰浩然，进退有裕"的情性人格；其作品以物喻"心"，巧述为学要义，暗喻"养心"之道。凡此种种，皆与"濂洛"诸公刻意法古、庄重端雅的诗学特点大异其趣。

叶燮《原诗》尝云："可言之理，人人能言之，又安在诗人之言之？可征之事，人人能述之，又安在诗人之述之？必有不可言之理，不可述之事，遇之于默会意象之表，而理与事无不灿然于前者也。"①南宋心学家异军突起于"程朱"理学昌盛之时，其诗作内涵在"理"与"事"两方面均卓然独绝。他们以诗言"心"，既有雄姿英发的精神气质，更有透彻玲珑的学理表达，故能将"心即理"的命题发挥得淋漓尽致。与此同时，陆九渊等人充分尊重楚骚、汉赋以及陶渊明、"李杜"及黄庭坚等历代名公的诗艺成就，兼收并取，熔铸创新；他们的诗歌作品以缤纷妍美的意象组合，敷陈铺叙的叙事方式，充分彰显着"心"、"理"、"情"贯通交融的超逸境界。要之，陆门诸公的创作实践，无疑为言理之诗增添了一抹难得的亮色。

---

① 《原诗》，人民文学出版社，1979年，30页。

# 参 考 书 目

《周易正义》 【魏】王弼、【晋】韩康伯注。【唐】孔颖达正义。阮元校刻十三经注疏本。中华书局影印嘉庆间刊本,1980年版。

《周易口义》 【宋】胡瑗撰。台湾商务印书馆影印文渊阁四库全书本,1983年版。

《横渠易说》 【宋】张载撰。文渊阁四库全书本。

《伊川易传》 【宋】程颐撰。文渊阁四库全书本。

《苏氏易传》 【宋】苏轼撰。丛书集成初编本,商务印书馆,1939年版。

《周易经传集解》 【宋】林栗撰。文渊阁四库全书本。

《杨氏易传》 【宋】杨简撰。文渊阁四库全书本。

《周易详说》 【清】刘绍攽撰。续修四库全书影印清刘氏传经堂刻本。上海古籍出版社,2002年版。

《尚书正义》 【汉】孔安国传。【唐】孔颖达疏。十三经注疏本。

《诗本义》 【宋】欧阳修撰。文渊阁四库全书本。

《絜斋毛诗经筵讲义》 【宋】袁燮撰。文渊阁四库全书本。

《周官总义》 【宋】易祓撰。文渊阁四库全书本。

《周礼订义》 【宋】王与之撰。文渊阁四库全书本。

《礼记正义》 【汉】郑玄注。【唐】孔颖达疏。十三经注疏本。

《春秋繁露义证》 【汉】董仲舒撰。【清】苏舆义证。钟哲点校。中华书局,1992年版。

《春秋尊王发微》 【宋】孙复撰。文渊阁四库全书本。

《春秋集解》 【宋】苏辙撰。文渊阁四库全书本。

《论语注疏》 【魏】何晏集解。【宋】邢昺疏。十三经注疏本。

《孟子注疏》 【汉】赵岐注。【宋】孙奭疏。十三经注疏本。

《四书或问》 【宋】朱熹撰。文渊阁四库全书本。

《四书章句集注》 【宋】朱熹撰。新编诸子集成本。中华书局,1983年版。

《中庸分章》 【宋】黎立武撰。丛书集成初编本。

《经学历史》【清】皮锡瑞撰。中华书局,1959 年版。

《汉书》【汉】班固撰。中华书局,1962 年版。
《晋书》【唐】房玄龄等撰。中华书局,1974 年版。
《新唐书》【宋】欧阳修等撰。中华书局,1975 年版。
《旧五代史》【宋】薛居正等撰。中华书局,1976 年版。
《新五代史》【宋】欧阳修撰。中华书局,1974 年版。
《宋史》【元】脱脱等撰。中华书局,1985 年版。
《唐会要》【宋】王溥撰。上海古籍出版社,1991 年版。
《唐史论断》【宋】孙甫撰。文渊阁四库全书本。
《资治通鉴》【宋】司马光等撰。中华书局,1956 年版。
《续资治通鉴长编》【宋】李焘撰。中华书局,1992 年版。
《宋史全文》 文渊阁四库全书本。
《续资治通鉴长编拾补》【清】黄以周等辑。中华书局,2004 年版。
《资治通鉴后编》【清】徐乾学撰。文渊阁四库全书本。
《东都事略》【宋】王称撰。文渊阁四库全书本。
《隆平集》【宋】曾巩撰。文渊阁四库全书。
《宋大事记讲义》【宋】吕中撰。文渊阁四库全书。
《续资治通鉴长编纪事本末》【宋】杨仲良撰。黑龙江人民出版社,2006 年版。
《建炎以来系年要录》【宋】李心传撰。文渊阁四库全书本。
《建炎以来朝野杂记》【宋】李心传撰。文渊阁四库全书本。
《通志》【宋】郑樵撰。浙江古籍出版社,1988 年版。
《文献通考》【元】马端临撰。浙江古籍出版社,1988 年版。
《吴越备史》【宋】范垌、林禹撰。傅璇琮等编五代史书汇编本,杭州出版社,2004 年版。
《五代史补》【宋】陶岳撰。五代史书汇编本。
《南唐书》【宋】陆游撰。丛书集成初编本。
《十国春秋》【清】吴任臣撰。中华书局,1983 年版。
《古史》【宋】苏辙撰。景印文渊阁四库全书本。
《道命录》【宋】李心传撰。丛书集成初编本。
《直斋书录解题》【宋】陈振孙撰。上海古籍出版社,1987 年版。

《郡斋读书志校证》 【宋】晁公武撰，孙猛校证。上海古籍出版社，1990年版。
《四库全书总目》 【清】永瑢等撰。中华书局，1965年版。
《群书会元截江网》 【宋】无名氏撰。文渊阁四库全书本。
《宋史纪事本末》 【明】陈邦瞻撰。中华书局，1977年版。
《史传三编》 【清】朱轼撰。文渊阁四库全书本。
《宋朝事实类苑》 【宋】江少虞撰。上海古籍出版社，1981年版。
《朱名臣言行录》 【宋】朱熹撰。文渊阁四库全书本。
《廿二史札记校正》 【清】赵翼著。王树民校证。中华书局，1984年版。

《孔子家语疏证》 【清】陈士珂辑。丛书集成初编本。
《二程集》 【宋】程颢、程颐撰。中华书局，1981年版。
《二程遗书》 【宋】程颢、程颐撰。上海古籍出版社，2000年版。
《二程外书》 【宋】程颢、程颐撰。文渊阁四库全书。
《朱子全书》 【宋】朱熹撰。上海古籍出版社、安徽教育出版社，2010年版。
《儒言》 【宋】晁说之撰。文渊阁四库全书本。
《朱子语类》 【宋】朱熹撰。中华书局，1986年版。
《黄氏日抄》 【宋】黄震撰。文渊阁四库全书本。
《古今源流至论》 【宋】黄履翁撰。文渊阁四库全书本。
《北溪大全集》 【宋】陈淳撰。文渊阁四库全书本。
《伊洛渊源录》 【宋】朱熹撰。中华书局，1985年版。
《闽中理学渊源考》 【清】李清馥撰。文渊阁四库全书本。
《西山读书记》 【宋】真德秀撰。文渊阁四库全书本。
《习学记言》 【宋】叶适撰。文渊阁四库全书本。
《习学记言序目》 【宋】叶适撰。中华书局，1977年版。
《性理群书句解》 【宋】熊节编，熊刚大注。文渊阁四库全书本。
《童蒙训》 【宋】吕本中撰。文渊阁四库全书本。
《木钟集》 【宋】陈埴撰。文渊阁四库全书本。
《敬乡录》 【元】吴师道撰。文渊阁四库全书本。
《道统录》 【清】张伯行撰。丛书集成初编本。
《榕村语录》 【清】李光地撰。文渊阁四库全书本。
《宋元学案》 【明】黄宗羲撰。中华书局，1986年。

《老子解》【宋】苏辙撰。丛书集成初编本。
《庄子集释》【清】郭庆藩集释。中华书局，2006年。
《坛经校释》【唐】慧能撰。郭朋校释。中华书局，1983年版。
《五灯会元》【宋】普济撰。中华书局，1984年版。
《刊误》【唐】李涪撰。文渊阁四库全书本。
《唐摭言》【五代】王定保撰。中华书局，1960年版。
《钓矶立谈》【南唐】史虚白撰。丛书集成初编本。
《涑水记闻》【宋】司马光撰。中华书局，1989年版。
《能改斋漫录》【宋】吴曾撰。丛书集成初编本。
《容斋随笔》【宋】洪迈撰。中华书局，2005年版。
《邵氏闻见录》【宋】邵伯温撰。中华书局，1983年版。
《邵氏闻见后录》【宋】邵博撰。中华书局，1983年版。
《默记》【宋】王铚撰。中华书局，1981年版。
《公是弟子记》【宋】刘敞撰。文渊阁四库全书本。
《齐东野语》【宋】周密撰。中华书局，1983年版。
《鹤林玉露》【宋】罗大经撰。中华书局，1983年版。
《湘山野录》【宋】释文莹撰。中华书局，1984年版。
《东轩笔录》【宋】魏泰撰。中华书局，1983年版。
《青箱杂记》【宋】吴处厚撰。中华书局，1985年版。
《老学庵笔记》【宋】陆游撰。中华书局，1983年版。
《东斋记事》【宋】范镇撰。中华书局，1980年版。
《困学纪闻》【宋】王应麟撰。上海古籍出版社，2008年版。
《麈史》【宋】王得臣撰。上海古籍出版社，1986年版。
《四朝闻见录》【宋】叶绍翁撰。中华书局，1989年版。
《爱日斋丛抄》【宋】叶寘撰。文渊阁四库全书本。
《曲洧旧闻》【宋】朱弁撰。中华书局，2002年版。
《癸辛杂识》【宋】周密撰。中华书局，1988年版。
《癸辛杂识续集》【宋】周密撰。中华书局，1988年版。
《野客丛书》【宋】王楙撰。丛书集成初编本。
《东观余论》【宋】黄伯思撰。文渊阁四库全书本。
《春渚纪闻》【宋】何薳撰。中华书局，1983年版。

《书斋夜话》 【宋】俞琰撰。文渊阁四库全书本。
《梁溪漫志》 【宋】费衮撰。上海古籍出版社,1985年版。
《墨庄漫录》 【宋】张邦基撰。中华书局,2002年版。
《师友谈记》 【宋】李廌撰。中华书局,2002年版。
《荆溪林下偶谈》 【宋】吴子良撰。文渊阁四库全书本。
《丙子学易编》 【宋】李心传撰。文渊阁四库全书本。
《自警编》 【宋】赵善璙撰。文渊阁四库全书本。
《袁氏世范》 【宋】袁采撰。文渊阁四库全书本。
《道山清话》 【宋】无名氏撰。文渊阁四库全书本。
《隐居通议》 【元】刘壎撰。文渊阁四库全书本。
《少室山房笔丛》 【明】胡应麟撰。中华书局,1958年版。
《涌幢小品》 【明】朱国桢撰。续修四库全书影印天启二年刻本。
《井观琐言》 【明】郑瑗撰。文渊阁四库全书本。
《东溪日谈录》 【明】周琦撰。文渊阁四库全书本。
《日知录集释》 【明】顾炎武撰。【清】黄汝成集释。上海古籍出版社,1985年版。
《义门读书记》 【清】何焯撰。中华书局,1987年版。
《池北偶谈》 【清】王士禛撰。中华书局,1982年版。
《居易录》 【清】王士禛撰。文渊阁四库全书本。
《读书偶记》 【清】雷铉撰。文渊阁四库全书本。
《读欧记疑》 【清】王元启撰。丛书集成续编本。台湾新文丰出版公司,1989年版。
《师友诗传续录》 【清】刘大勤编。文渊阁四库全书本。
《十驾斋养新录》 【清】钱大昕撰。江苏古籍出版社,2000年版。
《群书会元截江网》 【宋】无名氏撰。文渊阁四库全书本。

《杜诗详注》 【清】仇兆鳌撰。中华书局,1979年版。
《韩昌黎文集校注》 马通伯校注。古典文学出版社,1957年版。
《寒山诗注(附拾得诗注)》 项楚注。中华书局,2000年版。
《贯休诗歌系年笺注》 胡大浚笺注。中华书局,2011年版。
《咸平集》 【宋】田锡撰。巴蜀书社,2008年版。
《范仲淹全集》 【宋】范仲淹撰。凤凰出版社,2004年版。
《欧阳修全集》 【宋】欧阳修撰。中华书局,2001年版。

《徂徕石先生文集》【宋】石介撰。中华书局，1984年版。

《孙明复小集》【宋】孙复撰。文渊阁四库全书本。

《河南集》【宋】尹洙撰。文渊阁四库全书本。

《苏轼诗集》【宋】苏轼撰。中华书局，1982年版。

《苏轼文集》【宋】苏轼撰。中华书局，1986年版。

《苏辙集》【宋】苏辙撰。中华书局，2004年版。

《王荆公文集笺注》【宋】王安石撰。李之亮笺注。巴蜀书社，2005年版。

《曾巩集》【宋】曾巩撰。中华书局，2004年版。

《张载集》【宋】张载撰。中华书局，1978年版。

《苏魏公文集》【宋】苏颂撰。中华书局，1988年版。

《盱江集》【宋】李觏撰。文渊阁四库全书本。

《盱江外集》【宋】李觏撰。文渊阁四库全书本。

《游廌山集》【宋】游酢撰。文渊阁四库全书本。

《张耒集》【宋】张耒撰。中华书局，1990年版。

《三刘家集》【宋】刘涣、刘恕、刘羲仲撰。文渊阁四库全书本。

《陆九渊集》【宋】陆九渊撰。中华书局，1980年版。

《絜斋集》【宋】袁燮撰。文渊阁四库全书本。

《后山集》【宋】陈师道撰。文渊阁四库全书本。

《豫章文集》【宋】宋罗从彦撰。文渊阁四库全书本。

《南涧甲乙稿》【宋】韩元吉撰。文渊阁四库全书本。

《山水纯全集》【宋】韩拙撰。文渊阁四库全书本。

《元好问集》【金】元好问撰。山西古籍出版社，2004年版。

《桐江续集》【元】方回撰。文渊阁四库全书本。

《定宇集》【元】陈栎撰。文渊阁四库全书本。

《待制集》【元】柳贯撰。文渊阁四库全书本。

《胡仲子集》【明】胡翰撰。文渊阁四库全书本。

《洹词》【明】崔铣撰。文渊阁四库全书本。

《王忠文集》【明】王祎撰。文渊阁四库全书本。

《椒邱文集》【明】何乔新撰。文渊阁四库全书本。

《高子遗书》【明】高攀龙撰。文渊阁四库全书本。

《顾亭林诗文集》【清】顾炎武撰。中华书局，1959年版。

《文选》【梁】萧统编。【唐】李善注。上海古籍出版社,1986年版。

《文苑英华》【宋】李昉等撰。中华书局,1966年版。

《两宋名贤小集》【宋】陈思编。【元】陈世隆补。文渊阁四库全书本。

《诸儒鸣道集》【宋】黄壮猷修补刊行。上海图书馆藏宋刻本。

《濂洛风雅》【元】金履祥编。丛书集成初编,上海商务印书馆,1939年版。

《瀛奎律髓汇评》【元】方回编,李庆甲集评。上海古籍出版社,2005年版。

《四六法海》【明】王志坚编。文渊阁四库全书本。

《全上古三代秦汉三国六朝文》【清】严可均校辑。中华书局,1958年版。

《古文雅正》【清】蔡世远编。文渊阁四库全书本。

《唐宋八家文读本》【清】沈德潜编。乾隆十五年刻本。

《御选唐宋文醇》【清】乾隆御定。文渊阁四库全书本。

《濂洛风雅》【清】张伯行撰。丛书集成初编本。

《全唐诗》【清】彭定求等编。上海古籍出版社据康熙刻本缩印本,1985年版。

《全唐文》【清】董诰等编。上海古籍出版社据嘉庆刻本缩印本,1990年版。

《先秦汉魏晋南北朝诗》 逯钦立辑校。中华书局,1983年版。

《全宋诗》 北京大学古文献研究所编纂。北京大学出版社,1998年版。

《全宋文》 曾枣庄、刘琳主编。上海辞书出版社、安徽教育出版社,2006年版。

《诗品》【梁】钟嵘撰。【清】何文焕辑历代诗话本。中华书局,1981年版。

《增订文心雕龙校注》【梁】刘勰撰。黄叔琳注。李详补注。杨明照校注拾遗。中华书局,2012年版。

《文则》【宋】陈骙撰。人民文学出版社,1960年版。

《文章精义》【宋】李塗撰。人民文学出版社,1960年版。

《韵语阳秋》【宋】葛立方撰。历代诗话本。

《后山诗话》【宋】陈师道撰。历代诗话本。

《竹庄诗话》【宋】何汶撰。中华书局,1984年版。

《竹坡诗话》【宋】周紫芝撰。文渊阁四库全书本。

《后村诗话》【宋】刘克庄撰。文渊阁四库全书本。

《修辞鉴衡》【元】王构编。文渊阁四库全书本。

《全闽诗话》【清】郑方坤编。续修四库全书影印乾隆间刻本。

《养一斋诗话》【清】潘德舆撰。中华书局,2010年版。

《贞一斋诗说》 【清】李重华撰。续修四库全书影印道光间刻本。
《原诗》 【清】叶燮撰。人民文学出版社,1979 年版。
《四六话》 【宋】王铚撰。丛书集成初编本。
《四六谈麈》 【宋】謝伋撰。丛书集成初编本。
《赋话》 【清】李调元。丛书集成初编本。
《四六丛话》 【清】孙梅撰。清嘉庆三年吴兴旧言堂刻本。

《中国近三百年学术史》 钱穆撰。商务印书馆,1997 年版。
《马一浮诗话》 马一浮著。学林出版社,1999 年版。
《中国骈文史》 刘麟生撰。东方出版社,1996 年版。
《骈文史论》 姜书阁撰。人民文学出版社,1986 年版。
《中国骈文通史》 于景祥撰。吉林人民出版社,2002 年版。
《骈文与散文》 蒋伯潜、蒋祖怡撰。上海书店,1997 年版。
《蚕丛鸿爪》 马骡程撰。中国文学社,1948 年版。
《梁漱溟全集》 梁漱溟撰。山东人民出版社,1993 年版。
《中国近世思想史研究》 陈来撰。商务印书馆,2003 年版。
《祖宗之法——北宋前期政治述略》 邓小南撰。北京三联书店,2006 年版。
《宋史十讲》 邓广铭撰。中华书局,2008 年版。
《寒柳堂集》 陈寅恪撰。上海古籍出版社,1980 年版。
《金明馆丛稿二编》 陈寅恪撰。上海古籍出版社,1980 年。
《刘师培中古文学论集》 刘师培撰。中国社会科学出版社,1997 年版。
《谈艺录》 钱鍾书撰。中华书局,1984 年版。
《宋诗选注》 钱鍾书撰。中华书局,1989 年版。
《道学之形成》 [日]土田健次郎撰。朱刚译。上海古籍出版社,2010 年版。
《朱熹文学研究》 莫砺锋撰。南京大学出版社,2000 年版。
《中国经典诠释传统》 黄俊杰主编。华东师范大学出版社,2008 年版。

# 后　　记

　　以问题为先导,立足文学本位,深入讨论经史之学与两宋诗文创作的关联与互动,是本人近十年来颇为用心的探索方向。就学术兴趣和研究方法而言,现在奉献给读者的这本小书,更像是《宋初百年文学复兴的历程》(中华书局,2009年)的续篇,这不仅因为其中有些内容,如《宋初儒学的复兴与"统系"之变》、《"圣贤"心态与两宋文化自戕因子的生成》等在《历程》出版之前就已经面世,更因为两书始终保持着相同的理念和追求,即以文献为基础,强调文、史、哲贯通的理论思辨与创新整合。不过,相对于"百年历程"的反思和描述,有关经学、史学与文学三者互动的话题显然要复杂得多。其中既要涉及一些较深层次的规律性问题,有时甚至会触碰到一些沿袭已久却似是而非的学术"共识";更需要选择几个典型案例,深入透析经学家和史学家如何通过学养浸润和美感培养,在潜移默化中形成独立而稳定的价值判断、审美取向、文体偏好及语言风格等,进而造就多姿多彩的诗文创作风貌。这些讨论,没有现成的"研究范式"可资借鉴,创新思考的难度可想而知。好在该研究过程一直能够得到各位学界友朋的支持和鼓励,许多阶段性成果都能在第一时间刊载面世,对此谨奉上无比真诚的感谢!

　　本书于各章前均冠以"本章提要",这不仅因为相关章节在单独成篇时已有此项,更考虑到部分读者面对这种贯通文学与经史、偏重逻辑思辨的文章时,难免会有枯燥乏味难以卒读之感。有了这个简要的提要,也许有缘之人会从中得到些许方便。

　　在学科分类日益细化的大背景下,从事文、史、哲贯通研究所能遇到的学术困惑不言而喻。本人自知学有未逮,经学与史学方面的修养本就浅陋,而由此关涉诗文创作的思辨和讨论,在逻辑上也难免出现许多不够周延的地方。好在学无止境,相信本书的疏漏和不足,必能经青年才俊的慧眼而得到纠正和完善。

张兴武　谨记
2017年9月于杭州师范大学人文学院